# 教学反思

李 萍 著

山西出版传媒集团 山西教育出版社

图书在版编目（CIP）数据

教学反思 / 李萍著. — 太原 ：山西教育出版社，
2022.6
ISBN 978-7-5703-2572-6

Ⅰ. ①教… Ⅱ. ①李… Ⅲ. ①初中—教学研究 Ⅳ.
①G632.0

中国版本图书馆 CIP 数据核字（2022）第 091452 号

**教学反思**
JIAOXUE FANSI

责任编辑 李 磊
复 审 彭琼梅
终 审 冉红平
装帧设计 王 妮
印装监制 蔡 洁

出版发行 山西出版传媒集团 · 山西教育出版社
（太原市水西门街馒头巷 7 号 电话：0351-4729801 邮编：030002）
印 装 山西基因包装印刷科技股份有限公司
开 本 720×1020 1/16
印 张 26.75
字 数 435 千字
版 次 2022 年 6 月第 1 版 2022 年 6 月山西第 1 次印刷
书 号 ISBN 978-7-5703-2572-6
定 价 78.00 元

# 前　言

新世纪以来的中国基础教育已经发生了历史性的变化，其中最为关键的变化应是教育观念和方法越来越趋于专业化，学校教师对教育理论的学习和应用比以往任何时候都更加自觉。教育领域的人们正在摆脱对经验和传统的依赖，进而把自己的实践工作与相关的专业理论和技术联系了起来。从基础教育的未来发展看，无论改革怎样深入，立德树人的根本任务是不会改变的。这就意味着重视和促进教师的专业发展会是一个永恒的问题，毕竟任何的教育理想和改革的愿望，都必须借助于教师的教学劳动才能实现。

教师及其教学劳动听起来也没多么复杂，照韩愈的话说，不就是“传道、授业、解惑”吗？这样的认识至今也不能说有错，但的确已经远远不能适应现代教育发展的需求了。事实上，自20世纪50年代以后，人们对教学的理解就不再局限于知识的传授了。社会对创造型人才的需求，倒逼教育系统基于心理科学理论挖掘教学的更高价值，总的来说，通过教学促进学生的综合发展逐渐成为新的主题。在此过程中，教师被赋予了更多的教育责任，当然也被要求有更高的教学能力。

说到教师的教学能力，这既是一个有活力的领域，同时也是一个内容繁杂的领域。若要求全，我们可以就此编制出一个多维度、多层面的集合性作品，但这对于一线教师来说或有意义，也可能成为一种负担。鉴于此，实际上很有必要结合现实的基础教育改革实践和教师专业发展中的核心关切，就教师教学的关键能力做一番深入的研究。我们相信这样的工作更能满足一线教师的迫切需要，也能够在一定程度上用有限的主题集中体现教学理论的相关价值。

山西中考命题研究团队在与一线教师长期的互动中，发现“一核·六维·四手段”命题理论内含的教学理念在实践中的落地，必须依靠一线教师教学观念的更新和教学能力的提升。虽然教学能力是一个复杂的系统，但对于教师来说，教学操作能力、教学评价能力和教学反思能力应是其中的关键。

显而易见，教学操作能力是一种基础性的教学能力，它存在于教学过程的每一个环节，对教学的质量具有决定性的作用，由于认识到教学操作的理想境界是专业化基础上的艺术化，我们将教学操作能力提升到教学艺术的层面进行关注；教学评价能力可以是教学操作能力的一部分，但现实地看来，它已经延伸到了教学研究领域，很有必要做专门的对待；教学反思能力显然是教师自身专业发展的必然要求，虽不直接作用于教学过程，但会间接地提升教学过程的品质，在当前教育改革的大背景下显得尤为重要。基于以上的认识，我们策划并编写了《教学艺术》《教学评价》《教学反思》等教育类图书，力求在新的教育理念引领下向一线教师提供自我修炼教学综合能力的专业信息。

《教学艺术》从教学艺术的基本原理出发，进一步设计教学艺术的基础观念、教学艺术的行为领域、教学艺术的操作、教学艺术的主体形象，并提供了各学科教学艺术操作的具体案例赏析，体现了理念与操作相结合的著述思路。

《教学评价》首先论述了教学评价观，并在此基础上涉及教学评价与教师教学、教学评价与学生学习、教学评价与教师发展，并专门论述了中考命题“一核·六维·四手段”理论所蕴含的教学评价思路，对一线教师深入理解“教、学、评”的内在一致性应有助益。

《教学反思》的内容由“理论阐释”“操作思路”和“实践应用”构成，一方面强调教学反思理论的操作性理解，另一方面突出了实践意义上的具体操作，目的是要为一线教师进行专业化的教学反思提供具体的依循。

丛书写作过程中，教育部印发了义务教育课程方案和课程标准（2022年版），其目的是为了贯彻落实党的十八大、十九大精神，落实全国教育大会部署，全面落实立德树人根本任务，进一步深化课程改革。我们认为，新课程方案和课程标准的落实，当然需要就新方案和新标准进行专门的教师培训，与此同时，也需要在新的改革精神指导下，对教师的教学综合能力进行必要的培训。只有这样，才能使立德树人的根本任务顺利完成，使深化课程改革落到实处。从这个角度讲，本丛书无疑具有应课程改革之需的意义，应能为一线教师适应课程与教学的新变化发挥针对性的作用。

李　萍

# 目 录

## I 理论阐释



## II 操作思路

## III 实践应用

# I 理论阐释

# 第一章　教学反思的两个问题链

20世纪80年代以来，在美国、加拿大、英国等西方国家的教师教育界，兴起了反思性教师教育的思潮。这一思潮强调教学的反思性质，充分肯定反思型的教师。伴随着基础教育课程改革的深入，这一思潮也影响了我国。近年来，关于教学反思的专著和论文逐渐增多，人们多把它与教师的专业成长、发展联系起来，对于基础教育领域的影响是很大的，也是积极的。许多教师对于教学反思颇有兴趣，认识到了教学反思对于自己专业成长的重要意义，但也普遍存在着对教学反思理解上的不足。为了解决这一问题，我们对教学反思做了进一步研究，提出了两个关于教学反思的“问题链”，一是观念的问题链，二是操作的问题链，在实际的教师教育中深受一线教师的欢迎。

## 一、教学反思观念的问题链

应该说，作为一种理论的教学反思是容易理解的，它批评教学工作的行为主义的机械模式，注重以整体的方式把握教学情境中教师思维和行动。教学反思的兴起，意味着技术理性观念下的教学工作性质和教师教育信念的破灭。从理论上看，教学反思的兴起是一种进步，无论对于教学实践的发展，还是对于教师个人的专业发展，都具有积极的意义。然而，教学反思又是一种新事物，要使教师的教学普遍具有反思性质，不仅仅是让他们理解教学反思的概念和原理，还需要解决他们观念上的问题。因为即使是正确的事情，如果没有教师良好的心理接受状态，也无法顺利实现。因而，教师把知识转化成为观念，才有可能把知识变为现实。“在观念中，理论所创造的理想客体与旨在实现理想客体的计划这两大因素汇合在一起了。……观念可以把客观的东西提高到主体的目的和意图的水准。”[1]教学反思的观念，存在于“我为什么要反思—我什么时候反思—我反思什么—我怎样做就算是反思了”这个问题链中。通过对这一问题链的回答，教学反思的观念就自然在教师的思维中扎根，从而不再仅仅是一种知识。

（一）为什么要反思

我们都行动在习惯之中，无论理论怎样发达，支配我们日常行动的主要还是常识。对于教师来说，他们在接受新的教育理念时，已经在教育的传统中行动了。教育的传统使得他们可以轻易地应付日常的教学和教育工作，任何一种新的挑战和要求对于他们来说都会是一种负担。所以，在我们倡导教学的反思性质和鼓励教师做反思型教师的时候，他们几乎会本能地提出一个问题：“我为什么要反思?”言外之意则是“我不反思不行吗?”

的确，在漫长的过去，我们并没有强调教学的反思性质，而我们的教育也一步步地走到了今天，难道教师真的必须反思吗？是的。最简单的理由是没有反思的行动是近乎本能的，没有反思的行动在时间的长河中只会无限地重复而无法超越自身，这不符合人类进步的追求。在我们看来，如果不愿意重复自己，不愿做传统、习惯和冲动的奴隶，就应该自觉地反思。或者说，我之所以要反思是因为我不甘平庸，因为教育不能停滞不前。教师总被社会赋予积极的期望，因为教育对于人类的存在和发展至关重要。社会的发展对人才标准的要求会越来越高，那么，培养人的教育过程也必须不断适应社会进步的要求。教育者是社会中最先进的人群之一，严格地讲，是教育者引导着人类前行。所以，教育者不能平庸，也要拒绝平庸，而社会也是拒绝“庸师”的。反思之所以能够使教师远离平庸，是因为教学成功=教学过程+反思、教师成长=经验+反思、优秀教师=教学过程+反思，是因为教学反思可以促使教师成为实践型、专家型和学者型的教师。教学反思有利于教师对教学从感性认识提高到理性认识，有利于教师深入开展教学研究，有利于教师形成自己的教学风格和特色，有利于教师提升理论水平和拓展知

[1]刘庆昌.教育者的哲学[M].北京:中国社会出版社,2004:378.

识面。

（二）什么时候反思

当教学反思在教师那里从知识转化为观念后，他们不再怀疑教学反思的价值了，而且会把它与自身的专业成长联系起来，紧接着的问题是“我什么时候反思呢?”这并不是一个简单的问题。我们在实际的教师教育中，能够觉察到教师们在这一方面的疑惑。他们往往担心反思会不会成为一种负担，也不大明了究竟什么时候就是反思的时机。实际上，在关于教学反思的文献中，对教学反思的时机有所涉及，但是陈述的方式可能不能契合于教师的思维。对于这一问题，我们的回答是简明的，“我什么时候反思?”答案是“什么时候都可以反思”。具体地讲，教学过程前、教学过程中、教学过程后，教师都可以进行反思。教学之后的反思是容易理解的，因为反思通常被理解为带着批判的、真诚的眼光回顾过去。难道教学前和教学中也存在反思吗？是的。教学过程是周期性的，在新的教学过程展开之前，教师已有的职业生涯就是反思的客观对象，此其一。其二，传统、习惯、常识以及他人的教学同样可以成为反思的对象。而在教学过程中，即兴的反思会自然地、经常地发生。尽管教师在课前要做充分地准备，但课堂是充满着未知和偶然的时空，学生的消极反应会立刻激起教师的即兴反思，继而调整教学行动。需要指出的是，反思实际上并不是一种在技术上艰难的事情，关键是意识和习惯。如果一个教师形成了教学反思的意识和习惯，反思就不会成为一种心理负担。

（三）反思什么

这是一个核心问题，涉及两个方面，一方面是教学反思的对象问题，另一方面是教学反思的内涵问题。就教学反思的对象来说，整体上是自己的教学行动，可以具体化为目的和手段两大范畴。教学是有目的的活动，具体周期的教学活动是有目标的。目的、目标是我们追求的对象，也是由我们确定的，所以，教学的目的和目标也是教学反思的对象。当然，如果教学的目的和目标没有缺陷，那么就应该主要反思教学手段了。这里所说的教学手段是相对于教学的目的和目标而言的，它既包括教学方法、教学组织形式、教学媒体的使用，也包括师生关系的类型等因素。对于这些因素，我们都需要用真诚的、批判的眼光进行反思，以分析和总结已经发生的教学行动的得失。

那么，教学反思的内涵是什么呢？有学者认为，教学反思是“教学主体借助行动研究，不断探究与解决自身和教学目的以及教学工具等方面的问题，将‘学会教学’和‘学会学习’结合起来，努力提升教学实践合理性，使自己成为学者型教师的过程”[1]。从这一定义中，我们可以知道，教学反思的内涵或说要义，是要追求教学的合理性。结合麦伦教学反思三个层次的观点中关于反思课堂情境中各种技能与技术的有效性的观点，我们认为，教学反思的内涵就是要追求教学行动的有效性和合理性。这一内涵同时适用于教学目标和教学手段。教学目标的有效性是与其恰当性有关的，过于艰难和过于轻易，都会影响到教学目标的有效性，无效的目标与没有目标无异。教学目标的合理性指其合目的性和合规律性。合目的性，要求教学目标不能偏离教学目的，进一步将不能背离教育的精神；合规律性，要求目标的确定不能违背教学的规律性，要充分考虑学生的特点、教学内容的潜力以及教学方法的功能。至于教学手段的有效性和合理性相对来说是容易理解的。有效是第一位的，因为无效的手段无益于目标的达成，但仅仅有效还是不够的，教学手段在有效的前提下，还必须是合理的。之所以强调这一点，是因为在教育实践中实际存在着许多有效但不合理的行为。比如题海战术可能是有效的，但不合理；体罚有时是有效的，但不合理；等等。教师时常追问自己教学行为的有效性和合理性，必然会提高教育职业的层次和境界。

（四）怎样做就是反思

如果说前三个问题属于对教学反思的理解问题，那么，“我怎样做就算是反思了”则是在寻求一种操作的标准，这很符合实践者的思维。客观而言，我们的教育理论中有许多很有意义的理念，却很少能在教育实践中实现，其主要原因之一就是缺乏这种“工程思维”的追问，因而存在着可说不可做、知道怎样说而不知道怎样做的情形。我们应该重视这样的问题。教学反思最根本的意义在于强调教学的反思性质，从而使教师避免被冲动、传统、习惯所奴役，所以，过于繁杂的教学反思的设计即便有意义也意义不大。关于“我怎样做就算是反思了”这一问题，我们的回答是这样的：只要能做到谨慎进行教学决策、充分关注教学反馈信息、及时发现问题、及时分析总结、积极寻求解决问题的办法，一个教师根本不用把反思记在心上，他就已经在进行教学反思了，他的教学也已经具有了反思

[1]熊川武．教学反思[M]．上海：华东师范大学出版社，1999：3.

性质。

谨慎进行教学决策，符合“三思而后行”的古训。“三思”思什么呢？学生的利益、教学的目标、教育的精神等，都在考虑之列。谨慎的教师自然会前思后想，自然会吸取以往的或者他人的经验和教训，选择最有效的、最合理的教学方案。教学过程开始以后，教师要充分关注反馈信息，即兴反思，对教学行动及时做出调整，教学的艺术就在其中。应该说，即兴的反思是有难度的，但教学却要求教师能够做到这一点。在现代教育中，教师仅仅学高身正是不够的，还需要具有良好的职业能力。在课堂中，敏捷的反应，即兴的反思，及时的调整，就是一个教师良好的职业能力的表现。教学结束之后，教师则要及时分析总结，积极寻求解决问题的办法。须知，反思不能只终止于教学的得失，还要继续进行下一步的行动。如果教学有成功之处，就要加以总结以便日后发扬；如果教学有失败之处，就要加以分析以便寻求解决的办法，以避免日后在同一种情形中重复失败。可见，教学反思并不是天外来物，它只是突出强调教学的反思性质，促进教师教学反思的自觉，以达到教学实践合理的目的，这也是教学反思理论的最大价值。

## 二、教学反思操作的问题链

观念的问题链，解决了观念的问题。假如一个教师掌握了教学反思观念的问题链，它在认识上和信念上应该不存在什么问题了，接下来的问题是实际的操作。既然教学反思是具有反思性质的教学实践而不是一种教学的方法，那么，其操作问题并不是一个教学反思模式问题，而是一个教学反思的操作思路问题。我们认为，无论反思是发生在教学过程之前、之中还是之后，无论是对教学目标的反思还是对教学手段的反思，都存在着一个内在的教学反思的逻辑。本书主要关注教学行动的反思操作，以此为例，说明一个教学反思逻辑的客观存在。我们发现教学行为反思逻辑的展开，就是一个问题链：“我做了什么—我的做有效吗—我的做自身合理吗—我还能怎样做”。

### （一）我做了什么

反思的对象是已经存在的或者是已经发生的事情，人就是在过去、现在、未来的传递中存在的。对于已经完成的事情，人们不可能丝毫不给予注意，但通常情况下，过去的也就过去了。有些教师感到自己在年复一年地重复着相同的工作，一般来说是因为他们并没有刻意地关注过去，或者说是因为他们没有进行教学反思，而没有反思的行动难以避免重复自我的结局。苏格拉底曾说过，没有反省的生活是无价值的。《论语·学而》中记载曾子曰：“吾日三省吾身，为人谋而不忠乎？与朋友交而不信乎？传不习乎？”这就更具体地说明了曾子对于日常生活中“我做了什么”的刻意关注。

教师的教学工作从形式上看好像是一种单调的重复，实际上任何人都不可能完全重复自己的过去。人们之所以会有重复的感觉，应该归因于对于教学浅显的理解。如果我们意识中的教学工作不过是备课、上课、批改作业、辅导答疑等现象，由于对教学的肤浅理解，重复的感觉也许是难免的。但是，换一个角度，备课变为教学决策，上课变为组织、表达、启发等，批改作业变为评价，辅导答疑变为师生互动，表面看来只是概念的转换，实质上，教学在我们头脑中的意象就大为改观了。因为这种变化是我们对于教学的理解深化了，我们会突然发现教学行动的背后是诸如决策学、组织学、语言学、评价学、社会学等理论的支持。如此，当面对“我做了什么”这一问题时，我们实际上需要回答的是：我是怎样进行教学决策的；我是怎样组织教学的；我是怎样表达知识的；我是怎样评价学生的；等等。对于“我做了什么”的回答，只要能够如实陈述就可以了。

（二）我的做有效吗

通过回答“我做了什么”，可以使已经发生的繁复的教学事件得以简洁地再现，这是一件非常有意义的事情。再现的教学事件事实上成为一个人的认识对象，自己的行动成为自己审视的客体，教学反思的基本前提就具备了。在此基础上的第一个反思任务就是追问“我的做有效吗”。人类的实践活动是有意识的，意味着人的实践行动不是盲目的，而是服务于一定目的的。教师的教学从理论上讲无疑是一种有意识的实践活动，但这只是从总体的意义上来说的，具体到教学过程之中，教师实际上很难把每一个行动的细节与教学的目的有意识地联系起来，更多情况下是一种习惯性的行动。在这种习惯性的行动中，传统、常识、冲动都可能会出场并发生作用，所以，在教学行动之后，有意识地反思行动的细节与教学目的的关系是十分必要的。当然，这种必要的反思最好在教学行动有障碍的时候进行，我们并不主张一种例行公事似的反思。

追问教学行动与教学目的之间的关系，属于教学实践合理性反思的必然内涵。相对于教学目的，教学行动具有手段性质。既然是手段的，那就自然要首先考虑行动是否有利于目的的实现。实际的教学生活中，客观上存在着一些偏离目的的教学操作，这类操作有时候相对于目的而言是错误的，有时候则是无效的。当然，更多情形下存在的是相对于目的的低效操作。错误的教学行动是反目的的，教学的结果会走向目的的反面；无效的操作则会导致教师自己和学生的无益劳苦；低效的操作则不符合人类在教学领域的基本追求。当知道了“我做了什么”之后，教师应该在“目的—手段”思维中进行教学反思。反思自己的教学行动在教学目的面前属于哪一种情况。如果存在着错误的行动，就要诉诸教育的甚至人生的信念；如果存在着无效的行动，就要诉诸职业态度和情感；如果存在着低效的行动，就要诉诸教育和教学的科学和艺术。

（三）我的做自身合理吗

教学行动有效性的追问是“目的—手段”思维的必然要求，在此基础上，教学行动的有效性反思是第一位的，但不是最终的。对于塑造人性、培养人才的教育活动来说，我们还必须反思教学行动自身的合理性。目的的实现固然是重要的，但是教育拒绝“不择手段”。那么“我的做”自身合理性的内涵是什么呢？换言之，“我的做”自身的合理性标准是什么呢？走出“目的—手段”思维，直接面对教学行动本身，“我的做”自身的合理性标准有两个方面：科学的标准和道德的标准。

科学的标准在于衡量教师的教学操作是否遵循了人的心理规律和教学活动自身的规律，一般来说，尊重规律可以使人不至于做出一些在认识论意义上愚蠢的事情。虽然科学对于社会及教育的深刻作用主要是20世纪以来的事情，但是重视人的和教学的规律性并尊重规律的思想早就出现了。在中国，《礼记·学记》中已经充分自觉地表达了这种尊重规律的观念。“君子既知教之所由兴，又知教之所由废，然后可以为人师也”，“学者有四失，教者必知之”，这些都可以说明当时的教育家的“规律”意识。当然，我们讲“我的做自身”的科学的标准，是具有现时代意义的。现代教育科学和人文科学的探索，为我们揭示出了教育活动的和人性运动的许多规律性，而且这些成果对于教育者及其教育教学实践也发生着越来越深刻的影响。教育过程之外的人们不仅关心教师个人的道德和学问，也逐渐开始关心教师所操纵的教学过程，在这种情况下，教师逐渐地或主动或被动地求助于关于教育的和人的科学。从另外一个角度看，关于教育的和人的科学认识，可以支持教师教学实践的合理性追求。所谓合理，就有合于规律的含义，关于教育的和人的科学为教师提供了表达规律的知识。

道德的标准是一个价值问题，它对于教育来说具有更本质的意义，其中蕴含着人的目的、人性的善端，以及人的积极的理想。在主流的社会认识中，教育事业是一种善举，教育活动是向善和求善的。具体地讲，在物质的意义上，教育要使人健康、有力；在精神的意义上，教育要使人聪明、善良。要实现这样的教育理想，教师的教育教学行动就必须遵循道德的标准。这里的道德具体包括了人类普遍的道德、具体文化状态下的道德和教育中的道德规范。职业的教育者都是受过良好教育的人，总体上不会具有道德上的瑕疵，但这并不意味着我们不需要在道德的意义上进行教学反思。要知道一个善良的人也可能有一时的冲动行为。值得指出的是，教育者不能仅仅用大众的道德标准来衡量自己的。教育事业的特殊性，注定了教育者要遵循更为“苛刻”的道德标准，正是在此意义上，人们才说教师是人类灵魂的工程师。实际上，社会公众通常也对教育者抱有更高的道德期望。比如，尽管体罚未成年人是被普遍反对的，但是人们对于父母打孩子似乎要宽容些，而对于教师打学生就要严厉地批评。教育者也不必叫屈喊冤，既然选择了教书育人，就要无愧于这太阳底下最光辉的职业。在按照道德的标准反思教学的过程中，得益的不仅是教师个人的专业成长和发展，还会带来教师人生境界的提高。

（四）我还能怎样做

通过追问“我做了什么—我的做有效吗—我的做自身合理吗”，且不要说其他的功用，一个教师对自己的教学起码会有一个清晰的自我认识。这对于教师来说是很有意义的，不过教学反思却不能到此为止。教学反思，就其本质来说，是一个“提出问题—探讨研究—解决问题”的过程。如果教学反思到此为止，应该说只是发现了问题，而发现问题并不是我们的最终目的。教学反思虽然要回顾过去，却是面向未来的。在未来面前，我们本能的提问就是“我还能怎样做”。“我还能怎样做”这个问题一经提出，就意味着教师个人超越自我的意识的出现。尽管只是向未来发出疑问，但教师个人的专业成长和发展几乎成为必然。实践证明，只有反思型的教师才可能提出这样的问题。在其反面，许多教师则常常会说“只能这样做”。他们之所以会固执地认为“只能这样做”，客观上的原因有传统的巨大影响力和个体行为的自然惯性，主观上的原因以这些教师个人不具有反思的意识和习惯最为关键。

没有反思，就没有进步；没有深刻的反思，就没有明显的进步；没有反思的意识和习惯，就没有持续的进步。在教育现代化的今天，故步自封、墨守成规、一切从经验和本能出发，是不能适应教育发展要求的，也是无法满足社会对高质量教育的需要的。只有在每一个教师自觉反思的基础上，教学专业才能不断进化，教师职业才能可持续地发展。俗话说，学无止境。我们需要变“我只能这样做”的武断为“我还能怎样做”的虔诚。立足于“我”，关注“怎样做”，面向“未来”，那么，教师和教学的状况就会得到改进。人的生命是有限的，但专业成长和发展的空间是无限的，反思是我们在有限的生命中追求专业无限成长和发展的最佳选择。

# 第二章　教学反思的存在方式

## 第一节　课前反思

一般情况下，教学反思包括课前反思、课中反思和课后反思。布鲁巴赫（J. W. Brubacher）等人将课前反思、课中反思和课后反思描述为“为实践反思”“实践中反思”和“实践后反思”。随着教育改革的不断深入，大多数教师已经认识到教学反思对自己专业发展的重要意义，但往往注重的是课后反思，课前、课中反思被很多教师忽略。因此，要改变当前教师的这种思想状态，每节课都要从课前反思入手，做实课前、课中、课后反思，让教学更有序、更有效。

### 一、概念解读

课前反思，顾名思义就是上课之前进行的教学反思，主要是反思备课的效果和教案的预设。课前反思能更好地体现教学设计的预见性，更有利于课堂教学有效性的达成。课前反思的主要目的是使课前教师拟订的教学计划和备课方案更具科学性和合理性，能更充分地预测和应对教学过程中可能出现的问题，有助于学生更好地达成学习目标。借助教学反思以确保教学计划和备课方案的科学、合理是上好一节课的重要保障。

课前反思具有反复性、预测性的特点。首先，科学、合理的教学计划和备课方案不是一次性完成的产物，教师可能需要对教学计划和备课方案进行多次修改。每一次的修改都会使教学计划和备课方案更趋近科学合理，多次的修改需要反复的反思，因此，课前反思具有反复性的特点。其次，课前由于本节课的教学活动尚未真正开始，只能想象课堂上可能会出现的问题，并及时对备课方案进行修改、调整，从这个角度来看，课前反思具有预测性的特点。

## 二、撰写方法

### （一）反思教学内容

课前反思第一条也是最重要的一条，是反思教学内容。教师要着眼全局，整体分析教学内容，明确本节课在整个教学进程中的地位，清楚本课时的教学目标、教学重点和难点，按照实际教学情况合理设置和调整课时内容，衡量是否有必要对教学内容进行拓展等。教师做到心中有数，才能在课堂上胸有成竹，有的放矢。

课前反思教学内容，需要认真研读教材，整体把握教材，了解教材的编写理念，把教材这个课程标准落地的“抓手”最大限度地利用起来。教材的每个章节、单元都是一个自洽的系统，每个内容安排都指向课程的核心素养的表达，教师课前应熟读精思，掌握每部分之间的逻辑关系，深刻理解编者意图，并且将之与学情充分结合，形成适宜的教学内容。

### （二）反思教学方法

明确了教学的重点、难点，运用什么样的教学方法就是教师要着重考虑的问题了。教师要牢记方法为内容服务，而一切教学都是为育人服务的，脚踏实地选择与当前育人目标相一致的、与教学内容相匹配的、适合学生的、切实可行的方法和手段，充分调动学生的主动性和积极性，活跃课堂气氛，融洽师生关系，从而达到事半功倍的效果。

课前反思教学方法，要牢记课程改革所倡导的全科育人、全程育人、全面育人的理念，注重在实践中培养学生灵活运用所学知识解决实际问题的能力。例如是否合理展开“学习活动”就是一个值得反思的至关重要的问题，要审视是否恰当确定学生学习的起点和教学的落点，是否以自主、合作、探究学习为基础，注重本学科和其他课程的跨学科融合，是否做到了以培养学生的探究精神和实践能力为目的，开展形式多样、丰富多彩的“学习活动”。从以上若干“是否”入手进行的反思才是真正有价值的课前反思。

（三）反思教学过程

要想上好一节课，必须在课前对整个课堂进行有预见性的整体把握：怎么导入课题，教学的重点安排在哪一个环节，大约需要占用课堂的多少时间，教学中学生活动可能会出现什么样的问题，以及针对这些问题，教师需要采取什么样的解决方法，如何选用学生乐于接受的评价方式，等等，在走进课堂之前，教师都应该思考妥当。

教学过程是动态的，教师在进行反思时要认识到这一点，从而做出较为充分的相应准备。课前未雨绸缪，才能保证课堂教学真正有效。特别要注意的是，反思教学过程还要反思现代化教育手段的应用是否合理，例如，要反思课件使用是否得当，不能为了追求形式上的现代化而用课件，为了省事而播放视频。一节课的教学过程是否有创新、有吸引力，关键不在于是否应用了现代化教育手段，而是是否在先进的教学理念引领之下，较好地激发了学生的学习兴趣，培养了学生的学习习惯，提高了学生的学习能力。这才是我们上课前需要反思的内容。

（四）反思当前学情

教学内容的选择、教学方法的使用等都应该适合当前的学生。在对教学设计进行重新审视时一定要思考：这个设计合乎学情吗？教师既要考虑整个班级学生的认知情况，也要顾及不同学生的具体情况，要正视和尊重学生的个体差异，摸清哪些学生需要特殊关注，哪些学生接受能力强，哪些学生接受能力弱，以便在教学设计中融入分层教学、多维评价等元素，切实让每一个学生都能得到发展。

课前反思是为了实现课堂教学的更优化，因此，反思当前学情要注意：(1) 根据经验，预测当堂课学生可能出现的问题。其实，课前反思从某种程度上来说也是课后的反思，在上一节课前，多数教师都有过数次教学经历，即使是新教师也会有若干的模拟教学或观摩教学的经历，都可以根据教育教学经验，预测课堂可能出现的问题，做好应对预案。(2) 多方了解学情，制订并修订教学设计。我们应当重新审视传统的“以教定学”的课堂教学理念，教师应与学生交流互动，通过个别谈话、随时观察、评改作业等多种渠道了解学情，明白学生“在哪里”，明确学生要“去哪里”，知道学生“怎样去那里”，等等，在反思中不断调整，形成符合学情的教学设计。

## 三、案例举隅

### 案例一　语文：汉字专题
### 教学设计（第一稿）

【学习目标】

1. 了解汉字的造字法和书写规则。

2. 了解汉字的起源和演变过程，充分感受汉字的魅力。

3. 了解汉字中的民族文化信息，培养热爱祖国文字的感情。

【资料研读】

一、七大书体特点

1. 甲骨文。甲骨文虽然大小不一，错综变化，但已具有对称、稳定的格局。所以有人认为，中国的书法严格讲是由甲骨文开始的。甲骨文的原始图画文字的痕迹还是比较明显，注重突出实物的特征，而笔画多少、正反向背却不统一，异体字非常多，有的一个字可有十几个甚至几十个写法。由于甲骨文是用刀在龟甲兽骨上刻成的，而刀有锐有钝，骨质有细有粗、有硬有软，所以刻出的文字笔画粗细不一，甚至有的纤细如发，或是疏疏落落，参差错综，或是密密层层，十分严整庄重，显出古朴多姿的无限情趣。

2. 金文。从总的情况看，金文比商代甲骨文进一步稳定、规范、简化和符号化了。若与之后的小篆比，则结构仍未定型，部分字的笔画增减、偏旁部首的安排仍有某种随意性。金文字体结构疏密相间，比甲骨文方正整齐，笔画分布均匀对称，笔道比甲骨文粗，字的体势较甲骨文雍容厚重。

3. 篆书。篆书分大篆、小篆。大篆是秦代以前通用的一种字体，大多属于因形立意，结构法则没有形成规范。小篆是秦始皇统一六国之后秦代通用的标准字体，但也保存了很多因形立意的象形字。象形是篆字的第一个特点；第二个特点是笔画有转无折，一切转弯的笔画都成圆转；篆字的第三个特点是圆笔中锋，笔画的起笔和收笔都呈圆形。

4. 隶书。起于秦，兴于汉，又称“隶文”“隶字”。隶书相传由秦代程邈在狱中所创，书体庄重，气势雄厚。字体略微宽扁，横画长，直画短。变篆书笔画中的圆为方、曲为直。典型笔法讲究有波势，即“蚕头雁尾”“一波三折”。

5. 楷书。也称“正书”“真书”，萌芽于汉末，盛行于魏晋，直至今天仍然是我国现代的书体。楷书保留了隶书的方正平直，去掉了“蚕头雁尾”，使汉字的结构大体固定下来。楷书有三大特征：第一，笔画平正，结构整齐；第二，笔画有规律；第三，起止三折笔，运笔在中锋。

6. 草书。章草和今草是草书的两大品类，代表了草书发展的两大阶段。章草由隶书演变过来，而今草由章草演变过来。其书写灵动顺畅，一气呵成，极具韵律性和艺术性。

7. 行书。行书是从楷书演变而来。行书的特征是非楷非草，介于楷草之间，既没有楷书的规范严肃，也没有草书的奔放和难以识别，而是优雅欢畅地运笔，字体书写灵活贯通。篆隶楷草各有一定的规则，唯独行书没有。行书是实用性和艺术性结合得很好的字体。

二、汉字造字法——六书

1. 象形。属于“独体造字法”，即用文字的线条或笔画，把要表达物体的外形特征具体地勾画出来。例如，“月”字像一弯明月的形状；“日”字是一个圆形，中间一点，像我们在直视太阳时看到的形态。

2. 指事。属于“独体造字法”，与象形的主要区别是指事字含有绘画中较抽象的东西。如“刃”字是在“刀”的锋利处加上一点，以作标示；“上”“下”二字则是在主体“一”的上方或下方画上标示符号。

3. 会意。属于“合体造字法”。会意字由两个或多个独体字组成，合并起来表达此字的意思。例如“采”字，以“爪”探于“木”上，合起来表达“采摘”字义。

4. 形声。属于“合体造字法”。形声字由形旁和声旁两部分组成，形旁表示字的意思或类属，声旁则表示字的相同或相近发音。例如“樱”字，形旁是“木”，表示它是一种树木，声旁是“婴”，表示它的发音与“婴”字一样。

5. 转注。属于“用字法”。如《说文解字》“考”字下说“老也”，“老”字下说“考也”，“转相为注，互相为训”。

6. 假借。属于“用字法”。很多代表某些事物的概念不能用象形、会意的方式造出文字来表现，于是就假借已有的音同或音近的字来代表，这种跟借用的字的形义完全不合的字就称为假借字。如“北”，甲骨文字形像二人相背，北方的“北”无形可像，就借语音相同的“北”来表示北方的意思。

三、汉字的魅力

1. 形美以感目——汉字具有形体美，不信，请看“山”，峰峦如聚，连绵起伏，让人感受到巍然高耸的壮丽。

2. 音美以感耳——汉字具有音韵美，不信，请看“哗”，人群熙攘，人声鼎沸，让人感受到欢聚一堂的热闹。

3. 意美以感心——汉字具有意蕴美，不信，请看“明”，日月高悬，相与争辉，让人感受到光明无限的希望。

仿写练习：汉字具有________美，不信请看“____”，____________________________________，让人感受到____________________________。

小组讨论：你还发现了汉字的哪些魅力呢，快来分享给我们吧！

【当堂达标】

1. 春节是团圆的日子，也是传承民族优秀文化的日子。请你根据要求，完成1—2题。(共5分)

(1) 下面是四幅不同书体的“福”字。请你选择一幅贴在自家的门上，向家人说明你选择的这幅字属于哪种书体，并结合这幅字的书体特点说明你选择的理由。(3分)

| 第一幅 | 第二幅 | 第三幅 | 第四幅 |
|---|---|---|---|
| 刘炳森书 | 颜真卿书 | 怀素书 | 王羲之书 |

你选择：第____幅。书体：____。理由：____________（限4个字）。

（2）下面是利用汉字结构创作的一幅窗花。这幅窗花中有四个跟“口”有关的汉字。请你将这四个字填入下面的方框内，组成一个表达人生态度的四字短语。(2分)

□□□□

2. 古人造字，源起象形，依样画葫芦，栩栩如生。请将下列古体字的序号对应填入简体字的括号中。(2分)

①　②　③　④

A. 茧（　）　B. 鸟（　）　C. 乳（　）　D. 水（　）

**【反思】**

“学而不思则罔，思而不学则殆”，教学实践中，及时有效的反思可以帮助我们搞好教学工作。反思教学行为，总结教学得失，对整个教学流程进行分析和审视，才能提升自我发展能力，完善教学艺术，将自己打造成为发展型教师、研究型教师。

汉字专题是初中语文教学的一个重点，也是中考考查的重要内容，知识点繁多且不乏难点，教学时颇费工夫。教师在备课时需要调动知识学养，多方收集教学资料，选择恰当的教学方法和辅助手段，以引导学生完成预期的学习目标。

以上呈现的汉字专题第一稿学案设计，学习目标设置虽然做到了由易到难，循序渐进，但头绪繁多，须斟酌权衡，删繁就简。其中，造字法和书写规则两项学习目标任务量都很大，大大超过了一课时的学习容量，宜二选其一；第三点“了解汉字中的民族文化信息”的学习目标包罗万象，对七年级学生而言，较为艰深，宜删去。

学案设计的亮点在于“资料研读”部分，以精简的文字罗列出七大书体特点和“六书”造字法的知识要点，便于学生快速勾画重点，习得重要内容。但是，此部分内容枯燥乏味，若直接讲解或自行阅读，课堂气氛容易沉闷。根据语文课程标准中“积极倡导自主、合作、探究的学习方式”，“语文课程必须根据学生身心发展和语文学习的特点，保护学生的好奇心、求知欲，鼓励自主阅读、自由表达，充分激发他们的问题意识和进取精神，关注个体差异和不同的学习需求”等要求，教学内容的确定，教学方法的选择，评价方式的设计，都应有助于自主、合作、探究学习方式的形成。由此，“资料研读”部分的内容可以作为资料卡附于学案后，教师课上不做理论讲解，改为学生课上查阅，合作探究，得出结论。另外，造字法和书体特点的知识学习也可借助预习或观看视频的方式完成，以突显课程设计“以学生为主体”的理念。

“资料研读”第三步是要通过仿写练习让学生感受汉字的魅力，从“形美”“音美”“意美”三个角度进行设计，所选三个例字也非常适切。但在仿写时，学生能否迅速从浩如烟海的汉字中找到恰当的字呢？挑选时是否会犹豫再三，耽误课堂时间呢？这也是学案设计第一稿中有待斟酌的地方。

综上所述，本学案设计还需做出多处修改，教学设计及辅助手段也要做出相应的调整。

## 教学设计（第二稿）

【学习目标】

1. 了解汉字的起源和书体演变过程。

2. 了解汉字的造字法。

3. 充分感受汉字的魅力，增强对祖国语言文字的热爱。

【专题探究】

一、汉字的起源和演变

汉字起源于____记事，经历了甲骨文、______、______、______、________、草书和行书等多个形体演变过程。

二、汉字的造字法

汉字的造字法合称“_____”。其中_____、_____属于独体造字法，_______、_______属于合体造字法，_____、_____属于用字法。

三、汉字的魅力

1. 形美以感目——汉字具有形体美，不信，请看“山”，峰峦如聚，连绵起伏，让人感受到巍然高耸的壮丽。

2. 音美以感耳——汉字具有音韵美，不信，请看“哗”，人群熙攘，人声鼎沸，让人感受到欢聚一堂的热闹。

3. 意美以感心——汉字具有意蕴美，不信，请看“明”，日月高悬，相与争辉，让人感受到光明无限的希望。

仿写练习：汉字具有________美，不信请看“______”，________________________，让人感受到________________________________。

（备选汉字：舒、美、帆、川、日、月、霖、泠、喧、嗤、飞、鸣、溪、喆、玺、林……）

【当堂达标】

1. 下面是四幅不同书体的“福”字。请你选择一幅贴在自家的门上，向家人说明你选择的这幅字属于哪种书体，并结合这幅字的书体特点说明你选择的理由。(3分)

| | | | |
|---|---|---|---|
| 第一幅 | 第二幅 | 第三幅 | 第四幅 |
| 刘炳森书 | 颜真卿书 | 怀素书 | 王羲之书 |

2. 古人造字，源起象形，依样画葫，栩栩如生。请将下列古体字的序号对应填入简体字的括号中。(2分)

①　②　③　④

A. 茧（　）　B. 鸟（　）　C. 乳（　）　D. 水（　）

【资料链接】

一、七大书体特点

1. 甲骨文。甲骨文虽然大小不一，错综变化，但已具有对称、稳定的格局。所以有人认为，中国的书法严格讲是由甲骨文开始的。甲骨文的原始图画文字的痕迹还是比较明显，注重突出实物的特征，而笔画多少、正反向背却不统一，异体字非常多，有的一个字可有十几个甚至几十个写法。由于甲骨文是用刀在龟甲兽骨上刻成的，而刀有锐有钝，骨质有细有粗、有硬有软，所以刻出的文字笔画粗细不一，甚至有的纤细如发，或是疏疏落落，参差错综，或是密密层层，十分严整庄重，显出古朴多姿的无限情趣。

2. 金文。从总的情况看，金文比商代甲骨文进一步稳定、规范、简化和符号化了。若与之后的小篆比，则结构仍未定型，部分字的笔画增减、偏旁部首的安排仍有某种随意性。金文字体结构疏密相间，比甲骨文方正整齐，笔画分布均匀对称，笔道比甲骨文粗，字的体势较甲骨文雍容厚重。

3. 篆书。篆书分大篆、小篆。大篆是秦代以前通用的一种字体，大多属于因形立意，结构法则没有形成规范。小篆是秦始皇统一六国之后秦代通用的标准字体，但也保存了很多因形立意的象形字。象形是篆字的第一个特点；篆书的第二个特点是笔画有转无折，一切转弯的笔画都成圆转；篆字的第三个特点是圆笔中锋，笔画的起笔和收笔都呈圆形。

4. 隶书。起于秦，兴于汉，又称“隶文”“隶字”。隶书相传由秦代程邈在狱中所创，书体庄重，气势雄厚。字体略微宽扁，横画长，直画短。变篆书笔画中的圆为方、曲为直。典型笔法讲究有波势，即“蚕头雁尾”“一波三折”。

5. 楷书。也称“正书”“真书”，萌芽于汉末，盛行于魏晋，直至今天仍然是我国现代的书体。楷书保留了隶书的方正平直，去掉了“蚕头雁尾”，使汉字的结构大体固定下来。楷书有三大特征：第一，笔画平正，结构整齐；第二，笔画有规律；第三，起止三折笔，运笔在中锋。

6. 草书。章草和今草是草书的两大品类，代表了草书发展的两大阶段。章草由隶书演变过来，而今草由章草演变过来。其书写灵动顺畅，一气呵成，极具韵律性和艺术性。

7. 行书。行书是从楷书演变而来。行书的特征是非楷非草，介于楷草之间，既没有楷书的规范严肃，也没有草书的奔放和难以识别，而是优雅欢畅地运笔，字体书写灵活贯通。篆隶楷草各有一定的规则，唯独行书没有。行书是实用性和艺术性结合得很好的字体。

二、汉字造字法——六书

1. 象形。属于“独体造字法”，即用文字的线条或笔画，把要表达物体的外形特征具体地勾画出来。例如，“月”字像一弯明月的形状；“日”字是一个圆形，中间一点，像我们在直视太阳时看到的形态。

2. 指事。属于“独体造字法”，与象形的主要区别是指事字含有绘画中较抽象的东西。如“刃”字是在“刀”的锋利处加上一点，以作标示；“上”“下”二字则是在主体“一”的上方或下方画上标示符号。

3. 会意。属于“合体造字法”。会意字由两个或多个独体字组成，合并起来表达此字的意思。例如“采”字，以“爪”探于“木”上，合起来表达“采摘”字义。

4. 形声。属于“合体造字法”。形声字由形旁和声旁两部分组成，形旁表示字的意思或类属，声旁则表示字的相同或相近发音。例如“樱”字，形旁是“木”，表示它是一种树木，声旁是“婴”，表示它的发音与“婴”字一样。

5. 转注。属于“用字法”。如《说文解字》“考”字下说“老也”，“老”字下说“考也”，“转相为注，互相为训”。

6. 假借。属于“用字法”。很多代表某些事物的概念不能用象形、会意的方式造出文字来表现，于是就假借已有的音同或音近的字来代表，这种跟借用的字的形义完全不合的字就称为假借字。如“北”，甲骨文字形像二人相背，北方的“北”无形可像，就借语音相同的“北”来表示北方的意思。

**【反思】**

“汉字专题”教学设计的第二稿在初稿的基础上进行调整，其中学习目标删去了“了解汉字的书写规则”和“了解汉字中的民族文化信息”两项内容，重点更加突出，目标更为清晰。

“资料研读”部分七大书体特点和“六书”造字法知识讲解的绝大部分内容，计划通过预习时观看两个10分钟左右的短视频来进行。课堂教学中以板书不同书体呈现的“汉字大魅力”五个字为载体，以学案中的“资料链接”部分为索引，对预习时已涉及的知识点做系统梳理，这样学案设计版面更为美观，课容量大大减少，课堂教学也从容了许多。更重要的是，课堂学习过程凸显了学生自主、合作、探究的学习方式，符合立足学生核心素养发展的课程设计理念。

仿写练习部分呈现了一些备选汉字，这些字大多是从班级学生的姓名中摘选出来的，不仅大大节约了学生的挑选用时，使学习环节更为紧凑，而且让学生真切体会自己姓名的美好寓意，提升了课堂参与度，有力促进了“充分感受汉字的魅力，增强对祖国言语文字的热爱”这一学习目标的达成。

（案例提供：山西大学附属中学　武雪萍）

## 案例二　道德与法治：维护国家安全

## 教学设计（第一稿）

| 课题：9.2维护国家安全 | |
|---|---|
| 科目：道德与法治 | 教学对象：九年级学生 |
| 授课者：王蕾 | 单位：太原市万柏林区第二中学校 |
| 一、教材分析<br>本节课是第九课《树立总体国家安全观》第二框的内容，是对第一框《认识总体国家安全观》内容的落实和延伸，即在清楚我国国家安全形势和国家安全重要意义的基础上进一步探讨我们该如何维护国家安全。 | |
| 二、教学目标<br>1. 知道维护国家安全人人可为，明白维护国家安全是每个公民的法律义务，了解与国家安全有关的法律规定。<br>2. 通过分析调查结果、合作探究等方式，提高识别危害国家安全行为的能力，清楚可以通过什么方式来维护国家安全。<br>3. 通过理解教材内容和联系自身实际，增强维护国家安全的意识，学会从自身做起，尽力而为。 | |
| 三、教学重点及难点<br>· 教学重点：明确人人都能且必须要履行维护国家安全的义务。<br>· 教学难点：如何维护国家安全。 | |

（续表）

四、学习者特征分析

当今的初中生成长在和平年代，往往认为国家安全问题离自身生活比较远，或者认为维护国家安全只是国家专门机构的事情，与自身关系不大。同时，受传统国家安全观的影响，容易狭隘地认为国家安全就是指军事、国土、主权的安全，而忽视经济安全、文化安全、生态安全等多方面同样属于国家安全的重要内容，即便是知道国家安全离我们并不远，也不清楚自己能为维护国家安全做些什么。

五、设计理念

本课所依据的课程标准的相应部分是“我与国家和社会”中的“积极适应社会发展”，具体对应的内容标准是“感受个人成长与民族文化和国家命运之间的联系”。本框在学生对我国安全形势和国家安全的意义有了一定认识的情况下，探讨“如何维护国家安全”。由于国家安全离我们的生活较远，材料的选择上难度也较大，如果不能够贴近学生生活实际，就会落入“大、空”。因此我设计了三个环节：感悟国家安全、走近国家安全、走进国家安全，由浅入深，层层推进，使学生明白国家安全人人都是主角；维护国家安全人人可为，并从身边小事做起；通过对新闻时事的解读与探究，懂得维护国家安全是我们的法定义务，国家安全高于一切，清楚我们在现实生活中该如何维护国家安全。

六、教学过程

| 教师活动 | 设计意图 |
|---|---|
| 课前播放视频《哪有什么岁月静好》。<br>●感悟国家安全<br>我们不是生活在一个和平的年代，只是生活在一个和平的中国。在维护国家安全方面，很多人在默默为我们付出甚至牺牲生命。他们可能是边防战士、武警官兵，也可能是国家安全机关的工作人员，那作为中学生的我们能为国家安全做些什么？ | 清楚我们国家在维护人民安全方面做了很多努力，很多人在默默为我们付出，激发学生感恩之心，更加珍惜现在的和平生活。 |

（续表）

| 教师活动 | 设计意图 |
| --- | --- |
| ●走近国家安全<br>问题1：以下哪个是你闲暇之余的优先选择？<br>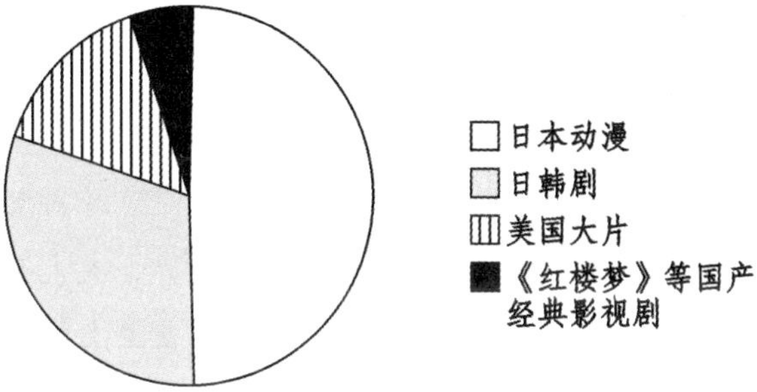<br><br>这说明了什么？你有什么建议？<br>问题2：当看到学校水房的水龙头在滴水的时候，你采取过行动吗？<br>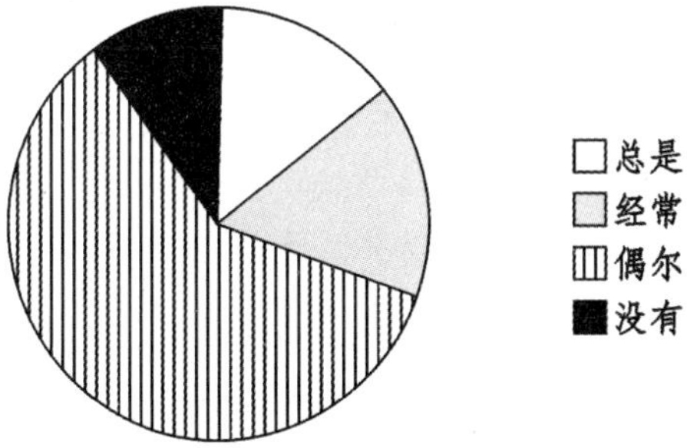<br><br>这说明了什么？与安全有关吗？ | 课前针对文化安全、资源安全的两个问题进行了调查，师生就调查结果进行分析和探讨。从文化安全和资源安全入手，使学生明白国家安全就在我们身边，我们要从自身做起，从小事做起。<br>国家安全涉及生活的方方面面，树立总体国家安全观，清楚维护国家安全人人可为，每个人都要行动起来！ |
| ●走进国家安全<br>2018年7月15日，国家药品监督管理局发布通告指出，长春长生生物科技有限公司冻干人用狂犬病疫苗生产存在记录造假等行为。不到一年，再曝疫苗质量问题。百白破问题疫苗流向山东，疫苗已接种247359支，损耗、封存5241支，涉及儿童215184人。 | 选择当时热点新闻情境“假疫苗”事件，让大家谈谈这对国家安全的危害，激发学生积极行动起来维护国家安全的热情。 |

（续表）

| 教师活动 | 设计意图 |
| --- | --- |
| ◇思考：假疫苗事件对我们有什么影响？<br>这次疫苗事件爆发的导火索是长生生物内部生产车间的一名老员工实名举报公司在生产疫苗过程中存在造假的行为。至于这名老员工举报自己公司的动机也是众说纷纭，有人说他是因为不满公司的薪酬制度所以才举报公司的，也有人说是因为公司内部岗位调整导致这名老员工利益受损。<br>◇小组讨论：<br>1. 请你从动机和行为两个角度来评价该员工。<br>2. 如果遇到类似的事情，我们应该怎么做？<br>2018年7月24日，长春新区公安分局通报称，长春长生生物科技有限责任公司董事长高某芳等15名涉案人员因涉嫌刑事犯罪，被长春新区公安分局依法采取刑事拘留强制措施。<br>看到相关责任人依法被批捕，你还是很生气，于是在微博上写了一篇关于声讨假疫苗事件的文章，还截取了网友指责和谩骂的留言。刚一发到网上，一个名叫彼得的外国人表示他也十分气愤，并表示希望你继续收集该事件的负面影响。<br>◇如果是你，你会怎么做呢？ | 面对国家安全问题时，人人要有国家利益至上的觉悟，国家好，大家才会好，自觉维护国家安全并清楚该如何付诸行动。<br>观看视频，使学生意识到我们如果警惕性不高就可能会成为危害国家安全的帮凶。 |

（续表）

<table>
<tr><th>教师活动</th><th>设计意图</th></tr>
<tr><td>●达标反馈<br>1. 树立国家安全意识，自觉关心、维护国家安全，是我国宪法规定的公民的基本义务。发现危害国家安全的行为，应该（　　）<br>①装作不知道，以防他人打击和报复　②及时向国家安全机关或公安机关报告　③积极配合国家安全机关工作，为国家安全机关执行公务提供便利条件　④与我们青少年无关，是大人的事<br>A. ①②　　B. ③④　　C. ②③　　D. ①④<br>2. 2017年2月，对于美国海军“卡尔·文森号”航母编队南海巡航，中国国防部新闻局副局长、国防部新闻发言人任国强指出，中国对于美国海军“卡尔·文森号”航母编队在南海的情况是掌握的，目前南海形势总体是和平稳定的，希望美方的行动能够为这一良好局面贡献正能量，而不是相反。中国人一贯坚持“朋友来了有好酒，豺狼来了有猎枪”。对此，下列认识正确的是（　　）<br>①当国家利益受到损害时，我们应有对祖国的高度责任感　②当国家的尊严受到侵犯时，我们应挺身而出，坚决维护国家的荣誉和利益　③维护国家安全是每个公民应尽的义务　④国家的安全与公民个人的安全无关<br>A. ①②③④　B. ①②③　　C. ②③④　　D. ①②④</td><td></td></tr>
<tr><td colspan="2">七、板书设计<br><br></td></tr>
</table>

## 教学设计（第二稿）

| 课题：9.2维护国家安全 | |
|---|---|
| 科目：道德与法治 | 教学对象：九年级学生 |
| 授课者：王蕾 | 单位：太原市万柏林区第二中学校 |
| 一、教材分析<br>本节课是第九课《树立总体国家安全观》第二框的内容，是对第一框《认识总体国家安全观》内容的落实和延伸，即在清楚我国国家安全形势和国家安全重要意义的基础上进一步探讨我们该如何维护国家安全。 | |
| 二、教学目标<br>1. 知道维护国家安全人人可为，明白维护国家安全是每个公民的法律义务，了解与国家安全有关的法律规定。<br>2. 通过分析调查结果、合作探究等方式，提高识别危害国家安全行为的能力，清楚可以通过什么方式来维护国家安全。<br>3. 通过理解教材内容和联系自身实际，增强维护国家安全的意识，学会从自身做起，尽力而为。 | |
| 三、教学重点及难点<br>· 教学重点：明确人人都能且必须要履行维护国家安全的义务。<br>· 教学难点：如何维护国家安全。 | |
| 四、学习者特征分析<br>当今的初中生成长在和平年代，往往认为国家安全问题离自身生活比较远，或者认为维护国家安全只是国家专门机构的事情，与自身关系不大。同时，受传统国家安全观的影响，容易狭隘地认为国家安全就是指军事、国土、主权的安全，而忽视经济安全、文化安全、生态安全等多方面同样属于国家安全的重要内容，即便是知道国家安全离我们并不远，也不清楚自己能为维护国家安全做些什么。 | |

（续表）

<table>
<tr><td colspan="2">五、设计理念<br>本课所依据的课程标准的相应部分是“我与国家和社会”中的“积极适应社会发展”，具体对应的内容标准是“感受个人成长与民族文化和国家命运之间的联系”。本框在学生对我国安全形势和国家安全的意义有了一定认识的情况下，探讨“如何维护国家安全”。由于国家安全离我们的生活较远，材料的选择上难度也较大，如果不能够贴近学生生活实际，就会落入“大、空”。因此我以八年级学生小明的三个疑惑为线索，从军事安全、网络安全、资源安全等方面入手，设置教学情境来解决本节课的教学目标和重难点。使学生在解读新闻时事、合作探究以及分析调查结果中一步步明确维护国家安全人人有责，人人可为；知道维护国家安全是我们的法律义务，必须在实际生活中为维护国家安全做贡献。</td></tr>
<tr><td colspan="2">六、教学过程</td></tr>
<tr><td>教师活动</td><td>设计意图</td></tr>
<tr><td>●导入新课<br>课前播放视频《哪有什么岁月静好》。<br>我们不是生活在一个和平的年代，只是生活在一个和平的中国。在维护国家安全方面，很多人在默默为我们付出甚至牺牲生命。他们可能是边防战士、武警官兵，也可能是国家安全机关的工作人员，那作为中学生的我们能为国家安全做些什么？</td><td>清楚我们国家在维护人民安全方面做了很多努力，很多人在默默为我们付出，激发学生感恩之心，更加珍惜现在的和平生活。</td></tr>
<tr><td>●困惑1　难道每个人都能维护国家安全？<br>出租汽车司机王某在工作中发现，几名外国人随身携带不明装备，在军事禁区附近逗留。王某随后向国家安全机关反映情况。经国家安全机关深入调查，发现这几名外国人有境外间谍情报机关背景，欲用地下探测设备刺探我军事核心秘密。</td><td>通过出租车司机举报间谍的新闻，让学生意识到维护国家安全并不只是某些人的职责，与自身无关，明白维护国家安全人人可为，人人都能做到。</td></tr>
</table>

（续表）

| 教师活动 | 设计意图 |
| --- | --- |
| ●困惑2　作为中学生我们该怎么做？<br>展示危害食品安全、资源环境安全、网络安全的图片。<br>1. 谈谈以上行为的危害。<br>2. 小组讨论：给出具体详细的方法来帮助小明解决疑惑。 | 先让大家谈谈一些行为对国家安全的危害，激发学生以积极行动维护国家安全的热情。从身边常见的食品安全、资源环境安全、网络安全入手，让学生清楚在生活中遇到类似的情况该怎么做。 |
| ●困惑3　我们必须维护国家安全吗？<br>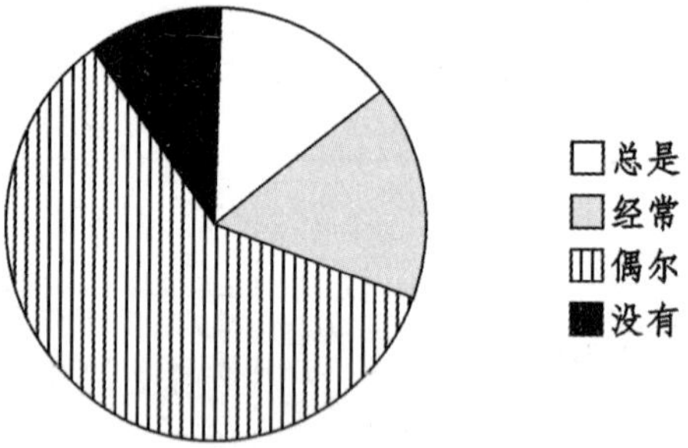<br>当看到学校水房的水龙头在滴水的时候，你采取过行动吗？<br>出示《中华人民共和国水法》《中华人民共和国宪法》《中华人民共和国国家安全法》相关法律规定。 | 分析调查结果，使学生认识到在维护国家安全方面我们做得远远不够。通过学习有关国家安全的法律法规，明确维护国家安全我们必须有所作为，这是我们的法律义务。 |
| ●提升训练<br>小明很关心国家大事，经常在网上发布一些对社会事件的评论，有很多粉丝。一个名叫彼得的粉丝经常跟他交流，有时还提出希望他帮忙收集相关信息的请求。<br>播放相关新闻视频。 | 观看视频，使学生意识到我们如果警惕性不高就可能会成为危害国家安全的帮凶。 |

（续表）

七、板书设计

**【反思】**

## 心动才有行动

——《维护国家安全》课堂教学反思

青少年阶段是人生的“拔节孕穗期”，最需要精心引导和栽培。道德与法治课作为中学生思政教育和素质教育的重要阵地，肩负“立德树人”“铸魂育人”的重大使命。在我们的教学中需要立足学科本质，把握教学方向，做好思政教育。但思政不是喊口号，唯有触动心灵的教育，才能促进学生对教育内容产生认同感，只有学生做到“心动”，日后才会有真正的“行动”。

反思一：以学定教，学生疑点就是教学生长点。

《维护国家安全》这部分内容离学生相对较远，但有了上节课的铺垫，学生对国家安全形势以及国家安全的重要性已经有了一定的认识，而这节课是对上节课内容的延伸，即探讨我们具体该怎么做。刚开始备课的时候我比较迷茫，不知道从哪里入手，于是根据自己的经验完成了初步的教学设计之后，我反问自己：学生自己看书和你给他讲授后效果差别大吗？学生自己看完书不懂的地方你给他讲清楚了吗？通过反思，我深刻认识到自己对于学生的困惑、问题挖掘得不够，于是提前让学生做了课前阅读，清楚了他们共同的疑惑是什么，我想这才是需要拿到课堂上讨论的内容。事实证明，三个疑惑是学生的兴趣点，也是有效教学的生长点。

反思二：教师放手，发挥学生的能动性。

最初的教学设计我分为三个部分：感悟国家安全、走近国家安全和走进国家安全。走进国家安全部分，以长春长生疫苗事件为情境，将所有想要学生生成的观点整合在三个不同情境中，设置了一系列问题，让学生清楚维护国家安全是我们的法定义务，以及该怎么去做。第一次试讲感觉很顺利，学生把我想要的答案全都说了出来，自己也洋洋洒洒讲得很尽兴。但是我的师傅和教研员听课后给出的评价是：课堂看似很活跃，但其实学生很被动，没有真正发挥学生学习的主观能动性。

于是我忍痛割爱，删了自认为能够支撑课堂的疫苗情境，放手让学生探讨网络安全、资源安全、食品安全和军事安全的话题。起初，我对这样的改动是心有疑虑的：学生有话说吗？万一学生不会说我该怎么办？就几幅图片，能够以点带面、从案例到学生身边，最终落实教学目标和教学难点吗？事实证明，只要情境选取得当，教师大胆放手，学生比我们想象的要优秀。要想真正把课堂还给学生就要大胆放手，给学生充分的信任和表达的机会。这就要求教师有丰富的知识储备和较高的教学智慧来设计教学情境和探究的问题，并给予及时到位的点评和小结补充。

反思三：学生“心动”，日后才能真正“行动”。

对教学设计第一稿进行反思和修改之后，我又上了一课，总体感觉还是不错的。学生的疑惑解决了，课堂能动性和主动性也比较高，但总感觉好像还缺点什么，似乎“思政”的味道差了点，教学设计里少了点能够真正触动学生内心的教育。是否可以选取典型事迹或运用身边的榜样，激发出学生内心深处的家国情怀和爱国情感呢？学生在课堂上的表现再好，如果没有心动，没有从内心深处生发出家国情怀，那么他对“如何维护国家安全”的认识就是肤浅的，只是停留在口头而已。只有产生心灵与心灵的碰撞，感情与感情的共鸣，让学生在课堂上“心动”，他日后才能有真正的“行动”。而这也是我在接下来的教学中要努力的目标。

有人说表演是门遗憾的艺术，其实教学也是如此。本次课前反思实践使我又一次认识到，教学设计是课前根据教情、学情对教学活动进行预设的工作，但课堂是瞬息万变的，学生的思想、情绪、情感会处于不断变化发展的过程中。课前进行反思，其实质就是对课前的预设依据课程标准、学生实际，结合自己的教学经验或他人的经历对这个预设再次进行考量，以保障教学方案更为科学合理的一个环节，是防止和减少自己在教学完成后出现遗憾的一个重要手段。

在本次反思实践中，我课前通过对自己的反问，根据学生真正的疑惑点、兴趣增长点重新调整了教学设计。在第一次讲完并得到同行指点后，再次反思学生课堂表现被动的原因，并在随后做出相应的调整。事实证明，课前反思确实起到了改善教学行为、提升教学效果的积极作用。

（案例提供：太原市万柏林二中　王蕾）

## 四、意义价值

新课程改革的核心是课程实施，而课程实施的基本途径是教学，教学的关键在于教师的专业成长和有效教学的落实，教学反思则是促进教师的专业成长和落实有效教学的重要手段。教学过程中，不同阶段的反思具有不同的特点，课前反思具有多次性、预测性特点；课中反思具有短暂性、挑战性特点；课后反思具有总结性、评价性、内化性特点。

课前反思是上好一节课的关键。教师进行课前反思能更好地体现教学设计的预见性和实效性，符合新课程改革的理念。前面的两个案例表明，经过课前反思后的教学设计更符合学生的年龄特点，更符合学生的认知规律，教学内容及方法更有助于学生的学习。在教学前进行反思，充分了解并关注学生已有的知识，选择合适的教学切入点，可以使教学在可预见的前提下，向学生易于理解的方向发展。课前反思的行为本身就是在提醒教师：教育的目的是让学生得到充分发展，而不是展示教师自己的能力，对学生的情况了如指掌，在教学中才会得心应手。

可见，课前反思是衡量一个成熟教师的基本准则。教师要不断学习，不断接受新的教学理念和教学方法，以扎实的专业水平和认真的教学态度，从教学内容、教学方法、教学过程方面对每一节课进行整体筹划，对要学习这节课的学生进行全面了解，为了学生的发展切实做好课前反思，让课堂在教师合理的预设和充分的反思中有序、有效地进行。

# 第二节　课中反思

课中反思是教师在课堂教学实践过程中，根据学生的学习效果反馈，对教学计划进行调整的一种反思。课中反思是教师对课堂教学实践的再认识、再思考，并以此来总结经验教训，进一步提高课堂教学水平的重要手段。课中反思有利于提高课堂教学的针对性和实效性。如果教师在课堂教学过程中不随时反思、不随机应变，课前计划就有可能与实际教学脱节，找不到结合点。因此，教师既要依据教学计划，但又不能受限于既定的教学设计，应根据课堂实际，随时进行科学的反思，以便及时做出适当的调整。

## 一、概念解读

课中反思类型可分为预料之外的情况发生时进行的反思和教师与学生互动交流中的反思。

### （一）预料之外的情况发生时进行的反思

一般来说，课堂上教师按照事先准备好的教学目标、教学设计组织教学。由于课堂教学的特殊性，学生自身习得的各个知识点掌握得参差不齐，学生间的学习状况和学习能力又存在差异，课前的预估再充分也难以面面俱到。当预料之外的教学现象发生时，教师要善于抓住有利于教学计划实施的因素，因势利导，不可让学生牵着鼻子走。这就需要教师全身心地投入到教学活动中，调动各种感官捕捉反馈信息，并在此基础上围绕教学内容、依据教学策略，快速灵活地做出调整和反应。当然，对教学计划的修改和调整要适当，谨慎大修大改。

### （二）教师与学生互动交流中的反思

社会在发展，时代在进步，没有一成不变的课堂，也没有一成不变的学生。当今社会，学生获取资源和信息的手段多种多样，教师已不再是真理的化身和绝对权威的代名词。课堂教学中，随着教学内容的展开，师生的思维发展及情感交流往往会因为一些偶发事件瞬间碰撞出火花，这时教师就应快速、灵活地做出反应和调整。课堂教学的丰富性是在过程中展现的，教师对学生的独立发言、小组讨论，甚至困惑的表情、无奈的沉默等均能有所留意，并做出反馈，这样的课堂才是始终伴随课中反思的课堂，是真正实现师生共同成长的课堂。特别是对当堂不能解决的疑问，课后一定要查阅相关资料，或带着学生一起进行“攻关”，不能应付了事，无疾而终。要善于倾听来自课内和课外学生的建议，将问题转化为教学资源，研究后妥善解决。

总之，要想在教学中有所建树，就必须做一名反思型的教师，课堂上要善于发现、及时梳理、勤于总结，将做好课中反思作为提高教学水平的有效手段，在持之以恒的教学反思中体会专业成长的快乐。

## 二、撰写方法

课中反思要聚焦课堂教学进程，关注预料之外的情况发生时和师生、生生互动交流中的即兴生成，将自己的教学预设与目标达成情况、瞬间反应和现场调整举措、最后的得失利弊等记录在案。

撰写课中反思时，首先撰写的角度可以多元，但要言之有物。一节课值得思考的元素非常丰富，课中反思切忌面面俱到，大而无当。切入点要小，现象记述要具体，思考要深刻。可以对自己的教学理念、教学过程、教学行为、教学效果等方面进行反思，角度多元，关键要确有所得，能够用以指导自己今后的教学。

其次，比起闪光点来，教学中的失误点，甚至是课堂上“狼狈”的时刻更值得反思和记录。教学是有缺憾的艺术，作为教师，需要有善于发现失误的慧眼、善于反思的头脑和勤于动笔的习惯，使前车之覆成为后车之鉴，让每一天都不虚度，每次走上讲台都有提高。

再次，要寻找自己在教学中的发展点。教师要用发展的眼光看待自己的教学和自己的学生，在分析总结原有闪光点及失误点的基础上，反思自己的教学在哪些方面还可以做得更好，找出最近发展点和最大发展区，把这些经验、教训以及提炼出的做法、接下来的打算等都写下来。

## 三、案例举隅

### 案例一 历史：中国传统节日的起源

一、学习目标

1. 通过“传统节日知多少”的活动搜集整理中国传统节日的习俗和起源，初步了解中国传统节日文化。

2. 通过小组活动“寻找家的味道”和“清明节包含的历史信息”，探究中国传统节日文化的深层次寓意，从而理解其中蕴含的中华民族的道德观和价值观。

3. 通过韩国“端午祭”申遗成功，和“紫禁城里过大年”的火爆，认识中国传统文化是现代中国文化的坚实根脉，每个人都应该承担弘扬民族文化的责任和义务。

二、导入

同学们好，今天我们一起做一个游戏，猜谜语。打一传统节日。

1. 去掉一半多——除夕。

2. 第一夜——元宵节。

春节是中国最重要的传统节日，除此之外中国还有很多传统节日，今天我们就一起来了解中国传统节日的起源。

首先我们来比一比，看看哪个组知道的中国传统节日多？（时间3分钟）

**【反思】**

谜语导入的意图是激发学生的兴趣，让其迅速进入本课的学习状态。这一环节确实达到了最初设计的目的。

三、授课

【国民记忆——走进传统节日】

1. 学生活动：传统节日知多少？搜集整理关于中国传统节日的习俗和起源，以小组为单位介绍中国传统节日相关文化。

| 节日 | 习　俗<br>（如饮食、活动等） | 起　源 |
|---|---|---|
| 春节 | | |
| 清明节 | | |
| 端午节 | | |
| 中秋节 | | |

学生：放鞭炮、看花灯、吃饺子、吃粽子、赏月、吃月饼等。

教师总结：中华民族的古老传统节日，其形成与原始信仰、祭祀文化以及天象、历法等人文与自然文化内容有关，涵盖了哲学、人文、历史、天文等方面的内容，蕴含着深邃丰厚的文化内涵。

**【反思】**

本环节的设计目的是以表格的形式梳理传统节日的基本知识，初步了解传统节日，为后面的深度学习打好基础。另外，本环节设计由浅入深，从熟悉的习俗入手使得学生有话可说，愿意与大家分享，课堂氛围好。

【过渡】大家关于传统节日的记忆好像更多地停留在美食上，那么我们就好好地回忆一下那些让我们难以忘怀的美食。

**【反思】**

学生对传统节日的记忆多停留在吃什么、玩什么的层面，说明对传统文化的认识大多停留在浅层次，这种情况恰恰反映了本节课的重要价值。这节课从日常生活入手让学生认识传统文化。

本环节设计的目的在于通过创设学生熟悉的生活情境，从他们感兴趣的饮食、菜肴等入手，落实了解传统文化的学习目标。学生在谈理由时不自觉地加深了对传统节日文化的理解，起到了润物细无声的效果。

【我的记忆——寻找家的味道】

2. 介绍你家在某一传统节日中的一道传家菜，通过介绍这道传家菜，从中感受家的味道。

| 家的味道 |
| --- |
| 节　日：______ |
| 传家菜：______ |
| 味　道：______ |

学生按照示例仿写“家的味道”。

例1：

| 家的味道 |
| --- |
| 节　日：春节 |
| 传家菜：酸菜火锅 |
| 味　道：1. 酸菜是东北人的最爱<br>2. 新的一年日子红红火火，一家团团圆圆 |

例2：

| 家的味道 |
| --- |
| 节　日：春节 |
| 传家菜：红烧鱼 |
| 味　道：年年有余，期待来年有好运，生活富裕 |

例3：

| 家的味道 |
| --- |
| 节　日：春节 |
| 传家菜：年糕、油糕 |
| 味　道：步步高升、年年高升的寓意 |

例4：

| 家的味道 |
| --- |
| 节　　日：中秋节 |
| 传家菜：大团圆 |
| 味　　道：期盼一家人团团圆圆、和和美美 |

**【反思】**

本环节把整个课堂带入了第一个高潮，学生争先恐后地介绍自己家的传家菜，在有限的时间内较为成功地引导学生从具体的事物中理解传统文化的内涵，使学生认识中华文化中蕴含的价值观和道德观，为下一步深层次挖掘中华传统文化的内涵做准备。

【过渡】现在我们常常听人说过节的味道越来越淡了，似乎只剩下吃什么了，例如中秋节常常被叫做月饼节，吃的文化好像渐渐掩盖了其精神实质。其实，这些传统节日能够传承至今，既是普通民众对美好生活的记忆和期待，又有着丰富的文化内涵。接下来我们就通过清明节这一传统节日来感受其中包含的文化信息。

【历史记忆——承载民族文化】

3. 清明节是中国重要的传统节日，从古至今一直被国人所重视。识读图片，依据其中包含的历史信息，谈谈你的感受。（出示《清明上河图》中东京汴河沿河风光、清明节华人华侨赴黄帝陵祭祖，和清明节牛驼寨烈士陵园扫墓的图片）

（学法指导：图片及说明都属于历史史料的范畴，其中包含着丰富的历史信息，注意从中提取重要信息）

学生回答：图1呈现了宋代清明时节人们踏青、游玩的场景，再现了宋代清明时节的社会风貌。图2记录了清明时节祭祀祖先黄帝的情景，反映了中华民族慎终追远的优良传统美德。图3展现了现实生活中祭拜革命先烈的情景。

【总结】从古至今虽然传统节日的形式与时俱进，但是其文化内核一直都在，并会继承与发展。

4. 通过上述探究活动，你对传统节日中所蕴含的中华文化内涵有了更深层次的认识，请根据下面任务卡的要求，为传统节日所蕴含的文化内涵寻找对应项，并做内涵解读。

中国传统节日的起源

| | 春节 | 清明节 | 端午节 | 中秋节 |
|---|---|---|---|---|
| 家 | ____ | ____ | 安康 | ______ |
| 国 | ____ | 传承 | ______ | ______ |

学生回答：春节——对于家庭是团圆、圆满、希望，对于国家来说是统一、和谐、发展等。

清明节——对于家庭来说是怀念、思念等。

端午节——对于国家是爱国。

中秋节——对于家庭是团圆、和美。

【总结】无论哪个节日都包含了人们对美好生活的期待，千百年来以一种普天同庆的形式展示了中华民族的精神世界。

【过渡】然而现实社会却出现了非常尴尬的一幕——端午节被“端”走了。为什么会出现这种现象呢？

**【反思】**

在提取信息的过程中，图1能够很容易看出是踏青游玩，但是学生说不出其中的寓意。图2学生都能答出祭祀祖先，有部分学生能说出增强中华民族凝聚力，有利于统一多民族国家的发展和巩固。这一点需要教师给学生讲清楚。图3学生能说出祭拜革命烈士是对英雄的崇敬，教师需要进一步引导学生认识这实际上是一种民族精神的传承。

5. 阅读材料，对比“韩国端午祭”申遗成功和现今“紫禁城里过大年”的火爆，谈谈你从中所获得的启示。

材料一：端午节被“端”走了

2013年“韩国端午祭”申请世界文化遗产成功，引起国人一片哗然：“中国端午节怎么让韩国人抢先注册了”，“韩国人不但吃了我们的粽子，还要把中国的节日占为己有”，甚至有人无奈发出了“屈原白白投江”的声音。时任文化部部长周和平焦虑地说，有着悠久历史的端午节是中国的传统节日，如果国外申报成功，我们该有多么尴尬？我们还有何颜面去见列祖列宗？

材料二：从1月6日开始的“贺岁迎祥——紫禁城里过大年”活动在春节期间异常火爆，故宫甚至到了“一票难求”的程度。紫禁城里过大年成为时下年轻人最时尚的过年方式。

——《北京青年报》2019年2月9日

针对这样的现象，我们该怎么做？我们为什么要这么做？

学生回答：①要加强文化保护意识，引导年轻人了解和热爱祖国的文化，增强文化自信。②要学会与时俱进，创新和发展传统文化。

**【反思】**

虽然通过挖掘清明节的丰富内涵，学生对传统节日有了一定的认识，但是在完成探究任务时还是有些困难。例如从国家层面设立端午节的意义，学生在理解上就有困难。另外，中国节日的一个共性就是团圆，这一点正是中国文化的特点，对此需要教师进行引导和补充，将学生的认识提升到更高层面。

此环节通过“曾经”和“今天”的两件事情做对比，启发学生思考如何对待传统文化，使其在思考的过程中逐渐形成正确的认知，增强对中华传统文化的热爱。

【总结】传承中华文化绝对不是简单地复古也不是盲目排外，而是“古为今用”“洋为中用”，辩证取舍，推陈出新，摒弃消极因素，继承积极思想，“以古人之规矩，开自己之生命”，实现中华文化的创造性转化和创新性发展。

文化自信是一个国家、一个民族对自身文化价值的充分肯定，是对自身文化生命力的坚定信念，是更基础、更广泛、更深厚的自信，是一个国家、一个民族发展中最基本、最深沉、最持久的力量。坚定文化自信事关国运兴衰、文化安全和民族精神的传承与发展。没有高度的文化自信，就没有文化的繁荣兴盛，就没有中华民族的伟大复兴。

**【反思】**

最后的活动中，学生基本上能形成正确的价值观，达成价值观目标，但是还需要教师进一步引领，将课堂学习推向高潮。

**【课后反思】**

本课是一节活动课，需要学生在活动中真正有所收获，提升对传统文化的认识。设计环节由浅入深，循序渐进，各个活动提升了学生学习历史的兴趣，拓展了视野，培养了正确的价值观。教学目标得到了较好的落实，在此过程中教师的成就感和幸福感也得到了提升。

（案例提供：山西省实验中学　潘晋芳）

## 案例二　英语

年级：八年级（上）

课题：Unit 9 Can you come to my party? Section B 2a–2e 第4课时

课型：Reading & Writing

| | |
|---|---|
| Statements on Goals in Curriculum Standards | Language knowledge and skills:<br>Students can read an English e-mail and know the meaning of the words like "reply, forward, delete", and "print". They can also know how to express the party preparations with the words like "preparation, glue, without" and "surprised" and use the common ending of the invitation "I look forward to hearing from you." What's more, they can write a proper e-mail to invite their friends, parents or teachers to the party. |
| | Cultural awareness:<br>Students get to know something about foreign culture of parties. They get to have a deeper understanding of the key elements of parties: invitation, getting together, and doing something for pleasure. Also, they can learn to be polite when they are communicating with others. More importantly, they can have the consciousness to celebrate and enjoy the important and nice moments with important and nice people around them.<br>Thinking quality:<br>Students can have an interest in learning English with practical usage of language in life, including talking about preparations for the New Year's party and writing an e-mail to their friends, parents and teachers to invite them to the party. |

（续表）

| | |
|---|---|
| Statements on Goals in Curriculum Standards | Learning abilities:<br>Students can connect what they have learned in Section A with the expressions they learn today to make, accept or turn down an invitation.<br>Students can think actively and creatively by learning David's e-mail and writing a proper e-mail to their friends, parents or teachers in the real context. |
| Important and Difficult Learning Points | Students are able to use the sentences in both Section A and this class to make, accept or refuse an invitation. They can understand some difficult words in the context.<br>It may be a little difficult for them to write an invitation to different people with proper language. |
| Learning Objectives and Activities | 1. By reading the format of the passage, students predict the type of the passage.<br>2. By reading the passage quickly, they get the main purpose of each e-mail.<br>3. By reading the three messages slowly and respectively a second time, they get the key information and learn how to make, accept or refuse an invitation.<br>4. By learning from David's e-mail and considering the context in the writing task, they work in groups to use what they learn today to write an e-mail to invite friends, parents or teachers to the New Year's party. Finally, they will improve their ability of using the language properly and connect the new knowledge with old knowledge.<br>Above all, they are able to write an invitation from now on. |
| Evaluation Tasks | having talks in pairs; reading, finishing and evaluating project-leading task in groups. |

课时教学流程

| Teaching Procedures | | |
|---|---|---|
| 教师行为 | 学生行为 | 课中反思 |
| Step 1 Lead-in<br>Guide students to get into the real situation of having a New Year's party and know today's task.<br>T: New Year is coming. Do you want to have a party to celebrate it?<br>Let's get ready for it and prepare for the party.<br>What party preparations should we make?<br>Then the teacher concludes that the party preparations include buying food and drinks, preparing gifts, thinking of party games, making the room beautiful and making the invitation card.<br>Next, the teacher asks students what is their favorite way to invite people. | Students get into the situation of this class, that is, the New Year's party.<br>Students learn the verb "prepare" and its noun "preparation".<br>Students talk about the party preparations freely, such as food, games and others.<br>Students may express themselves freely and they may mention the ways of writing a card or a letter. | 展示新年邀请卡，创设真实的语境，引导学生展开相关话题讨论，激活学生思维，在交流派对准备活动的过程中呈现生词 invitation /preparation / think of... |

（续表）

| 教师行为 | 学生行为 | 课中反思 |
| --- | --- | --- |
| Step 2 Before reading<br>● Learning about the e-mail<br>The teacher presents a picture of David working on the computer and also the format of messages.<br>T: How did David invite his classmates?<br>Then get students to learn the words on the top of the e-mail.<br>The teacher presents the pictures and English explanation of these words. | After looking at the picture and the format of the messages, students know that these messages are from the e-mail.<br>Students read the words and explanations and match them. They will learn the real expressions of an English e-mail and at the same time they will sense how to use English to explain English words. | 在授课过程中发现学生发音有问题，带读纠正读音；引导学生通过观察，确定阅读文本的文体；同时自主学习撰写电子邮件需用到的英文词汇，感受如何英英解释词汇。这一系列读前活动的目的在于做好读前铺垫，降低阅读障碍。 |
| Step 3 While-reading<br>●Skimming<br>Ask students to read the three messages quickly for the purposes of the e-mails.<br>After checking the answers, the teacher explains the phrase *turn down* in English and asks students how they get the purposes. | Students read the three messages quickly to match them with the writing purposes.<br>Students volunteer to share the sentences they find as the evidence of their choices. | 引导学生在阅读过程中，根据不同形式的阅读任务，通过略读、跳读、研读对文本信息进行理解、分析，同时学习实用文体的格式、语言特点和结构特点。 |

（续表）

| 教师行为 | 学生行为 | 课中反思 |
|---|---|---|
| T: From which sentence can we know it is David who made this invitation?<br>What did He Wei say to accept the invitation?<br>Jake turned down the invitation in a polite way. What did he say? | For example, "Can you come to the party?" means making an invitation. "What a great idea!" and "I can help..." mean accepting the invitation.<br>"I'd love to come to the party, but I'm not available." means turning down the invitation. | |
| ●Detailed reading<br>Message 3<br>Ask students to get more details about the party by answering the questions.<br>These things are the key points in an invitation.<br>Questions:<br>Who did David invite to the party?<br>Who is the party for?<br>What kind of party is it?<br>When is the party?<br>What can people do at the party?<br>The teacher walks around the classroom to help students solve their problems.<br>Then check the answers together. | Students read David's e-mail carefully to get more information about the party, including who, what, when and what to do.<br>Students write down the answers in the handout.<br>Then they check in pairs to help each other. | 在检查学生答案的过程中，发现部分学生答案不精准，书写有问题，于是首先让学生自查，然后互查，最后用多媒体展示优秀答案。 |

（续表）

| 教师行为 | 学生行为 | 课中反思 |
| --- | --- | --- |
| After that, the teacher leads students to learn the structure of the e-mail, including the function of each sentence. Finally, conclude what should be in the invitation like who, when, where, why and how.<br>Message 1<br>Ask students to read He Wei's e-mail carefully to know more and answer some questions.<br>Questions:<br>Does He Wei like Ms. Steen? Why?<br>What can He Wei do for the party?<br>Message 2<br>Ask students to read Jake's e-mail carefully to finish the exercises of judging true or false.<br>(　) 1. Jake's family is taking a trip to Wuhan at the beginning of this month. | Students will know the structure of an invitation: the guest, for whom, reasons, kind, things to do, things to prepare and the ending like "I look forward to hearing from you all."<br>Students read He Wei's e-mail to know why He Wei accepts the invitation and what he can do for the party.<br>Students read Jake's e-mail for more details about Jake's reason and things he can help out with the party preparations. | 引导学生通过阅读文本进一步分析、概括撰写邀请函及回复的结构、要素和语言，既训练了学生的阅读能力，也为之后的写作提供了支架。 |

（续表）

| 教师行为 | 学生行为 | 课中反思 |
| --- | --- | --- |
| （　）2. Jake can help out with any of the party preparations, like planning the games.<br>After finishing reading the three messages, the teacher concludes how to write an invitation, how to accept it and refuse it.<br>Step 4 After reading<br>After reading David's e-mail and learning the structure and language, it's time for students to write their own invitations.<br>So the teacher gets them to write a complete e-mail to invite their friends, teachers or parents to their New Year's party.<br>Remind them of the key information and get them to pay attention to their language according to who(m) they are writing to. | Students will be more clear about the structure of invitations and know how to reply properly.<br>Students work in groups to write an e-mail.<br>After writing, they share their writings. | 通过小组合作的方式，完成书写邀请函的任务，之后鼓励各组展示成果，教师当堂点评，给予学生客观适切的鼓励性评价，调动学生深度参与课堂活动的积极性。 |

（续表）

| 教师行为 | 学生行为 | 课中反思 |
| --- | --- | --- |
| After students' sharing, the teacher makes comments as an example.<br>Step 5 Enlightening<br>The teacher shows pictures of different parties and lets students know more about foreign culture of parties, then guides students to understand why people have parties. They want to celebrate and enjoy the important and nice moments with important and nice people around them. | Others learn from the teacher and make comments.<br><br>Students will be happy to know about foreign culture of parties and get to know they should be ready to share happiness and enjoy the important moments with people around them like their friends, parents and teachers. | 引导学生进行读后反思，促进学生多元分析问题能力的形成，并让学生懂得与身边重要的人一起庆祝和享受美好时刻的重要性。 |
| Step 6 Homework<br>The teacher presents different homework for students with different levels.<br>Level A<br>Revise the invitation and make it more beautiful, then send it to your friends, parents or teachers.<br>Level B<br>Write a reply to David. | | 在教学进程中发现学生对此部分内容的掌握水平存在较大差异，故将作业进行分层优化设置，以适应不同层次学生的实际需求。 |

（案例提供：太原市杏花岭区教研室　樊欣）

## 案例三　化学：水的组成

一、案例背景

水虽然是学生非常熟悉的物质，但怎样从化学的角度认识水是学生陌生和不习惯的。本课以人类认识水的组成的简史引入并展开，缩小了学生对化学陌生内容的距离感，引起学生的学习兴趣。通过对电解水现象观察到的水分解的微观过程描述，由浅入深地引导学生学会用微粒的观点分析物质及其变化，达到宏观辨识与微观探析的有机统一。微粒观是化学学科非常核心的思想，也是初学化学者的难点之一，本节课中教师通过小组合作的方式演示水分解的微观过程，将抽象问题具体化，激发学生积极思考，训练表达交流、合作共享的能力，使学生在活动中内化知识和素质。

二、教学实录

1. 创设情境、引入新知

师：水是生命之源，大家了解水的组成吗？

（学生满脸好奇）

师：人们对水的组成的认识从一个魔术拉开了序幕。18世纪末，英国科学家普利斯特里点燃一种无色无味的“易燃气体”后，发现产生了淡蓝色的火舌并发出震耳的爆鸣声，实验后瓶壁产生了小液滴。

生：是氢气！

师：不久后，科学家卡文迪许通过实验确认了液滴是水，其实这时已经能够证明水的组成，可是错误观念的束缚使他们与真相擦肩而过。直到一年后，法国科学家拉瓦锡重复了他们的实验，并进行了进一步的研究之后才得到水是由氢、氧两种元素组成的结论。今天，我们一起重温科学家的探索历程，来研究、认识水的组成。

**【反思】**

从化学史入手重走科学家的探究之路，让学生认识到我们今天所了解的科学知识、享受的科研成果都是因为站在了巨人的肩上，正是因为有这些杰出的科学家对真理锲而不舍的追求和探索，才使得人类社会不断发展和进步。此环节激发学生对化学学习的热情，对科学研究的向往。

2. 讲授新课

播放氢气燃烧、氢气的爆炸和检验纯度实验视频。

师：通过氢气与氧气反应生成水，如何证明水的元素组成呢？

生：氢气中含有氢元素，氧气中含有氧元素，氢气和氧气化合形成水，因此水中含有氢、氧两种元素。

师：我们再来一起看看拉瓦锡的电解水实验有什么现象，以及据此产生的现象如何证明水的组成。

生：液面下降了，电极两端有小气泡。

师：液面下降的幅度约为2∶1

生：不只2∶1，大于2∶1。

师：实验结果高于理论值了，是什么原因导致的呢？可能与生成物的性质有关。我们先来验证生成的气体的成分。

教师切断电源，用燃着的木条检验气体。正极产生的气体使木条燃烧得更旺；负极产生的气体被点燃，产生淡蓝色火焰，发出轻微的爆鸣声。

生：正极产生氧气，负极产生氢气！（情绪高涨，开始讨论）氢气燃烧声音很小，证明氢气很纯！

师：大家想知道为什么产生的气体其体积比大于2∶1吗？这与它们的什么性质有关？

生：氢气难溶于水，氧气不易溶于水。

师：非常好！除了与溶解性有关，还有可能是氧气与电极发生了反应，消耗了一部分氧气，导致体积比大于2∶1。

生：为什么不用带火星的木条检验氧气呢？

师：同学们注意，在同一实验中应该使用相同的方法检验气体的成分，带火星的木条只能检验氧气，不能检验氢气，因此此处只能用燃着的木条检验。

**【反思】**

教师抓住学生的问题对其进行了思维的训练。学生最熟悉的检验氧气的方法是用带火星的木条，由于缺乏充分的预设，教师没有想到学生会提出这种有深度的问题，所以没能做出更加合理的应答。

师：通过水分解的实验如何得到水的元素组成呢？

生：水分解产生氢气和氧气，氢气中的氢元素和氧气中的氧元素都是来自唯一的反应物水，因此证明水是由氢、氧两种元素组成的。

师：表达得非常完整！根据精确的实验测定，每个水分子是由2个氢原子和1个氧原子构成的，因此水可以表示为$H_2O$。

生：老师，水的化学式是$H_2O$，氢气的化学式是$H_2$，水分子中有氢分子，所以电解水产生了氢气，对吗？

师：你的问题很有意思，值得全班讨论。老师再加一个问题，刚才的实验中，水通电生成了氢气和氧气，那么在微观的世界里，它们的微粒是如何变化的？请大家阅读课本中的水分子分解示意图，描述水分解的微观过程。小组讨论，得出结果。

（学生讨论得不够热烈）

师：同学们，老师有一个提议，大家能不能以小组合作的形式把水分子、氢分子和水分解的微观过程演示出来呢？

（学生情绪再一次高涨，立即开始讨论）

师：6组同学最为自信，讨论得最激烈，我们请6组先为大家展示。

四位女同学甲、乙、丙、丁：我们是四个氢原子。

两位男同学甲、乙：我们是两个氧原子。

女同学甲、乙手拉手站到一起，紧挨着：两个氢原子构成一个氢分子。

女同学丙、丁和男同学甲肩并肩紧挨着站在一起，男同学在中间：两个氢原子和一个氧原子合成一个水分子。

旁白：大家看，氢分子和水分子的结构是不相同的，所以水分子中没有氢分子。当然也可以从宏观角度理解，物质的性质由结构决定，结构不同，性质就不同，比如氢气具有可燃性，而水没有，也能够说明水中没有氢气。下面我们演示电解水的微观过程。

男同学乙站到了女同学甲、乙的中间：我们也是一个水分子。

水分子分解开，原子们在地上转了几圈。

旁白：每两个氢原子结合成一个氢分子，每两个氧原子结合成一个氧分子。

师：大家能描述电解水的微观过程了吗？

生：水分子分解为氢原子和氧原子，每两个氢原子结合成一个氢分子，每两个氧原子结合成一个氧分子。

师：同学们的表演生动大方，形象准确，给大家带来乐趣的同时帮助我们掌握了知识。请继续观察，在化学变化过程中，这些同学变了吗？他们组合成的微粒变了吗？哪些微粒变了，哪些微粒没变？

生：水分子改变了，氢原子和氧原子没变。

师：大家真了不起！这就是分子和原子的本质区别。同时，正是因为化学变化中原子的种类和数目不变，所以元素的种类也不变，本节课正是依据这个原理利用分解和化合两种方法得到水的组成，这也是化学学习中常用的一种研究物质组成的方法。

**【反思】**

在学生对理论知识掌握不到位、学习兴趣减弱的情况下，让学生通过表演水分子分解的过程，将微观抽象的化学反应形象化，增加了课堂的趣味性，同时更加便于学生建立微粒观和元素观。建构主义理论认为，学生的学习过程是主动构建知识的过程；不是被动地吸收课本上的现成结论，而是亲自参与到充满丰富、生动的思维活动中，亲身经历实践和创新的过程。本节课通过组织学生表演，让其成为了课堂的主人。

教师布置反馈练习，结课。

**【教学反思】**

这节课结束后，我认真思考，总结出以下几点：

1. 由于教学经验不足，在检验电解水的产物时，没有考虑到学生一般会用带火星的木条检验氧气，忽视了学生的学习情况，学生提出问题时没能给予更恰当的回应。

2. 每个学生都有展示自我的愿望，传统的教育模式禁锢了他们表现自我的欲望。这节课，我在发现学生学习微观过程的困难之后，及时改变活动形式，组织了一个小小的表演项目，让学生不再被动接受枯燥的知识，而变成了主动积极地参与，变抽象为具体，变静态为动态，从而降低了学习难度，使教学难点得以顺利突破。

陶行知曾说：“指导他，使他以最短的时间，经过相类的经验，发生相类的理想，自己将这个方法找出来，并且能够利用这种经验理想来找别的方法，解决别的问题。当他满足地欣赏自己的成果时，就是教师的价值熠熠生辉的时刻。”从这节课上我深刻地体会到了这一点，学生的思想每时每刻都在发生变化，教师就是要在这样的变化中做出最正确的选择，这需要耐心、智慧和积淀。

（案例提供：太原市成成中学　段振江）

## 案例四　数学：复习反比例函数

教学目标：

1. 经历回顾反比例函数概念、图象和性质的过程，能确定反比例函数表达式，能运用其图象性质解决简单问题，体会分类讨论、数形结合思想在解决问题中的作用，促进抽象能力、几何直观、运算能力的发展。

2. 经历从变量变化规律的角度重组一次函数与反比例函数概念本质的过程，能通过分析表格表示的变量关系识别反比例函数，形成对反比例函数概念的深刻理解，同时形成对几种函数概念的结构化认识。

3. 经历运用反比例函数k的几何意义解决开放性问题的过程，能根据要求构造符合条件的几何图形，体会数形结合思想方法的作用，初步形成综合运用函数和几何知识解决问题的能力，发展创新思维。

4. 经历综合运用反比例函数的概念、图象、性质、点的坐标的意义、几何图形性质解决问题的过程，能在函数图象与几何图形综合的情境中解决复杂问题，提升发现、提出、分析和解决问题的能力，促进推理能力与几何直观等素养的发展。

教学重点：

1. 对反比例函数概念、图象、性质的训练落实；对反比例函数概念本质的重组和结构化认识。

2. 综合运用反比例函数的几何图形性质解决简单的综合性问题，提升综合运用知识解决问题的能力。

教学难点：

经历综合运用反比例函数的概念、图象、性质、点的坐标的意义、几何图形性质解决问题的过程，能在函数图象与几何图形综合的情境中解决复杂问题，提升发现、提出、分析和解决问题的能力，促进推理能力与几何直观等素养的发展。

教学过程：

一、导入

上节课我们复习一次函数时已经知道了函数的定义、图象，以及初中阶段的四个重要函数分别是正比例函数、一次函数、反比例函数和二次函数。这节课我们一起来复习反比例函数。

二、新课

1. 巩固基础

问题1：（1）下列三个表格分别给出两个变量$x$，$y$的对应关系，你认为哪个可能表示$y$是$x$的反比例函数呢？为什么？

表格一：

| | | | | | |
|---|---|---|---|---|---|
| $x$ | … | −3 | 1 | 2 | … |
| $y$ | … | −9 | 3 | 6 | … |

表格二：

| | | | | | |
|---|---|---|---|---|---|
| $x$ | … | −4 | 0 | 3 | … |
| $y$ | … | 16 | 0 | 9 | … |

表格三：

| | | | | | |
|---|---|---|---|---|---|
| $x$ | … | −2 | −1 | 1 | … |
| $y$ | … | 3 | 6 | −6 | … |

（2）请写出这个反比例函数的表达式。

（3）请补充表格并在坐标系中画出这个反比例函数的图象。

| | | | | | | | | | | |
|---|---|---|---|---|---|---|---|---|---|---|
| $x$ | … | −6 | −3 | −2 | −1 | 1 | 2 | 3 | 6 | … |
| $y$ | … | | | | | | | | | … |

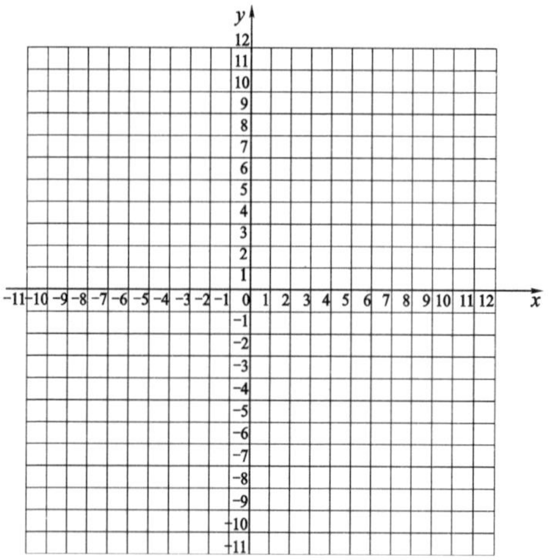


【反思】

学生能很快说出第三个表格表示$y$是$x$的反比例函数，因为$x$，$y$的乘积不变。$x$与$y$的乘积为$-6$，即可确定$k$的值为$-6$，从而确定这个反比例函数的表达式。确定了表达式之后，按照画函数图象的步骤画出函数的图象即可。

可以看出，学生对反比例函数的表格、关系式、图象非常熟悉。我趁热打铁，让学生说出这个反比例函数的性质，学生回答得很流利，我很欣慰。

可见新授课时一定要让学生掌握扎实的基础知识，之后的学习才可能事半功倍。而复习课不能只是旧知识的简单重复，既要让学生实现知识和技能的再现，更要让其理清知识之间的联系，分析其内在的变化关系，挖掘问题的本质。所以在这个环节中，学生通过表格、关系式、图象三种方式达成了反比例函数的再现，对反比例函数有了更加深入的认识，这是可喜的收获。

问题2：请依据图象说出反比例函数的性质。

基础训练：

（1）反比例函数$y=\frac{2}{x}$的图象位于第_____象限，在每个象限内，$y$随$x$的增大而______。

（2）直线$AB$过点$O$，并且交反比例函数$y=-\frac{6}{x}$的图象于$A$，$B$两点。若点$A$的坐标为$(-3,\ 2)$，则点$B$的坐标是________。

（3）如图，若双曲线$y=\frac{k}{x}(k>0)$与直线$y=2x+1$的一个交点坐标是$A(-1,\ -1)$，另一个交点坐标是$B(\frac{1}{2},\ 2)$，则不等式$\frac{k}{x}<2x+1$的解集是__________。

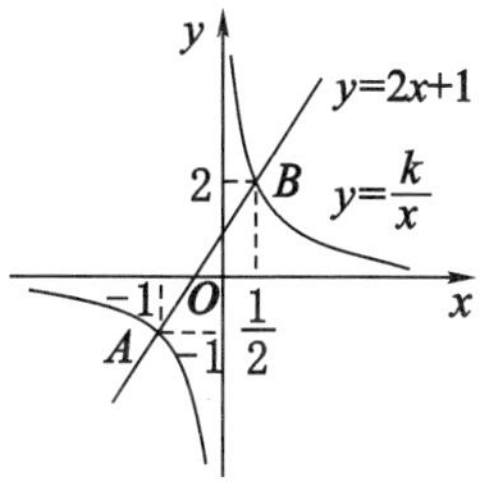


**【反思】**

有的学生的答案是“$-1<x$或$x>\frac{1}{2}$”，还有的是“$x>\frac{1}{2}$”。在这里进行了小组交流，学生结合图象，理解了反比例函数的图象有一个“天然屏障”——坐标轴，因为$x,y$均不能为0，所以反比例函数的图象无限接近于坐标轴，但与坐标轴永不相交。因此，解决这一类题目时，一定不要忘记坐标轴这个“界限”，答案要写准确，应为“$-1<x<0$或$x>\frac{1}{2}$”。

学生概括出解决这一类题目的一般步骤是“找点、画线、看图象”，很简洁，操作性很强。

（4）点$A(x_1,\ y_1)$，$B(x_2,\ y_2)$在反比例函数$y=\frac{k}{x}(k>0)$的图象上。若$x_1<x_2<0$，则$y_1$和$y_2$的大小关系是$y_1$______$y_2$。

**【反思】**

学生使用的方法有表达式法、图象法、特殊值法，他们善于思考，值得点赞！

追问：“$x_1<x_2<0$”还能怎么变？

学生：可以变为“$x_1<0<x_2$”或“$0<x_1<x_2$”。

继续追问：归根结底是由性质中的哪句话决定的？

学生：在每个象限内。

这里花费的时间略多，其实后面的追问只需点到为止，没必要每种情况都让学生进行解答，学生体会到这里需要分类讨论即可。

问题3：利用反比例函数$y=-\frac{6}{x}$的图象，在下列两个坐标系中各画出一个面积等于6的几何图形，并说明理由。

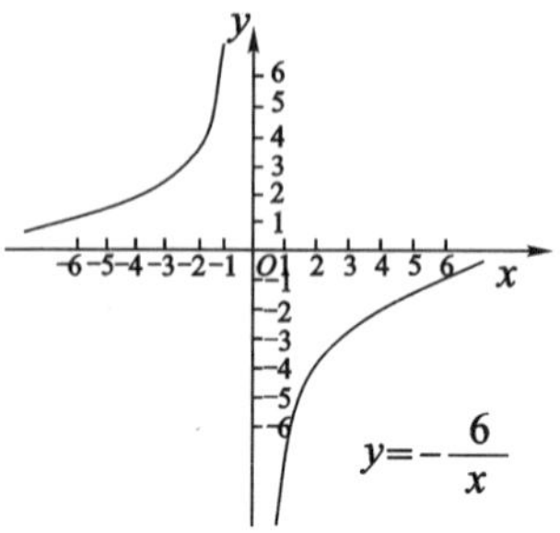


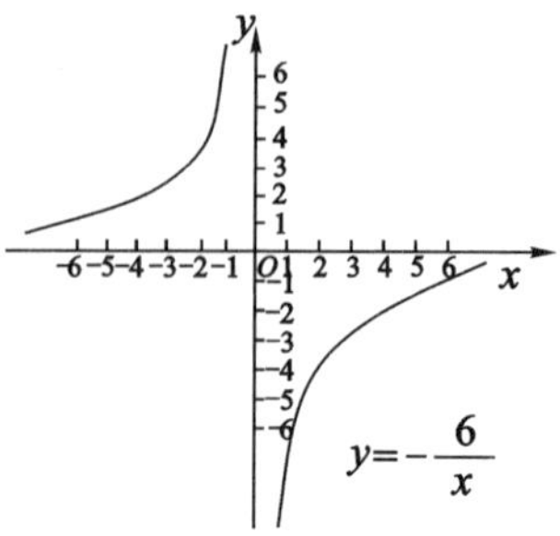


【反思】

学生的答案有常规画法——利用矩形的面积，还有许多创造性画法，如下：

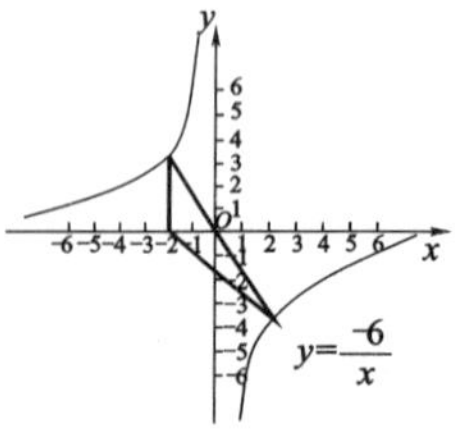


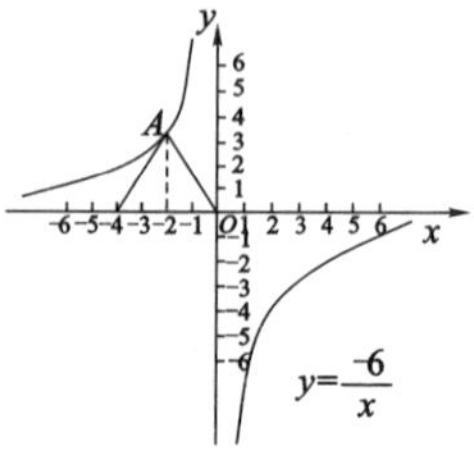


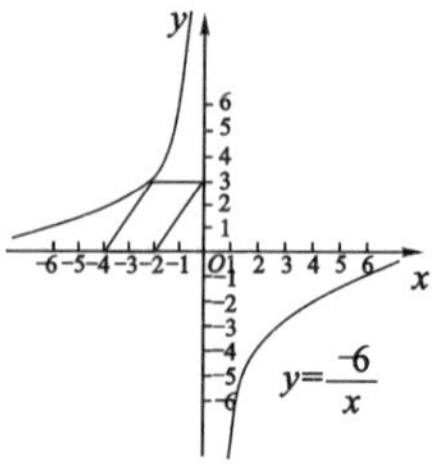


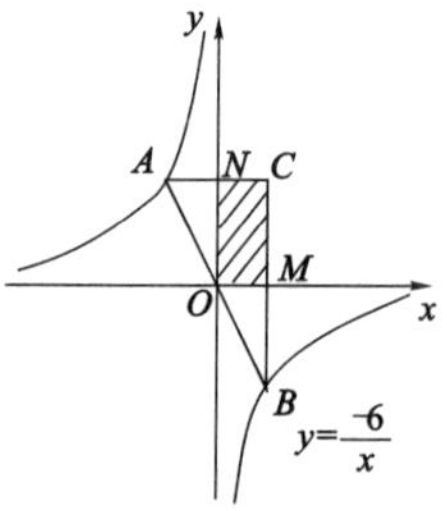


其实本题还可以多角度思考，通过图形的平移、旋转、轴对称等知识也可以构造出很多面积为6的几何图形。

不得不感叹，学生的潜力是无限的。这个问题是开放式的，学生比较熟悉由图形计算面积，但是并不一定能做到已知面积画图。而学生想到了这么多种画法，说明他们对反比例函数中常数$k$的几何意义有了更深刻的认识，对图形也有了更敏锐的观察力。

“没有舞台，再优秀的舞者也会被埋没。”教师的任务就是为学生提供舞台，并指引学生走上成功的舞台！今后的教学中，我要多给学生创设这样的舞台，最大限度地激发学生的学习潜能。

2. 能力提升

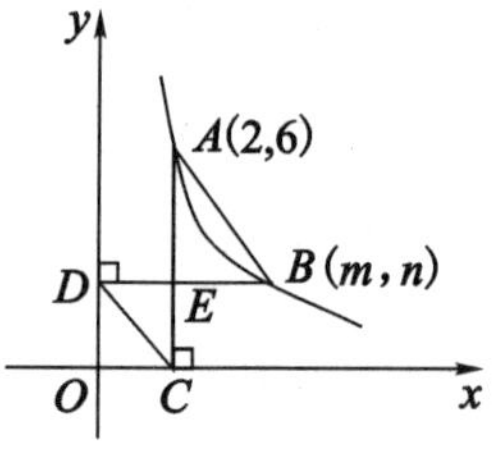


例1. 如图，点$A$（2，6），$B$（$m$，$n$）是反比例函数$y=\frac{k}{x}$（$x>0$）的图象上两点，且$m>2$，$AC\perp x$轴，$BD\perp y$轴，垂足分别为$C$，$D$，$AC$，$BD$交于点$E$，连接$AB$，$CD$。判断$AB$与$CD$的位置关系，并说明理由。

【反思】

这是我市期末考试的一道原题，当时学生答题时用的方法比较复杂，其实利用$k$的几何意义，用面积法就可轻松解决，这样学生会有种“柳暗花明又一村”的惊喜。可见有效的策略既节省时间，又易于理解，何乐而不为呢？

3. 综合探究

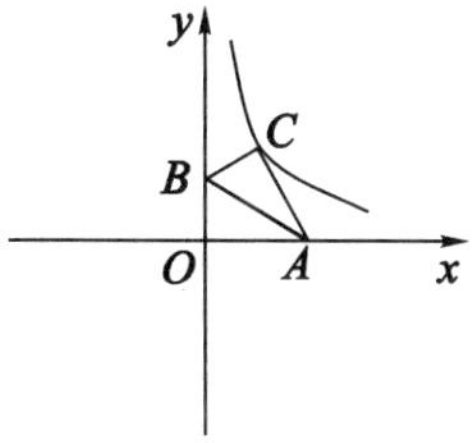


例2. 如图，在$\triangle AOB$中，$\angle BAO=30°$，点$B$的坐标为$(0, 2)$。

将$\triangle AOB$沿直线$AB$折叠，点$O$的对应点为$C$，求经过点$C$的反比例函数关系式。

变式1：将$\triangle AOB$向右平移3个单位长度，点$B$的对应点是$B'$，点$B'$在这个反比例函数图象上吗？若不在，向右平移多少个单位长度，点$B'$在这个反比例函数图象上？

变式2：以$AB$为一边作平行四边形$ABMN$，若点$M$在反比例函数$y=\frac{k}{x}$的图象上，点$N$在$x$轴正半轴上，求点$M$的坐标；

变式3：将$\triangle ABC$绕$AC$的中点旋转180°，得到$\triangle ADC$，点$D$在这个反比例函数图象上吗？

变式4：在这个反比例函数图象上是否存在点$P$，使$\triangle ABP$是直角三角形？如果存在，这样的点有几个？

变式5：在这个反比例函数图象上是否存在点$Q$，使$\triangle ABQ$是等腰三角形？

变式6：点$E$（$a$，1）是这个反比例函数图象上一点，在$x$轴上是否存在点$H$，使$EH+CH$的值最小？

【反思】

这是一道原创题，在基础题“求反比例函数关系式”的基础上，变式为综合题，意在训练学生综合运用知识解决问题的能力，进一步体现数形结合思想。

学生在解答变式3时用时较长，因为不会求旋转后点$D$的坐标，虽然小组讨论后解决了，但与我的预设有较大的差异，以至于后面的三个变式只能简单地分析思路，未能完整解答。

本节课是中考的基础复习，但是基础复习和综合复习不是完全割裂开的，我的初衷是在基础复习中就让学生逐步走向综合，通过一道例题拓展出综合题，并由此寻找一些解决综合题的规律和方法，把综合问题简单化，学生再遇到类似问题时就可以有的放矢。

实践中发现，学生的综合能力还未达到我预想的高度，几何还没有开始复习，学生对平移、旋转、轴对称的知识还未能熟练运用，再与函数结合，出现困惑也属情理之中。这也提醒我在之后复习几何时，一定要让学生掌握几何变换的本质，能根据变换画出图形，才能借助图形解决问题。

三、归纳总结

这节课我们复习了反比例函数的有关知识，学会用分类讨论、数形结合等思想方法解决问题，并且知道在解决反比例函数的综合问题时可以运用图形的性质和函数图象上点的坐标的意义解决问题。掌握了这些方法和策略，我们的思路将更灵活，眼界将更开阔。

四、达标检测

1. 双曲线$y=\frac{2k-1}{x}$的图象经过第二、四象限，则$k$的取值范围是（　　）

A. $k>\frac{1}{2}$　　B. $k<\frac{1}{2}$　　C. $k=\frac{1}{2}$　　D. 不存在

2. 某闭合电路中，电源电压为定值，电流$I$（A）与电阻$R$（Ω）成反比例。如图表示的是该电路中电流$I$与电阻$R$之间函数关系的图象，则电阻$R$与电流$I$的函数关系式为（　　）

A. $I=\frac{2}{R}$　　B. $I=\frac{3}{R}$

C. $I=\frac{6}{R}$　　D. $I=\frac{-6}{R}$

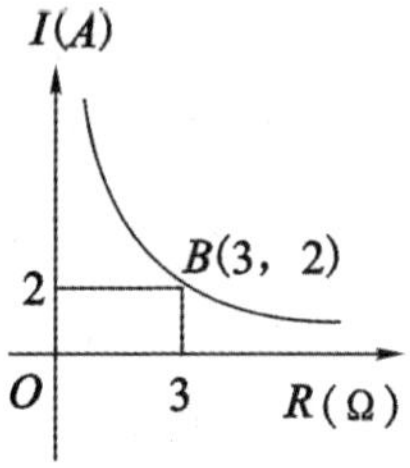


五、作业

在例2的基础上自编一个问题，并写出解答过程。

**【反思】**

通过本节课，我对复习课的有效性有了清晰的认识，知道如何去整合知识并寻找相关知识之间的内在联系，让学生能在旧知识的基础上从更高的视点来俯瞰所有知识，全面提高学生的综合能力。另一方面，我对新授课也有了新的认识，一定要立足长远，让学生扎实掌握基础知识的同时，体会数学思想方法，积累活动经验，这样学生在面对新的问题情境时，才能创造性地解决问题。

（案例提供：山西省实验中学　张利琴）

## 案例五　语文：由《竹里馆》走进山水田园诗

课程内容：

七年级下册课外古诗词诵读《竹里馆》。

课时教学目标：

1. 朗读《竹里馆》及其他盛唐时期的山水田园诗。
2. 总结山水田园诗常见的写作对象，初步感知其常见的情感。
3. 在总结写作对象及情感的基础上，自己创作田园诗。

| 教学设计 | 课堂实录 | 课中反思 |
|---|---|---|
| 一、导入<br>多媒体播放《梅花三弄》古琴弹奏，营造氛围，将学生快速带入情景当中。<br>PPT 展示三首诗歌《逢入京使》《竹里馆》《示儿》。要求说出刚才听到的这首音乐比较适合哪首诗歌的朗诵。<br>（设计意图：由音乐引出本节课要讲的诗歌） | 一、导入<br>教师用多媒体播放《梅花三弄》古琴弹奏。<br>学生静心欣赏音乐。<br>师：在我国传统文化中，音乐与诗歌密不可分，诗歌或是伴乐而唱，或是随乐而吟，总是有其独特的韵味。同学们刚才听到的这首音乐，你觉得比较适合哪首诗歌的朗诵要求呢？为什么？（PPT 展示三首诗歌《逢入京使》《竹里馆》《示儿》）<br>学生挑选出适合的诗歌。<br>师：下面，就让我们和着铮铮琴音，一起走进这个清幽的世界。 | 中考试题关注传统文化、跨学科整合和创设真实任务情境的特点给了本节课导入设计的灵感，《梅花三弄》音乐响起，学生静听琴音，静思问题，兴趣浓厚，证明这样的设计是有效的。 |

（续表）

| 教学设计 | 课堂实录 | 课中反思 |
| --- | --- | --- |
| 二、读<br>回忆上学期的朗读指导，全班随音乐齐读诗歌。挑选优秀的朗读者做个人展示，进行点评。<br>（设计意图：再次体味诗歌意境，强化学生的意境意识）<br>朗读同类型的诗歌，强化意境意识。<br>寻找出现频率较高的景物。<br>（设计意图：为总结山水田园诗常见意象做铺垫） | 二、读<br>师：请大家回忆上学期的朗读指导，随着音乐，齐声朗读《竹里馆》。<br>学生随乐朗读。<br>师：老师注意到，刚才在朗读的过程中，×××同学十分有感情，我们请他来给我们进行个人朗读的展示。<br>学生个别朗读展示。<br>师：读得很有意境。我们读到的《竹里馆》是一首很有代表性的诗歌，诗人王维还写了哪些相类似的诗，同时期的诗人还有谁也写了这样的诗呢？请同学们随音乐齐声朗读学案上的诗歌。<br>学生随乐朗读学案上的诗歌。<br>师：同学们，这几首诗歌中一定有你喜欢的，请挑选两首你最喜欢的朗读给同桌听，边读边听边思考，这些诗歌中有没有出现频率较高的景物呢？<br>学生再次朗读并寻找景物。 | 寻找、概括山水田园诗中出现的高频景物是这堂课的重点，寻找高频景物是为下面课堂的难点体会诗歌的情感做铺垫。其实这一环节可以再扩大阅读量，选取不同朝代的山水田园诗，以群文阅读的模式让学生更好地感知山水田园诗中的典型景物。 |

（续表）

| 教学设计 | 课堂实录 | 课中反思 |
| --- | --- | --- |
| 三、绘<br>教师在黑板上画出学生找到的景物，帮助学生在头脑中形成画面，总结意境特点。<br>请学生根据示例，以仿写的形式用语言描绘画面。<br>例：我最喜欢王维《竹里馆》中“独坐幽篁里，弹琴复长啸”一句。透过这句诗，我仿佛看到了身着白衣的王维独自一人坐在幽深的竹林中，他双手抚过琴弦，随着铮铮琴音仰天长啸，诗歌闲适高雅的意境一览无余。 | 三、绘<br>师：请同学们找出出现频率较高的景物，并朗读含有这个景物的诗句。（在黑板上画景物）<br>学生找景物，朗读相关诗句。<br>师：老师在黑板上用简笔画给大家描绘了图景，各位同学，你们手中也有一支画笔，那就是优美的语言文字。<br>我们来看学案上的示例，齐读这段话。<br>师：请大家从《竹里馆》《鸟鸣涧》《鹿柴》《山居秋暝》《过故人庄》这五首诗歌中挑选一句诗，仿照示例，用优美的语言描绘一幅图景。<br>学生齐读示例并仿写，展示自己描写的画面。<br>教师板书意境的特点。 | 语文课程标准指出，要“沟通听说读写”，使“读与写、说与写有机结合，互相促进”。在学生对山水田园诗有了认知之后，进行仿写，这是本节课的亮点所在。教学预设中这部分留给学生的时间比较少，预估语文素养相对较好的学生能够当堂完成创作，但是在实际课堂上，超过一半的学生完成了创作，且展示欲很强，可惜没有给学生充分的展示时间。在今后的课堂中，应该给学生更加充分的信任，提供更多的展示才能的机会。 |

（续表）

| 教学设计 | 课堂实录 | 课中反思 |
| --- | --- | --- |
| 四、悟<br>引导学生联系诗歌背景、诗歌景物，概括诗歌所体现的情感。在此过程中巩固基础知识，完善学案。 | 四、悟<br>师：同学们，我们来想想，诗人当时是怀着何种心情写出了这样的画面，营造出这样的意境的呢？请同学们看黑板上老师罗列的情感，选出你认为符合诗人作诗时的情感。<br>学生自由发言。<br>教师板书记录。<br>师：联系诗歌及写作背景，小组讨论诗歌中是如何体现这些情感的。<br>学生小组讨论并交流。<br>师：（总结）有一类诗歌，以描写自然风光、农村景物以及安逸恬淡的隐居生活见长，诗境隽永优美，风格恬静淡雅，这种诗歌叫“山水田园诗”。诗中常出现的景物有______等，这类诗歌具有共同的情怀，那就是诗人________。<br>学生总结，完善学案。<br>师：现在让我们带着对这类诗歌的理解，再次齐声朗诵诗歌。<br>学生齐声朗诵诗歌。 | 语文课程标准要求学生“欣赏文学作品，有自己的情感体验”，“对作品中感人的情境和形象，能说出自己的体验”。本环节的设置正是紧扣这一标准进行的。原本设计的是让学生自己体会或者通过讨论得出相关的情感，但在实际处理时发现学生很难自己说出或讨论得出恰当的情感词汇，因为头脑中的相关储备过少。因此，根据课堂状况，临时将几种常见的诗歌所表达的情感写在副板书位置，让学生进行挑选，既降低了难度，又帮助学生积累情感词汇，便于日后准确地进行表达。 |

（续表）

| 教学设计 | 课堂实录 | 课中反思 |
| --- | --- | --- |
| 五、写<br>拔高，运用知识进行写作。 | 五、写<br>师：同学们，我们的先人具有浪漫的情怀，一山一水，一草一木，皆可入诗。相信此时的你一定也有灵感迸发，与先人共鸣。请结合景物，写一句或者一首属于你的山水田园诗。<br>学生作诗，之后进行诗作展示。 | 课堂需要有仪式感，在最后展示自己作品的环节，不仅应该让学生朗读自己的作品，更应该设计一些小的采访环节，让学生谈创作时的心理感受，这样他们会更有诗人的代入感，创作欲望会更加强烈。<br>此外，在此处还应该有点评，例如从诗文的旋律感、抒情方式等方面进行评价。以这样专业的角度对学生的作品进行点拨，会唤起学生更大的创作热情。 |
| 六、结课 | 六、结课<br>师：同学们，我们何其幸运，生活在这样一个诗歌的国度。我们用世间最凝练的语言与山水田园对话，草木花石赋予了这个世界以美感，诗人的诗句给了它们以灵性。让我们打开这扇通往自然的大门，去感受山水间的美好，去领悟诗人的情怀。 | |

优秀诗作展示：

《无题》（文若迅）繁花探幽径，流水拥菜畦。飞鸟勤振翅，远黛映余晖。

《无题》（张杨钰）稻田映余晖，明月衬清泉。残阳落山后，晚月天边升。

《无题》（刘家绪）清泉穿林过，明月妆桂花。鸿雁溪上戏，卵石水中藏。

《夜游西山》（赵欣宇）风卷衣裳云卷风，山冈西月卷秋容。不知何处洒落叶，愿将心系至清空。山腰俯瞰田千顷，杏下细嗅雏菊香。孤寂之心又生暖，正是农家丰收忙。

《田园漫步》（李江泉）漫步田垄菜花旁，唯见蛱蝶采蜜忙。不道辛苦为劳作，只道乐亦在其中。

《清风吟》（宋雨乐）风随月照伴鸟鸣，竹林深处默无声。泉涌溪流过杂石，未闻清溪乘清风。

《天净沙·初夏》（刘维薇）烈日小荷尖英，鱼儿翻浪戏耍。小桥流水如画。蜓蜓点点，悠然自得寻花。

《村晚》（郭鸣）残日落尽月已升，秋风吹倒万顷田。卵石散满池塘边，一片宁静好田园。村中家家灯火明，炊烟飘飘散入云。淅淅沥雨西风号，秋深落叶四飞散。

（案例提供：山西大学附属中学　孙剑秋）

## 四、意义价值

新课程改革的不断深入，要求教师有全新的教育理念，全面的教育教学能力，全新的教学行为。因此，教师应通过各种方式实现自我完善，以推进自己的专业发展。而在众多自我完善的方式中，教学反思无疑是非常有效的一种。但教师的个人反思活动属于个体反思，由于受到自身素质、观察视角、知识与经验、专业发展水平等因素的影响，其反思内容及程度均较低。

课中反思是教师在课堂上进行的反思，是在课上随手批注的基础上，于课后第一时间整理形成的一种带有研究性质的教学总结行动成果。前面的案例中，几位教师从教学的重点、难点、亮点、盲点角度进行反思，一方面发现不足，以期有针对性地改进；另一方面提炼优势，力求在今后教学中扬长避短，打造自己独特的教学风格。实践证明，课中反思具有以下意义：

第一，有助于迅速发现问题，弥补短板，为今后教学的改正、提高提供基础。

第二，有助于准确找到自己教学的长处所在，使随机的灵感、偶尔的亮点有最大可能形成稳定的办法和长久的策略。

第三，有助于发现和总结相关的教学规律，有利于教师开展教学研究。教学规律是具有科学性、必然性、稳定性、普遍性的教学各要素之间的联系，是教学活动必须遵循的教学原则和教学依据。教学规律是从哪儿来的呢？是教师从教学活动中发现、提炼出来的。因此，作为一名教师，在日复一日的教学进程中开展反思并养成习惯，定会发现自己教学活动的特点、规律，进而发现带有普遍意义的教学活动的特点、规律。如此一来，将不但能有效地提高自己的教学水平、教学能力，还能在不知不觉中走上教学研究的道路，为自己的教学插上腾飞的翅膀。

# 第三节　课后反思

相比课前和课中反思，课后反思是最为普遍的反思形式。一节课无论成功与否，总有许多值得剖析的地方，对它们进行系统的回顾、梳理，写好课后一得或教学日记，这对教师非常重要。

## 一、概念解读

课后反思是教师课后对整个课堂教学过程进行思考的成果，通常包括对教师的教学观念、教学行为和学生表现及教学成败的梳理和分析。好的课后反思不仅指向教学的结果，还关注学生在完成学习任务的同时是否学会了学习。在反思过程中，教师要借助行动研究，不断探讨与解决教学目的、教学工具和自身存在的问题，不断提升教学实践的合理性，不断提高教学效益和教科研能力。课后反思常用的方法有：

### （一）自我反思法

上完一节课，或组织完一次教学活动，自己要静心沉思，以批判的眼光反观整个教学进程，进而审视由教学行为暴露出的教育理念与教学思想的问题。

### （二）问卷调查法

教师可将自己最想知道的一些问题设计成问卷，发给学生，请学生作答，从学生的作答中寻找改进的方向和策略。

### （三）集体探讨法

集体探讨是打破思维定式、突破思维局限的有效方法。把个人反思融入集体反思中，个人反思才有更广泛的价值，同时，集体反思能够在教师教育教学培训和自我完善之间建立起有效的联系，使集体培训与个人成长有效整合，共同推进教师的专业发展。教师要经常开展听评课交流，在活动过程中倾听不一样的声音，了解不一样的想法，感受不一样的心智模式、不同的思维模式，开阔眼界，提升境界。

（四）录像法

现在的录像技术十分发达，教师上课的时候，可请他人将自己的上课过程录制成视频，组织同行教师观看，然后共同研讨，集思广益。还可以充分利用录像资源的便利条件，请教育教学领域的专家参与，提出有针对性的建设性意见，促使教师对自身教学实践进行更深入的思考，收获更新、更全面的认识。

## 二、撰写方法

作为一名教师，经常性地、习惯性地开展教学反思，对提高自己的教学水平、教学能力意义重大。课后反思的撰写，一般围绕以下几个方面进行：

（一）写整体感知

对本节课教学全程的反思：本节课教学是怎样进行的？

对教学目标的反思：教学目标是否明确？是否符合课程标准要求？是否符合学生的认知特点？等等。

对教学效果的反思：课堂教学是否达到预期的效果？是否对学生的未来发展和提升有促进作用？等等。

对教学策略的反思：教学方式是否陈旧？是否符合教与学的基本规律？等等。

（二）写课堂生成

主要包括：在课堂上学生表现如何？学生的讨论有哪些精彩的呈现？课堂上生成了哪些有价值的问题？不同层次的学生是否在原有的基础上得到发展？各类学生是否达到了预定效果？等等。还包括：课堂教学过程中，是否有不可预料的情况发生，使原来的教学计划发生了改变？采用别的活动和方法是否更有效？教学计划怎样修改会更有效？对这些生成的资源进行整理，能够为教师今后设计与实施教学提供可借鉴的素材。

（三）写规律与灵感

记录课堂教学中那些倏忽一瞬的灵感、“智慧的火花”，并从中发现点滴的教学规律，提炼出新颖实用的教学方法。

（四）写精彩与败笔

在课堂教学中既会有成功，也会有失败。对课堂的精彩与败笔进行回顾，并探究其根源，检验新思想、新策略、新方案是否更有效，形成新感知，发现新问题，开始新循环。

## 三、案例举隅

### 案例一　历史

### 重走长征路，再铸龙城魂

——思政课“重走长征路，再铸龙城魂”课后反思日记

2020年6月17日　晴

今天这节课充分体现了坚定“四个自信”、增强“四个意识”、做到“两个维护”的正确政治导向，将思政课教育目标融入学科教学的全过程。

反思这节课的执教亮点，可以总结为以下四点：

1. 以时间为线索，厘清长征与中国革命局面的关联。通过学生制作大事年表的方式，注重历史时序性的同时，引导学生感知革命斗争险恶的政治环境，理解中国共产党勇于坚持马克思主义，并将其与中国国情相结合，不断推动革命前进，树立对中国共产党的坚定信仰。

2. 以讲解长征路上具体地点发生的故事为纽带，体会革命英雄主义精神。通过绘制长征路线图，培养学生的时空观念。通过丰富的视频资源，可以窥见长征战斗之惨烈、沿途红军与少数民族深厚的情谊，以及红军长征对革命思想的传播。

3. 以人物为主线，理解长征精神，实现思政课育人目标。教学中通过时空对话，以家乡亲历长征的革命英雄人物如徐向前（山西籍）、马志选（工作、生活在太原）以及新时代抗击新冠疫情的白衣战士为明线，落实家国情怀核心素养的同时，解决了思政课单纯说教、不易为学生从内心接受的弊端。学生在历史大视野下，通过感受两位人物个人命运的跌宕起伏，树立正确的世界观、人生观、价值观。通过课堂教学，实现了知行合一，达成了较好的育人目标。

4. 关注教学细节，彰显历史课的育人魅力。课堂教学中发挥板书设计功能，聚焦于思政课育人目标，将学科教学与思政课教育完美结合，突出本课正确的价

值观导向，凸显了板书设计的生动性、美观性、思想性。

当然，这节课也有许多地方有待改进，特别是对学生表述能力的培养还需要加强。整堂课注重学生情感价值观目标的落实，关注思政课育人目标，知识目标落实显得不足。如何实现学科教学与思政课教学目标的融合是今后教学实践需要进一步探索的重点。

根据发现的问题，我打算做出如下再教设计：

1. 加强情境创设与教学目标、设问的一致性，使活动设计顾及不同层次的学生，引起广泛的情感共鸣。同时要将价值观这一无形的育人目标可视化、客观化，成为学生自觉的行动意识，并得到较为持久的保持。

2. 在占有大量课程资源的基础上，要围绕教学目标进行恰当取舍。中国工农红军长征是中国共产党革命历程中的重大事件，也是人类历史上的英勇篇章，网络资源、历史遗址遗迹、文献记载、学术文章、影视媒体等不同渠道都有丰富的教学资源，如何科学、恰当地精选适宜于学情和教学目标的材料，以及何时、以何种形式出示材料，引导学生用好材料，是教学设计中需要着重考虑的问题。

3. 切实落实新课程理念和“双减”要求，在优化作业设计上进一步下功夫，增强课后作业的探究性，充分发挥本课特有的教学价值，引导青年学生树立正确的世界观、人生观、价值观。

（案例提供：太原市第三十九中学校　武燕珍）

## 案例二　英语

### 创设真实语言环境　解决生活实际问题

——“Unit 9 Can you come to my party?”课后反思日记

2019年12月24日　阴转小雪

八年级上册Unit 9围绕“邀请”这一交际功能展开，要求学生学会用得体的语言发出、接受或拒绝别人的邀请，并陈述理由。这节课我涉及的是Section B（2a–2e）的内容，是一节读写课。

回顾整节课，我始终以新课程理念为依据设计课堂活动，体现了“教为主导，学为主体”的教学原则。当然，仍有一些不足之处需要完善，特别是以下两点，要在今后的教学中引以为戒：

1. 学生的参与度不均衡。纵观整节课，大部分学生能积极投入到课堂活动中来，尤其是语言表达能力强的学生参与的机会相对较多，但也有相当一部分学生较为被动，在小组合作中参与度不高，个别小组甚至出现了“冷场”的局面，没有充分发挥出合作学习的优势。原因在于我课前未做足学情分析工作，以后应该既要关注合作小组内各成员的合理编排，也要注意到教学内容的优化设计、话题任务的趣味衔接等方面，想方设法把更多学生的积极性真正地调动起来。

2. 教学评价手段单一。在学生自主学习或小组合作完成阅读和写作任务后，我所采取的教学评价手段比较单一。不同层次的学生在合作中的分工也应有所不同，只单一做评价是不合理的。今后应采取多元化的评价手段，不仅科学检测学习效果，而且要更好地激发、鼓励学生，让学生从评价中得到动力。

通过本节课的教学反思，我从中领悟到“以生为本”教育理念的重要性。要想优化课堂教学，提高课堂效率，就必须建立新的教学理念，努力为学生创设真实的学习语境和愉悦的学习氛围，让不同层次的学生通过自主学习、小组合作、实践探究、深度参与，实现人人有事做、个个有收获的理想愿景。

## 案例三　数学

### 一节“完全平方公式”课带来的思考

——“完全平方公式”课后反思日记

2020年3月20日　晴

完全平方公式是特殊形式的多项式相乘，只有掌握完全平方公式的结构特点，才能正确地运用公式帮助我们进行简单计算。本节课主要研究完全平方公式的特征及应用，关键是引导学生正确理解完全平方公式的推导过程、几何背景，并能准确应用完全平方公式解决相关问题。下面是我对这节课的反思：

一、这节课做得较好的方面

1. 导入承上启下，授课思维流畅，知识发生发展过渡自然。

复习引入时先给出任意两个多项式与多项式相乘，再变为能用平方差公式计算的两个多项式相乘，此时提问结果为什么是两项，为后面的完全平方公式中的2倍项中的“2”做好铺垫。然后自然而然引入能用完全平方公式的两个多项式相乘，此时提问结果为什么是三项，每一项的特点是什么，接着让学生大胆猜想

$(a\pm b)^2$等于多少。这节课我按照教材本身的逻辑关系精心设计承上启下的导入，就像在新旧知识之间架一座桥梁，大部分学生能猜想出完全平方公式$(a\pm b)^2=a^2\pm 2ab+b^2$。由于有良好的公式探究活动经验，学生很快总结出完全平方公式的特点，在牢记公式的同时，较为成功地避免了学生易犯的两个错误：其一，把“$2ab$”丢掉，写成$(a+b)^2=a^2+b^2$；其二，把完全平方差公式写成$(a-b)^2=a^2-b^2$。大部分学生计算准确，大大提高了学习效率。

2. 恰当的例题既是向学生传送知识的纽带，又是巩固“双基”、培养能力的桥梁。

本节课我选取下面的4道题作为例题：

(1) $(3m+2n)^2$；(2) $(3m-2n)^2$；(3) $(-3m+2n)^2$；(4) $(-3m-2n)^2$。

以一道题为基础通过改变多项式项的符号变为四道题，后两道题可根据“互为相反数的偶次幂相等”转化为前两题。由于例题选择恰当，第一轮的基础训练特别顺畅，尤其在后面自编符合完全平方公式的计算题时，可以看到学生在教师的引导下使问题的探讨得以不断深入，学生思考积极，气氛活跃，教学效果非常好。

3. 互帮互助使每个学生获得成功的体验。

不同的学生智力水平、基础有差异，在合作学习中可以取长补短。第二轮训练时设计小组互帮互助活动，让提前准确完成训练的学生帮助基础薄弱的学生，不仅使学困生顺利完成本节课学习任务，而且在这种宽松的学习氛围中，不同程度的学生都能从不同的角度、以不同的方式去思考和探索各种问题，强化合作的意识，体会到了成功的快乐。

二、这节课有待改进的方面

1. 用几何图形面积验证完全平方公式时，两数和的平方公式比较直观，大部分学生好理解，但是两数差的平方公式直观验证中大部分学生画不出几何图形，在这里我没有给足学生思考的时间，浪费了课堂生成的宝贵资源。事后回想，我在这里应和学生共同探索如何构造$(a-b)^2$，当构造好$(a-b)^2$后，再逐步引导学生用第二种方法去表示$(a-b)^2$，从而得到$(a-b)^2=a^2-ab-ab+b^2$，进一步得到$(a-b)^2=a^2-2ab+b^2$，这样学生就会对两数差的平方公式有深刻的认识。

2. 本节课是完全平方公式的第一课时，应在学生基础扎实后再进行完全平方公式的灵活运用，我在学生还没有完全掌握基本知识时匆忙拓展延伸，是失败之举。一节课的时间有限，不能面面俱到，如果内容太多，只能浅尝辄止。课外延伸固然好，可以拓展学生的视野和思维，但必须适时、适当，而且并非每节课都要有课外延伸。今后我要认真分析学生的认知基础，做到每一节课要精，不要华而不实。

此外，反思本节课的教学，我还意识到今后应注意从以下几个方面改进：

1. 在教学中要尽可能创设真实任务情境，给学生充足的时间，让学生自主思考。

2. 每节课后及时总结学生的学习情况及上课存在的问题，做好笔记。

在今后的教学实践中，我要深入反思、敢于创新，不断提高自己的教育教学水平。

（案例提供：太原市第十二中学校　张席华）

## 案例四　语文

### 一位青年语文教师的三则反思日记

#### 开学适应期

2021年9月6日　晴

今天讲《春》的朗读课。朗读课对于我而言是新的挑战，为了让自己分析得更细致，感受更深，我找了很多辅助资料，但上课时还是发现了很多问题，下面进行一下总结。

1. 备课过程：两个“不够”。

首先是对学生了解不够。虽然早读课已经有学生背会了课文，但实践证明我还是高估了他们对课文的熟悉程度，忽视了字音、字词等基础内容的掌握，忽视了一些我以为他们已经知道的知识。学习起点和预设有较大的偏差，课堂效果也不理想。

其次，教学设计梯度不够。课堂教学思路应该符合学生了解一篇新课文、了解一个新事物的规律，所以常规思路是先整体后部分，先感知后分析，先大后小。也可以有所创新，在学生已整体感知的基础上，从小处切入，由一点而窥全貌。本节朗读课我从一开始就拔高到分析并朗读的程度，缺乏梯度，确实是一大失误。其实，应该一课一重点——朗读课重点朗读，分析课重点分析，这样目标突出，主次分明，更具有操作性。

可见，备课时应注意“备学生、备教材、备知识、备情境”，注意学生的“已知、未知、能知、愿知”，在此基础上设计课堂教学目标及内容，做到清晰明了，梯度合理。

2. 讲课过程：对学生注意力的关注度不够。

上课过程中，不能将所有的教学期望都强加于课堂教学，还要注意学生的接受度。

这节课我过多注意完成预设的教学环节，没有留意部分学生在走神，感觉到学生思路跟不上就“硬讲”。之后我听了王老师的一节课，发现她会时不时跟一些走神的学生开玩笑似的互动，既不浪费多少时间，又能偶尔给学生一些放松的机会，课堂效果也更好、更活跃。不过这种方法对教师的应变能力要求较高，也关系到个人的讲课风格，希望自己可以早日形成自己的讲课风格。

总体感觉这节课问题较多，希望下一节朗读课能有所突破！

## 原来作文课应该这么上

2022年4月11日　晴

最近上课摸到一些门路。

新教师讲课不可能面面俱到，这就需要有侧重点，给自己的课堂找一个定位和特色。有一些人的课堂特色可能是他的个人魅力，风趣幽默一类；有一些人的课堂特色可能是文学氛围浓厚，诗词曲信手拈来；我做不到幽默，也没有如此浓厚的文学素养，那就只能凭借语文教学的理念和思路了。我在教学初期便给这三年的语文教学设定了目标：在夯实生字词等基础知识之上，训练学生的理解、审美和表达能力。理解，即理解概括能力；审美，即审美分析能力；表达，即表达写作能力。在这半年多的教学摸索中，外加自己写作的一些经验，我总结出一点上作文课的规律。

1. 讲技巧有用，但更有用的是模仿。

仔细想想自己的写作过程，我们不会意识到“这里要用多角度描写”“这里要用比喻”，因为技巧是融入写作和交流中的。技巧可以讲，但问题在于学生无法直接运用，即便当下看似有效，实际在写作中不一定能够灵活融合。回想学生小学阶段学写作的过程，其实大部分是在模仿，而且是仿句式，如果句式换成高级一些的结构，那么文章也会显得成熟一些。

而模仿与阅读是分不开的，可以仿课文、仿名著，也可仿优秀习作等。阅读，是为了更好地写作；写作，是为了更好地表达自我、丰富内涵。

2. 观察也是可以教的。

很多同学喜欢写“水汪汪的大眼睛”，因为他们没有其他词汇，更没有观察。所以在上学期的公开课中，我在师傅的指导下多设计了一个环节——将不同人物的眼睛放在屏幕上，并标上对应的名称。这样，学生就会知道，原来眼睛有这么多种不同的类型，加之以细致的观察，写作自然不愁。关于颜色的描写也一样。学生只知道红色、黄色等，但不知道红色其实还可以细分，殷红、桃红、粉红、朱砂、妃色、品红……经过学习，学生在描写时拥有了大量词汇，也能够对所观察的事物进行区分。这样，短句、长句、片段式的内容经过慢慢训练，必然会有一些进步。

半年前，我对于自己的专业提升还没什么规划。现在，我觉得可以以名著阅读和片段写作为重点，先做到每周有一到两节精品课，然后慢慢拓展。

## 我心目中的文言文教学

2022年6月18日　阴

最近讲文言文，也隐约找到一些感觉。

首先，文言文应重视朗读教学。朗读法是教好文言文最重要的教学形式，是提高语感的重要途径，对于培养学生审美能力、想象能力等诸方面，都具有很重要的作用。

诵读文言文有三种方法：一是“疏通文义的读法”，要求读得通顺，语音正确，不读破句；二是“推究文理的读法”，旨在读出词语、句子、段落间的逻辑停顿和逻辑重音，要求读得流畅，语气、重音、停顿和速度得当；三是“品味意境的读法"，旨在读出文章的意味和情趣，要求读得铿锵悦耳，抑扬顿挫，声情并茂。我讲《河中石兽》时，用的方法是先听范读，听两遍——第一遍正字音，第二遍划断句。然后齐读一遍，再小组内读，听听互相之间有没有遗漏的字音和断句（跟师傅学的方法）。第三步，读出感情，读出故事性。我先范读了一下，尽力将"讲学家"和"老河兵"的语气读出不同。随后请几个同学或大组分角色朗读，目的是大致梳理故事内容，提高整体对文言文的理解能力。这样一课时大概结束。

其次，活动设计很重要，通过活动可以推进理解。这种方式适用于内容不多，但需要学生反复练习、熟练掌握的时候。还可用图示或箭头形式将故事情节、行文逻辑展示出来，学生看图便可背诵记忆下来。

最后，讲不懂的可以暂时搁置，把握重点。前两天讲"'之'用在主谓之间取消句子独立性"，感觉不是很好。"之"的这个用法就好像俄罗斯套娃一样，一个完整的主谓句子合起来，做另外一个主谓句的宾语。原本觉得这个用法并不是很难，感觉自己好像也说清楚了，但学生还有些没听懂，从而让整堂课的效果大打折扣。

在给第二个班讲课的过程中，我对此文言虚词的用法讲解索性暂时搁置，把重点放在学生对句意的理解上，感觉教学顺畅了许多。后来读课标时惊喜地发现，原来课标中关于文言文教学就是要求引导学生理解大意，不用讲语法知识的！看来今后一定要多读课标，能少走许多弯路。

（案例提供：山西大学附属中学　邵彤昕）

**四、意义价值**

曾子曰"吾日三省吾身"，说的就是一天过后的反思，所谓"吃一堑长一智"，也是强调事后反思的重要性。如果没有了"三省"，就没有以后教学的"随心之所欲"；如果没有了总结和反思，"吃一堑"还会再"吃一堑"，还会不断在同一个地方跌倒。

课后反思其实是将教学过程中的点点滴滴的发现、感悟、收获进行整理的过程，是将碎片化思考系统化的过程。假使没有教学总结，那些点点滴滴的教育灵感随着时光的流逝，会变得逐渐模糊甚至生疏；假使没有总结，那些本该闪光的东西，会被琐碎的东西掩埋得越来越深以至无法挖掘。事实上我们每一位教师脑海里都充满无数闪光的宝贵经验，却往往由于总结的缺失而逐渐丢失。

反思是一种习惯，更是一种能力，无论对学生的身心发展，还是对教师的专业成长而言，都是一种必备的能力。总结过去的经历和经验、感想和感悟，就是让反思意义更加充分，更有利于教学的方法。

（一）课后反思有利于教师专业素养的发展

课后反思是教师对“专业知识场景中的教师个人实践知识”进行激活、评判、再认与更新。如凭借对以往教育事件的分析，教师有意识地反思个人实践知识，揭示自己习以为常的行为背后的教育思想和教育观念等，有助于教师逐步摆脱传统的禁锢，从而获得自我分析、自我超越的意识和能力，从而实现专业素养的提升。

（二）课后反思有利于提高工作实效

通过课后反思，对日常的教育教学过程进行全方位考察，打破了原来近乎沉寂的按部就班，将所有理所当然的理念悬置起来，以怀疑、批判的态度重新审视，以积极的心态分析过程和结果的教育意义与价值，反观自己的教学理念与教学行为，寻求教学方式的改进与优化，这也就有力地促进了教师工作实效的提高。

（三）课后反思有利于突破教育思维的局限性

人最大的惰性是观念的惰性、思维方式的惰性。要真正转变某种观念和思维方式，其实是非常困难的。借助持续的、有效的反思，可以唤醒教学生命的内驱力，使我们逐步意识到自己的教育观念、教育思维方式的局限性，不断调整自己的观念，逐步改变分析、解决教育教学问题的思路，这样才能真正实现反思的创新。

总之，课后反思的主体就是从事教育教学活动的“我”。在活动中，“我”把自己所处的环境和所做的事情，作为观照对象予以关注，时时感到“我”在从事教育教学工作，又时时感到“我”在看着“我”工作。教学反思作为教师对自身教学行为的批判性思考，是教师的一种基本研究行为，也是教育应有的一种生活方式。

# Ⅱ 操作思路

# 第三章　教学反思的操作思路

## 第一节　如实陈述教学行为

### 一、理论要点

（一）教学行为

教学行为是教学活动及教学实践的根本，在教学目标的指引下，教学行为成为体现教学理念、落实教学策略与方法的实质性教学活动。教师有效的教学行为对促进学生有效的学习行为有积极作用。

教师课堂教学行为主要是指教师为实施有效教学方案而发生在课堂内外的一系列行为，是课堂教学的核心和实体部分，是构成课堂教学活动的细节和内容，也是教学系统中最具能动性的部分。

教师在课堂上发生的行为按功能划分主要有两个方面：管理行为与教学行为，课堂管理行为是为教学的顺利进行创造条件和确保单位时间的效率；课堂教学行为又可分为两种，一种是直接指向目标和内容的，事先做好准备的行为，这种行为称之为主要教学行为；而另一种行为直接指向具体的学生和教学情境，许多时候都是难以预料的偶发事件，因而事先很难或根本不可能做好准备，这种行为称之为辅助教学行为。

教师课堂教学行为按照行动类型具体可分为陈述行为、指导行为、展示行为、提问行为、反馈行为、管理行为、观察行为、倾听行为、反思行为、评价行为等十种，其中常用的教学行为是陈述行为、指导行为、展示行为、提问行为和评价行为。

（二）对教师课堂教学行为的反思

新课程的改革使教师对课程、教学、学习和知识等方面有了新的认识，比如，学习是社会性的知识构建的过程，教学过程是师生交流与互动的活动，教师要超越文本，与学生一起创生课程，让课堂能动态生成，创设良好的课堂教学情境等，在这样的背景下，教师只有不断地学习这些新的理念、探索新的方法，才能使自己的教学行为适应时代的要求，并保持可持续发展的潜力。

与传统课堂教学相比，新课程改革的要求发生了很大的变化，表现出与信息时代和学习社会相一致的新理念与新特点。这些变化涉及教师角色、学生角色、师生关系、课程意义、知识获得、教学方式、学习方式和教学评价等诸多方面，体现了新课程改革的发展趋势以及基本方向。新课程改革要求教师提高素质、更新观念、转变角色，必然要求教师的教学行为产生相应的变化，如在对待师生关系上，新课程强调尊重、赞赏，“为了每一位学生的发展”是新课程的核心理念；在对待教与学的关系上，新课程强调帮助、引导和互动；在对待教师专业发展上，新课程强调教学反思，提倡通过积极的反思实践活动促使教师形成自我反思的意识和自我监控的能力；在对待与其他教育者的关系上，新课程强调合作；在教学评价方面，新课程强调发展性评价等。了解与认识当代课程教学的新变化与新理念，对于教师按照时代的要求积极转变教学行为，有效地开展教学活动有着重要的意义。

1. 对教学中教师角色行为的反思

在传统教学中原有的教师角色行为可以用“教书匠”三个字来概括，教师是知识的传授者，是课堂教学的主宰者。而在新课程理念指导下的教师则应该成为学生学习的引路人，是学生自主学习、自主发展的组织者、指导者、参与者、研究者、服务者，是教学全程的管理者，是学生成长的引路人。知识的传授只是教师的一种角色，而不是唯一的角色。所以，教师应该充分认识传统教师角色单一性的弊端，树立教师角色复合性特点的新理念，在教学活动过程中，应该根据教学的需要和学生的发展，实现其多重角色行为的有效转换。

2. 对教学实施行为的反思

在传统教学实施过程中，教师的教学行为表现可以概括为“三中心式”，即以书本知识为中心，以教师为中心，以课堂为中心展开教学；“三转式”即教师围着书本转，学生围着教师转，师生围着分数转。教师的课堂教学行为在基本程序上的表现是先教后学，先讲后练，以教论学，学服从于教，师讲生听，师写生抄。

新课程则主张多元互动的教学方式，在教师的指导下，学生与教材、学生与教师、学生与学生、学生与问题情境、学生内部等进行多元互动的教学方式，以实现多元智能的个性构建。提倡先学后教，以学定教，“学中做”，学、做、教互动合一；先做后导，以做论导，“做中学”，做、学、导协调发展，坚持教为学服务。新课程改革强调，课堂教学活动的有效开展与课堂教学思维方式密切相关。虽然课堂教学行为受制于具体的课堂教学情境，但课堂教学思维方式的性质、状况，在一定程度上制约着课堂教学行为，进而影响着课堂教学质量。问题的关键不在于课堂教学思维方式是否影响课堂教学行为，而在于课堂教学情境对课堂教学行为产生什么样的影响和作用。因此，教师课堂教学行为有效的表现是教学行为是否明确，教学方法是否灵活多样，调动学生学习积极性的手段是否有效，课堂上所有活动是否是围绕教学目标来进行，在课堂教学中学生是否都积极参与到教学活动中去了，教师能否及时掌握学生的学习状况和课堂中出现的问题，并能据此调整自己的教学节奏和教学行为。课堂教学行为是一个复杂的综合体，让教师了解这些教学行为不是要求每个教师都非常熟练地掌握每一种技能，有些教学行为并非依靠培养或培训能获得，而是取决于教师本人的教学经验和人格素质。

3. 对教学评价行为的反思

传统的教师以学生学业成绩作为评价的唯一尺度，且具有甄别和选拔“精英”的功能倾向。这压制了大部分学生的个性和创造潜能，使他们成为应试教育下潜在的牺牲品，真正的评价应该起激励导向和质量监督作用。

新课程教学评价要求不仅要关注学生在语言逻辑和数理逻辑方面的发展，而且要通过建立新的评价指标和改革评价方法，发展学生其他方面的潜能，诸如与人交往的能力、适应环境的能力等。反思教学评价行为应充分了解学生发展过程中的需求，关注个别差异，帮助学生认识自我、建立自信。评价方式也要多样化，不仅要重视量的评价，还要重视质的评价。评价的功能要由侧重甄别筛选转向侧重学生的发展。另外，还要强调评价的真实性和情境性，不仅要重视学生解决问题的结论，还要重视学生解决问题的过程。

（三）如实陈述教学行为

美国著名心理学家马杰（B. F. Mager）系统论述了用行为术语陈述教学行为的理论和方法。马杰认为教学行为的陈述应该是对教学行为所做的可观察和可测量行为的如实描述，它应该能够说明“学生和教师做了什么以证明学习的过程和效果，以及教师怎样知道学生能做什么”。他还指出，一个好的教学行为的陈述目标应该包括行为的表述、行为条件的表述和行为标准的表述。据此，教师在陈述教学行为时，应该清楚地表述以下四项内容。

1. 行为主体（A-audience）。指的是施教者和学习者，即教学行为描述的既有教师的行为，也有学生的行为。如“学生建立作品集文件夹，以存放学习过程中的作品及活动记录等”是对学生行为的如实表述。而“教师通过让学生建立作品集文件夹，以存放学习过程中的作品及活动记录等，培养学生自学能力”则是对教师行为的如实表述。在分栏表述教学行为时，主体通常可以省略不写。

2. 行为动词（B-behavior）。用来描述教师所实施的教学行为动作及步骤，以及学生所形成的可观察、可测量的具体行为，分为模糊的和明确的动词，如“了解”“熟练”“热爱”等属于模糊动词，“写出”“制作”“讨论”“判断”等属于明确的动词。需要指出的是，表述教学行为的行为动词应该是可理解的、可观察的，例如“掌握英语主从复合句中宾语从句的用法”在教学活动结束后难以评价，若改成“能通过语言情境判断题目中所给出的三个选项哪个是最适切的宾语从句”则便于体现教学过程，同时也便于确认是否达到了目标。

3. 行为条件（C-condition）。指影响学生产生学习结果的特定的限制或范围，主要说明学生在哪种情境下完成指定的学习活动，即它说明了在以后评定学生的学习结果时，应该在哪种情况下进行评定，如“通过小组讨论，梳理新冠疫情对日常生活的影响与冲击”，“用网络查找所在城市共享单车的使用情况”等。在陈述“能够操作英语听说口语评测系统”这一教学目标时，就必须指明是“在教师指导下或者说明书指导下操作还是独立操作”这一行为条件。

一般来说，行为产生的条件包括下列因素：①环境因素（空间、光线、温度、气候、室内或室外、安静或噪音等）；②人的因素（单独进行、小组集体进行、在教师指导下进行等）；③设备因素（工具、设备、图纸、说明书、计算器等）；④信息因素（资料、教科书、笔记、图表、词典等）；⑤时间因素（速度、时间限制等）；⑥问题明确性的因素（提供什么刺激来引起行为的产生）。

4. 表现程度（D-degree）。指教师在实施教学行为的过程中，提前预设的和实际生成的表现程度方面的差异，也指学生在学习过程中所呈现出的表现水平，用以评价教学表现或学习结果所达到的程度。标准的表述一般与“好到什么程度?”“精确度如何?”“完成性如何?”“在多长时间内?”“质量要求如何?”等问题有关，例如“达到80%的正确率”“2分钟完成”等。标准的说明可以是定量的或定性的，也可以同时包含定量和定性。一般行为标准分三类：完成行为的时间限制，如“每分钟书写30个汉字”；准确性，如“朗读正确率为95%”；等等。

此外，在陈述教学行为时，可参考本学科课程标准中的相关表述进行如实陈述，其目的是使教师更好地把控“教”的行为，使学生更好地优化“学”的行为，避免表达上的模糊、笼统、抽象等问题。陈述得好的教学行为必须符合下列条件：

（1）教学行为陈述的不只是学生的学习结果（包括言语信息、智慧能力、认知策略、动作技能和情感态度），还包括教师做了什么、如何做的、效果怎样。

（2）教学行为的陈述应力求明确、具体、客观、可以观察和测量，尽量避免用含糊和不切实际的语言陈述。

（3）教学行为的陈述反映教与学的双边过程，要体现二者间的关联性与层次性，真正起到如实陈述教学行为对开展有效教学反思的基础保障作用。

## 二、实践智慧

### （一）古德和布罗菲透视课堂的方法

美国的古德与布罗菲合著的《透视课堂》一书中，既有对课堂现象的细节描述，又提供了具体的建议。它就像是解开这些课堂现象的密码，透视出掩藏在这些问题背后的原因，有效地指导教师对自己的课堂实践做出反思，提高课堂教学的质量。

古德和布罗菲主要通过专题式课堂写真的方式，帮助教师观察分析课堂教学。课堂写真是对教师与学生的语言和行为进行客观而真实的记录，其关键在于对课堂的完整再现，要求教师或研究者将所经历的课堂教学情境以时间或以活动顺序描述出来，分析课堂教学中的典型事件，或者发现问题，或者改进教学方法。

采用古德和布罗菲的“问题类型检测编码表”（见表1）和“问—答—反馈序列类型编码表”（见表2），可以对课堂教学中的提问行为进行逐一记录编码。该量表分类细致，便于对课堂问题归类、记录且覆盖类型广。应用该量表记录教师的课堂提问可以从问题类型、答案类型、选择回答者、停顿时间和提问的声调及方式五个维度，检测教师提问是否遵循有效提问原则。实践证明古德和布罗菲量表简洁、操作性强，是研究课堂教学的有效工具。

表1 古德和布罗菲的问题类型检测编码表[1]

| 行为分类 | 观察指标 |
| --- | --- |
| A. 问题类型 | $A_1$. 知识型：事实，要求正确、具体地回答；<br>$A_2$. 发散型：观点，要求发表对没有明确答案问题的意见；<br>$A_3$. 非知识型：要求回答与个人、程序或纪律等方面有关的，但与课程无关的问题 |
| B. 答案类型 | $B_1$. 思考型：要求学生必须推理得出结论或详细解释某一点；<br>$B_2$. 事实型：要求学生从记忆中搜索事实答案；<br>$B_3$. 选择型：只要求学生做出“是”或“不是”的回答，或在两个回答中选择一个 |
| C. 选择回答者 | $C_1$. 提问前点名回答；<br>$C_2$. 点名让自愿的学生回答；<br>$C_3$. 点名让不自愿的学生回答 |
| D. 停顿时间（提问后） | $D_1$. 叫学生回答问题之前停顿几秒钟；<br>$D_2$. 叫学生回答问题前没有停顿时间；<br>$D_3$. 不采用提问后停顿的方法，采用提前点名回答问题的方法 |
| E. 提问的声调及方式 | $E_1$. 具有挑战性或鼓励性；<br>$E_2$. 实事求是，不带有任何感情色彩；<br>$E_3$. 具有威胁性或测试性 |

[1] Tomas L. Good，Jere E，Brophy. 透视课堂[M]. 北京：中国轻工业出版社，2002：511.

表2　问—答—反馈序列类型编码表[1]

| 标记符号 | | 定　义 |
|---|---|---|
| 学生性别 | 男（M） | 答题者是男生 |
| | 女（F） | 答题者是女生 |
| 学生的回答 | 正确（+） | 教师认为学生的回答是正确的或令人满意的 |
| | 部分正确（±） | 教师认为学生的回答只有一部分是正确的，或者虽然正确但不完整 |
| | 错误（-） | 教师认为学生的回答是错误的 |
| | 没有回答（0） | 学生没有回答或者说不知道（如果教师不等学生回答就发出反馈，把学生的回答编码在这里） |
| 教师的反馈反应 | 表扬（++） | 教师用言语表扬学生，如“漂亮”“好”“棒极了”“好主意”等，或者用一种明显的情绪化方式加以口头肯定，如热情、高兴、兴奋等 |
| | 肯定（+） | 教师仅仅肯定学生的回答是正确的，如点头、重复学生的回答、说“是”“好”等 |
| | 没有反应（0） | 教师对学生的回答未做任何反应 |
| | 否定（-） | 教师仅仅指出学生的回答是不正确的，如摇头、说“不”“不正确”或发出“嗯”等 |
| | 批评（——） | 教师用言语批评学生，如“你不应该这么差劲”“那没道理，你最好细心点”，或者用一种情绪化方式加以口头否定，比如沮丧、恼火、厌恶等 |
| 给答案 | | 教师为学生提供正确答案 |
| 问别人 | | 教师转换问题让另一个学生试着回答 |
| 别人喊出 | | 另一个学生喊出了答案，教师认可了他 |
| 重复问题 | | 教师重复原来的问题，或者全部重复，或者加一个提示，如“那么”“你知道吗”“答案是什么” |
| 转换措辞或给出线索 | | 教师转换措辞或给出线索，使学生更容易回答 |
| 新问题 | | 教师提出一个新问题（一个与原问题不同的问题，需要做出不同的回答） |

[1] 加里·D.鲍里奇.有效教学方法(第四版)[M].南京:江苏教育出版社,2002:5.

（二）TIMSS录像研究

TIMSS（Trends in International Mathematics and Science Study）录像研究项目，由美国、德国、日本的研究工作者首次大规模地对这三个国家八年级231节数学课进行实录，并构建了录像信息分析模式，用于比较研究三个国家课堂教学与学生学习成就的关系。TIMSS应用录像分析方法的数学教学比较研究报告《德国、日本和美国八年级数学教学比较研究项目的方法和发现》于1999年2月在网上正式发布，立即引起了国际教育界的普遍关注，被誉为是信息技术在教育研究中应用的革命性的突破。

TIMSS录像研究项目的研究程序是：选择样本课→现场摄录→录像带的数字化处理→课堂教学信息编码→统计分析→比较研究。

其中，对课堂教学录像提供的丰富而又复杂的信息进行结构化处理，即知识的外化，使之产生能用于分析教学过程的新知识，这一过程称之为课堂教学录像信息编码过程。课堂教学录像信息编码的基本目标有两个：一是构建教学质量的概念，这与课程标准直接有关；二是能有效地反映课堂教学的真实情况。

我国正在大力推进基础教育课程改革，长期以来占统治地位的手工方式的教学个案研究已远远不适应课程改革的需要，应用信息技术开发课堂教学客观分析和测量的新方法，并用于教学研究和教师的继续教育，对于彻底改变教师教学方式和学生学习方式具有极其重要的意义。课堂教学录像分析方法推广的另一重要意义在于真正把信息技术应用与日常的教育教学结合起来，把信息技术与课程改革有机地结合起来，使新课程在一个比较高的起点上实施。

**三、案例赏析**

**案例一**

学科：语文

年级：七年级

课题：《黄河颂》朗读指导

**【案例呈现】**

一、激情导入

播放音乐视频《黄河大合唱》，以强烈的气势感染学生，使其进入诗中雄浑、壮阔的境界，引起心灵的共鸣。用《黄河大合唱》的气势创设学习本诗的意境，让学生深受感染。

二、初读——渐入佳境

一读：读出节奏与重音，把握好语速和语调。

二读：有感情地朗诵，把握诗的内容，领悟诗的意境，加深对课文的理解。

三读：小组之间相互交流，对朗读提出建议。

四读：小组推荐代表全班交流（每人只读一个方面的内容），看看谁读得最有感染力。（也可以男女学生之间合作朗诵）

三、创读——体悟情感

1. 教师范读。强调朗读时，要注意热血沸腾、壮怀激烈的情感，同时要融合国难当头的悲壮情怀。

2. 指导学生有感情地朗读。

（1）诗歌分为朗诵词和歌词两大部分，朗读时应注意停顿，以示区别。

（2）“我站在高山之巅，望黄河滚滚，奔向东南”总领下文，因此停顿要稍长。后面的四个分句注意重点词语“掀”“奔”“劈”的重读，且四句应该越读越激昂，表现黄河的气势。

（3）三个“啊”要读得深沉，声音稍稍延长；“黄河”要读得高昂，表明在歌颂。

（4）最后的两句“像你一样的伟大坚强”充满了战斗的决心，要读得铿锵有力。

3. 小组中的成员进行朗读交流，相互做出评价。

4. 请两到三名学生选取自己喜欢的部分在课堂上朗读，并请全体学生讨论如何读得更好、更能读出感情。发言者也可通过自己朗读来表达意见。

5. 全班齐读诗歌。

（朗诵是诗文的再创作，让学生从诵读中体验艺术的创作之美）

四、再读——走近黄河

1. 再读诗歌，你看到了什么。

生：这首诗写得很有气势，写出了黄河在中华儿女心目中的重要地位。

生：黄河是我们的母亲河，歌颂黄河就是歌颂我们中华民族。

生：黄河代表我们的民族精神，英雄的黄河代表着英雄的中华民族。

师：诗歌着眼于“歌颂”，诗人作为时代的歌手出现在我们面前。他站在高山之巅，代表祖国的英雄儿女，向着黄河唱出了气势恢宏的颂歌。

2. 悟读诗，你体会到了什么。

多媒体显示：

（1）诗由朗诵词和歌词两部分组成，从全诗来看，你认为朗诵词这部分所起的作用是什么？

（2）诗人在歌颂黄河之前，对黄河做了一番描绘，这些句子表现了黄河的什么特点？

（3）诗人从哪些方面赞美了黄河的英雄气魄？反复出现的“啊！黄河！”起到什么作用？

（4）诗人借歌颂黄河表达了什么情感？

学生以小组为单位讨论交流，各组选代表就其中一题发表自己的看法。

生：（1）朗诵词提纲挈领地概括出黄河的性格，引出下面的唱词。

生：（2）诗人在歌颂黄河之前，对黄河做了一番描绘，即“望黄河滚滚”所统领的句子。先是近镜头特写——“惊涛澎湃 / 掀起万丈狂澜”，再是俯瞰全景式的总写——“浊流宛转 / 结成九曲连环”，然后是纵向描写黄河的流向——“从昆仑山下 / 奔向黄海之边”，最后横向展开到黄河流域两岸——“把中原大地 / 劈成南北两面”。这些句子表现了黄河一往无前、无坚不摧的特点。

生：（3）“啊！黄河！”在诗中出现了三次，把歌词主体部分从“啊！黄河！ / 你是中华民族的摇篮”到“将要在你的哺育下 / 发扬滋长”分为三个层次，从三个方面赞颂了黄河的英雄气魄，即黄河哺育了中华民族，黄河保卫了中华民族，黄河还将激励着中华民族勇往直前。

师：可以从黄河的自然特点、地理特征，黄河在历史上对中华民族的贡献，黄河已成为民族精神上的城防等几个方面思考。

生：（4）诗人借歌颂黄河歌颂了我们的民族，激发了广大中华儿女的民族自豪感与自信心，激励中华儿女像黄河一样伟大坚强，以英勇的气概和坚强的决心保卫黄河、保卫祖国。

师：（小结）本节课我们通过诵读，真切地感受到《黄河颂》的内在意蕴，体悟到黄河所凝聚的中华民族的伟大精神。请大家课后自行阅读《黄河大合唱》的其他篇章，为本周即将举行的以“黄河”为主题的班会做准备。

**【教学反思】**

## 给自己一面镜子

### ——反思一节课的教学行为中“我做了什么”

以铜为镜，可以正衣冠；以古为镜，可以知兴替；以人为镜，可以明得失；以课堂为镜，可以察利弊。所以，清晰地观察课堂教学行为，反思一节课的教学行为中我做了什么，明确自己的施教策略，我想能给自己带来更多的思考和启迪。下面就以《黄河颂》教学为例，反思本节课的教学行为中“我做了什么”。

一、教而后见——创设情境，感受诗文之美

孔子说“不愤不启，不悱不发”，我们要重视教育的启发性，抓住学生的审美心理，寻找学生的关注点。一节课通常是从导入开始的，因此导入环节的激趣性和启发性尤为重要。我们进行教学反思时也要从第一环节开始：怎样设计、如何呈现、得到的效果是否如预期一样。

巧用多媒体创设情境，现代化的教学手段运用在课堂教学中，可以调动学生的学习热情。运用了优美的画面、动人的音乐、学生最喜爱的综艺节目等，可以在课堂上激活学生的视觉、听觉，启发学生的思维，使其自觉地感受文辞之美。黄河对于很多学生而言没有身临其境之感，对其意义的了解也不深入，《黄河颂》离学生生活的年代较为久远，但是用播放视频的方式拉近了学生跟诗歌的距离。视频中交响乐的气势和壶口瀑布的壮观抓住了学生的心，学生一个个目光炯炯、神采奕奕，聚精会神地从头看到尾，这种视听感觉是直逼人心的，这种审美愉悦可以引发学生的审美兴趣，从学生的眼神中能够看出这节课有了好的开始。

让诗歌之美在课堂呈现，以诵带教是本节课主要的教学方法。一首《黄河大合唱》把学生带入了我们国家那一特殊的历史时期，抗日战争中无数的英雄儿女为祖国奉献了自己的一切，甚至生命，用血色的青春捍卫了民族的尊严。在音乐中感受血脉偾张的高亢与激昂，将文字融合在音韵和节奏中，把诗文和艺术合而为一，感受诗人矗立于高山之巅，眼望波涛滚滚的黄河水唱出心中的赞歌。

二、教而后观——自主活动，享受诗文之美

诗歌是美的艺术，处处充溢着一种独特的美，或美在文字，或美在意境，或美在情感……西汉的董仲舒在《春秋繁露》中提到“诗无达诂”，因此本节课的导读层层深入，首先让学生在感官上进入到诗歌创作的情境中，在这样的氛围之下深入文本，主动探知《黄河颂》的力量之美，自主感知到中华民族的强大是经过时代历练的，是有着厚重的历史沉淀的，我们每一个中华儿女应当铭记这种民族精神，并将之继承和发扬。

具体做法是：学生“一读为快”，读出自己对本诗的理解，接着因势利导，和学生一起梳理出诗文的结构“一望三颂一立”。读“一望黄河”时，学生深有体会，“浊流宛转，结成九曲连环”，黄河的雄壮正是因为它的奔腾不息，历经坎坷、曲折、艰辛仍勇往直前。“三颂黄河”部分，以三个“啊！黄河！”将情感逐层递进，言为心声，一样的句子分别用递增的语势读出深情、豪迈、激昂。在此过程中配合播放黄河的视频，借助画面使学生直观感受奔流不息的母亲河，达到“一立”。

在小组诵读互动中，学生在之前视频的带动下跃跃欲试，基本能够把握住重音和停连，情感更是表达得充沛丰富，把学生带到这样一种情境中正是我想要的课堂效果。各个小组竞相展示，通过这样的“创作”活动自觉地去探知、赏识诗作的灵魂，感受语言带来的画面感和震撼力。我想这无益于给了学生一个较为宽松的课堂，不拘泥、不刻板，大胆尝试，尽情释放，学生找到了学习的主人的感觉。

三、教而后思——静心沉淀，唤醒诗文之美

诗是一种表达形式，我们从诗文背后体悟到的才是真谛。学生从诵读走进诗文也要从诵读走出诗文，沉心静气有所悟。有人说“问题是语文教学的一把金钥匙”，这一环节就可以用这把金钥匙开启学生的思维。我设置了两个问题：“你看到了什么？你悟到了什么？”此时课堂变得非常安静，能感觉到大家在思考，在积极地组织语言，准备发言。

诗歌教学的真谛在于浸染学生的心灵，因此，思考的环节必不可少。这节课可能少了传统诗歌教学中对意象和意境的分析、少了“炼字”的技巧练习、少了课堂背诵，但是能给学生一个享受朗诵、感受创读、深入思考的机会，这不正是我们“大语文”的引导方向吗？

（案例提供：太原市外国语学校　贺岳）

**【案例评析】**

有效的反思，离不开对教学行为的精思妙琢，就像我们照镜子一样，细细看清楚每一次皱眉、每一次微笑，不错过每一个表情，品味这背后的美与瑕。本篇反思以“教而后见—教而后观—教而后思”为脉络，从“创设情境，感受诗文之美”“自主活动，享受诗文之美”“静心沉淀，唤醒诗文之美”三方面如实陈述了执教《黄河颂》一课的教学行为。对教学初所秉承的原则和教学中的施教策略、教学语言、教学组织等显性行为的分析不断引发教师深入思考教学行为的有效性；而教学机智在行为上的体现，更使教师明确自身课堂教学行为的变化对学生多元成长带来的影响；特别关注到本节课如何借助《黄河颂》这一文本载体，通过深层次的情感、意志、道德、价值观等影响学生，反复感染学生，使他们在潜移默化中受到熏陶。这一篇反思切入点准确，陈述立体突出，能从学生角度思考评价教学得失，是有效的教学行为反思。

## 案例二

学科：数学

年级：九年级

课题：一个基本图形的变式探究

**【案例呈现】**

一、教学目标

1. 学会从复杂图形中分离基本图形。

2. 通过对基本图形的“转”和“换”，拓展图形研究的性质，从“变”中发现“不变”的本质，从“不变”中探究“变”的规律。

3. 经历基本图形变式的过程，在自主分析、归纳比较中，逐步领悟类比、由特殊到一般的数学思想方法，形成在新的情境中解决问题的能力。

二、教学过程

1. 探究原图特征

问题：$\triangle ABC$与$\triangle CDE$均为等边三角形，点$C$是公共顶点，观察图（1），可发现什么结论？

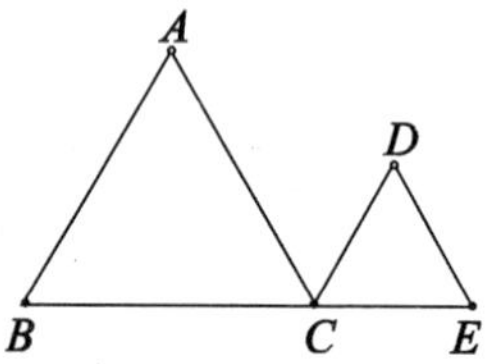

图(1)

学生思考后答：$AB=BC=AC$，$DC=CE=DE$；$\angle A=\angle B=\angle D=\angle E=\angle ACB=\angle DCE=\angle ACD=60^\circ$；$\angle ACE=\angle BCD=120^\circ$；$AB /\!/ CD$，$AC /\!/ DE$；$\triangle ABC \backsim \triangle DCE$。

师：同学们观察、推理得很准确，掌握了图形的性质。面对一个图形，就是要充分运用条件，发现相关结论，识别基本图形，提升分析图形的水平。

（设计意图：通过对简单而典型的图形中线段、角、三角形关系的辨认，发展几何直观与推理能力，也为后续变式探究打下基础。）

2. 探究变式问题

变式1：在图（1）中添加一些线段，大家又有什么发现呢？请看下面的问题：

$\triangle ABC$与$\triangle CDE$均为等边三角形，点$C$是公共顶点，在图（1）中连接$AE$，$BD$，交于点$F$，$AE$交$CD$于点$H$，$BD$交$AC$于点$G$，连接$CF$与$GH$，得到图（2）。

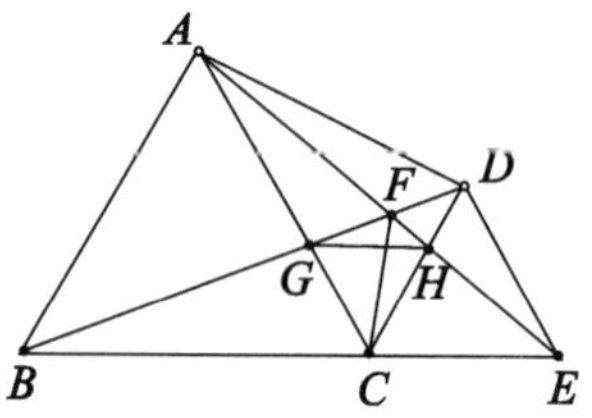

图(2)

问题1：当点$B$，$C$，$E$共线时，下列结论，正确的有（　　）

（1）$\triangle BCD \cong \triangle ACE$；

（2）$BD=AE$；

（3）$\triangle BCG \cong \triangle ACH$；

（4）$\triangle ECH \cong \triangle DCG$；

（5）$\triangle CHG$是等边三角形；

（6）$GH /\!/ BE$；

（7）$\triangle AFG \backsim \triangle BCG$；

（8）$\angle AFB = 60^\circ$；

（9）$FC$平分$\angle BFE$。

（1）~（8）题学生顺利解决，（9）题有困难，教师点拨引导：直观上感觉$FC$平分$\angle BFE$，怎样证明呢？大家可以从证明角相等的方法入手思考，也可以从图形中寻找相关条件。

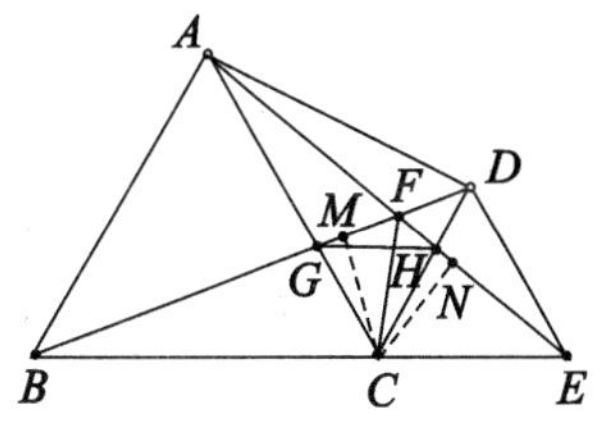

图(3)

分析：如图（3），过点$C$作$CM \perp BD$，$CN \perp AE$，垂足分别为$M$，$N$。由$\triangle BCD \cong \triangle ACE$得$\triangle BCM \cong \triangle ACN$，继而得$CM = CN$。

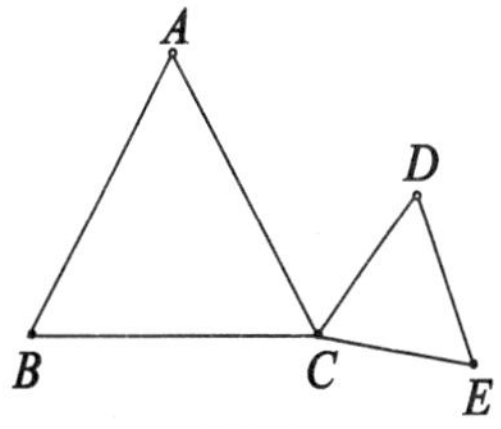

图(4)

问题2：当$B$，$C$，$E$三点不共线时，如图（4），以上结论还成立吗？请自己添加相关线段并探究结论。

学生独立思考后，小组交流、全班展示、教师点拨。

（设计意图：通过对原图添加线段使图形复杂化，在复杂图形中分离基本图形是几何直观的重要方面。添加线段后，使图形中呈现多个有旋转关系的三角形，让学生在问题引导下识别图形关系，并证明相应关系，也能促进学生几何直观和推理能力的发展。问题2的探究，则是让学生体会特殊与一般的关系，学会发现和证明结论的方法。）

3. 探究从特殊到一般

师：前面，我们以有公共顶点的一对等边三角形作为基本图形，进行相关变式探究，获得结论，体会了特殊与一般的关系，下面，我们将图形进一步一般化，探究其结论的变化。

变式2：如图（5），$\triangle ABC$和$\triangle CDE$均为等腰三角形，$C$是公共顶点，$AC = BC$，$DC = CE$，$\angle ACB = \angle DCE = \alpha$。你可以得出什么结论呢？

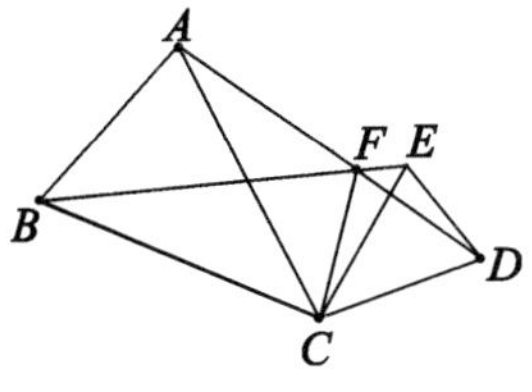

图(5)

学生独立思考，小组交流展示。

师：特殊图形中存在的结论在一般图形中不一定成立。

变式3：如图（6），在等腰直角三角形$AOB$和等腰直角三角形$COD$中，下列结论正确的是（　　）

（1）$\triangle AOC \cong \triangle BOD$；

（2）$AC = BD$；

（3）$\triangle AOM \backsim \triangle BMG$；

（4）$AC \perp BD$；

（5）$GO$平分$\angle AGD$。

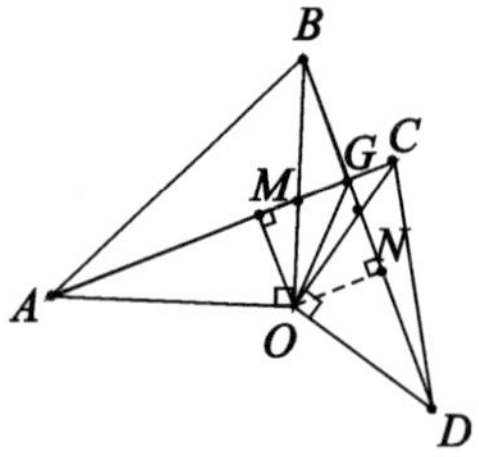

图(6)

请同学们思考以上问题，并说明判断的理由。

（设计意图：进行“蜻蜓点水”式的探究，还不能使思维深化，因此利用变式3再探究，使学生深刻体会特殊与一般的关系。）

变式4：如图（7），已知等腰直角三角形$AOB$和等腰直角三角形$COD$。

证明：$AD^2 + BC^2 = AB^2 + CD^2$。

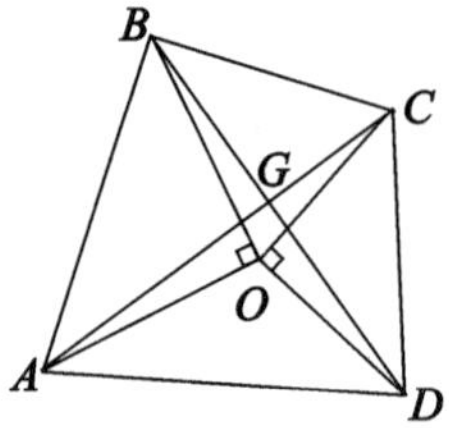

图(7)

变式5：如图（8），已知等腰直角三角形$AOB$和等腰直角三角形$COD$，$M$，$N$分别是$AD$，$BC$的中点。

证明：$AD = 20N$。

变式6：如图（9），四边形$AOBE$，$OCFD$均为正方形，所以，以下结论依然成立：

（1）$\triangle AOC \cong \triangle BOD$；

（2）$AC = BD$；

（3）$AC \perp BD$；

（4）$HO$平分$\angle AHD$。

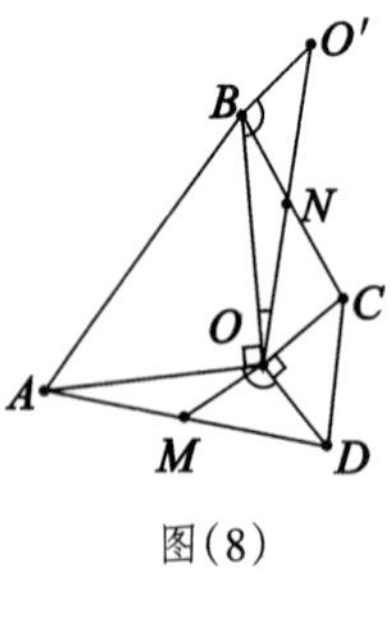

图(8)

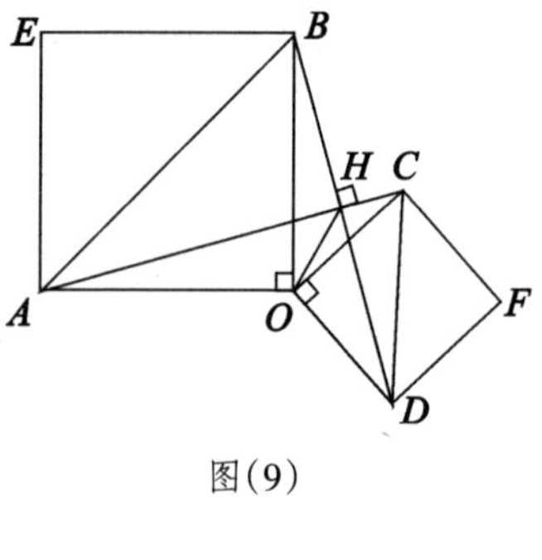

图(9)

以上问题均自主探究、小组交流与展示，教师点评。

（设计意图：用以上变式4、变式5和变式6，让学生从特殊到一般、从一般到特殊，体会图形特征的变化与确定，从而深入认识基本图形的基本特征，以及这些特征在变式图形中的变化。这样的探究，不仅使学生深刻认识基本图形，更能训练学生发现结论、证明结论的能力，发展几何直观和推理能力。）

**【教学反思】**

本节课是我在太原市中考复习研讨活动中的一节公开课，也是一节专题复习课。授课对象是山西省实验中学的学生，他们基础好、思维活跃。

问题是唤起思维的起点，一个有价值的数学问题不仅能够激活人的思维，调动人的情感，而且能够激发人的潜能、灵感，让人感受到数学之美。对学生在解决问题的思维过程中暴露出的问题，教师要适时引导，培养学生分析问题、解决问题的能力。

整节课以“探究”为核心，主要围绕三个环节展开。

第一环节是“探究原图特征”。设置简单而开放的问题引发学生思考，学生思维活跃。

针对设置的问题，学生从不同的角度找到很多正确的结论，我再加以引导，要求给这些结论分类。在此过程中，由于学习氛围宽松和谐，学生敢想、敢问、敢说、敢做，效果良好。但对于学困生的关注和鼓励有些欠缺，今后应该关注全体。

第二环节是“探究变式问题”。数学变式训练是指在数学教学过程中从不同角度、不同层次、不同情形、不同背景设置问题，使其条件或形式发生变化而图形本质特征不变。利用变式训练可以把一个看似孤立的问题从不同角度向外发散，形成有规律可循的系列问题，变式可以使抽象枯燥的数学充满灵活性和趣味性，可以培养学生思维的发散性和灵活性。

在探究学习过程中，学生遇到了一些困难与障碍，我利用个别指导与集体点拨相结合的方式，为学生引导思维的方向，同时利用纵向串联新旧知识、横向并联多个知识的联通型题组，帮助学生提炼解题规律，激活并提升学生的综合解题能力，较为顺利地完成了预设目标。此环节的教学中，我事先给出的变式题难度有点大，根据学情及时进行调整和“搭桥”。实践使我认识到，进行探究学习时，我们往往高估学生的实际水平，而难度过大容易使学生因不能实现目标而失去探究的信心，要对此加以警惕。

第三个环节是“从特殊到一般探究图形变化的规律”。通过设置变式4，5，6三组问题，学生的思维活动更加深刻，课堂进入高潮，学生忘记了课堂的“约束”，自由而忘我地发现、证明，体会问题本质，积累数学活动经验。最后归纳小结，梳理探究结论的方法，力求使学生对数学的思维方式有所感悟。

著名数学教育家波利亚曾形象地指出：“好问题同种蘑菇类似，它们能成堆地生长，找到一个以后，你应当在周围找一找，很有可能附近就有好几个。”本节课采取的“变式探究”就是让问题“成堆”，通过对数学问题进行不同角度、不同层次、不同情形、不同背景的变式，暴露问题的本质，揭示知识的内在联系。纵观整节课，我通过“变式”这一问题设计实现一题多用、多题重组，增加了学生的新奇感和参与感，提高了学生参与教学活动的兴趣和热情，发展了学生几何直观和推理能力，促进学生思维能力的提升。

但与此同时也注意到，不能为了“变式”而变式，要根据课标要求，遵循学生的认知规律来设计，最终目的是使学生在理解知识的基础上，把学到的知识转化为能力，实现提升数学核心素养的目的。

（案例提供：太原四十八中　王蓉晖）

**【案例评析】**

案例能围绕课堂中“我做了什么”进行反思，抓住题目中“一个基本图形的变式探究”的关键词“探究”剖析自己的教学设计，通过反思梳理加深了对变式教学的自我理解。从教学行为的如实陈述中，可以看到以一个基本图形的变式展开探究，促进学生几何直观和推理能力发展的进程。教师在设计问题情境时，注重运用图形变化的手段，也关注了从特殊到一般的发现结论、证明结论的一般方法，知识的综合性大，问题的思维量大，是一节有效的专题复习课。建议在变式探究中注意其层次性、开阔性、灵活性、操作性。层次性是指问题变式要由易到难，层层推进，让问题处于学生思维的最近发展区，让学生经过思考能够跨过一个个“门槛”。开阔性是指设计变式问题要内涵丰富，境界开阔，给学生留下充足的思维空间。灵活性是指问题变式训练要灵活多样，学生独立练习和教师启发下的半独立练习相结合，同时根据教学内容，有时可分散训练，有时可集中训练，充分展现知识的螺旋式上升，达到最佳的教学效果。操作性是指既然图形本身的性质很多，那么观察它的视角也会有很多，这样就有很多切入点可供变式，我们要找准切入点，在变化中找不变，在变化中发现规律。

## 案例三

学科：历史

年级：九年级

课题：《中华民族共同体的形成和发展》复习

**【案例呈现】**

一、教学目标

知道中国古代史、近代史以及现代史上的民族交往交融的基本史实，通过分析文字、图文、表格等材料，小组讨论，归纳不同时期民族关系的特点，认识到中华民族多元一体格局的形成、发展和巩固；通过视频等资料，深刻体会各民族在创造和发展中华民族历史中所做出的贡献，特别是新中国成立以来在中国共产党的领导下，各民族平等团结互助和谐的民族关系促进了各民族的共同发展，从而牢固树立中华民族共同体意识。

二、导入新课

教师播放歌曲《爱我中华》。说明这首歌曲是第四届全国少数民族传统教育运动会会歌，并提问：从这首歌里我们感受到了一种怎样的情感？

学生聆听歌曲，感受中华民族大家庭的团结和兴盛。

师：本课我们就来回顾一下中华民族大家庭是怎样形成与发展的。（导入主题）

（设计意图：播放歌曲《爱我中华》，利用视频在欢快的歌曲声中引导学生感受到我们多民族大家庭的团结与兴盛。）

三、讲授新课

1. 古代史上多民族的密切交往

教师出示图表《我国古代多民族国家的形成和发展》，要求学生课前分组完成，课上交流补充。教师最后补充、完善，出示答案。

| 时期 | 史　　实 | 作用或地位 |
|---|---|---|
| 史前 | 炎黄部落联盟以后逐渐形成为华夏族，炎帝、黄帝也因此被尊为中华民族的人文初祖，海内外的华人也以“炎黄子孙”自称。 | |
| 春秋战国 | 争霸、兼并战争的同时，中原诸华、诸夏与周边的戎狄蛮夷等民族长期交往。 | 促进了民族交融 |
| 秦汉 | 秦：北击匈奴，移民戍边；北筑长城。<br>汉：汉高祖和亲，汉武帝时三次大败匈奴；张骞出使西域促进汉朝与西域各国交往，设西域都护府。<br>东汉末年：五胡内迁。 | 统一多民族国家的建立和巩固 |
| 魏晋南北朝 | 西晋后期：人口大迁徙。<br>北魏孝文帝改革。 | 促进了民族大交融 |
| 隋唐 | 唐：文成公主、金城公主入藏，唐蕃会盟碑；设安西都护府、北庭都护府；大败东突厥、册封回鹘、南诏、靺鞨首领。 | 民族关系得到发展 |
| 宋元 | 北宋与辽、西夏和战；南宋与金的对峙。<br>元朝：民族交融（回族形成）、加强对西藏（宣政院）、西域（北庭都元帅府）、台湾（澎湖巡检司）的管辖。 | 民族关系得到进一步发展 |
| 明清 | 西南：（西藏）册封制度、驻藏大臣、金瓶掣签；<br>北部：（蒙古）妥善安置土尔扈特部回归；<br>西北：（新疆）康熙、乾隆平定叛乱，设伊犁将军；<br>东南：（台湾）收复台湾，设台湾府；<br>东北：雅克萨之战、《中俄尼布楚条约》。 | 统一多民族国家的巩固与发展 |

教师出示材料：

材料一　东汉、魏晋时期，我国北方的游牧民族不断内迁。原来生活在西北的氐族和羌族，由西向东迁入陕西关中；分布在蒙古草原的匈奴和羯族，由北向南迁到山西一带；而鲜卑族有一部分迁到辽宁，有一部分迁到陕西及河套地区。西晋时，山西、陕西内迁的各族人口，已经占当地总人口的一半。

材料二　擅长骑射的匈奴人，逐步由游牧民族转入农耕生活，发展了冶铁和制陶等手工业。山西南部的羯人，大部分从事农耕，善于织布，喜欢穿青绛色的衣服。

内迁各族的文化习俗也影响了汉族。西晋时，洛阳贵族官僚争用胡床、方凳等西北各族的家具，各族杂居地区的汉人也学习经营畜牧业。

内迁各族领袖大都仰慕中原文化。

材料三　（孝文帝）诏不得以北俗之语言于朝廷，若有违者，免所居官。

——《魏书》

**“今欲断北语，一从正音。”30岁以上的鲜卑官员要逐步改说汉语，30岁以下的要立即改说汉语，故意说鲜卑语的，要罢官降爵。**

师：请同学们根据所学知识，谈谈我国古代各民族交往交融的具体表现。(提示要结合相关史实及上述材料从政治、经济、思想文化、社会习俗、民族心理等方面加以说明)

学生分组讨论。

教师归纳补充：

政治：十六国北朝政权统治者沿袭中原地区原有的统治方式，实行君主专制制度等。

经济：魏晋以来，内迁的各族人民与当地汉人错居杂处，开始过着定居的生活，他们向汉族人民学习农业技艺，逐渐将原来从事畜牧业生产的习惯转变为从事农业生产。汉族人民向北方各族人民学习畜牧经验，又接受他们的食物、服装、用具等。

思想文化：战国时期，赵国的胡服骑射、北魏孝文帝改革中推行的汉化措施等。

社会习俗：各民族相互借鉴，相互吸收，如汉族改变席地而坐的习俗，引入北方少数民族的坐具等。

……

师：从上述史实中归纳我国古代各民族交往的特点，应该如何看待我国古代的民族关系?

生：民族之间有战争，有经济文化的交流，民族之间是相互影响的……

教师归纳补充：各民族在交往中有战有和，以和为主，以经济文化交流为主，是各民族共同谱写了中华民族的历史。

(设计意图：通过引导学生复习归纳我国古代多民族国家的形成与发展的史实，让他们认识到我国古代各民族之间有战有和，以和为主，以经济文化交流为主，是各民族共同缔造了中华民族的历史。)

2. 近代各民族同仇敌忾、团结御侮

教师出示马本斋和大青山抗日根据地的图片，讲述马本斋及其率领的回民支队英勇抗击日寇的英雄事迹，简单介绍大青山抗日根据地的建立以及蒙汉人民与日本侵略者进行的不屈不挠的斗争。

学生读图并聆听英雄事迹。

（设计意图：通过教师讲述马本斋率领的回民支队以及蒙汉人民与八路军在大青山抗日根据地抗击日寇侵略的英雄事迹，让学生感受到近代各族人民在面临日寇侵略的情况下，休戚与共，共御外敌，感知中华民族的抗战精神。）

3. 现代史上各民族的共同发展

师：（出示新中国成立之初我国的民族分布地图）新中国成立之初，我国各民族分布的情况是怎样的呢？

生：（读图，了解民族分布状况）新中国成立前，我国民族分布以汉族为主体，各民族相互杂居。

师：（补充说明）新中国成立初期，我国民族分布具有以汉族为主体，各民族大杂居、小聚居的分布特点，各民族具有发展不平衡的特点。

教师出示材料：

材料一　第五十一条　各少数民族聚居的地区，应实行民族的区域自治，按照民族聚居的人口多少和区域大小，分别建立各种民族自治机关。凡各民族杂居的地方及民族自治区内，各民族在当地政权机关中应有相当名额的代表。

——《中国人民政治协商会议共同纲领》（1949年9月29日）

材料二　第三条　……各少数民族聚居的地方实行区域自治。各民族自治地方都是中华人民共和国不可分离的部分。

——《中华人民共和国宪法》（1954年）

材料三　民族区域自治是在国家统一领导下，各少数民族聚居的地方实行区域自治，设立自治机关，行使自治权。实行民族区域自治，体现了国家充分尊重和保障各少数民族管理本民族内部事务权利的精神，体现了国家坚持实行各民族平等、团结和共同繁荣的原则。

实行民族区域自治，对发挥各民族人民当家作主的积极性，发展平等、团结、互助的社会主义民族关系，巩固国家的统一，促进民族自治地方和全国社会主义建设事业的发展，都起了巨大的作用。

——《中华人民共和国民族区域自治法》序言（1984年）

师：根据上述材料，归纳党和政府为解决我国民族问题采取的基本政策是什么，这一基本政策的主要内容是什么？有何意义？

学生阅读材料，提取信息，回答问题。

教师归纳：党和政府将民族区域自治制度确立为解决我国民族问题采取的基本政策。其主要内容有：民族区域自治是在国家统一领导下，在少数民族聚居的地方实行区域自治，按照民族聚居的人口多少和区域大小，设立不同级别的民族自治区域和自治机关。其意义是，实行民族区域自治制度，体现了国家充分尊重和保障各少数民族管理本民族内部事务权利的精神，对维护民族团结、巩固祖国统一和促进少数民族地区发展具有重大意义，为实现各民族共同繁荣发展奠定了基础。

教师补充说明：民族区域自治制度是在1949年通过的共同纲领中确定的，1954年被载入宪法，1984年《中华人民共和国民族区域自治法》颁布实施，这一政策经历了制度化和法律化的过程。

师：结合所学知识，说明新中国成立后党和政府在少数民族地区采取了哪些具体措施，取得了哪些成就。

教师出示青藏铁路、四大牧区等图片及《民族自治地方经济发展概况》的表格。

师：从图表中能得到哪些信息？结合所学知识，分析民族自治地方经济发展的原因。

生：（分组讨论后回答）从图表中可知，从新中国成立初期开始，经过社会主义建设的探索时期和改革开放时期，民族自治地方的经济得到了飞速发展。主要原因包括中国共产党的正确领导、“一五”计划的实施、改革开放以及西部大开发战略等措施，还有各民族人民的辛勤劳动，等等。

教师播放《西藏六十年变迁》的视频及相关新闻报道。

学生感受在中国共产党的领导下，多民族大家庭的繁荣与发展。

教师出示材料：

全面贯彻党的民族政策，深化民族团结进步教育，筑牢中华民族共同体意识，加强各民族交往交流交融，促进各民族像石榴籽一样紧紧抱在一起，共同团结奋斗、共同繁荣发展。

——《决胜全面建成小康社会，夺取新时代中国特色社会主义伟大胜利》

学生齐读材料。

师：结合身边事例，你认为我们应该怎样处理当代的民族关系？

学生思考，回答。

师：（归纳）我们应尊重、包容不同民族的宗教信仰、风俗习惯，确立平等团结互助和谐的社会主义民族关系；坚决反对一切分裂祖国的行为，维护国家统一、民族团结，牢固树立中华民族共同体意识。

（设计意图：通过民族分布图让学生了解新中国成立初期我国民族的分布特点和发展特点，理解确立民族区域自治制度的重要性和必要性；以文字、图片、图表等材料，引导学生学会观察、提取信息并进行分析得出结论，认识到我国新型的社会主义民族关系，牢固树立中华民族共同体意识。）

师：（小结）通过本课的学习，我们再次感受到了自古以来多民族在相互交往、相互交融、相互依存中形成了中华民族多元一体的格局，共同缔造了中华民族的悠久历史。在面对外族入侵、民族危亡时，共同铸造了休戚与共、共御外敌的民族精神。新中国成立以来，在中国共产党的领导下，民族团结、民族平等，共同发展，谱写了中华民族崭新的历史篇章。让我们共同祝愿伟大祖国更加繁荣昌盛！祝愿我们多民族大家庭和睦安宁！祝愿每个家庭成员幸福安康！（再次播放歌曲《爱我中华》）

（设计意图：通过再次聆听歌曲《爱我中华》，进一步感受多民族大家庭的繁荣和兴盛。）

板书设计：

爱我中华
- 古代多民族国家的形成与发展
- 近代各民族同仇敌忾、团结御侮
- 现代各民族的共同繁荣与发展

**【教学反思】**

**牢固树立中华民族共同体意识**

——《中华民族共同体的形成和发展》教学反思

本课是一节专题复习课，课题为《中华民族共同体的形成和发展》，授课对象是九年级的学生。

教学目标方面主要是通过引导学生复习中国古代、近代和现代民族关系的基本史实，使学生了解各民族之间在相互交往交融中形成、发展和巩固了中华民族多元一体的格局，从而深刻体会到各民族在创造和发展中华民族历史中做出的重要贡献，特别是新中国成立以来在中国共产党的领导下，各民族平等团结互助和谐的民族关系，促进了各民族的共同发展，并取得了巨大成就，从而牢固树立中华民族共同体意识。

教学内容方面包含中国古代史、近代史和现代史三个板块的民族关系的内容，时间跨度大，涉及的教学内容繁杂，如何能够在45分钟的教学时间里帮助学生抓住主干知识，了解和掌握我国多民族国家的形成、发展和巩固的历史，使学生能够初步树立中华民族共同体意识，这是本课的教学重点，也是教学的难点。为此，在设计思路方面，按照中国古代、近代、现代的时间顺序，围绕自主学习—合作探究—拓展延伸—当堂检测四个环节，借助文字材料、历史图片、历史图表等史料创设问题情境，引导学生在自主复习已有知识的基础上，以师生合作、生生合作的探究形式，通过阅读史料、观察图片提取有效信息，并加以分组讨论，分析和解决问题，培养阅读、理解材料的能力以及运用所学知识解决问题的能力。

本课的亮点体现在以下两方面：

首先，教学目标明确，注重目标的达成和落实，较好地体现了目标意识。能够依据历史课程标准的要求制订明确的教学目标，围绕教学目标的达成和落实设计教学的各个环节，整合教学资源，并采用中考试题加以检测，体现了教学评相结合，符合教学要求。

其次，教学思路清晰，重点突出，难点突破较好，体现了自主、合作、探究的教学理念，注重学科素养的渗透。

第一，导入新颖。在上课之初播放歌曲《爱我中华》，并简单介绍了这首歌的历史背景，引导学生在欢快的旋律和优美的歌声中，体会我国多民族大家庭的繁荣和昌盛，由此导入学习的主题。

第二，自主学习。引导学生通过列表形式在课前梳理了中国古代史中民族交往的史实，在课中要求学生对其内容相互补充、相互交流，从而有效落实了这部分知识。这为突破教学难点打下了坚实的基础。

第三，合作探究。教学中，运用历史图文材料及视频材料创设了古代、近代、现代民族关系的三个探究情境，引导学生在阅读史料、提取有效历史信息的基础上，加以分析、讨论和归纳，了解不同时期民族交往的表现及特点，特别是新中国成立以来在中国共产党的领导下坚持的民族平等、民族团结和各民族共同繁荣的基本原则下取得的成就，培养了学生的历史思维习惯和思维能力，体现了时空观念、史料实证和历史解释等学科素养，使学生体会和感受统一多民族国家的形成和发展，初步树立中华民族共同体的意识。

第四，拓展延伸。在这一环节中，播放视频及新闻报道，引用了习近平总书记的讲话，引导学生思考并树立正确的社会主义民族观，体现了家国情怀的渗透以及历史学科的史鉴功能。

当然，本课也有许多不足之处，如因为是借班上课，师生之间不熟悉，加上教学内容较多等原因，课堂气氛略显沉闷；在教学过程中教师讲述偏多，与预设有所偏差；选取史料偏于单一，特别是近代史部分的内容需要充实；此外，由于时间关系，给学生思考和讨论的时间不够充足，从而影响到教学效果。建议在今后教学中通过改进教学方法进一步体现学生的主体性，让学生多看、多听、多说、多做、多交流，充分调动学生的学习热情；教学手段更加多样化，从而引导学生更多地投入到学习中；在教学设计方面，创设更加新颖的情境，有效整合课程资源，拉近历史与学生的距离，从而激发学生的学习兴趣。

（案例提供：太原市杏花岭区教研室　杨晋文）

**【案例评析】**

本案例是一节九年级的专题复习课，由于内容多、线索复杂，教师在反思的过程中首先对教学目标、教学内容的设计思路和教学环节进行了陈述。之后，肯定了在导入、自主学习、合作探究和拓展延伸环节所采用的教学方式和取得的教学效果，同时也指出了课堂气氛、思路与讨论环节存在的一些不足，如能在此基础上继续思考改进策略则更好。比如，教师反思到“在教学过程中教师讲述偏多，与预设目标及内容有所偏差”，如果能进一步做更深入的追问：“为什么会出现这种情况?”“这种偏差出现在哪一个环节?”“究竟出现了多大的偏差?”并据此提出细化的改进方案，教学反思的效果可能会更加明显。

综上所述，如果在反思的过程中不仅能发现教学过程中的亮点和不足，还能针对这些不足提出具体的解决方案，一定会更加有效。

## 案例四

学科：英语

年级：八年级（上）

课题：Unit 8 How do you make a banana milk shake? Section B 2b

【案例呈现】

<table>
<tr><td>课标要求</td><td colspan="2">让学生学会自主学习、归纳总结，培养主动学习的能力。学会选择恰当的阅读策略完成阅读任务，学会使用思维导图，培养学生的阅读理解能力。</td></tr>
<tr><td>教材分析</td><td colspan="2">Section B 2b 是一个阅读板块，文章介绍了北美感恩节以及感恩节大餐的传统食物——火鸡的制作，旨在让学生学会运用相关词汇表达一些传统食物的制作方法并了解有关感恩节的知识和风俗习惯，让学生理解感恩的真正意义，对身边的人和事要心存感恩。</td></tr>
<tr><td>学情分析</td><td colspan="2">八年级学生有一定的英语基础，求知欲很强，对阅读内容具有极高的学习热情。</td></tr>
<tr><td>学习策略</td><td colspan="2">通过完成任务型活动获取信息、处理信息和运用信息。</td></tr>
<tr><td colspan="3">片段案例</td></tr>
<tr><td>教师活动</td><td>学生活动</td><td>设计意图</td></tr>
<tr><td>Post reading<br>T: In the past, Thanksgiving means people show thanks for food and life in their new home. Now, we don't need to worry about food, but we still celebrate Thanksgiving Day. Let's have a discussion.</td><td></td><td>阅读文章后，引导学生思考感恩节的真正含义。</td></tr>
</table>

（续表）

| 教师活动 | 学生活动 | 设计意图 |
| --- | --- | --- |
| 1. Who should we thank?<br>2. What is the true meaning of Thanksgiving?<br>3. T: For me, who I want to thank most is my mother.<br>When I am busy with work, my mother will help me take care of my son. Next Sunday is her birthday, I want to thank her by making the food she likes. Can you guess what it is? | Ss: Parents / grandparents / friends / teachers / opponents / strangers.<br>Ss: Thank the people who have ever helped us.<br>Students may have different answers.<br>After seeing the pictures, students say "*jiaozi* / dumplings" together | |
| Do you know how to make *jiaozi* / dumplings? Let's watch a video and learn it.<br>Did you get it?<br>Here is the recipe for *jiaozi* / dumplings, these *jiaozi* / dumplings are very special, because I hope my mom will live a long, happy and healthy life, so I add longevity, happiness and health to her. | Students watch the video carefully. | 自制视频演示做饺子的过程，让学生在真实的语境中运用所学的连词和动词短语，在饺子中加入特别的材料，对身边的人表达感恩。 |

（续表）

| 教师活动 | 学生活动 | 设计意图 |
|---|---|---|
| Do you want to make food for the people you love or you want to thank?<br>Now, it's time for group work.<br>Make a recipe to the people you want to thank. | | 学生小组合作写食谱，充分发挥小组合作的精神，让每个小组成员在这个活动中都能发挥所长，有人写，有人画，有人陈述，各尽所能。 |

**【教学反思】**

有效的教学行为是教师为更好地实现既定教学目标、达到最佳教学效果而实施的行为。它是教学的社会价值和个体价值的双重体现，其核心问题就是教学的效益。

以上为八年级上册第八单元的一节阅读课，这部分教学片段属于读后环节。

教师首先提问为什么要感恩，这是一个思维开放的题目，多数学生想到的是感谢自己的父母、朋友、老师等。当教师再次提问还可以感谢谁的时候，大多数学生不知道如何表达。对此我适时进行引导与帮助，启发学生可以感谢对手，因为对手会使我们在竞争过程中成长；可以感谢陌生人，因为也许陌生人在我们需要的时候会给予我们帮助。这一环节为下一步讨论感恩节的真正意义做了铺垫，让学生感知对身边的人要心存感恩。

设疑创境是本节课的亮点。在课堂教学中，想方设法创设系列情境，组织大量的刺激要素，可以强化学生对问题的观察、思考、记忆，巩固学习成果。课上我播放了自己录制的饺子制作视频，让学生在真实的情境中更直观地理解并掌握文中的连词first，next，then，finally的用法。

在制作饺子的食谱中，引导学生加入一些特别的“馅料”，比如：courage，kindness，happiness，longevity，strength，wisdom，diligence，willpower等内容进行情感、态度、价值观的引领。

小组合作制作食谱把课堂带入高潮，每个组成员的分工不同，可以有效发挥学生的创造力，充分体现了教学行为中的主体是学生的理念。

（案例提供：太原市尖草坪区阳曲中学　李娜娜）

**【案例评析】**

本反思以“我们为什么要感恩 — 感恩谁 — 感恩什么 — 感恩的真正意义”为主线，详细陈述了在这一阅读课的读后环节教师做了什么。从反思过程中，我们可以看出，教师通过一系列追问引导学生由点及面进行思考，从感恩节的火鸡入手引出中国元素饺子的制作过程，用显性的问答激活学生的文化背景知识和相关的生活经验，这是隐性思维过程。正如反思中所说，自然带入生活情境，激发学生学习兴趣是本节课的亮点，但同时也要注意，所有教学手段的运用都是为了更好地达成预设的教学目标，切不可只满足于形式上的热闹，以至于喧宾夺主。

## 案例五

学科：化学

年级：九年级

课题：金刚石、石墨和$C_{60}$

**【案例呈现】**

环节一：新课导入

师：碳元素是自然界中最常见的元素之一，碳材料几乎包括了地球上所有物质所具有的性质，如最硬—最软、绝缘体—半导体—超导体、绝热—超导热、吸光—全透光等。21世纪被称为是“超碳时代”，今天我们就来走进“超碳时代”。

学生初步了解碳材料的特性。

环节二：活动探究

活动一：认识金刚石、石墨、$C_{60}$。

师：请阅读课本第106页，通过自主学习，独立完成学案中金刚石的内容，展示自主学习成果。

学生迅速阅读课本第106页，按照教师提供的学案，通过阅读找出答案，解决学案中关于金刚石的问题。

师：大部分同学已经阅读完毕，完成了学案中关于金刚石知识的了解。哪位同学能给大家陈述一下你的答案呢？

生：金刚石是由碳原子构成的单质，是一种无色、透明、正八面体形状的固体。它是天然存在的最硬的物质，可用来裁玻璃、切割大理石，还可以装在钻探机的钻头上钻凿坚硬的岩层等。金刚石的结构是一种立体网状结构。

师：大家通过阅读课本，对金刚石有了初步的认识，刚才这位同学向大家展示了她的学习成果，特别精彩。但科学永无止境，人类对已发现物质的认识不会停滞不前。下面，大家通过PPT来了解一下关于金刚石的最新动态：科技人员利用纳米金刚石表面致密、没有任何物质能通过其表面扩散的特性，将其作为植入体和人体神经组织之间的介质材料，在人工视网膜植入和磁共振成像（MRI）领域取得重要突破。

学生充满好奇地观看PPT中关于金刚石的最新科技应用，深刻感受到科技改变生活的魅力。

（设计意图：通过活动一，学生对由碳元素组成的单质金刚石、石墨、$C_{60}$有了初步认识，但同时会产生疑惑——为什么由同种元素组成的不同单质，性质差异会如此之大呢？在教师的引导下，学生带着问题进入下一个环节。）

活动二：1. 根据金刚石、石墨、$C_{60}$的结构分析它们物理性质差异的原因；2. 通过小组合作，构建出结构、性质、用途之间的辩证关系，小组代表展示成果。

师：通过刚才的学习，大家有没有想过，金刚石、石墨、$C_{60}$都是碳元素组成的单质，但是物理性质却有很大的差异。请同学们观察三种单质的结构，（PPT展示三种物质的结构）分析原因，独立思考后，组内交流，小组代表展示讨论成果。

学生认真观察三种单质的结构，交流讨论之后明白，原来三种单质物理性质差异大是碳原子排列方式不同导致的。

师：由于碳原子排列方式不同形成了不同的碳单质价值不同，中科院的最新研究成果显示，通过改变碳原子排列方式可以将石墨变成金刚石。让我们共同来观看视频并思考该变化是什么样的变化。

学生带着问题认真观看，思考分析后得出石墨变金刚石的变化从本质上来说有新物质生成，这是化学变化。

（设计意图：在活动二中，学生通过观察、独立思考分析出了三种单质物理性质差异的原因，通过小组合作、交流讨论，理解了结构、性质、用途三者的辩证关系。）

师：（结课）习近平总书记在中华人民共和国国家勋章和国家荣誉称号颁授仪式上说："崇尚英雄才会产生英雄，争做英雄才能英雄辈出。"那么，我想对大家说，崇尚科学家才会产生科学家，争做科学家才能科学家辈出，希望将来同学们当中能出现很多科学家，为我国的强大和人类的进步做出贡献。

**【教学反思】**

本节课中，我通过介绍碳元素是自然界中最常见的元素之一，且碳材料几乎包括了地球上所有物质所具有的性质，引导学生对本节课的内容产生好奇和求知欲，从而主动地参与到教学活动环节中。

在教学过程中以不同形式的问题刺激学生对问题的观察、思考、记忆，不断巩固学习成果。

在刺激策略上，我运用了以下几种方式：

1. 语言刺激。即教师以"奇""精""新""艺术"来刺激学生与问题对话。如在学完金刚石的知识后，我这样陈述："大家通过阅读课本，对金刚石有了初步的认识……但科学永无止境，人类对已发现物质的认识不会停滞不前"，从而刺激学生课后继续探索的欲望。

2. 媒体刺激。即教师以背景内容、核心内容、激趣内容、重复呈现等刺激问题。如在学完有关石墨的知识后，向学生介绍和本节课内容有关的最新科技成果石墨烯，通过视频了解石墨烯的强大功能，从而使学生因直观地感受而产生对科学的好奇。

3. 演示刺激。即教师以模拟演示、实物演示、图表演示等刺激问题。如在介绍石墨的导电性后，通过演示铅笔芯导电实验，让学生身临其境地体会石墨的导电性，对物质的性质不再只是停留在书本上。

4. 情感刺激。以合理调节情感状态、"移情"手法等刺激学生与问题对话。如在本节课的结课环节，我以饱含感情的语言勉励学生为我国的强大和人类的进步做出贡献，引导学生形成正能量。

本节课我运用了以下几种教学行为的调控方法：

1. 当学生精神不佳时，我通过让学生观看课前精心准备的短视频，使精神不佳的学生重新振作起来；

2. 当学生过度兴奋时，课堂气氛虽然活跃，但会导致教学效果下降，此时通过布置阅读任务，使他们平静下来；

3. 当学生茫无头绪时，如在理解关于结构、性质、用途的辩证关系时，在学生交流讨论的基础上，我通过举例子、讲事实，一步步给他们指明方向；

4. 当有的学生没有信心时，我通过语言上的鼓励，调动大家为同学加油，提高他们的积极性。

【案例评析】

这节课的教学行为体现出媒体整合的优势，把媒体技术融入教学过程，发挥技术的优势，把技术与学科教学方法结合起来，形成相应的引导方法，使之产生1+1>2的效果。如这节课通过观看石墨烯强大功能的短视频，既向学生呈现了石墨烯的功能，又向学生展示了我国的科技前沿，将思政教育巧妙地渗透到教学环节中。

有效教学主要指对全体学生教学有效，不是指对部分基础好的学生有效，教师需要做的是让原来的不平衡逐步趋于平衡，这也是对有效教学的要求。该课堂在关注差异方面，表现为分层与异步。如对问题的难易设置梯度，简单的问题由学生自主学习、独立思考完成，力争让每一位学生都能掌握；复杂的知识借助小组合作、讨论交流的方式完成，分层递进，因材施教。通过对学生的分层教学、分层练习、分层辅导使不同学习程度的学生产生接受效应、共振效应。

课堂语言、课堂提问、课堂反馈和课堂等待这四个教学行为要素在这节课的实际教学中的使用频率较高，影响较大，效果良好。

## 案例六

学科：物理

年级：八年级

课题：电阻的测量

【案例呈现】

环节一：新课导入

师：请同学们根据小灯泡上所标的电压电流（2.5 V　0.3 A）来计算小灯泡的电阻。

学生根据欧姆定律的推导公式完成计算。

师：用欧姆表测出小灯泡的电阻为5 Ω。为什么跟我们的计算结果不同呢？到底哪个结果正确呢？

师：老师给每个组都准备了一个电阻（5 Ω；10 Ω；15 Ω；康铜合金丝40 cm、0.3 mm；镍铬合金丝40 cm、0.3 mm；镍铬合金丝80 cm、0.3 mm；镍铬合金丝40 cm、0.5 mm；小灯泡2.5 V、0.3 A；3.8 V、0.3 A）。请同学们根据老师提供的器材及你所储备的知识完成组内所分到电阻的测量。

环节二：小组合作，设计实验

1. 根据实验原理，你需要测量哪些物理量？需要计算哪些物理量？
2. 只测一组数据可以吗？如果想多测几组电流和电压值，应该怎样做？
3. 需要哪些实验器材？
4. 如何设计电路？
5. 实验的步骤是什么？
6. 如何设计实验数据记录表格？
7. 实验应注意哪些事项？

教师引导学生分析解决前三个问题。

两个小组分别把自己的电路图和表格设计画在黑板上，其余学生画在学案上，以备实验时记录数据和分析数据用。

环节三：教师引导学生说出实验时应注意的事项

如连接电路时开关要断开，滑片要移到阻值最大处；电压表量程根据电源电压来选择，电流表量程通过试触来选择；连接电路时先串后并；等等。

环节四：分析数据，得出结论

师：请各小组根据所测电流、电压计算每次所测量的电阻。

学生计算。(测小灯泡电阻的小组发现每次所求值存在很大差异)

师：请各小组用数据在$U$–$I$坐标系中描点作图。

学生描点作图。

师：请测定值电阻的小组同学展示实验结果。（测定值电阻和合金丝电阻的小组所测结果大致围绕一个定值左右波动）引起这些值不太相同的原因可能是什么？那电阻究竟是多少呢？

生：测量时存在误差，取平均值减小误差。

教师提出给测定值电阻和合金丝的表格加一栏平均电阻。

师：再将测定值电阻小组的数据描绘到同一坐标系中，同时将测合金丝小组的数据描绘到另一个坐标系中。请同学们观察分析，电阻是否是由电流、电压所决定的？

学生观察分析，进一步明确决定一个定值电阻大小的因素是长度、材料、横截面积。

教师将测小灯泡电阻的小组的实验数据展示出来，请同学们观察。

学生发现每次测得的小灯泡的电阻大不相同。

师：能否求平均值呢？

生：不能。

师：请大家讨论分析，为什么会出现如此大的差别？

学生讨论分析，各抒己见。

教师展示视频，小灯泡电阻随温度变化而变化。

**【教学反思】**

本节课通过学生分组实验进行电阻的测量，要求学生自己动手使用器材、观察测量、记录数据并分析总结实验过程，进行数据处理，使学生获得物理知识与实验技能，并发展了学生的思维能力，培养了学生的独立实验能力和分析解决实际问题的能力。本节课在课堂教学活动中通过四个环节实现了上述目标。

环节一让学生发现理论计算值和实际测量值的差异。这个看上去简单但独特的导入引起学生思维冲突，瞬间点燃了他们对这个现象的好奇心，也激起了他们要亲自测量电阻的冲动。

环节二的实验共设计了7个关联问题，达到了以下教学效果：

1. 通过前三个问题，主要想让学生明确测量量和计算量，引导学生讨论、分析用滑动变阻器来改变定值电阻两端电压和通过的电流，从而多次测量求平均值以减小误差，为后面设计电路和实验数据表格打下基础。

2. 让学生分组讨论电路设计、数据表格及实验步骤，教师巡视指导，培养学生根据原理设计电路、设计数据表格（虽然表格有可能不完整但是不需要在此时指出）、设计实验步骤的能力及合作学习的能力。

环节三让学生通过交流实验应注意的事项，对学生的实验规范操作起到强化指导作用，培养学生的独立实验能力。

环节四让学生通过对数据的层层分析，明确影响电阻大小的因素；同时也明白对定值电阻求平均值和不能对小灯泡电阻求平均值的原因，培养学生分析解决实际问题的能力。

反思本节实验课，在以下几方面还需改进：

1. 在进行实验前，可以把实验报告以学案的形式在课前发给学生，帮助学生明确实验目的、了解实验过程，提高实验课堂的有效性，创造更多宽松的时间让学生动手，真正培养学生的动手能力和实践能力。

2. 在学生对实验数据进行分析处理时，发现有不合理的数据应及时提醒学生寻找原因，进行必要补测。避免部分学生在最后处理数据时随意修改数据，培养学生尊重事实、实事求是的实验态度。

3. 初中生好胜心、表现欲都比较强，大部分同学愿意展现自己的才华。抓住学生这一心理特征，今后在实验教学中可采用激励机制，如积分、赠送小礼物等方式，充分发挥学生的主体性，调动学生参与实验的积极性，保证分组实验教学的高效、顺利开展。

（案例提供：太原市迎泽区朝阳初级中学校　郝兵兵）

**【案例评析】**

本节课以生为本，充分发挥学生的主体地位和积极性，在教师的组织、启发和引导下，让学生体验科学探究过程，提升了学生的实验技能，培养了学生合作探究的学习能力。尤其是在分析数据得出结论的环节，教师所设计的问题环环相扣，引导学生自己发现问题，并能思考原因，找出解决方法；运用对比法学习总结，使学生的思维达到新的高度，也使学生对所学内容清晰明了。

## 案例七

学科：道德与法治

年级：九年级

课题：延续文化血脉

**【案例呈现】**

一、内容依据

1.《义务教育道德与法治课程标准（2022年版）》

主要是核心素养中有关“政治认同”的描述：具备热爱伟大祖国、中华民族、中华文化、中国共产党、中国特色社会主义的情感，以及为中华民族伟大复兴而奋斗的志向，能够自觉践行和弘扬社会主义核心价值观。重点涉及“中华优秀传统文化教育”和“革命传统教育”两大主题。

2. 党的十九大精神

党的十九大报告第三部分“新时代中国特色社会主义思想和基本方略”中的“坚持社会主义核心价值体系。文化自信是一个国家、一个民族发展中更基本、更深沉、更持久的力量。必须坚持马克思主义，牢固树立共产主义远大理想和中国特色社会主义共同理想，培育和践行社会主义核心价值观，不断增强意识形态领域主导权和话语权，推动中华优秀传统文化创造性转化、创新性发展，继承革命文化，发展社会主义先进文化，不忘本来、吸收外来、面向未来，更好构筑中国精神、中国价值、中国力量，为人民提供精神指引”。第七部分“坚定文化自信，推动社会主义文化繁荣兴盛”中的“坚持中国特色社会主义文化发展道路，激发全民族文化创新创造活力，建设社会主义文化强国”。

二、教材分析

《延续文化血脉》是道德与法治九年级上册第三单元《文明与家园》中第五课《守望精神家园》第一框题的内容，主要从中华文化的丰富与发展角度讲述中华民族在5000多年文明发展中孕育、创造的源远流长、博大精深的中华文化，重点落在中国特色社会主义文化积淀着中华民族最深层的精神追求，代表着中华民族独特的精神标识，为中华民族伟大复兴提供精神动力，我们要坚定文化自信。

教学重点：中国特色社会主义文化的内涵与价值；文化自信的重要意义；中国人民文化自信的来源；懂得如何增强文化自信。

教学难点：理解中国特色社会主义文化的价值；懂得如何增强文化自信；传承和发展中国特色社会主义文化。

三、教学目标

1. 知道中华文化的特点，了解中国特色社会主义文化的内涵和价值，懂得文化自信的重要意义，知道文化自信的来源，懂得如何增强文化自信。

2. 能够辩证认识中华传统文化，尝试从整体上把握中国特色社会主义文化的发展脉络，从自身做起，传承和发展中国特色社会主义文化。

3. 感受中华文化的魅力，增强对中华文化的认同感，热爱中华文化。树立自觉传承中华优秀传统文化的积极态度，增强民族自信心和自豪感，增强与世界文明交流对话的意识，坚定文化自信。

四、教学程序

| 教师活动 | 学生活动 | 教学设计意图 |
| --- | --- | --- |
| 新课导入：<br>（出示太原市博物馆门口人们排队的图片）<br>国庆假期，太原有一场文化盛宴，同学们知道吗？<br>故宫文物展吸引了许多市民前来参观，这体现了什么？<br>作为中华儿女，我们都应该热爱中华优秀传统文化，传承中华优秀传统文化，延续文化血脉。今天我们就来学习延续文化血脉。 | 回答：紫禁风华——2018太原·故宫文物展。<br>体现了中华优秀传统文化的魅力。 | 通过市民前来参观故宫文物展，学生感受到中华优秀传统文化的魅力，同时激发了学习的好奇心和积极性。 |

（续表）

| 教师活动 | 学生活动 | 教学设计意图 |
| --- | --- | --- |
| 第一篇　感受文化魅力<br>1. 请参观过故宫文物展的同学说一说你在展览中看到了哪些文化元素？（没有参观过的同学设想故宫文物展会展览哪些文物？）<br>2. 播放故宫文物展视频。<br>3. 中华优秀传统文化还有很多。（出示图片） | 回答：有古代的瓷器、书法和绘画作品、建筑模型、服饰等。<br>观看故宫文物展，感受中华优秀传统文化的魅力。<br>观看图片，进一步感受中华优秀传统文化的博大精深。 | 观看故宫文物展以及一系列中华优秀传统文化的图片，使学生认识到中华文化源远流长、博大精深。 |
| 4. 出示材料。<br>距著名的殷墟二十多千米的河南安阳县渔阳村，完整地记录着五千多年不断代的中华文明史。从仰韶文化、龙山文化、下七垣文化，到商、春秋、战国，再到汉、北朝、宋、元、明清等各个历史时期的发展，都能在这里找到实物和印记。<br>从材料中，我们可以看出中华文化还有什么特点？ | 回答：中华文化历史悠久，源远流长。 | |

（续表）

| 教师活动 | 学生活动 | 教学设计意图 |
| --- | --- | --- |
| 5. 请你判断。<br>小明说：中华文化都是优秀的。<br>小红说：博大精深、源远流长的中华文化都是汉族人民创造的。<br>你认同他们的观点吗？<br>总结：同学们说得非常好。文化中的积极成果就是文明。我们要学习继承中华优秀传统文化，摒弃消极的、腐朽的文化，辩证对待中华文化。 | 思考回答：二人的观点都是片面的，需要客观地认识。中华文化中有优秀的文化，需要我们传承与弘扬，但随着社会的进步、时代的发展，也有消极的、腐朽的文化。我国是统一的多民族的国家，在长期的历史发展过程中，各民族人民用自己的勤劳和智慧共同创造了中华文化。 | 通过创设问题情境，引导学生学会辩证看待中华文化，同时也培养了学生辩证理解问题的能力。 |
| 第二篇　理解文化内涵<br>6. 播放中华文化的视频。<br>7. 刚才大家在视频中看到的许多文化中，有一些是中华优秀传统文化，有一些是属于其他时期的文化。<br>（出示图片）判断：这些文化属于什么时期的什么文化？<br>8. 思维碰撞。<br>全班分三个大组合作，分别探究中华优秀传统文化、革命文化和社会主义先进文化蕴含着怎样的精神内涵。（用关键词记录，时间3分钟） | 观看视频，理解中华文化的丰富内涵。<br>回答：近现代的革命文化和社会主义先进文化。<br>合作探究。<br>总结：<br>中华优秀传统文化：爱国情怀、安民富民、惠民利民、诚实守信、自强不息…… | 通过观看中华文化的视频，学生直观感受不同时期的中华文化，为接下来的学习奠定基础。 |

（续表）

| 教师活动 | 学生活动 | 教学设计意图 |
| --- | --- | --- |
| | 革命文化：爱国情怀、相信人民、依靠人民、一切为人民服务、诚实守信、团结一心……<br>社会主义先进文化：富强、民主、文明、和谐、自由、平等、公正、法治、爱国、敬业、诚信、友善、全心全意为人民服务…… | 合作探究中华优秀传统文化、革命文化和社会主义先进文化蕴含的精神内涵，使学生理解中华文化丰富的内涵，有利于增强文化认同感和文化自信。 |
| 9. 这三种文化有什么共同的精神内涵？<br>它们之间有没有不同的精神内涵？ | 学生思考列举。<br>这说明中华文化一脉相承。<br>学生思考列举。<br>这说明中华文化创新发展。 | 通过讨论三种文化共同和不同的精神内涵，学生理解了中华文化既一脉相承又创新发展，同时也培养了小组合作探究能力和语言表达能力。 |

（续表）

<table>
<tr><th>教师活动</th><th>学生活动</th><th>教学设计意图</th></tr>
<tr><td colspan="3">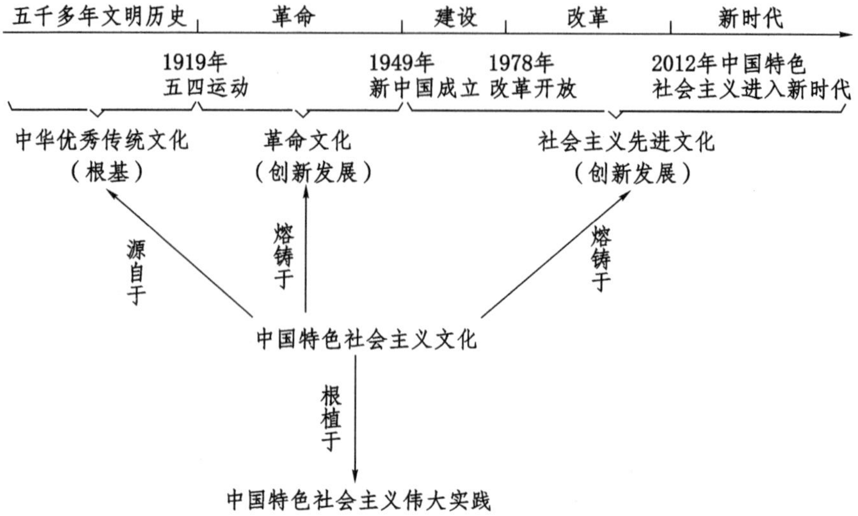
</td></tr>
<tr><td>10. 出示材料。<br>材料一：中华文化历来强调推陈出新、革故鼎新，中国古代的“四大发明”和唐诗、宋词、元曲、明清小说等，从五四运动至今，毛泽东思想、邓小平理论和“三个代表”重要思想、科学发展观、习近平新时代中国特色社会主义思想等，是中国共产党人把马克思主义基本原理与中国具体实际相结合的产物。<br>材料二：西汉丝绸之路的开辟，促使东西方文化交流开始在世界文明史上蔚为大观。</td><td></td><td>通过分析两则材料，学生理解了中华文化为什么历经沧桑、饱受磨难还能一脉相承，同时培养了阅读能力、分析理解能力，增强了文化自信。</td></tr>
</table>

（续表）

| 教师活动 | 学生活动 | 教学设计意图 |
|---|---|---|
| 目前，我国与世界140多个国家签署了共建“一带一路”的合作文件，未来我国将积极发展与沿线国家的合作伙伴关系，共同打造政治互信、积极融合、文化包容的利益共同体、命运共同体、责任共同体，体现了和平、交流、包容、合作、共赢的精神。<br>思考：中华文化历经沧桑，饱受磨难，为什么还能一脉相承？<br>11. 党的十九大宣告中国特色社会主义进入新时代，习近平总书记指出：在新时代传承和发展中国特色社会主义文化要坚持以马克思主义为指导，坚守中华文化立场，立足当代中国现实，结合当今时代条件，不忘本来、吸收外来、面向未来，不断铸就中华文化新辉煌。 | 回答：中华文化具有应对挑战、与时俱进的创造力；中华文化具有海纳百川、有容乃大的包容力。<br>学生解读：不忘本来、吸收外来、面向未来。 | 学生解读不忘本来、吸收外来、面向未来的意思，在交流碰撞中懂得在新时代如何传承和发展中国特色社会主义文化。 |
| 第三篇 增强文化自信<br>12. 什么是文化自信？ | 思考回答：文化自信是对自身文化价值的充分肯定，是对自身文化生命力的坚定信念。 | |

（续表）

| 教师活动 | 学生活动 | 教学设计意图 |
| --- | --- | --- |
| 13. 播放文化自信的视频。<br>在视频中有一句话：“一个国家如果物质硬实力不行，可能一打就垮，如果文化软实力不行，可能不打自垮。”谈谈对这句话的理解。<br>总结：文化兴国运兴，文化强民族强。文化软实力为中华民族伟大复兴提供强大的精神动力。<br>文化自信是一个国家、民族发展中更基本、更深沉、更持久的力量。 | 观看视频，思考。 | 通过观看视频，理解“一个国家如果物质硬实力不行，可能一打就垮，如果文化软实力不行，可能不打自垮”这句话，懂得文化的重要性以及文化自信的重要性，提高分析理解能力和归纳总结能力。 |
| 14. 探究交流：我们的文化自信来源于哪里？<br><br>15. 合作交流。<br>**小明说：“增强文化自信，传承和发展中国特色社会主义文化是国家的事，与中学生关系不大。”**<br>你认同他的观点吗？<br>总结：夯实根基，薪火相传；与时俱进，创新发展；展示魅力，交流互鉴。 | 思考回答：文化的优秀、国家的强大、人民的力量。<br><br>思考交流，发表看法。 | 讨论小明的观点，使学生懂得传承和发展中国特色社会主义文化不仅是国家的事，与中学生也有关系，我们要从小事做起，学习传承中华文化，促进中华文化创新发展…… |

（续表）

| |
|---|
| 课堂总结，教师寄语：文化如水，看似柔弱，实则坚强。文化凝结着过去，文化连接着未来。五千年文明的厚重积淀，百年奋斗精神的丰富营养，伟大实践的肥沃土壤，具有最深厚底蕴的中国特色社会主义文化，必将奏出最响亮的时代强音，书写出更加辉煌灿烂的文化篇章！ |

**【教学反思】**

本节课教学中充分体现“学生为主体，教师为主导”“先学后教，以学定教”的教学理念，通过创设问题情境，联系学生的行为和思想实际，调动了学生的积极性。教学行为的主要亮点有：

导入环节通过太原市博物馆中的故宫文物展引入教学主题，贴近生活实际，使学生直观感受到中华优秀传统文化的魅力，激发了学生的好奇心和学习的积极性。

教学过程通过三个环节层层深入，基本达到了预期的效果。如在第一篇“感受文化魅力”中，呈现故宫文物展及一系列中华优秀传统文化的图片，使学生认识到中华文化源远流长、博大精深，通过创设问题情境，让学生完成判断练习，引导学生学会辩证看待中华文化，同时培养学生辩证理解问题的能力。第二篇“理解文化内涵”首先播放相关视频，使学生直观感受不同时期的中华文化，通过合作探究中华优秀传统文化、革命文化和社会主义先进文化的共性与特质，理解中华文化既一脉相承又创新发展，同时培养小组合作探究的能力。第三篇“增强文化自信”通过对“一个国家如果物质硬实力不行，可能一打就垮，如果文化软实力不行，可能不打自垮”这句话的理解，使学生认识到文化兴国运兴，文化强民族强，文化软实力为中华民族伟大复兴提供强大的精神动力，同时也提高了学生分析问题和归纳总结问题的能力。

教学重难点得到了较好的突破。“中国特色社会主义文化的内涵与价值、文化自信的重要意义、如何增强文化自信”是本节课的重难点，课堂上通过播放相关视频，结合生活实际，采用创设情境、合作探究、图表分析、问题探究、启发式教学等方法，帮助学生深入理解，突破了教学重难点。

本节课的教学也有不合理的地方，比如教学安排前松后紧，课堂后半部分比较匆忙，没有给学生更多交流表达的时间。

在今后的教学中，要注意在教学过程中对学生的引导，充分调动学生的思维，争取让课堂真正走进学生的内心，引领学生的成长。

（案例提供：太原市杏花岭区第十一中学校　郭瑞红）

**【案例评析】**

如实陈述教学行为是教学反思操作的第一步，是前提和基础。郭老师的反思紧扣“我做了什么”，从自己的导入方式开始，到介绍教学进程的三个环节，再到如何实现教学重难点突破，涉及使用了哪些教学资源、创设了怎样的问题情境、组织了怎样的小组合作等，比较完整地陈述了自己在这一节课中的所作所为，并穿插了这些行为的意图，反映了自己的教学理念，是一个内容详实、思考深入的反思案例。建议对教师行为引导下的学生行为表现做出更为具体的记载，可以为今后的改进提升提供更有价值的事实依据。

## 四、综合评论

教学行为是在课堂教学情境中所发生的一切实体活动，它包括教师在一定的教育理念指导下，在具体的课堂情境中，运用一定的教学方法和教学策略，促进学生全面发展的教导行为，也包括学生在教师的教导下，借助一定的媒体和工具而引发的一切学习行为。对教学行为的反思涉及设计教学目标、重组和开发课程资源、选择教学组织形式、管理学习过程、激发学习主体性、促进学习过程有效开展和评价学习效果等诸多方面[1]。教师的这些行为直接影响学生学习的效果，因此，深入反思课堂教学行为对于提高课堂教学的有效性具有关键作用。

[1] 陈佑清. 教学论新编［M］. 北京：人民教育出版社，2011：311—460.

# 第二节　追问教学行为的有效性

## 一、理论要点

### （一）教学行为的有效性

#### 1. 教学行为有效性的界定

直接定义教学行为有效性的概念几乎没有，但相关概念相当多。如Raspberry（1993）的“有效教师”（effective teacher）、Donald R Cruickshank等（1999）的“有效教学”（effective teaching）、Harvey Daniels等的“最佳课堂教学”、Kathryn Castle（2006）的“自治的教师”（autonomy teacher）、Robert J. Marzano等的“有效课堂”（classroom instruction that works）。所有这些说法，几乎都没有对自身的概念给予清晰的界定，似乎只是使人意识到“优秀的”“不错的”“时髦的”“主流的”这类含义。实际上，国外对教师教学行为有效性的定义，大多是对其特征进行描述的。主要包括以下方面的内容：

（1）教学行为有效性的理念特征。Kathryn Castle（2006）认为，教师教学行为有效性取决于教师是否把教学作为教育学的取向，是否把教学作为科学研究的取向，是否把教学作为教师自治行动的取向，是否把教师作为教学研究者的取向等理念。

（2）教学行为有效性的个体素质特征。W. C. Bably认为，教师教学行为有效性取决于教师的10项个性品质：同情心（sympathy）、仪表（personal appearance）、谈吐（address）、诚恳（sincerity）、乐观（optimism）、热心（enthusiasm)、好学（scholarship）、活力（physical vitality）、公正（fairness）、严谨（reserve and dignity）。Donald R Cruickshank、Deborah L. Bainer 和 Kim K. Metcalf（1999）则认为，教学行为有效性的个人性格特征包括热情、热心、幽默、可信任、对成功抱有很高的期望、激励、支持、有条理、灵活、适应性强、博学等方面。

（3）教学行为有效性的教学过程特征。Stanley J. Zehnand 和 Jeffrey A. Kottler（1993）从3个方面论述了教学行为有效性的教学过程特征：①一名人际关系的专家（a relationship specialist）：具有真实的、无偏见的、同情的和乐于接受学生的态度；注意用眼神接触，用人体语言表达的非语言行为；支持性的、显示同情的、用心理解的、关注学生的策略。②营造真诚关心的气氛：有效的班级交往规划；促进全体学生有效交往；规范有效交往的实践。③一名帮助者（a helper）：理解学生，信任学生，同情学生。

以上这些都是教师教学行为有效性所应该具备的行为特征，但并非就是教师行为有效性本身。

2. 教学行为有效性的内容

关于教学行为有效性内容的描述，主要从教学行为的专业表现、教学过程结构和教学技能技巧等方面进行综述。

（1）教学行为的教学专业表现。波士顿学校委员会（Boston School Committee）（2006）提出了教师教学行为的8个维度：①公平和高期望；②职业主义（professionalism）：主要指模式化的职业行为，包括工作职能、区域政策的理解、工作程序以及在多样性的社区里的工作目标；③安全、尊重、文化敏感性和负责任的学习共同体；④学校、家庭与社区的伙伴关系；⑤指导学生学习的计划和策略；⑥实质性知识：具有广泛前沿性知识，关键概念、事实、相关的研究、质疑的方法，具体到各自学科的交流风格等；⑦发展性过程的监控与评估；⑧反思、合作和个体成长。

（2）教学行为有效性的教学过程结构。Charlotte Danielson（1996）认为，教学的重要目标是要创造出学习者共同体，在这个共同体中，学生能够从事重要内容的学习，且所有师生感觉到尊严和荣耀。一般教师教学行为有效性的教学过程结构体系有4个板块，每一板块标志着教学的不同侧面。①教学计划和备课。包括选择教学目标；展现教学内容、资源知识、教学法的知识；展现内在教学设计、学习评价等内容；②课堂环境。包括创建尊重与和睦的课堂环境，形成学习的文化氛围，课堂程序管理、学生行为管理、具体环境布置等内容；③课堂教学。包括清晰而准确的交流、提问和讨论技术，使学生认真学习、给予学生反馈、灵活性和反应性；④专业职责。包括教学反思、保持精确记录、家庭交流、对学校和学区的贡献、专业成长和发展、专业主义展示等方面。

（3）教学行为有效性的教学技能技巧。Cruicshank（1990）从教学技巧的角度研究了教师教学行为有效性的内容，包括创设环境、教学模式的多样性、指导时间最优化、提问题、提供清晰的指导、注意学生的进步、提供反馈和强化等7个方面。Harvey Daniels和Marilyn Bizar（1998）提出了最佳课堂教学的6种教学行为技能：整合性单元、小组活动、呈现式学习、课堂工作室、真实体验、反思性评估等等，有助于创建最佳课堂教学。

3. 区分教学行为有效性与无效性的标准

怎样的教学行为才具有有效性或无效性？ Harvey Daniels和Marilyn Bizar（1998）关于课堂教学应该增加和减少的因素的研究，对于提高教学行为有效性或减少无效性，具有一定的研究参考价值。

课堂教学应该尽量增加的因素：①体验性、引导性、操作性的学习；②课堂上活跃的学习气氛；③强调学生更高级的思维，学习某领域中的关键概念和原理；④选择为数不多的几个主题，引导学生进行深入探究，使学生掌握研究该领域的方法；⑤让学生花时间去阅读那些具有完整性、原创性和真实性的书籍；⑥培养学生对待工作的责任感，帮助他们完成设定目标、记录、管理和评估的任务；⑦为学生提供选择的机会，让他们自主决定书籍、写作主题、学习伙伴和研究项目；⑧在学校建立并运用民主原则；⑨关注学生个体不同的认知风格和情感风格；⑩组织合作性活动，将教室建设成一个相互依赖的社团；⑪将学生进行异质分组，通过个性化的活动不把学生分别孤立起来；⑫在常规课堂上给学生以特殊的帮助；⑬教师要扮演多样性、合作性角色；⑭依靠教师对学生发展所进行的描述性评价。

课堂教学应该尽量减少的因素：①面向全班进行的教学指导，如演讲；②学生被动活动，包括静坐、聆听、接受和吸收信息；③对教室里的安静状态给予表扬和奖励；④要求学生将课间时间用来完成工作表、练习册，或者仍然坐在教室里做其他功课；⑤对覆盖每个领域中的大量材料作蜻蜓点水的介绍；⑥死记硬背事实和细节；⑦强调学生分数和学生之间的竞争；⑧将学生进行能力分组；⑨采用某些特殊方案对学生进行筛选；⑩采用并依赖标准化测验。

虽然这一研究不是直接论述教学行为的有效性与无效性的，但对于我们区分教师教学行为有效性和无效性有一定参考价值。

（二）提升教学行为有效性的策略

1. 认知改变策略

Mieke Lunenberg、Fred Korthagen、Anja Swennen（2006）研究了通过教师教育者改变未来教师的理念与行为的理论模型，提出了与传统教师教育方法不同的5个维度：

（1）变通的、灵活的和非固定背景下的专业报告，而不是复述详细精确的事实及固定背景中技术的精确运用；

（2）学习中的调节作用而不是向学生传递信息；

（3）学生是认知网络活动中的积极建构者而不是信息的接受者；

（4）关注明确的问题及其多样性解决方法，而不是着眼于运算程序的应用和单一的正确答案；

（5）关注社会环境的重要性，在此环境中，失败是学习的一部分，赞赏自我调节的学习，其他的学生也是学习的来源。

可见，这些观点与传统观点相比，无疑具有革命性意义。

2. 学习合作策略

Georgea M. Langer、Army B. Colton、Loretta S. Coif（2003）提出了学生学习合作分析，即CASL（Collaborative Analysis of Student Learning）。CASL是一种促进教师发展的教师教育体系，它围绕学生学业标准目标，帮助教师形成一种合作探究文化，加深理解教与学之间的内在联系。该体系由4个要素组成：

（1）反思探究的框架；

（2）合作探究的文化；

（3）CASL的探究阶段；

（4）促进、领导和支持CASL，如制度安排、行政支持等。

可见，合作成为教学过程或者教学过程就是合作的具体教学形式，这不仅是提高教师教学行为有效性的重要策略，也是师生教学相长的实现途径。

3. 反思、建构性策略

Jennifer Harrison、Sue Dymoke、Tony Pell（2006）提出教师教学行为发展系统，包括教师的经验、反思、学习结果和进一步的实证研究。因此，教师教学行为有效性的提高需要强有力的学校环境的支持，学校政策要对教师教学行为有效性提高注入具有挑战性与冒险性的要素。Jacqueline Grennon Brooks 和 Martin G. Brooks（1999）提出的建构主义策略是：

（1）鼓励和接纳学生的独立性和主动性；

（2）运用原始的、主要的以及可操作的、互相作用的材料；

（3）运用诸如分类、分析、预测和创见之类的认知术语；

（4）根据学生的反应实施课程与教学策略；

（5）先了解学生对即将交流概念的看法；

（6）鼓励学生参与到与教师和同伴的对话中；

（7）激发学生研究的手段是提出富有创见、开放的问题；

（8）注意学生最初的详细阐述；

（9）使学生参与到与其最初假设相矛盾的活动中，继而鼓励他们讨论；

（10）提出问题之后为学生留出等待时间；

（11）为学生提供建构联系及隐喻的时间；

（12）频繁使用学习循环模式，培养学生好奇心。

总之，教师经常反思自身行为，考量不同教学行为、假设、信念和观点，沉稳深邃地考察教学环境，随机应变地把握教学形势并采取相应策略，是教师教学行为有效性必须坚持的重要思想。

4. 课堂实践策略

Joseph Ciaccio（2004）提出了“完全积极策略”，意思是使教师明显地看到教学的积极方面，避免或消除消极方面。具体内容包括满足彼此的需求、改变起反作用的情绪、结束行为问题、帮助后进生、运用积极学习策略等5个方面。Kathryn Castle（2006）研究了新手教师如何作为一个教学研究者在教学实践中实现教学自动化的过程，这一过程包括对错误问题的察觉、质疑、从他人那里寻求答案、冒险、反思到自信、增强对学生理解的理解、采取行动7个主题。

Robert J. Marzano、Debra J. pickering、Jane E. Polloch（2000）提出了9种有效课堂教学指导策略：鉴别相似性和相异性、总结和笔记、提倡努力和给予认可、家庭作业和练习、非语言表征、合作学习、建立目标和提供反馈、产生假设和检验假设、问题、线索和先行组织者。

Stephen D. Brookfield和Stephen Preskill归纳了实现民主课堂的主要技巧，包括热情倾听、积极参与、高度注意、谦逊、相互性、共同商议、正确评价、信心及自治（autonomy）等方面。

由此可以看出，与传统的课堂教学标准相比，最近的研究强调课堂教学更具有反思、建构与批判的韵味。

5. 教师教学档案袋策略

Catherine De Rijdt、Eva Tiquet、Filip Dochy和Maurice Devolder（2006）研究了高等教育背景下教学档案对教师教学行为有效性的影响，还检测了教师对于教学档案的态度。研究表明，教学档案是一种能够带来重要积极影响的工具。它能够激发教师去反思他们的教学行为，寻求不同的教学方法，从而有效地完成教学内容，改善课程材料。

综上所述，教学行为有效性不只是依赖于教学理性思维规则的按部就班的操作性程序，它具有复杂性。这种复杂性表现不只限于教师与医生、会计、律师、建筑师等职业有相似之处，更在于它与其他许多职业如政治家、人类学家、公共关系者、演艺者等也有相似之处。所以，虽然教师教学行为有效性必须要求教学行为遵循一些公共教学准则，以使自身行为具有本行业的特殊标准，但是，标准与准则在多样性文化、政治与生活环境中很难发挥作用，应变思维才是教师教学行为更为需要的。Kenneth M. Tyler等（2006）的课堂的文化差异研究、Clive Harber等（2006）的课堂民主政治研究、Carey E. Andrzejewski等（2006）的课堂人类学研究等都说明了这一问题。

以上研究也存在突出的矛盾：一方面，教师专业化要求教师行为具有自身专业的不可替代性质，教师教学有效性取决于我们必须坚持教师教学的现代性理性设计，需要有一定规则性知识与程序结构，以此完成教师行为的专业化要求，也就是说，教师教学行为需要一定的模式化与自动化；另一方面，教学活动的复杂性需要我们采用更多的反思性与建构性思维与策略，以应对变动不居的教学环境的要求，由此，教师教学行为已经超越课堂时空范围而导致教师专业化特征的淡化。以上两方面构成了教师行为有效性研究的矛盾性。

（三）十种有效的课堂教学行为

根据新课程理念的要求，我们归纳出以下十种有效的课堂教学行为。

1. 在教学关系上：引导与帮助

用“引导”与“帮助”的有效互动，来支撑学生的学习，实现有效教学。

所谓引导，应是含而不露，指而不明，开而不达，引而不发。要引导学生与文本对话，引导学生自我对话，引导学生与学生对话，引导学生与情境对话，引导学生对问题的观察与讨论，引导学生提出问题，引导学生全身心地投入学习过程。在教学中，还要因势利导，即在学生思维受阻、困惑不解时引导，使其畅通；在学生理解肤浅、就事论事时引导，使其深刻；在学生观点错误，出现失误时引导，使其正确；在学生思路偏离，南辕北辙时引导，使其明晰；在学生思维局限、难以拓展时引导，使其开阔；……引导不是主宰，是要把表达的自由还给学生，把判断权交给学生，把想象的空间留给学生，把创新的机会让给学生。

所谓帮助，帮助就是服务，要帮助学生寻找、收集和利用学习资源；帮助学生解决学习需要的工具；帮助学生设计恰当的学习方式和选择学习策略；帮助学生对学习过程和结果进行评价与反思；帮助学生发现自己的潜能；等等。帮助不是包办，在课堂中要清除教师的“霸权”现象，要克服学生的“盲从”现象。

2. 在师生关系上：尊重与赞赏

尊重，就是要尊重每一位学生做人的尊严和价值，在课堂对话中要民主、平等，即教师要以饱满的热情、浓浓的爱意、真诚的微笑，和蔼可亲地与学生平等地、民主地对话。师生之间的交流应是朋友般的交流，师生交流更多的是商量与切磋，补充与讨论，倾听与沟通，尊重与信任，平等与合作。在师生互动中，允许学生答错了重答，答不完整允许补充，不明白的允许发问，有不同意见的允许争论，允许学生向教师“发难”。在课堂中应没有训斥、责骂、侮辱和体罚；也没有紧张、恐惧、担心和不安，应是一个富有人情味的和谐课堂。

赞赏，就是要赞赏每一位学生，赞赏每一位学生的独特性、兴趣、爱好、专长；赞赏每一位学生所付出的努力和表现出来的善意；赞赏每一位学生对教材的质疑和对自己的超越。

3. 在讲练策略上：精讲与精练

“讲练”策略就是“精讲精练”策略，它是一种有效呈现知识和有效指导学生学习的教学策略，也是一种提高课堂教学效益、减轻学生过重课业负担的教学策略。

所谓“精讲”就是指教师对基础知识用少而精的语言，抓住中心，揭示教材中的内在规律和本质特征。以讲促思，以讲解惑，讲清知识的纵横联系，讲清知识的发生和发展过程，讲科学的思维方法和学习方法等。通过“精讲”可留出更多的时间让学生多动，即动脑、动手、动口等。因为学生集中注意力听课，时间是有限的，讲多了影响教学效果。

要精讲就要突出“重点”，指在学习过程中，引导分析，学懂重点；组织讲评，突出重点；练习设计，紧扣重点；板书设计，标出重点；直观演示，体现重点；课堂提问，问在重点；归纳小结，点出重点；等等。重点知识解决了，一堂课的任务基本就完成了。

所谓“精练”，是指练习要少而精，虽然练习对技能学习有促进作用，但是过量的练习，会产生两个消极作用：一是阻碍技能的掌握；二是导致技能的退化，即产生练习的“高原现象”。所以向学生提供的练习，要有目的性、层次性、递进性、探究性、典型性和综合性，练习方法要多样化，提高学生练习的成功率，使学生在“精练”中提升学习效果。

4. 在问题刺激上：创境与设疑

创境指在教学中教师要想方设法创设系列的情境，组织大量的刺激要素，以不同形式刺激学生与问题对话，强化学生对问题的观察、思维、记忆……不断巩固学习成果。刺激策略有以下几种：

（1）语言刺激。即教师以“奇”来刺激学生与问题对话，以“精”来刺激学生与问题对话，以“新”来刺激学生与问题对话，以“美”来刺激学生与问题对话，以“艺术”来刺激学生与问题对话。

（2）媒体刺激。即教师以背景内容刺激问题，以核心内容刺激问题，以激趣内容刺激问题，以重复呈现刺激问题等。

（3）演示刺激。即教师以模拟演示刺激问题，以实物演示刺激问题，以图表演示刺激问题等。

（4）情景刺激。即教师以活动情景来刺激学生与问题对话，以实验情景来刺激学生与问题对话，以心理体验情景来刺激学生与问题对话，以故事情景来刺激学生与问题对话等。

（5）情感刺激。即教师以成功激励的方法刺激学生与问题对话，以合理调节情感状态来刺激问题对话，以“移情”手法刺激问题对话等。

设疑指教师通过问题刺激学生探索求知的欲望与热情，培养学生的思维能力。问题刺激的设疑方法很多，这里提供若干个设疑点，如：在课题上设疑，在重点上设疑，在衔接上设疑，在联系上设疑，在思路上设疑，在实践上设疑，在比较上设疑，在谬误上设疑，在疑难上设疑，在运用上设疑，在深化上设疑等。设疑应注意目的性、启发性、趣味性、针对性、整体性和主体性等。

5. 在关注差异上：分层与异步

有效教学主要指对全体学生教学有效，不是指对部分基础好的学生有效，否则就要产生新的不平衡。我们需要的是让原来的不平衡逐步趋于平衡，这也是对有效教学的要求。

学生之间的个体差异是多种原因形成的。每个学生都受到不同的遗传因素、家庭因素、个人因素及社会环境的影响，必然使个人的发展存在着不同的客观差异。如何在教学中缩小差异，或在有较大差异的班级中如何执教，这是实现有效教学必须关注的问题。

在学生之间具有明显差异的班级中，一定要打破“齐步走”的格局，提倡“异步行”的做法。其中，分层递进，因材施教，仍然是一个好的教学原则。课堂教学中，在面向全体学生、促进人人成功的指导思想下，要协调教学目标和要求，将教学要求置于各层次学生的最近发展区之中，同时调动学生学习可能性的易变因素，使教学要求与学生学习可能性相互适应。通过对学生的分层教学，分层练习，分层辅导，分层评价，分层矫正、调节，以达到各类学生产生接受效应、共振效应，使每一个学生都能在原有基础上获得充分的发展。

6. 在动态生成上：促进与应对

动态生成教学是新课程积极提倡的核心理念之一。

促进，就是采用生成性策略，促进问题的生成。策略有生动的讲述策略、技巧性的提问策略、引导学生质疑策略、创设问题情境策略、头脑风暴策略等。

应对，就是当课堂动态生成时，要运用教师的教学机智，开发和利用动态生成资源。策略有倾听回应策略、因势利导策略、随机应变策略、把握分寸策略等。

7. 在媒体运用上：整合与巧用

整合，指把媒体技术融入教学过程，发挥“技术”的优势，改变教师中心论，把“技术”与学科教学方法结合起来，形成相应的引导方法。整合的方法有技术与学科整合、技术与学科教学整合、技术与某种知识的整合、技术与某种策略的整合等。通过各方面的整合，使之产生1+1>2的效果。

巧用，就是找准整合之处。要做到整合在关键处，整合在疑难处，整合在情境创设处、新知的生长处、思维的障碍处、操作的要领处、知识的延伸处、思维的拓展处等。“技术”的运用不能占用时间太多，要防止产生“技术现代化”而“感情淡漠化”的不良倾向。

8. 在学习评价上：发展与开放

发展，指对学生要进行发展性评价。发展性评价注重对学习表现情况的全面考查和反馈，及时发现学生在学习过程中出现的问题，给予提示与帮助，以达到促进学生不断发展的目的。同时，发展性评价更多是一种自我参照的评价，即把评价结果跟学生以前的表现进行比较（个体内差评价）从而发现学生的进步与缺陷，以针对性地进行激励并提出补救的措施。因此，发展性评价真正体现出“以学生发展为本”的新理念，让每一个学生都体验到学习的乐趣和成功的喜悦，从而引发学生的学习兴趣。

开放，指对学生进行开放性评价。“开放”有以下几方面：

（1）评价内容的开放。即不仅对知识掌握和运用知识的熟练程度做评价，还要注重对学生的个性品质的评价，更要注重对学生在实践中解决问题能力的评价。

（2）评价标准的开放。对学生评价不能用一把尺子、一个标准来衡量所有的学生，而要通过既有一定的共性要求，又有适合各个层次学生且可以供自我选择的评价来评价，促进学生在原有基础上的发展，对少数表现出有个性特长的学生要进行特殊的评价。

（3）评价主体的开放。既有教师评价，还有自评与互评；将来自各个角度的观察意见交汇起来，最后做出既有定量又有定性的全面评价。

9. 在课堂管理上：反馈与调控

课堂管理首先要有反馈信息，并要求教师对学生的反馈信息接受应该敏感，判断应当准确，处理应当果断，对后续落实目标的教学要调节，回授、补偿应及时。收集反馈信息可以用提问、观察、质疑、训练等方法。反馈包括当堂反馈和课后作业的反馈。

在学习过程中，要提倡学习的"自我反馈"，其具体要求有自我观察、自我分析和自我评价。同时，还提倡"同步反馈"，其中"同步"指与学习内容同步、与学习进程同步、与练习过程同步、与学生心理兴奋点同步等。

课堂中的调控，不一定都是对"问题生"的调控。首先是目标调控，即要考察目标的贯彻度和达标度；其次是"度"的控制，即控制思维的密度、内容的深广度、教学的进度、训练的程度，使师生处于"共振"状态。最后是对课堂问题行为的调控，特别是对以下几个问题的调控：

（1）当学生精神不佳时，能使他们振作；

（2）当学生过度兴奋时，能使他们归于平静；

（3）当学生茫无头绪时，能给他们指明方向；

（4）当学生没有信心时，能调动他们的积极性；

（5）当学生有差错时，能让学生自己明白错误。

10. 在对待自我上：反思与改进

坚持教学反思可以提高教师的创新意识、专业化水平和教师的元认知技能。反思产生于问题，要让教师自己审视自己的教学，反思自己的教学，质疑自己的教学，找出教学中的低效或无效的问题，进行研究。

反思包括课前反思、课中反思、课后反思。课前反思会使教学成为一种自觉的行为；课中反思会使教学活动高效率地完成；课后反思会使教学经验理性化。

改进指在教学观念上的改进，对教材及课程标准钻研方面的改进，对教学方法与策略的改进，对教师自身素养方面的改进等，并提出今后的努力方向。

教学要反思，现在人人皆知，但是在反思实践中出现一些倾向：一是"假反思"，不是"真反思"；二是"浅反思"，不是"深反思"；三是"应付思"，不是

“我要思”；四是“空反思”，即只顾反思，不会“决断”，没有行动，未解决问题。我们认为，要提高教学反思的能力，提高反思品质中的几个“度”是训练的方向，即反思要有广度，反思要有深度，反思要有高度，反思要有创新度，反思要有灵活度。

研究表明，一个不会反思的教师，他的经验是狭隘的、肤浅的，学术水平的发展也将大受限制，不可能在课程改革中转换教师角色，发展成为研究型教师、反思型教师。

## 二、实践智慧

思考任何新的课题时，一个好的起点就是教师自己的想法，一个阐述和解释教师自己想法的有效方法就是构建概念图。概念图是一种组织方法，可以帮助教师组织冠以某一具体主题的想法，它能够将各个子主题之间的关系以视觉化的方式呈现出来。概念图可以帮助教师在写作时组织自己的想法，在研究时综述研究主题，在教学时为设计一个教学单元组织信息[1]，在反思时更加条理清晰地审视教学行为的有效性。

下面的两幅概念图分别是一名新手教师最初对于教学设计的初始概念图和经过一段时间的学习和实践之后构建的新的概念图。

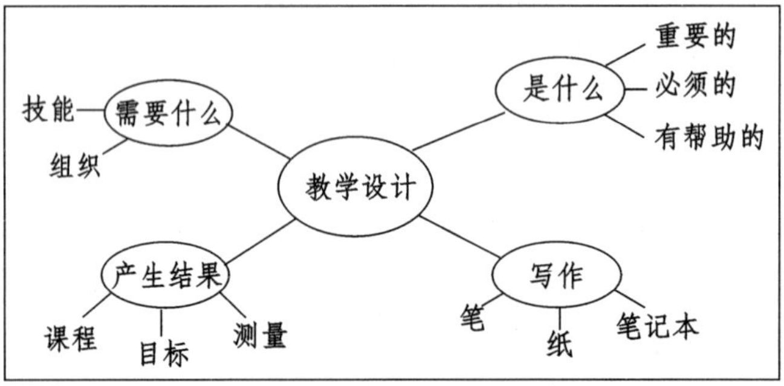


**图1　进行理论学习与教学实践之前绘制的教学设计概念图[2]**

[1] Williams C R. Semantic Map Planning: A Framework for Effective, Reflective Teaching, Teacher Development, and Teacher Research [J]. Classroom Research, 1994.

[2] Cooper J M. 如何成为反思型教师 课堂教学必备技能[M]. 赵萍，郑丹丹，译. 北京：中国人民大学出版社，2018.

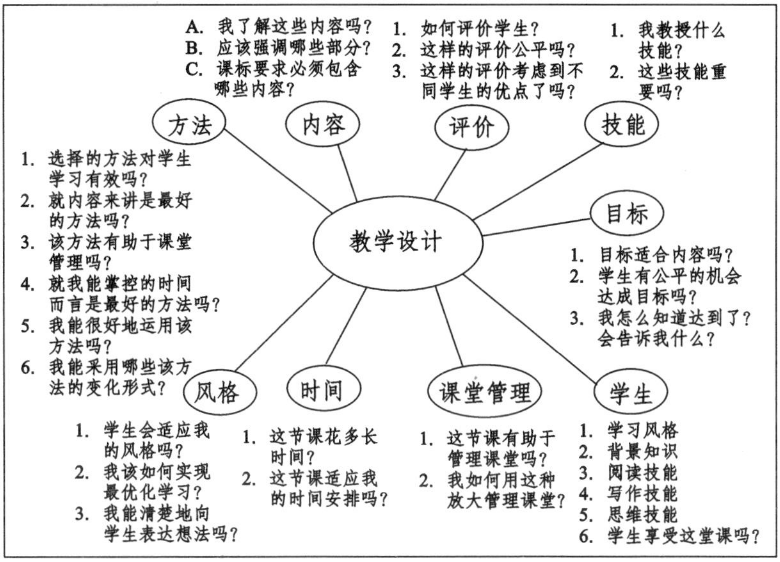


图2　进行理论学习与教学实践之后绘制的教学设计概念图

观察两张概念图可以发现，起初，这位教师并不清楚什么是教学设计，第二张概念图根据教学设计的内容，思考了教学的各个方面以及他们之间的相互关系和相互作用，概念图中提出的问题促使教师不断追问自己的行为是否有效，可以看出，追问的过程就是反思得以发生的过程。

## 三、案例赏析

### 案例一

学科：语文

年级：八年级

课题：学习描写景物

**【案例呈现】**

对同学们来说，最熟悉的地方莫过于校园了。想一想，你所在的校园有什么风景？校园里的风景有什么独特之处？围绕校园一景写一个片段。

一、导入

师：我们沿着朱自清的足迹领略了旖旎的春光，我们踏着老舍的脚步走进过济南的冬天，秋天在《三峡》中是“巴东三峡巫峡长，猿鸣三声泪沾裳”。古往今来，有多少文人墨客，面对名山大川、四时美景，挥毫写下精美的篇章。无论是他们的创意，还是他们的笔法，都值得我们认真揣摩。今天这节课，老师和同学们一起跟着名家学写作，学习描写景物的方法——寓情于景。

学生沉思中。

二、跟名篇写出校园的美景

师：校园对于大家来说再熟悉不过，请大家将目光聚焦于我们美丽的校园，我们该如何描写校园一景呢？一起来思考一下。

师：我们校园里有哪些景物呢？请一位同学回答。

生：小花园、操场、教学楼、各处的花草树木（梧桐树、卫矛、海棠树、樱花、柳树）等。

师：你会重点写哪一个景物呢？（提示）写景不能面面俱到。我们将采用聚焦形式，把景集中在一处写，这样更有助于我们将景写细、写透、写真、写活。

师：下面我们一起跟随名家，走进那些美妙的画面，看看他们是怎样描写景物的。

生：（真情朗读）桃树、杏树、梨树，你不让我，我不让你，都开满了花赶趟儿。红的像火，粉的像霞，白的像雪。花里带着甜味儿；闭了眼，树上仿佛已经满是桃儿、杏儿、梨儿。花下成千成百的蜜蜂嗡嗡地闹着，大小的蝴蝶飞来飞去。野花遍地是：杂样儿，有名字的，没名字的，散在草丛里，像眼睛，像星星，还眨呀眨的。

生：我觉得“野花遍地是：杂样儿，有名字的，没名字的，散在草丛里，像眼睛，像星星，还眨呀眨的”这一句写得好，写出了春天百花烂漫的情景。

师：这里用了什么修辞手法？

生：比喻、拟人。

师：作者用拟人手法让你们感受到了春花的什么特点？

生：可爱、调皮。

师：其实都突出了一个字，从文中找出来。

生：闹。

师：这里有热闹、喧闹的意思，表现出百花争艳、绚丽多彩的情景。

生：“红的像火，粉的像霞”中，“粉的像霞”的比喻是否恰当？这两个比喻是否重复？

师：问得很好，霞不也是红色的吗？你见过粉色的霞吗？这样写好吗？你们觉得如果换几个词来形容好吗？

生：如果换了词感情色彩就不强了……

师：（总结）作者先用最纯粹、最热烈的颜色来写春的色彩，用色彩表现春的活力，展现出遣词造句上的深厚功底。

生：“闭了眼，树上仿佛已经满是桃儿、杏儿、梨儿”，这样写是否符合实际？

师：对，这不是太快了吗？

生：这是想象……

师：（总结）通过想象把春华秋实联系了起来，也是对明天的美好憧憬。

……

学生分析写作方法，教师提炼总结。

师：这段话中，作者为我们描绘的是一幅“春花图”。运用了哪些写景的方法呢？

生：通过动静、色味、虚实、高低等多个角度，运用比喻、拟人、排比等修辞手法写出了春花竞放的特点，为我们勾勒出一幅五彩缤纷、立体感极强的优美画面。

师：请你选取校园一景，按照一定顺序，调动你的多种感官，加入想象，完成景物描写。要求：1. 重点描写一种或两种景物；2. 至少运用一种修辞手法；3. 100字左右。

学生写作并展示：我们的校园非常美，有青青的柳树，像小姑娘婀娜的身姿，还有卫矛、海棠、梧桐。每当从它们身边走过，都有阵阵花香扑鼻而来。远处还有操场，是同学们欢乐的运动场所。……

师：（点拨学生作品）大家的作品都注重了一般的写景方法，但是老师觉得情感不够，个性不足。有了情感的景才是最美的景。

三、学名家写出校园的神韵

师：（创设情境）学校即将迁往新校区，面对如今陪伴我们的可爱的校园，我们要做一本“校园相册集锦”作为留念，如何为精选的照片配文呢？我们看看名家是如何融情于景的。

教师出示PPT。

> 可是，在北中国的冬天，而能有温晴的天气，济南真得算个宝地。
>
> ——老舍《济南的冬天》
>
> 感时花溅泪，恨别鸟惊心。
>
> ——杜甫《春望》
>
> 枯藤老树昏鸦。
>
> ——马致远《天净·沙秋思》
>
> 而荷叶铺满了河面，迫不及待地等待着雨点，和远方的蝉声，近处的蛙鼓一起奏起了夏天的雨的交响曲。
>
> ——刘湛秋《雨的四季》

师：济南的冬天，老舍先生用了“温晴”“宝地”这两个词，我们透过字眼读出了老舍对于济南的喜爱和赞美之情。(借词言情)

生：《春望》这一句，花鸟通了人性，以花鸟拟人，感时伤别，花也溅泪，鸟亦惊心。(物我通情)

生：“枯藤”“老树”“昏鸦”这几样景物能使人感受到一种苍凉和伤感，黄昏时分乌鸦归巢，而游子却远在天边，对家乡的思念之情难以自禁。别人有家，尽享温馨，而自己却有家不能归，那种伤心欲绝之情也就不言自明了。

师：说得太好了，比老师说得还要好。同学们把这首诗有感情地朗读一遍，尽量读出那种伤心的感觉。

学生齐读。

师：下面我们来品读《雨的四季》中的语句。

生：“迫不及待地等待”“奏起了夏天的雨的交响曲”运用拟人修辞，写出了对雨的赞美与喜爱，表现了作者对生命与大自然的热爱。(修辞表情)

师：我们一起来总结一下寓情于景的方法。

板书：选物传情，修辞表情，借词言情，物我通情。

师：请大家运用这四种方法，带着你对校园的深情，修改刚才的练笔，之后进行展示。

生1展示：放眼四周，草丛里露出几个淡红色的卫矛，从里的新绿配上这淡色的小花，美的如此清新脱俗，像一位亭亭玉立的校园引导员，欢迎着来自四面八方的来客！

生2展示：远处的梧桐树也高大威猛地屹立在篮球场旁边。秋风拂过，许多叶子已经恋恋不舍地离开父母亲的怀抱，随着风姑娘走了。留下来的，却也摇摇欲坠，似乎在轻轻地诉说着校园的过往。

生3展示：这里是我们最爱的“后花园”，忘不了清新淡雅的白玉兰；忘不了高大挺拔的梧桐树；更忘不了那挂满红果的山楂树。伸手探一颗放入口中，酸中带甜，满是幸福的味道，那是校园的味道，让我一生难忘。

师：以我观物，物皆着我之色彩，让物通人性，景不仅形美还神美。同学们用饱含深情的笔墨记录下了校园最动人的美景，梧桐、海棠、山楂树、卫矛，校园的一景一物在大家的笔下鲜活了起来，也让老师看到了你们的重情重义，领略了你们对校园的爱恋。

四、朗读习作，表达对校园的爱

师：让我们共同编辑而成的相册成为大家美好的回忆，请同学们大声读出你笔端的文字，表达对校园的爱。

学生每个人都读自己写下的文字。(引发课堂高潮)

师：人人都有眼睛，但不是人人都有眼光，有了眼睛能看见东西，有了眼光才能发现美，才会感动，才会领悟。每一双稚嫩的小手，用精笔描绘校园，用真情书写童心。正是这只言片语，颗颗童心，组成美丽的同心。

板书设计：

**【教学反思】**

一切教学行为都要基于课程标准，符合实际学情。

关于写作，语文课程标准中要求多角度观察生活，发现生活的丰富多彩，能抓住事物特征，有自己的感受和认识，表达力求有创意。每一次习作都应当是学生真情的流露，让他们爱上表达，爱上写作，相信是每位语文教育者最期待看到的。

考虑了课标后，接下来考虑学情。本节写作教学，教师首先思考的不应该是“描写要教什么”，而应该是学生面对“这一次描写任务”存在哪些障碍，需要得到哪些支持，再利用自己的专业知识，将知识的“原木”制作成切实有用的“脚手架”，让学生看了能懂，懂了能用，用了有效。因此，我今天的教学反思，就是着眼于“我的做有效吗”，追问教学行为的有效性。

本次习作是统编教材八年级上册第三单元的写作练习。多数学生初步学习了运用恰当的词语描绘景物，也能用到修辞、动静结合等一些写作方法，但做不到寓情于景、情景交融，而这就是本节课的学习重点。

首先我选择了校园作为描写对象，让学生有话可说（写什么）。接着活用课文，跟着名家学写作。我选用经典名篇《春》中的“春花”选段，帮助学生快速提炼写景的一般方法（怎么写）。接下来，提出更高要求，即寓情于景，这是教学重点，也是难点。我们再次回归教材，从几篇课文入手，“唤起”学生的学习记忆，并且让学生在这个过程中自我发现、自我总结，产生再次修改自己作文的欲望。也许有人会说，不如直接把方法教给学生，以便留有更多时间习作展示。对此，我想用教育家顾明远先生的话来阐释，“教育的本质是培养思维，培养思维的最好场所是课堂”，教师要让学生学会学习、学会探索，就不能为了“节省时间”而包办代替。因为这样“节省”的是学生独立思考的时间，其实是一种巨大的浪费。因此，本节课我力求做一个指导者、帮助者，指导学生在信息海洋中获得有益的写作策略。最后，设置“校园相册集锦”这一活动，是想让学生有具体的写作情境，唤起其情感共鸣。于是在修改作文环节，学生静静地思索，美美地回忆，快速地修改，顺利完成了更高层次的写作。整个教学过程中，学生在每一个环节都有抓手，特别是有方法的引领，表达水平有了切实提高。可以说以上谈及的教学行为是有效的。

回顾整节课，可以明确本节课的目标是要解决写作知识教学的问题，我认为，近年来兴起的“写作支架”是个不错的切入点。杭州师范大学的叶黎明老师曾指出：写作支架是整合、嵌入写作知识和技巧的显性的学习支持系统，是在学生的现有水平与潜在发展水平之间搭建的“脚手架”。“支架”是集知识的内容与形式为一体，它一头通向写作知识，另一头通向写作教学，还有一头则通向学生的最近发展区。支架类型繁多，本节课我主要选用“概念支架”和“策略支架”。

我们首先来看“概念支架”。写作是一种复杂的信息加工过程，写作过程是写作教学中非常重要的一个概念。研究表明，不成功的习作者很少监控自己的运思过程，也就是说，他们的元认知能力较差，对写作过程的监测、管控和反思能力较弱。与之相比，成功习作者的过程管理能力更强，在写作目的与读者分析、构思和修改等方面花的时间更多。因此，提高学生对写作过程的认知，强化过程写作意识，对发展学生写作的元认知能力具有重要的作用。

其次，我们来看“策略支架”。写作策略是指学习者在写作情境中对写作任务的认识、对写作方法的选择和过程的调控。前面提及，成功的习作者会花较多的时间用于构思和修改，因此语文一线教师更应重视构思策略的教学。由于策略性知识的教学目的是让学生学会学习、学会思维，因此，策略支架的设计与运用要注意两点。第一，时机很重要。孔子说“不愤不启，不悱不发”，策略支架一定要在学生积极思考而不得的前提下提供。第二，对话很重要。支架应该在教师和学生的对话中协商生成，而不是由教师“和盘托出”。换句话说，学生必须是策略支架的共同建构者。整节课我尽可能让学生去发现、去选择，和他们不断地对话，他们不断地修改，进而达到一种”“完善”。面对“景物描写”这个任务，首先要解决的是“写什么”的问题，教这类策略支架，与其说是帮助学生发现与确定“这一次”写作的内容，不如说是帮助他们养成运思的习惯，熟悉思路拓展的各类技巧，发展思维。对于具体的写作来说，内容不可复制、不可迁移，但完成任务所运用的策略，可以一再运用直至烂熟于心，最后内化为个体的写作能力。

不足的是，学生习作展示的比例不够多，课堂环节的时间把控还需要再精细，对学情的把握要再合理，教学设计再科学。这一切的提高需要时间，需要实践，需要逐步完善的过程和持续不断地反思、调整。教育的路上，我们都是逐梦人，哪怕磕磕绊绊，我也将努力前行。

（案例提供：太原市外国语学校　崔敏）

【案例评析】

追问教学行为的有效性——“我的做有效吗”，关注的是“我”做了什么有利于达成教学目标的教学行为，“我”是否运用过某些违背了施教的科学性与艺术性的教学手段。本案例教师在反思中紧紧围绕这一重点，从教学设计环节的因材施教、写作课教学支架（概念支架、策略支架）的运用等方面不断追问“我的做有效吗”。在此过程中体现了学生立场，即以学情为立脚点审视教学行为。反思中自然涉及提升课堂教学有效性的策略：教学关系上的引导与帮助、媒体运用上的整合与巧用、课堂管理上的反馈与调控、学习评价上的发展与开放等。

本案例给我们带来的启发较多。例如，写作教学要从结果教学法向过程教学法转变，教师不妨从支架入手，学习支架设计。再如，写作课不仅要关注知识技能的掌握，还应从多种维度给予学生以良好的熏陶，将语文的工具性与人文性的统一这一点统摄到教学行为中，在德育方面也有所渗透。这节写作课过后，想必学生会对校园中的一草一木多加观察，多体味生活中的点滴之美，从而更加积极乐观地面对人生。

## 案例二

学科：历史

年级：八年级

课题：新文化运动

【案例呈现】

围绕“观新青年成长　探新文化影响”主题，四个小组的同学在预习时分别收集了故事、影像、名言、调查报告，并提出了相关问题，现在请同学们分小组进行讨论，合作解决问题。

任务一【阅读少年故事　感叹少年悲哀】

课本剧故事一：一个叫阿毛的14岁女孩，未婚夫去世后，被父母强迫绝食。饿到第四天，女孩哭着喊饿，父亲说：“阿毛，你怎么这样的糊涂？我自从得了你未婚夫的死信，就拿定主意叫你殉节。这样殉节，做个百世流芳的贞烈女子，要算天底下第一种有体面的事，祖宗的面子，都添许多的光彩。”阿毛在第七天饿死了，县官送来一块匾，上题四个大字“贞烈可风”。

——改编自《新青年》第七卷第二号《一个贞烈的女子》

看完课本剧表演，展开了教师与第一组学生的追问对话。

师问：故事中女孩阿毛的结局如何？

生1：阿毛被饿死了。

师追问：故事中的谁造成了女孩阿毛悲剧的发生？

生1：阿毛的父母。

生2一脸疑惑起立问道：老师，阿毛的父母为什么要这样做呢？

其他同学面面相觑，充满疑惑。

师追问：是呀，为什么呢？如果你是阿毛的父母，你会让你的女儿饿死殉节吗？

全班学生异口同声地答：不会，绝对不会！怎么忍心饿死自己的女儿呢！

师追问：那么故事中阿毛的父亲对阿毛被饿死殉节的态度是什么？

生3：天底下第一种有体面的事，祖宗的面子，都添许多的光彩。

师再问：县官对阿毛殉节的态度是什么？

生1：大加赞赏，而且送了一块上题“贞烈可风”的匾。

师问：县官和阿毛的父母有相同的思想，这种思想根源是什么？

生4：夫为妻纲，妻子是丈夫的附属品。

师总结：以三纲五常为核心的儒家伦理学说，这种封建思想是造成女孩阿毛悲剧的罪魁祸首，可见旧道德草菅人命。那么生活在当年的阿毛除了死还有没其他的选择？请看故事二。

故事二：李欣淑幼年时，父为其订了亲，未婚夫不幸去世，父母准备叫她守“望门寡”。李欣淑在女校念过书，不满这种包办婚姻，因而反抗出走，到北京工读。她说：“我于今决计尊重我个人的人格，积极地向环境奋斗，向光明的人生大路前进。”

——改编自1919年末《大公报》报道的一则故事

师问：故事一和故事二中的两位女孩的命运有何相似之处？

生2：都是未婚夫去世。

师追问：面对相似的命运，她们的选择有何不同？

生2：故事一中的阿毛被父母强迫绝食而死；故事二中的李欣淑不满这种包办婚姻，反抗出走，到北京工读。

师继续追问：你认为这种不同选择的原因是什么？

生2：这种不同选择的原因是，故事一中的阿毛和父母深受旧道德的影响，故事二中的李欣淑在女校念过书，接受了新道德、新思想。

师问：在女校接受了怎样的新道德、新思想呢？

**补充材料：1920年国立最高学府北京大学率先开放女禁，女学生已经开始觉悟，抵制学校开设的“列女传”。她们常常聚在一起，争得面红耳赤，后来由争论变成抗婚、逃婚，以实际行动反抗旧礼教，争取婚姻自由。**

生3：抵制“列女传”、反抗旧礼教，抗婚、逃婚，争取婚姻自由，追求自由、平等的民主思想。

师生共同归纳：新文化运动动摇了封建道德礼教的统治地位，使中国人民接受了一次民主的洗礼。

任务二【观赏青年影像　感悟青年成长】

图1　电影《药》中的“人血馒头”

图2　金陵女子大学化学实验室

师问：比较图1、图2中的青年人的思想有何变化。

(二组学生一脸迷茫，不知该如何作答)

师追问：电影中华小栓的治病方式是什么？说明了什么？

生1：电影中华小栓的治病方式是吃人血馒头，说明了愚昧迷信。

师追问：图2中女子做化学实验，说明了什么？

生2：男女平等的民主思想，崇尚科学。

师再问：比较图1、图2中的青年人，他们的思想有何变化？

生1：青年人的思想由愚昧迷信转变为相信科学。

师问：你认为发生变化的原因是什么？

生：新文化运动使中国人民接受了一次民主与科学的洗礼。

任务三【阅读名人名言　探新文化影响】

名言一：聚集在《新青年》周围的知识分子的重要性是很难估价的。他们的著作铸成了一代年轻学生的信仰和态度，1919年五四运动后，这些学生是政治上的生力军，并成为现代中国革命的领导者。

——美国学者莫里斯

名言二：看书，看《新青年》；谈话，谈《新青年》；思考，也思考《新青年》上所提出的问题。……我特别爱好胡适、陈独秀的文章。他们代替了梁启超和康有为，一时成了我的模范。

——毛泽东

名言三：这几天连着把三卷的《新青年》仔细看了一遍，才知道我以前在国内所想的全是大差，毫无一事可以做标准……决不固持旧有的与新的抗争，也不可惜旧有的去恋念他，我愿意自今以后，为我的思想、学问、事业去开一个新纪元才好呢！

——周恩来

师问：名言一中莫里斯认为《新青年》的作用是什么？

生：铸成了一代年轻学生的信仰和态度，为五四运动起到了思想宣传和铺垫的作用。

师问：试着用名言二和名言三中人物的事例说明。

生：毛泽东和周恩来是政治上的生力军，并成为现代中国革命的领导者。

名言四：应毁全国已有之孔庙而罢其祀。——陈独秀

中医不过是有意无意的骗子。——鲁迅

钱玄同和刘半农喊出“汉字不灭，中国必亡！”的口号。

师问：归纳名言四中四位名人对中国传统文化的态度。

（三组学生1不知该如何表述）

师追问：你是否同意他们的观点？

生1：不同意。

师再次追问：请举例说明你的理由。

生1：鲁迅说“中医不过是有意无意的骗子”，但我生病了经常去看中医，中医的治疗效果非常好。因此鲁迅的说法是不对的。

生2：在这次新冠肺炎疫情中，中医发挥了重要的作用，武汉方舱医院的轻症患者服用中药，遏制了病毒的扩散，增强了免疫力。

生3：孔子的思想有很多值得我们学习和借鉴，如“三人行，必有我师焉”。

生4：汉字是汉民族几千年文化的瑰宝，更是民族灵魂的纽带。

师再问：四位名人对中国传统文化的态度如何？

生1：太绝对，具有一定的片面性。

师追问：应该如何看待中国传统文化？

生5：取其精华，弃其糟粕……

任务四【对比问卷调查　析新文化地位】

**表1　1913年江苏第一师范学校“最崇拜的人物”问卷统计表**

| 序号 | 被崇拜者 | 票数 |
| --- | --- | --- |
| 1 | 孔子 | 157 |
| 2 | 孟子 | 61 |
| 3 | 孙中山 | 17 |
| … | …… | … |

**表2　1924年北京大学“最崇拜的人物”问卷统计表**

| 序号 | 被崇拜者 | 票数 |
| --- | --- | --- |
| 1 | 孙中山 | 473 |
| 2 | 陈独秀 | 173 |
| 3 | 蔡元培 | 153 |
| … | …… | … |
| 14 | 孔子 | 1 |

师问：比较表1和表2，观察民国时期学生心中的偶像有何变化？

生1：孔子的地位在下降，孙中山的地位在上升。

师追问：你关注到了排在第一位的偶像的变化，非常好！能否将观察的范围扩大一些，如排在前三位的偶像有什么变化？

生1：排在前三位的偶像由孔子、孟子、孙中山变为孙中山、陈独秀、蔡元培。

师追问：你认为变化的原因是什么？说明了什么？

生1：孙中山由第三位上升至第一位，我认为与孙中山领导的辛亥革命有关，辛亥革命宣传的自由、民主、平等、博爱的思想解放了人们的思想。

生2：从时间点上来看，1913—1924年间发生的重大历史事件是新文化运动。从人物来看，陈独秀、蔡元培是新文化运动的代表人物，可见新文化运动是一场深刻的思想解放运动。

生3：民主科学的思想深入青年学生的头脑中……

师生在相互交流、辩驳中共同归纳总结新文化运动的地位。

**【教学反思】**

以上教学实录所呈现的片段将教材、课程标准内容进行大胆整合，与学生的生活经验相结合，设计明暗两条线索，以“新青年”为主线，围绕“新文化运动”主题，创设适切的情境，运用故事、影像、图片、图表、名言等多种方式形象生动有趣地再现历史。通过设计有效的提问和追问，层层设疑、环环相扣，学生畅所欲言，思维活跃，相互辩驳，学习热情高涨，课堂预设与生成共精彩，有效突破了本课的重难点——了解新文化运动在中国近代思想解放运动中的地位和作用。

本节课有效运用追问策略，提高学生的参与性，还原历史思维的形成过程，从而提升课堂效率。对此我与大家分享几点思考：

一、设置有效问题是课堂有效追问的核心

北京师范大学叶小兵教授认为，有效的问题应该具备的要素包括有利于完成教学任务；明确、具体，便于学生领会要求；可以激发学生的兴趣，促使其进行探究；具有一定的疑难性，能调动、引导学生积极思考等。追问中有效问题的设计也应体现以上的要求，问题要有指向性、启发性、科学性和有序性。

本教学片段指向教学难点的解决，围绕“了解新文化运动在中国近代思想解放运动中的地位和作用”这一主问题，通过创设适切的情境，安排了四个学习任务，聚焦课堂教学内容的关键点以及容易出错之处，设计了环环相扣的问题链，从简单到复杂，引导学生一步一步地思考，顺利实现教学目标。好的问题链是课堂有效追问的核心，可以让学生在清晰的逻辑演进中提升认知、习得方法、优化思维。

二、抓住准确的时机，选择恰当的思路是有效追问的基础和关键

（一）学生提出问题时追问

课堂上的问题有一部分是教师在备课时可以预设的，还有一部分是课堂现场生成的。如任务一的推进过程中，当学生对“阿毛的父母为什么要这样做”这一问题面面相觑、疑惑不解时，我改变原有的预设思路，审时度势，适时追问：“如果是你，你愿意让你的女儿饿死殉节吗？”让学生在角色换位中体会阿毛父母对阿毛殉节的态度，再进一步探寻阿毛父母及县令等人的思想根源——封建礼教。接着展示故事二，运用类比的思路，比较故事一、二中女孩命运的相同点和不同点，找出不同选择的原因。将原本设计在任务二中出现的情境材料补充其中，引导学生得出新文化运动动摇了封建礼教，促进了民主思想的传播。这样的灵活处理使课堂焕发出新生机。

（二）学生思维受阻时追问

学生思维受到阻碍，失去分析问题的方向时，要给学生“搭梯子”，化难为易。如第二组学生1面对任务二的第一个问题不知该如何作答，我及时追问：“电影中华小栓的治病方式是什么？说明了什么？”“图2中女子做化学实验，说明了什么？”再如第三组学生1面对任务三的第一个问题不知该如何表述时，我随即提出：“你是否同意他们的观点？结合生活实际说明你的理由。”这样，将问题分解为若干相对简单且环环相扣的小问题，并适当提示解题思路，由表及里，引导学生逐步深入地思考，最终解决问题。

（三）学生出现失误时追问

在课堂上，由于思维水平和知识水平的限制，学生所给出的答案会出现这样或那样的失误，此时是追问的良机。如第四组学生在回答任务四的第二个问题时答错了，我认真分析学生给出的答案，针对其思考不全面、不正确的部分，对任

务四进行二次提问，使学生对原有问题进行更深入的探究。这种追问，后面问题是前面问题的深化和完善，抓住失误所带来的契机，赋予它新的价值，让学生逐步发现史实的本质，提高了学生的分析归纳能力。

三、恰当的追问语言、候问环节是有效追问的保障条件

追问的语言要科学化、规范化。候问要纵观全局，精准掌握候问的时间，耐心倾听并理性分析学生的答案。本节课我在追问语言的规范性、灵活性和候问环节的时间把控等方面存在着不足，有时等不及学生充分思考，就着急地告知答案。这是我今后实施有效追问需要注意的地方。

我深知，追问既是教师智慧的展示，又是课堂教学的艺术。作为教师，要不断提高自身素质，探索和创新课堂教学方法，努力让教学达到理想的境界。

（案例提供：山西大学附属中学　张琳）

**【案例评析】**

追问，是针对某一内容或某一问题，为了使学生弄懂弄通，一问之后的再次提问，穷追不舍，直到学生能正确解答为止。追问毫无疑问是促进学生学习、实现有效教学的重要教学策略。

本案例以“追问”为主题，反思追问在教学中的有效性，旨在以连环追问的设问方式激发学生的学习兴趣，进一步夯实基础知识，提升学生的思维能力，增强历史使命感，提升历史核心素养。教师问题意识强，围绕主题，层层设疑、步步追问，环环相扣，联系对比。两条线索清晰，追问设计体现指向性、有序性、层次性、启发性、科学性、逻辑性、开放性、探究性，符合学生的思维过程，追问的时机恰当，使学生的思维能循序渐进。教师通过创设情境、搜集史料、设问追问，带领学生一步步理解了新文化运动在中国近代思想解放运动中的地位和作用，初步理解历史问题的价值和意义，并尝试体验探究历史问题的过程，初步学会对历史事物进行分析和评价。在反思教学过程时，教师具体指出了问题链设计要解决的教学重点，在追问时机的选择上，教师提出要抓住学生提出问题时、思维受阻时、出现失误时的具体问题进行反思，具有很强的针对性。

历史课堂教学是一个动态生成的过程，实际教学环境更是复杂多变，尤其在追问式课堂中，教师面对的是思维各异的学生个体，其教学总是充满各种不确定因素，有时甚至会出现背离教学预设的情况。因此，根据学生适时的反应采取恰

当的应对措施，及时捕捉教学预设之外的追问契机，掌握能够随机应变的教学智慧，恰当地处理各种课堂生成，是需要我们在今后不断深入探索的课题。

## 案例三

学科：数学

年级：九年级

课题：第三章第一节

**【案例呈现】**

一、创设情境，引入课堂

师：同学们，上节课我们学习了圆规画圆，那么，现在请每一位同学用圆规画一个圆，并说一说你对圆的认识（至少写出三点）。

生：圆的圆心、半径、直径、轴对称、面积等。

师：同学们在实际生活中能不能找到“圆”？请同学们来分享一下。

生：镜子、球类、脸盆、眼镜、车轮……

师：可以说生活中的“圆”随处可见，那你们刚才在画圆的时候是以什么为原型的呢？

生：头、篮球、车轮……

师：很好，我发现大家画的圆或多或少有些不同，为什么有的在左、有的在右，有的大、有的小？

生：圆心位置不一样，半径大小不一样……

师：非常好，请同学们观察自己所画的圆，思考在画圆时如何确定一个圆的位置和大小，形成圆的点在运动时满足了什么条件，请尝试给出圆的定义。

（让学生认识圆的核心要素是定点圆心、定长半径，从画圆的操作过程来定义圆，初步感受满足集合条件的定义方法）

二、进入情境，动手动脑

师：（了解圆的概念）请同学们阅读课本，完成下列问题。

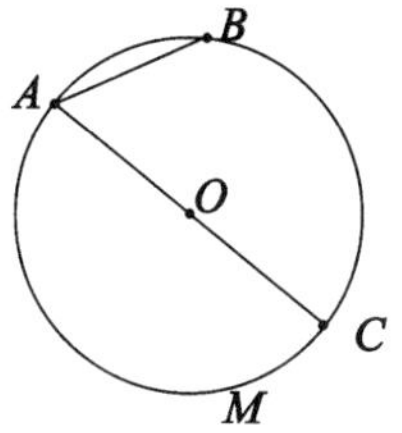


1. 圆上任意两点间的部分叫做________，简称弧。

2. 以$A$，$B$两点为端点的弧，记作________，读作“弧$AB$”。

3. 小于半圆的弧叫劣弧，如记作__________。(用两个字母)

4. 大于半圆的弧叫做优弧，如记作__________。(用三个字母)

5. 连接圆上任意两点间的线段叫做_________。(如弦$AB$)

6. 经过圆心的弦叫做___________。(如直径$AC$)

7. 直径将圆分成两部分，每一部分都叫_________。

8. 能够重合的两个圆叫做_________。

9. 在______________________中，能够互相重合的弧叫做等弧。

(帮助学生学会对规定性概念的阅读理解，能在具体的图形中举例)

生1：圆弧。

生2：……

生3：……

生4：……

生5：弦。

生6：直径。

生7：半圆。

生8：等圆。

生9：同圆或等圆。

师：通过观察和辨析，我们知道了许多与圆有关的概念。有哪位同学可以和大家分享一下你认为弦与直径的区别是什么，弧和半圆的区别是什么。

生：……

师：通过刚才的分享，我们知道弦、弧通过运动变化分别能转化成直径和半圆，非常好。

师：前面我们学习了点与直线的关系，在平面内，点和直线有几种位置关系呢？今天，通过类比，我们研究点与圆的位置关系，请大家类比猜想点和圆有几种位置关系。

师：用圆规画⊙$O$后，将平面内的点分为几部分？

生：三部分，圆内的点、圆上的点和圆外的点。

师：观察右图，点$A$，$B$，$C$与⊙$O$有怎样的位置关系？这样的位置关系由什么确定？

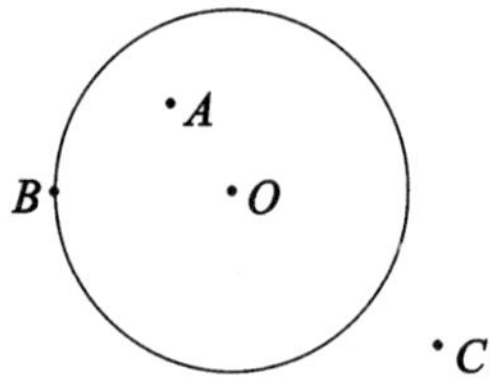


生：点$A$在⊙$O$内，点$B$在⊙$O$上，点$C$在⊙$O$外。其中$OA < r$，$OB = r$，$OC > r$。

师：归纳点和圆的位置关系及其条件。

三、体验感悟，总结提炼

1. 作图

(1) 在平面内，已知$A$点，找出到$A$点的距离等于2厘米的所有点组成的图形。

(2) 在平面内，已知$B$点，找出到$B$点的距离小于2厘米的所有点组成的图形。

(进一步加深对圆的定义的理解，区别圆和圆面)

2. 已知⊙$O$的面积为$9\pi$，判断点$P$与⊙$O$的位置关系。

(1) 若$PO$=4.5，则点$P$在__________；

(2) 若$PO$=2，则点$P$在__________；

(3) 若$PO$=________，则点$P$在圆上。

(点与圆的位置关系的简单运用)

3. 如图，已知矩形$ABCD$的边$AB$=3，$AD$=4。

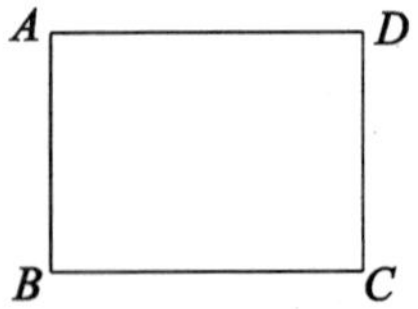


(1) 以点$A$为圆心，4为半径作⊙$A$，则点$B$，$C$，$D$与圆$A$的位置关系如何？

(2) 若以$A$点为圆心作⊙$A$，使$B$，$C$，$D$三点中至少有一个点在圆内，且至少有一个点在圆外，求⊙$A$的半径$r$的取值范围。

（综合圆的概念与点和圆位置关系的知识，进行简单的综合运用，巩固勾股定理、不等式的相关知识）

4. 如图所示，在$A$地正北300 m的$B$处有一变电设施，正西400 m的$C$处有一幢民房，在$BC$的中点$D$处是一古建筑。

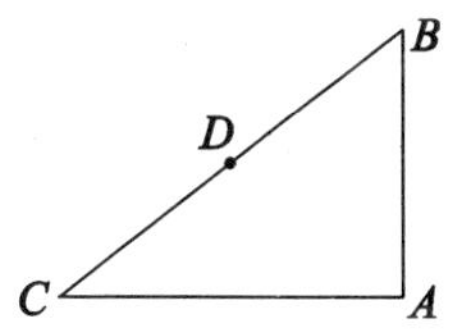


（1）因施工需要，必须在$A$处进行一次爆破。为使民房、变电设施、古建筑都不遭到破坏，问爆破影响面的半径应控制在什么范围内?

（综合运用点与圆的位置关系、勾股定理、中线等知识解决实际问题）

（2）若$BC$是一条马路，且马路上有行人和车辆，在爆破时也不能影响到马路上的行人和车辆，那爆破影响面的半径应控制在什么范围内呢?

（综合运用点与圆的位置关系、勾股定理、高线等知识解决实际问题）

**【教学反思】**

本课的主题是了解“圆”的相关概念，运用集合的观念去把握点与圆的位置关系，是在学生能够直观地认识圆和较为全面地认识点、线、面的基础上进行的教学。在教学中注重课堂互动，积极调动学生的参与热情，突出学生在课堂中的主体作用，兼顾学生的理解能力，用变式练习激活学生的思维，以期达到举一反三的效果，既体现数学知识本身的客观性，也体现课堂生成资源的有效性。本节课从教学设计到课堂实录都突出了以下几点：

1. 创设情境，激发兴趣

温故知新，是对既知知识的温习，也是对新授知识的预习。本节课上课伊始，让学生用圆规画圆，借以加深对上节课所学知识的理解。同时，让学生分享在日常生活中常见的圆，从熟悉的情境出发，有效激发学生对本节课内容的学习兴趣。

2. 动手动脑，互动领悟

对新知识的理解和掌握需要学生充分参与活动，多动手、勤动脑。因此本节课一方面注意贴近生活，让学生感受数学与现实生活的密切联系，体现数学的价值，培养初步解决问题的能力。另一方面，在本节课的教学过程中，不管是用圆规画圆，还是探究点与圆的位置关系，或是拓展提升的练习题，都给学生提供了大量的动手、思考、推测、交流的机会，注重进一步挖掘学生的思维潜质。

（案例提供：太原市第六十三中学校　康宪刚）

**【案例评析】**

教师能围绕主题“追问教学行为的有效性”进行反思。从情境创设环节的有效性来看，本节课不仅着眼于单个或几个知识的讲授，而是从实际教学工作中发现的易被忽略的三个方面入手，将“知识点”变成“知识线”和“知识面”，创见性地设计圆的概念的生成过程，从集合的观点去研究圆的概念，并从集合的数学思想出发，把圆的概念、与圆有关的概念、点和圆的位置关系都进行有机整合，使其形成“面”；设计明暗两条线，既突出学生数学素养的培养，又凸显学生思维的训练梯度。此外，反思教学中的关键环节——动手动脑，互动领悟，能认识到课堂上，学生学习的主要途径有动手、动口、动脑、倾听、互助与合作，即动静相结合。在本课的教学活动中，让学生用圆规画圆，体现了动手操作；让学生观察自己所画的圆，思考圆的特征及相关概念，体现了动脑思考；学生分享自己对于圆的不同概念的理解，体现了合作与倾听。整个教学过程巧妙地采取了这些学习行为，让学生的主体地位表现得恰到好处。对如何做到学练结合、层层推进也起到了启发作用。

## 案例四

学科：英语

年级：七年级（下）

课题：Unit 3 How do you get to school?　Section B 2b

**【案例呈现】**

Read the passage and answer the questions.

Crossing the River to School

How do you get to school?　Do you walk or ride a bike?　Do you go by bus or by train?　For many students, it is easy to get to school. But for the students in one small village in China, it is difficult. There is a very big river between their school and the village. There is no bridge and the river runs too quickly for boats. So these students go on a ropeway to cross the river to school.

One 11-year-old boy, Liangliang, crosses the river every school day. But he is not afraid because he loves school. "I love to play with my classmates. And I love my teacher. He's like a father to me."

Many of the students and villagers never leave the village. It is their dream to have a bridge. Can their dream come true?

让学生提前观看电影《走路上学》。影片讲述了生活在云南怒江边上的瓦娃和娜香小姐弟俩，为了到江对面的学校去上学，不得不每天命悬一线、溜索过江的故事。

Step I  Lead-in

(Show the pictures)

T: Have you seen the film *Walking to school*?

Ss: Yes.

T: What do you think of this movie?

Ss: It's good / great / ...

T: What's it about?

Ss: Umm ... Walking to school ...

T: Yeah, it's a story about Wawa and his sister.  How do they get to school?

Ss: 用溜索。(大部分同学用汉语回答，极个别的同学用到"*By ropeway.*")

T: Yeah, good. Do you like it?

S1: No, I don't.

T: Why?

S1：I'm afraid.（新词出现，教师帮助）

Step II Reading

1. Before reading:

T：S1，how do you usually get to school?

S1：I usually get to school by bike.

T：Good. What about you，S2?

S2：I get to school by bike，too.

T：How long does it take?

S2：It takes me about 15 minutes.

T：Is it easy for you to get to school?

S2：Yes，it is.

T：Well，it is easy for most of us to get to school. But in some small villages，it is difficult.(Show some pictures)How do they get to school?

Ss：By ropeway.

T：Yes. They get to school by ropeway like Wawa and his sister.

2. While reading:

活动1：整体阅读，把握文章中心，选出最佳标题。

活动2：细读文章，把握细节，学生捕捉信息及处理信息。

T：How do the students in the village go to school?

S3：They go on a ropeway to cross the river to school.

T：Do you think it is easy or difficult?（第一次追问）

S3：I think it is difficult.

S4：I think it's fun.

T：Why do you think it's fun?（第二次追问）

S4：It is different from our life. In our daily life，we usually go to school by bike，by bus or on foot. So，I think it's fun.

T：Well，do you think it is dangerous?（第三次追问）

S4：Yes，it is dangerous.

T：Do you still think it is fun to get to school by ropeway every day after you know it may be dangerous?（第四次追问）

S4：Umm ...

T：For us，sometimes we go on a ropeway for fun when we travel. We think it's exciting. But it is difficult for these students to do that because it may be dangerous. So why do they go to school like this?

S5：Because there is a big river. There is no bridge，and the river runs too quickly for boats.

...

T：So they have a dream. They dream of having a bridge to make them go to school easily. Do you think their dream can come true? How do they make it? Would you like to help them? If you would like to help them，what can you do for them? We can talk about it.（连续追问）

学生积极讨论，踊跃发言。

（After discussion）

Group1：Yes，their dream can come true. We think they can ask the government to help them build a bridge. Also we'd like to help them，we'd like to give our pocket money to them.

Group2：I think they can make their dream come true. We think they can work hard together to make it if people all over the world help them.

T：Good job. Most of these students live with their grandparents. In the villages，there is only one teacher. Nobody wants to go there. If you are a teacher，will you go there to help these children ?（再追问）

S1：I think I will because I think help others is to help ourselves.

S2：I agree with S1. If everyone helps out a bit，all of us will have a better world to live in.

3. After reading：

T：According to the mind-map，we can try to retell the story.

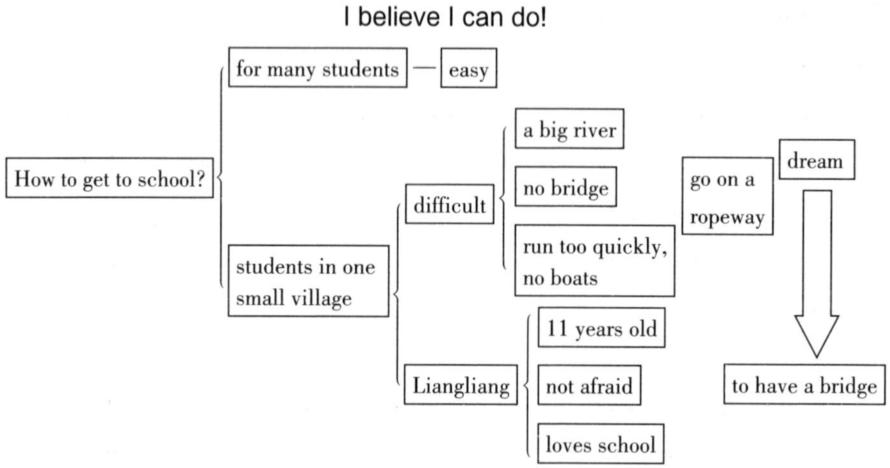


Step III Homework

A级：完成2c。

B级：根据关键词改写课文。

C级：查找有关留守儿童的情况。

**【教学反思】**

阅读教学的目的有显性和隐性之分，显性的目的是理解文本，而隐性的目的是在师生合作解读文本的同时培养学生的综合语言运用能力，即培养学生用英语思考、用英语获取信息、用英语表达思想和感情的能力。阅读材料不仅仅是知识的载体，也承载着深厚的文化内涵，同时具有强大的育人功能。所以，阅读教学不能只停留在语篇的内容及语篇表达了什么意义，还要关注学生对语篇表达的意义所做出的反应，引导学生对语篇内容有自己的思考、判断和分析。恰当的提问和追问不仅可以深化学生对课文内容的理解，突破教学重难点，而且可以培养学生的语言表达能力、逻辑思维能力以及批判性和创造性思维能力。这样做既能使学生有机会运用所学语言表达自己的观点，又能加深他们对社会生活的理解，同时思维能力、情感态度、价值观都能得到一定的发展。

下面我对本节课的主要教学行为，进行如下梳理和反思：

1. 课前准备活动有效吗？

本节课的教学内容是阅读2b，根据教学目标、学习内容和学生的年龄特点，我布置了课前准备工作，让学生观看电影《走路上学》。从课堂效果看，这个准备工作有效，激发了学生的学习兴趣与对本课时学习内容的求知欲。

2. 由一部电影导入新课，这样的导入环节有效吗?

根据七年级学生的心理特点和年龄特点来说，看电影、聊电影是他们感兴趣的事情，而且《走路上学》这部电影是根据真人真事改编的，和课本中的文本相关性很大，因此我以这部电影为切入点导入新课，激发了学生的学习兴趣。通过情境问答，很自然地引出课上要学到的新词，学生还可从中获取一些有用信息。这些都是有效的。

3. 读前活动中，教师与学生的问答有效吗?

读前活动的目的是使学生做好阅读的准备。通过课前了解电影中瓦娃和姐姐上学的方式，我由此及彼快速把话题转移到学生自己的日常生活中，七年级的学生表达欲望比较强，这样能更好地激发学生对阅读材料的兴趣，让学生可以愉快地主动学习。

4. 阅读活动中，教师对学生阅读方法的指导与点拨有效吗?

我认为是有效的，而且也是很有必要的。一篇文章，根据文章的体裁与题材的不同给予学生适当的指导，有利于学生对语篇整体的掌握，也有利于加深学生对文本的理解。教学中我对阅读方法进行了指导与点拨，如让学生从文章整体入手，运用所学语篇知识，浏览文中的重要线索，找出每段的中心句和主要信息，把握文章中心，选择最佳标题等。这个环节可以有效地培养学生主动阅读、认真阅读的习惯，还可以帮助学生掌握行之有效的阅读学习策略。

5. 阅读活动中，教师对学生的连续追问有效吗?

阅读活动中我采用追问式提问，将问题环环相扣，形成一个问题链，帮助学生获取篇章的详细信息。第一次追问“Do you think it is easy or difficult?”既要让学生看到这些孩子上学方式与自己不一样，还要让学生感受到他们上学的不易。当然学生的想法不会拘泥于此，因此就有“I think it's fun.”的回答。这样的回答似乎不尽如人意，但也是学生思维的结果及情感的表达。我因势利导再继续追问“Do you think it is dangerous?”（第三次追问）及“Do you still think it is fun to get to school by ropeway every day after you know it may be dangerous?”（第四次追问），让学生确实感受到这些孩子上学的不易。在第二次到第四次追问中，启发了学生的批判性思维。

接着在谈及孩子们的梦想时，继续进行连续追问。通过问题的设置，引导学生从多个角度、多种途径去寻求解决问题的方法，培养学生的开放性思维。在此基础上，再联系现实中的留守儿童，引导学生思考：If you are a teacher，will you go there to help these children？这样的问题可以引发学生深入思考，这样学生就可以从只是对语篇的简单理解上升到对语篇意义的探究。当然后两次连续追问是基于文本并高于文本的，对于学困生来说，虽然有小组的集体力量，但由于词汇匮乏，表达能力差强人意，教学行为的有效性大打折扣。

6. 要求学生复述课文，有效吗？

利用思维导图复述课文，一方面降低了难度，另一方面为学生提供了关键词，可以让学生更多地关注语言表达的准确性，有利于学生的语言输出。

7. 这样的作业设计有效吗？

分层设计作业的目的就是让所有学生都能学有所获。A级作业是课文改写的对话填空，较简单，易完成；B级作业要求总结课上的口头展示，用书面形式呈现复述内容，中等学生可以完成这个任务；C级作业是锻炼学生使用课外资源延伸课上所学，要求较高，适合部分学有余力的学生。这样的作业分层合理，属于有效的教学行为。

此外，本节课值得反思的地方还有以下几点：

1. 导入环节让学生对《走路上学》这部电影做简单评价、讲述故事梗概时，多数学生不能用英文表达，这样的要求是无效的。

2. 课上为完成教学任务，针对读中环节连续追问的后两个问题，没有给予学生充足讨论思考的时间，因此多数情况下只是优等生在回答问题，学困生并没有从中获得太多的提升。

3. 有效的英语课堂教学要培养学生自主学习的能力，培养学生的语言综合运用能力。这点我做得远远不够，很多时候学生还是依赖教师指导，学习的自主性不强，需要再努力。

（案例提供：太原市尖草坪区汇丰中学　许淑琴）

**【案例评析】**

教学行为的有效性是一种教学模式，更是教师的一种价值追求。课堂教师教学行为是否有效，从学生的角度而言，那就是是否促进学生有效学习，是否为学生的可持续发展奠定基础。只有这样的教学行为才能达到课程标准的教学要求，才可称之为有效。反思亦如此。

本案例中的教师全面详尽地梳理了主要教学行为，从多个角度反思是否有效，可以看到教师的用心之处。其实本节课值得肯定的地方有很多，比如教师课前、课中、课后进行一系列关于“追问”的准备工作等。反思既对亮点予以充分的肯定，又指出需要改进的地方，是颇有成效的。长此以往，必能帮助教师提高教学能力，收到事半功倍的效果。

## 案例五

学科：物理

年级：八年级

课题：大气压强

**【案例呈现】**

环节一：导入

师：在不允许用手挤压的情况下，如何能让一个空易拉罐变瘪呢？

学生讨论得出方案：灌热水后倒出热水，盖上盖子让其冷却。

师：大家知道原因吗？

生：因为大气压的存在。

环节二：研究大气压的存在

师：大家能利用桌子上的实验器材（玻璃杯、硬纸片、水、水槽）自己设计实验，证明大气压的存在吗？

学生讨论设计。

教师请一个操作比较成功的小组的同学上台展示并分享过程。

部分同学认可，部分同学不认可。

师：能说出不认可的理由吗？

生：纸片可能是被杯口的水黏住了。

师：这位同学的猜想正确吗？大家能不能通过实验来论证？

学生思考讨论。

师：我们除了立论也可以采用驳论的方式论证。如果没有大气压会怎样？

学生茅塞顿开，马上想到抽走大气来观察。

教师演示，在密闭玻璃容器里做覆杯实验，抽出玻璃罩内的空气。

学生观察到纸片掉落，水不能再被托起。

（设计意图：通过演示和一系列追问，使学生通过观察逐层发现问题，即先通过实验现象猜测，再设计实验证明，这样能够很好地研究出大气存在压强，培养学生的科学思维、科学方法。）

环节三：揭示大气压强的产生原因

师追问：大气为什么能向各个方向产生压强？

生猜想：大气像液体一样，受重力且具有流动性，所以能向各个方向产生压强。

师：我们身处大气的“海洋”中，空气受到重力的同时还具有流动性，因此也能产生向各个方向的压强，我们称之为大气压强，简称大气压。

（设计意图：使学生从感性到理性，认识大气压强的产生。）

环节四：解释生活中利用大气压的现象

师：生活中有很多与大气压有关的现象和应用，请同学们找一找，并试着给同组的同学解释原因。

学生讨论交流。（吸盘能吸在墙面上、钢笔可以吸墨水、注射器吸药水、吸管吸饮料）

教师请部分小组代表上台解释。

解释得不太准确的地方由同伴帮忙完善、规范。

教师归纳、点评。

（设计意图：提高学生交流表达的能力，能用规范准确的物理语言解释生活中的现象，培养严谨的态度。）

**【教学反思】**

物理课程标准指出：“为提高学生的科学素养，要让学生经历科学探究过程，具有初步的科学探究能力，乐于参加与科学技术有关的活动，有运用研究方法的意识，保持探索科学的兴趣与热情。”

本节课的教学目标是通过系列实验操作，观察分析生活中的现象，证实大气压的存在并揭示其存在的原因，解释生活中利用大气压的现象。反思教学的各环节，我认为本节课的导入环节有效性不高，让学生通过提前预习或启发暗示，不容易想到先加热再冷却的方法。如果采用“倒叙”的方式设问：“老师不用手挤压，能让易拉罐变瘪，你相信吗？”让学生带着疑问观察教师的演示实验，可能会触发学生的兴趣点，进而促使课堂学习内容高效推进。

本节课在教学中努力让教师只起到引导和点拨的作用，关于大气压强的各个知识点都能引导学生自己观察、发现和思考，但由于给学生充分表达与讨论的时间不够，涉及重点、难点知识时还有提前介入干预的现象发生，没有真正激发学生的探究思维。在今后的课堂教学活动中，我要大胆放手，充分信任学生，努力使学生成为知识的“发现者”、课堂的真主人。

（案例提供：运城市万荣县示范初级中学　娄晓晶）

【案例评析】

本案例从学生角度出发反思教学行为的有效性，注重启发学生的思维、积累学生的活动体验，充分联系学生的生活和已有认知，体现了物理学科的科学性与思想性相统一的原则。建议今后的教学反思不要局限于反省不足，捕捉亮点、总结提高教学行为有效性的经验也是反思的重要内容。

## 四、综合评论

追求课堂教学行为的有效性，从而提高课堂教学的效率，发展学生的核心素养，是每一位教师的迫切愿望。教学是动态的过程，教师需要在实践中结合教育学、心理学等理论，不断反思自己行为的有效性，积极寻求改进的途径，才能够让学生在课堂有限的时间内获得最大的发展。首先，教师应树立“一切为了学生发展”的思想，从是否有助于确立学生主体地位的角度衡量教学行为是否有效，无论是教学目标的制定还是教学内容的选择、课程资源的开发等，都要符合学生已有的学习水平和经验及学生的发展需求。其次，设计指向教学目标的教与学的活动，要通过启发、引导等方式，让学生在体验、感知、探究知识的过程中加深对知识的理解，在结合真实生活实践和运用知识解决问题的过程中发展综合能力，实现知识、能力、情感的迁移。另外，教学行为的有效性还包括学习氛围是否良好，教师应注意营造和谐的学习氛围，关注学生在学习过程中的表现和进步，通过及时评价和反馈，激发学生学习的兴趣，帮助学生树立自信心，引导学生形成有效的学习策略，进而促进学生的全面发展。

教学过程既是一个教会学生“学会学习”的过程，也是一个教会教师“学会教学”的过程，因此，反思自己教学行为的过程也是促进教师专业成长的过程，只有将理论学习和实践反思有效结合起来，寻求教学行为的理论支撑，才能使自己的教学行为更加有效，进而不断提升专业素养。

# 第三节 探究教学行为的合理性

## 一、理论要点

### (一)教学行为的合理性

根据《辞书》对“合理性”的解释，在日常语言中，当个人或团体的行动、决定或态度具有充分的理由或是能够自圆其说，则可说其行动、决定或态度具有“合理性”。与“合理性”相对的是“不合理性”(unreasonableness)。理由是否充分，除了就个别事件的因素而论外，还必须符合普遍的法则、规范或已有的标准，所持的理由须符合逻辑或文化价值体系的规准，故而强词夺理地自以为有理并非合理性。教学行为的合理性强调公平、公正、合乎逻辑或情理。教师在课堂上的教学行为多种多样，但讲授、提问、反馈和等待是教师使用频繁的课堂行为，它们相互联系，相互影响，贯穿于课堂教学的始终，对教学效果有着十分重要的影响。因此，对于教学行为合理性的探究与反思，可以从这几个方面着重进行。

#### 1. 课堂语言行为的合理性

课堂教学语言是教师教学思想的直接体现，是最基本的信息载体，它决定着教学计划实施的成败，影响着学生对教学内容的理解。可以说，课堂语言是教学活动的主要行为，是教师应具备的最基本素养，对教学效果的影响至关重要。

那么，在课堂教学中，教师该采用怎样的语言进行表达才最合理呢？这当然要视具体的情况而定。一般来说，根据语言的性质，可将教师的课堂语言分为反馈性、激励性、引导性、提问性、陈述性、命令性、重复性、过渡性和追问性等 9 种类型。研究表明，优秀教师善于将知识与生活相联系，采用追问性、引导性和过渡性的语言要比新手教师多，比新手教师更重视新知识的讲解，而新手教师则更注重与学生的联系；新手教师掌控话语的时间比较多，教学语言类型相对单一，缺乏生动性，而优秀教师则更关注有学生参与的师生对话，善于引导学生参与课堂活动。

语言是教师开展有效教学的重要手段，教师应根据课堂的实际情况，合理地运用语言。在教学中采用引导性、追问性和激励性的语言，引导学生主动掌握知识，而不是用命令性或者过多的陈述性语言讲授知识，从而真正体现学生主体、教师主导的教学原则。

2. 课堂提问行为的合理性

严格说来，课堂提问属于课堂语言行为，但是提问是课堂教学中最为普遍的教学行为之一，是教学过程中师生交流的重要渠道，很多的课堂活动是以提问为中心而展开的，可以说课堂提问浓缩了教师对课堂和学生的理解，也是课堂教学艺术的浓缩。因此，在教学行为的研究过程中，往往将课堂提问行为看作独立的教学行为。

有学者指出，课堂有效提问，应该具备目的性、启发性、多样性、方法性、示范性和情感性这 6 个方面的特征，好的问题可以让教学效果事半功倍。教师应在总结、反思和学习的基础上，提高提问的合理性，提出具有较强目的性和启发性的问题，避免出现简单的是非问题、识记性问题或者无效的反问。同时，应兼顾全体学生的反应，而不是个别优秀学生的回答。

3. 课堂反馈行为的合理性

相比课堂提问和课堂语言，课堂反馈行为对很多人来说相对陌生。课堂反馈行为是指教师在课堂上，针对学生在学习中的表现，做出口头语言或者形体语言上的评判。它是教师在课堂教学中经常使用的行为，对课堂教学起到控制和调节的作用，能让学生强化正确，改正错误，找出差距，改进学习方法；也能让教师及时掌握教学效果，从而达到教与学的和谐发展。因此，课堂反馈行为也是教师课堂教学的重要元素。

有学者指出，虽然许多教师了解教学反馈的重要性，但在备课过程中，很少有教师会思考怎样的反馈策略对教学最有效，而且反馈的形式比较单一，多以肯定性反馈为主，过分注重学生回答的结果，而忽视了学生的思维过程和情感态度。这些都是课堂反馈行为合理性缺失的体现。

根据反馈的形式，可以将教学反馈分为显性和隐性两个类别。显性反馈指通过观察直接可以发现的行为，包括书面反馈、表扬性反馈和重复学生答案的反馈；而隐性反馈则是指教师不直接给学生反馈信息，而是通过类似的教学任务或者演进学生的错误答案，让学生获得正确认知的过程。教学反馈贯穿课堂教学的始终，对教学有着重要的影响。因此，教师应在备课和教学过程中重视教学反馈行为的合理性应用，丰富反馈的方式，提高反馈的层次，让教学反馈能更好地促进学生的学习。

4. 课堂等待行为的合理性

知识是经验的结果，也是思考的结果，从本质上说，学生的学习是在教师的引导下自我建构的结果，学生需要时间来思考和内化教学内容。在课堂教学中，教师若能设置合理的等待时间，对提升课堂教学效果具有重要的影响。在提问之后，教师根据观察，留出合理的等待时间，可以让学生进行充分的思考，自我完成相应的认知加工，提升问题的“有效价值”，从而提高教学效率。因此，课堂等待也是课堂教学行为的重要元素。

虽然课堂教学等待行为已经引起了一些学者和教师的关注，但是从总体上说，这种教学行为还被不少教师所忽略甚至忽视，甚至有教师认为较长的等待时间会让课堂冷场，或者会降低课堂教学效率。其实已有研究表明，合理的等待时间，可以加深学生的思考，增加回答的主动性，促进学生的交流，也会提高回答的质量。因此，教师应养成课堂等待的习惯，根据不同的对象、不同的问题，给出合理的等待时间，深化学生的学习，从而提升教学的质量。

除此之外，教师还可以针对教学目标的设定是否合理、教学环节的设计是否合理等角度探究教学行为的合理性。

（二）探究教学行为的合理性

教师对自己的教学行为应从哪里入手进行反思呢？可以对教学理念、教学行为和教学效果三个方面进行探究。

1. 反思教学理念

首先，教师要敢于对原有的教学理念进行质疑，挖掘隐藏在教学行为背后的理念方面的种种问题，如“我以这样的理论为指导的教学是有效的吗”等。其次，教师要用先进的教学理念反思自己的教学实践，指导自己的教学活动。教师要认真分析自己的教学行为是否贯穿了新的教学理念，新的教学理念是否内化为了教学行为。再次，教师要以开放的姿态接纳新思想，积极学习和研究先进的教育教学理念，并通过不断实践、思考和构建新的教学理念，克服教学工作的盲目性，提高教学创新能力。

2. 反思教学行为

教师应以现代教育思想和教育理念为基础，对自己的教学实践进行理性思考，不仅要对教学观念、动机水平、情绪状态等心理因素进行反思，还要从教学方法、教学材料、教学媒体等方面去思考、质疑或评价自己教学的有效性，并自觉地根据反思的结果纠正自己教学中的不良行为。反思可从以下三方面进行：一是对课堂教学行为做出技术分析，如教学中教师控制学生参与课堂的程度、师生关系的处理是否符合主体性原则等；二是对课堂教学中采取的教学策略进行思考，总结精彩片段，思考失败之处，如“教学中是否出现了令自己惊喜的亮点环节，这个亮点环节产生的原因是什么？哪些方面还做得不好，可以怎样改进？”等；三是反思自己的教育教学行为是否让不同层次的学生都得到了不同的发展等。

3. 反思教学效果

“课堂教学是一门遗憾的艺术”，再成功的教学也有遗憾之处，而科学有效的反思可以帮助我们减少遗憾。因此，教师课后要对自己的教学成败和学生的学习效果进行反思，总结成功的经验，分析失败的原因，寻找解决的办法，如“这堂课是否达到了预期的教学目标？”“这堂课的教学设计与实际教学行为有哪些差距？该如何处理这些差距？”等。同时，教师要学会用遗憾的眼光看成功的结果，用辩证的眼光看失误的问题。这样，通过“由教反思到学、由学反思到教、由成功反思到失误、由失误反思到发展、由现象反思到本质”的多次循环，教师的教学实践会更加合理，更加优化，取得更好的教学效果。

（三）探究教学行为的合理性的意义

对教学行为合理性的探究，即教师对教学行为合理性的追问与反思。教师专业化的起点，在于愿意思考问题，并尝试提出自己的改进方案。其重要意义如下：

1. 有利于促进教师的自我教育

教师的自我教育指作为教师主体的个人，自己对自己的教育。自我教育的过程，是自我认识、自我改造的过程，是实践内化为意识的过程。

追求教学的合理性是学校教育的永恒主题，教师对自身教学实践合理性的追求是永无止境的。这种不懈追求的本质是教师对自身实践的不断探索、超越和创新。尤其是在课程改革背景下，教学理念的变化、学生学习行为的变化、教学模式的重构、课程资源的优化组合，以及教学方法的多样化、教学评价的多元化等，都使学校和教师面临着巨大的挑战。因此，研究在教育教学实践中出现的问题，探究教育教学实践的合理性，在当前尤为重要。

教师要在不断地追问与探究中将教育教学实践中产生的问题作为反思对象，通过前瞻性、监控性、批判性的反思来剖析、矫正和完善教育教学实践中不合理的行为和理念，不断提升教学实践合理性的水平，提高自己的教学智慧和教学认识。

2. 有利于提高教师的教育教学理论素养

一般说来，任何一种称得上科学的教育理论，必定有其实践的价值，能够转化为学校管理的方法与技能、教师教学的方法与技能、学生学习方式与能力的实践状态和操作体系。但是，在平时的教学中，教育教学理论与实践之间无法融合。提倡教师对教学行为的反思就是试图在理论与实践之间架起一座沟通的桥梁，让教师在实践中把教育理论内化为自己的自觉实践的行为。

教师对教学行为的反省和探索，是一种从实践到理论的研究，即从教育教学实践中发现的问题或自认为有研究价值的问题出发，不断地分析问题、解决问题，在学习借鉴经验的基础上，将普遍性的知识真正内化为自己的知识、经验和理论，从而实现自身行为的改进和提高，促进教师更加深入地思考教学中的理论问题，使自己不断学习新的知识，从而提高理论水平。同时，不断地反思促使教师形成一种大教育观，站在理论的层面去看待教学活动，使理论与实践相结合。

3. 有利于教师的批判性思维习惯的养成

对教学行为合理性的探究，有助于教师对自身的教学行为进行批判性的思考。英国著名课程论专家L. 斯滕豪斯（L. Stenhouse）曾明确地指出：“没有教师的发展，就没有教育的发展，而且发展的最好手段不是通过明晰目的，而是通过批评实践。”教师作为研究者，其批判性思维是不可或缺的基本素质。

对教学行为合理性的探究，始于教学过程中的某一行为，但并不只是就事论事的思维活动，它要求教师以主体的眼光审视教学过程，摆脱指令性课程范式下，作为依附者和消极执行者的被动角色。同时，在不断的反思中，教师能够形成“发现问题—提出问题—探究问题—讨论问题”的思维习惯，使教师批判和研究的意识贯穿到日常具体的教学工作中，形成自己对教学的看法，提升自己理性分析问题的能力，实现由“经验型”向“学术型”角色的转换。

4. 有利于教师关注课堂教学的合理性和实效性

探究教学行为的合理性所追求的是对教师行动意义的探索，强调“在教育中，通过教育，为了教育”。在对教学行为进行追问的时候，教师以自己的职业角色和身份对自己遇到的问题进行研究，把行动与研究和谐地统一在教学过程之中。而教师对教学行为反思的动力不仅来自自我成长的需要，更来自对高效、优质课堂的追求。教学反思则使教师更多地关注课堂教学的合理性和实效性，促使教师不仅反思教学设计及实施，而且从课堂的随机生成反思教学预设的实效。

## 二、实践智慧

### （一）不可忽视的结束（收尾）阶段

教学结束阶段是指教师帮助学生总结并掌握所学内容的行动或表述阶段。学习心理学的研究表明，当教师有意识地帮助学生总结课堂内容、建立知识间的联系时，学生的学习就会得到提高。在认知学习策略的研究中，罗森舍和梅斯特认为，总结起到“加深理解”的作用，促进“深度加工”。教师恰当进行课堂教学的结课策略，能确保学生了解自己的学习进展，提高教学质量。

以下是一些“结束”阶段的例子：

· 结束一个大教学单元的学习

· 巩固新概念或原则的学习

· 结束一场讨论
· 结束技能学习的活动，如查字典
· 结束观看视频材料后的学习活动
· ……

如一节数学课中，教师教授了解决问题的一般阅读技巧：预习；找出关系或细节；用自己的话陈述问题；列出将要采用的计算步骤。现在教师该检查学生是否掌握这个技巧。

结尾："在你们运用这种技巧解决问题之前，我需要请一位同学在黑板上写出它所包含的步骤，并用这种技巧解决课本第27页的第一个问题。当做完题后，请这位同学与大家分享使用这种技巧的感受。"

这种方式适合结束技能练习活动，它有助于学生巩固所学知识。在该案例中，教师通过"在你们运用这种技巧解决问题之前，我需要请一位同学在黑板上写出……"引起了学生的注意，同时说明学习阶段结束，即将进入技能的运用阶段；要求学生写出所含的步骤是对学习效果的检测；要求学生用这种技巧解决课本中的问题，教学指令清晰，任务明确；最后要求学生分享使用这种技巧的感受，引导学生反思如何有效地使用该技巧解决具体问题。由此可以看出，教师在设计收尾时，既吸引了学生对结束阶段的注意，又帮助学生巩固所学内容，推进了学生的学习进展。值得注意的是其中鼓励学生"分享使用这种技巧的感受"，使学生在回顾中进行反思，有利于学生建构知识体系。

（二）合理设计问题

布鲁姆的教育目标分类学将认知领域的目标分为六个层次，分别为识记、理解、应用、分析、综合、评价。每一层次的问题都需要不同的思维，教师应据此设计问题，鼓励学生参与多种认知过程。下面的图表中列出了一些指向不同层次认知目标的提问常用的词语，在设计问题时可以参考。[1]

[1] James M. Cooper. 如何成为反思型教师　课堂教学必备技能[M]. 赵萍，郑丹丹，译. 北京：中国人民大学出版社，2018.

**布鲁姆教育目标分类的认知类型：提问的词语**

| 识记 | 理解 | 应用 | 分析 | 综合 | 评价 |
|---|---|---|---|---|---|
| 定义 | 描述 | 应用 | 支持 | 预测 | 判断 |
| 回忆 | 比较 | 分类 | 分析 | 产生 | 辩论 |
| 识别 | 对比 | 采用 | 为什么 | 写出 | 决定 |
| 记住 | 用自己的话 | 选择 | 总结 | 设计 | 评估 |
| 谁 | 解释主要思想 | 利用 | 对比 | 发展 | 估计 |
| 何事 | | 举例 | 排序 | 综合 | 给出观点 |
| 哪里 | | 解决 | 推断 | 构建 | 哪一个较好 |
| 何时 | | 多少 | 调查 | 提高 | 是否同意 |
| 列举 | | 哪一个 | 分类 | 如果……会 | 是否最好 |
| 识别 | | 是什么 | 得出结论 | 发生什么 | 证实 |
| 背诵 | | 展现 | 识别动机或原因 | 解决 | 评价 |
| 复习 | | 转化 | 找出证据 | 创造 | 选择 |
| 命名 | | 做出 | 证明 | 设想 | 主张 |
| 描述 | | 解释 | | 假设 | 得出 |
| 再现 | | 教授 | | 结合 | |
| | | 证明 | | 估计 | |
| | | 画图 | | 发明 | |
| | | 记录 | | | |

## 三、案例赏析

### 案例一

学科：历史

年级：九年级

课题：列宁与十月革命

**【案例呈现】**

师：十月革命是人类历史上第一次社会主义革命，为什么社会主义革命首先在俄国发生？这与俄国当时的社会背景有很大关系。

师：（出示图片）首先看《一战前夕各主要国家工业总产值所占比例饼状图》，与其他资本主义国家相比，俄国的工业总产值排在什么位置？

生1：俄国的经济发展比较落后。

生2：俄国的工业产值与其他资本主义国家相比最少。

师：是的，在资本主义世界，俄国的经济发展比较缓慢，远远落后于其他资本主义国家，是“帝国主义链条上最薄弱的环节”，各种社会矛盾十分尖锐。

师：请大家阅读材料一高尔基《母亲》中的片段，作品描述了工人什么样的生活？

**材料一** 在郊外工人区的上空，……当工厂的汽笛震颤着吼叫起来的时候，那些在睡梦中还没有得以使疲劳的筋骨完全恢复的人们，满脸阴郁的，……沿着没有铺砌的道路，朝着工厂中那一座座高大的鸟笼般的石头房子走去。

——高尔基《母亲》

生1：作品里说“还没有得以使疲劳的筋骨完全恢复的人们”说明工人非常疲惫，可能他们工作时间很长。

生2：去往工厂的道路没有铺砌，工厂又像鸟笼一样，说明工人的工作条件很差。

生3：满脸阴郁，说明工人的心情不是很好。

师：大家阅读得十分认真、全面。满脸阴郁，疲劳的工人，能看得出他们的工作时间很长，“高大的鸟笼般的房子”，他们的工作环境可想而知。饱受资本家剥削压榨的工人，频繁地发动工人运动反抗。

师：请继续阅读材料二《安娜·卡列尼娜》中地主抱怨雇工的一段话。他在抱怨雇工的什么行为？

**材料二** 雇工不愿好好干活，他们不肯用好的农具。……把很好的马具弄断，拿轮胎去换酒喝，把铁片放到打谷机里把它弄坏。凡是不称他心的，他就讨厌，因此弄得整个农业水平都下降了。——列夫·托尔斯泰《安娜·卡列尼娜》

生1：雇工在劳动时把马具弄断，把铁片放到打谷机里把它弄坏。

师：雇工的这种行为是在破坏劳动工具。

生2：雇工“拿轮胎去换酒喝”，说明他们消极怠工，没有好好干活。

师：那么雇工的这些举动反映了哪两个阶级之间的矛盾？

生：农民阶级与地主阶级的矛盾。

师：对，大家注意到了两个阶级之间的矛盾。油画《伏尔加河上的纤夫》（出示油画）表现了在封建势力和资本家的剥削下，俄国劳动人民的悲惨生活，记录了当时社会的真实面貌。请观看图片，观察人物动作、表情，认识当时俄国人民的悲惨生活。

生1：我第一眼看到的是穿红色衣服的少年，他的年龄看上去和我们相仿，好像难以承受这样的负荷。

生2：我注意到了第一位戴头巾的老人，他眼神空洞，已经对这样的生活麻木了。

生3：最后一位纤夫，他低着头垂着手，麻木地跟着队伍，似乎已经习惯了这样的苦役。

师：大家的观察真细致，对人物心理的推测已经达到赏析的水平了。

师：随着群众性的工人运动日益高涨，工人阶级的革命政党应运而生。请阅读材料三并回答俄国的工人阶级政党是哪个政党？领导人是谁？

材料三　1900年，列宁创办了《火星报》，……从思想和组织上做好了建党的准备。1903年，俄国社会民主工党第二次代表大会召开，宣告了布尔什维克党的诞生。布尔什维克党是一个新型的无产阶级革命政党。列宁被选举为领导人。

——《历史·必修一》

生1：俄国工人阶级的政党是布尔什维克党。

生2：领导人是列宁。

师：回答正确。

师：19世纪末20世纪初，主要的资本主义国家相继进入帝国主义阶段，为了争夺霸权和海外殖民地，帝国主义国家间爆发了第一次世界大战。俄国与英法组成协约国集团，参加了一战。请阅读材料四，如何理解“战争引起革命，革命制止战争”。

材料四　1914年俄国参加一战。1917年春，全国男性劳动力中已有近一半被强征入伍，但有1/3的人没有步枪，俄军在战场接连失利。一个士兵在集会上愤慨地说：“我们在前线上挨饿，我们都冻僵了。我们白白地在送命，死得毫无意义。”

——《历史·必修一》（改编）

生1：劳动力被强征入伍，会导致农田荒芜。

生2：士兵参加战争，会使工厂因为缺少工人而停工。

生3：俄国经济落后，无法进行对外战争。

师：一战中，貌似强大的俄国充分暴露了它的弱点。参加战争后，俄国的经济遭到致命打击，战争进一步激化了各种社会矛盾，工人、农民、士兵，除了革命，已经别无选择。

**【教学反思】**

2014年的《教育部关于全面深化课程改革 落实立德树人根本任务的意见》中突出强调个人修养、社会关爱、家国情怀。历史学科作为保存和整理民族历史记忆，强化民族、国家历史认同的课程，核心素养的培养尤为重要，初中历史教学更是培养学生人文素养、涵养家国情怀的基础阵地。据此，从以下两方面探究教学行为的合理性。

一、引导学生根据材料研习讨论方面

历史课堂的教学行为一般包括激发学生学习动机、认识历史事件线索、理解历史发展规律。历史课程标准第四部分“实施建议”第六点提倡教学方式、方法和手段的多样化，建议教师“在教学中将教师的讲述、讲解、演示与学生的观察、材料研习讨论、问题探究等结合起来。”从本教学片段中学生的反馈及教学过程的推动中，我发现有很多需要改进的地方。

例如，材料二出自文学作品《安娜·卡列尼娜》，是列夫·托尔斯泰创作于俄国废除农奴制改革时期的作品，描绘了俄国乡村广阔丰富的图景，也反映了农民与地主阶级的矛盾冲突，选材得当。这里设计的问题明确了两个阶级的矛盾，但是忽略了文中最后一句“农业水平的下降”，导致学生的探讨过于浅显，应该在以后的教学中增加这一点，引导学生进而得出俄国农业发展滞后的结论。

其次，在材料一和材料二学习结束后，应该将二者归纳起来，回归到《一战前夕各主要国家工业总产值所占比例饼状图》，可以使学生再次明确俄国经济发展的落后性，教学效果会更好。

二、合理进行教学评价方面

评价的目的是全面了解学生学习历史的过程和结果，要运用科学、可行、多样的评价方式，对学生的历史学习过程和效果进行价值判断。

评价的途径不仅指历史习作、纸笔测验，还包括历史思维能力和语言文字表达能力，后者的评价在课堂中最常见。课堂上教师对学生反应的观察和及时、中肯的评价能够很好地促进学生的学习。

在本次教学过程中，我对于学生的回答，尽可能注重从所答内容的细节入手，进行针对性评价，杜绝泛泛而谈，但是由于激励性评价不足，评价方式比较单一，未能更好地激发学生参与课堂，在合理进行教学评价方面还需要多动脑筋，多想办法。

（案例提供：太原市成成中学　王晓蕊）

【案例评析】

以上的教学片段内容为十月革命前的俄国。教师创设了数据、文学绘画作品、文献资料等多种情境，向学生展示了一幅19世纪六七十年代至20世纪初的俄国国内景象，使学生对20世纪初俄国的社会状况有了全面的认识，从而水到渠成理解了革命爆发的必然性，体现了历史学科素养中唯物史观、时空观念、史料实证的要求。

在教学反思中，教师围绕主要教学行为的合理性进行梳理，反映了教师在情境的设置、史料的选择、学生的接受度方面的具体思考。如分析十月革命前俄国的资本主义经济发展状况时，应该怎样用好《一战前夕各主要国家工业总产值所占比例饼状图》；分析工人阶级与资产阶级的矛盾时，为什么选用俄国作家列夫·托尔斯泰的《安娜·卡列尼娜》这样一部文学作品等。但是对教学评价合理性进行反思时，教师未能举出教学中的细节实例进行有针对性的剖析，而空洞是反思的大忌，今后要注意避免。

## 案例二

学科：语文

年级：九年级

课题：写作指导

【案例呈现】

### 穿针引线话真情

——以《秋天的怀念》《合欢树》为引的写作指导

一、导入

师：同学们，你们知道《秋天的怀念》《合欢树》与《我与地坛》的作者是谁吗？

生：史铁生。

师：是的，史铁生在他生命最灿烂的季节，双腿瘫痪，但当辉煌的成就即将走向他时，他至爱的母亲却带着无尽的遗憾与不舍永远地闭上了双眼。多年后，他凭手中之笔站立于天地间，成为一位生命困境的突围者，一位生命境界的升华者。今天，让我们一起通过两篇文章走进他的世界，随他一起去用爱与身边事成就写作。

二、线索串联

师：请同学们速读文章，思考《秋天的怀念》《合欢树》中分别以什么线索展开叙述？

生：我认为《秋天的怀念》是以“去北海看花”为线索。

师：非常好，这位同学检索信息的能力很强，请问大家《秋天的怀念》围绕线索叙述了几件事？

生：叙述了三件事：①母亲想要我去看花；②母亲央求我去看花；③妹妹推我去看花。

师：非常准确，这位同学言简意赅地向我们介绍了文中围绕线索叙述的这三件事。

（板书：想要我看花——央求我看花——我去看花）

师：接下来这篇《合欢树》全权交给大家，大家能否像这两位同学一样，准确地找到文章的线索，并概括出围绕线索叙述了哪几件事？

生：这篇文章的线索很明显，题目“合欢树”实际上就是它的线索。

师：你真棒，不但找到了线索，而且还提及了标题的作用，标题有时就是文章的线索。那请你向我们介绍一下这篇文章叙述了几件事？

生：这篇《合欢树》围绕线索同样叙述了三件事：①邻居提醒我合欢树开花，我却推脱说摇车进去太不易；②回忆母亲细心呵护合欢树；③想去看合欢树，却因过道太窄无法进去。

（板书：邻居提醒合欢树开花——回忆母亲——想去但进不去）

师：同学们，我们一同来看，这每一条线索串联起来的事件，结果与情感是否发生了变化？

生：《秋天的怀念》中的三件事情感与结果都发生了变化。

①母亲想要我去看花——我消极厌世，不愿去；

②母亲央求我去看花——我妥协不想让母亲担心，但没有去成；

③妹妹推我去看花——我去了，并懂得理解母亲。

生：《合欢树》中的三件事情感与结果也同样发生了变化。

①邻居提醒我合欢树开花，我却推脱说摇车进去太不易——我不愿去，不敢回忆母亲；

②回忆母亲细心呵护合欢树——深深回忆母亲的关爱；

③想去看合欢树，却因过道太窄无法进去——想要面对现实，怀念母亲，但现实是无法进入。

师：大家观察得很细致，我们发现，同样围绕线索叙述的三件事中情感与结果是跌宕起伏的。

三、总结妙招

师：下面我们一同来总结，用你们的慧眼从这篇文章中提炼妙招。线索贯穿——微观事件——穿“珠”引线——结果迥异——情感起伏。

四、小露身手

PPT展示一篇学生平日的作文《我的妈妈》，并结合妙招进行点评。

师：大家来看一篇我们身边同学平日的作文，并一同来为他出谋划策，如何能让他的文章“更上一层楼”呢？

生：这篇文章全文散乱，一段一段衔接不紧密，事例多，好像是在堆积事例。

师：一语中的，文段这样散乱，我们能为他支个招吗？

生：可以，为全文设计一个线索，可以是一条明线、一条暗线。

师：你想得比老师还要周全，不仅可以设计一条明线，一条暗线可以更加巧妙地将文章进行整合，而且更加突出文章中心，这个办法非常好。

师：除了线索，还有什么妙招吗？

生：这三件事情中，缺少一波三折，情感缺少跌宕起伏。

师：是的，每一件事叙述得都很平淡，并且没有关联。

五、修改演练

师：下面请同学们以小组为单位，合作讨论修改这篇作文，以提纲的形式展示。

| 以“我与妈妈”为话题 | |
|---|---|
| 题　目 | |
| 中　心 | |
| 线　索 | |
| 层意（并标明所需字数） | |
| 第一层 | |
| 第二层 | |
| 第三层 | |
| 第四层 | |
| 第五层 | |

【教学反思】

## 采“珠”话情，返观内照

——对一节写作指导课的教学行为合理性的反思

这堂写作课的设想来源于七年级学生的一次随笔作业——我与妈妈的过往，在批阅学生的这次随笔时，发现了大部分学生的随笔存在随意堆砌的现象，表现为罗列一系列和妈妈有关的事件，可是事件与事件之间没有过渡与梯度，虽然也是一颗一颗的“珠子”，但并未串联成一个漂亮的成品。可见，学生在写作时不知该如何选取事件，做不到让生活中的颗颗“珠子”熠熠生辉，据此，我确定了这节写作指导课的教学指向。下面通过教学反思，探究我在这节课的执教中教学行为的合理性。

一、课堂容量是否合理

在课堂中我带领学生寻找《秋天的怀念》的线索——去北海看花，并且围绕这条主线先后寻找了三次去北海看花的事例，每次的情景、结果、情感都不相同，从作者第一次拒绝去北海看花，第二次妥协愿去北海看花，到最后一次妹妹推着“我”去北海看花。在分析中我们发现，全文虽然是三件事，但又是一件事，全文事件的安排构成了设疑和释疑的关系。史铁生的另一篇文章《合欢树》同样围绕看合欢树的主线，选取不同时间段的三件事，同样看似是三件事情，但其实是一件事。如此相似的文章主线与事件的串联，如此生动的情感引人入胜，不难让我联想到学生的随笔，不正需要这样主线清晰、结构完整、情感递进的文章做指导吗？所以，我选取了“主线贯穿、情感递进”作为这堂写作指导课的指导角度。

课前预设得很好，但上课过程中时间非常紧张，课堂生成也未达到预期的效果。课后我细细地回想，选取的角度虽然具体，但针对的是全篇文章的谋篇布局，虽然在课前设计了一个提纲来帮助学生梳理思路，但十五分钟的时间用于书写提纲、修改原有作文的整体思路实在太紧张了。对此，我进行反思，这样一节课的容量是否合理？是不是课堂的抓手还可以再具体一些，目标再细小一些。合理的课堂教学容量是指在课堂教学单位时间内，作为主体的师生遵循其身心发展的规律，有目的、有计划地在认知、感情和行为上筹划并实现生命可能性的广度与深度，即数量与质量的统一。这节课的时间除了使学生认识到自己作文哪里有待提高，更应预留出足够的修改和展示的时间。

二、作文修改环节是否合理

在教学进程中，我选了班里学生的一篇作文作为修改的底稿，意图在于想让大家共同分析一篇文章，这样观点更鲜明，指向更明确。起初的想法是要突显学生最终的生成，有共同的底稿做基础，修改的好坏显而易见，更加容易学有所得。但在操作过程中发现，面对别人的一篇文章，只能通过想象设计线索，更不用说情感的起伏安排了，最终并没有几例成功的修改稿，学生在修改时主动性也不强。

每一位学生对于母亲的爱都非常浓烈，但让大家修改同学的作文，的确有悖于“我手写我心”的要求。“情动于中而言于外”，作文是用来表达情感的，不为文造情，才能写就情感充沛、具有真情实感的好作文，才能够达到课程标准所强调的“学生说真话、实话、心里话，不说假话、空话、套话”和“写作要感情真挚，力求表达自己对自然、社会、人生的独特感受和真切体验”的要求。

（案例提供：太原外国语凤凰双语中学校　张帅）

**【案例评析】**

探究教学行为的合理性，即“我的行为自身合理吗”一般从三方面入手：课堂教学理念、课堂教学行为、课堂教学效果。本节课执教教师在教学反思中选取了两个切入点：课堂容量是否合理、修改学生作文的环节设计是否合理，以此具体展开分析课堂教学行为的有效性，这是教师具体到课堂实操层面对整节课进行的回顾与反思。事实上，这一内容的反思从上述三方面着手更能有效探究教学行为的合理性。比如反思整节课的课堂教学理念，教师理应用先进的教学理念指导自己的教学实践，指导自己的教学活动；反思课堂教学行为（课堂语言行为、课堂提问行为、课堂反馈行为、课堂等待行为），对此做出技术分析，思考课堂教学中采取的教学策略的得与失；反思教学效果，对自己的教学成败和学生的学习效果进行反思，如“这堂课是否达到了预期的教学目标?”“这堂课的教学设计与实际教学行为有哪些差距？该如何处理这些差距?”用这样的教学反思观照写作教学，有望收获更大的提高。

## 案例三

学科：英语

年级：九年级

课题：Unit 5 What are the shirts made of？ Section B 2b

**【案例呈现】**

| 教师行为 | 学生行为 |
|---|---|
| Step 1: Before reading<br>Last night, I watched a video. I think it's wonderful. So I want to share it with you. Let's enjoy the video. And after watching it, tell me what the video is about. | Enjoy the video and answer the questions. |
| Step 2: While reading<br>1. Fast reading<br>How many traditional art forms can we learn from the passage? And what are they? | Read and answer. |
| 2. Careful reading<br>(1) Read the passage carefully and complete the chart.<br>(2) What are the symbols of these traditional art forms? | Read and fill in the chart. |

（续表）

| 教师行为 | 学生行为 |
| --- | --- |
| <table><tr><th></th><th>materials</th><th>wishes</th></tr><tr><td>Sky lanterns</td><td></td><td></td></tr><tr><td>Paper cutting</td><td></td><td></td></tr><tr><td>Chinese clay art</td><td></td><td></td></tr></table> | Write down their best wishes. |
| Step 3: After reading<br>Talk show<br>Every year, a lot of traditional art forms are disappearing. So in order to let more people know about them, SXTV will hold a program called *Traditional Art Treasure* to promote（推进）traditional art spread.<br>Now, work in groups to discuss and choose one traditional art form you want to introduce most. Then give a talk. You can talk like this:<br>(Group leader) Good afternoon, ladies and gentlemen, we are very happy to be here to take part in this program. Every year, many different kinds of traditional art forms are disappearing. So today, we want to introduce ....<br>Student 1 (History) It has a long history with ... years.________________<br>Student 2 (Usage)...were / was used for doing ... in ancient times.________________<br>Student 3 (Materials) ... were / was made of ....<br>________________<br>(Together) As teenagers, it's our duty to learn our traditional culture and spread it to the world. | Group work<br>1. Choose one of the traditional art forms and speak about it.<br>2. 6 students in a group.<br>3. Discuss with your partners.<br>4. All your group members come to the front and introduce the traditional art form. |

（续表）

| 教师行为 | 学生行为 |
| --- | --- |
| Information bank<br>Shadow puppets: be originated(起源于) from Han Dynasty; an ancient form of storytelling; be made of animals' skin; lovely animals or characters from Chinese classics; prepare for the skin; draw; carve; color and dry.<br>Walk on stilts: be used to pick up food; be made of different kinds of trees; the symbols of going to a higher position; during the Spring Festival.<br>Dough Sculpture: flour, colorful pens; shape the dough into different shapes of animals or other characters; steam them for...minutes; good luck and happiness<br>New year paintings: paper; cute children or characters from Chinese fairy tales; happiness and a happy new year; during the Spring Festival.<br>Chinese knot: a long history; a kind of weaving; help people record things in ancient times; red thread; pins, ruler, paperboard and scissors; weaving, pulling, trimming; reunion, friendship, peace, marriage and so on.<br>Step 4: Homework<br>Make a small piece of paper cutting, and write down your best wishes. | |

**【教学反思】**

基于探索教学行为合理性的研究主题，本节课选择了“What are the shirts made of ?”作为研究案例，是因为中国传统文化的主题本身具有很强的文化和道德教育的意味。通过教学帮助学生了解中国传统文化，养成学生独特的文化气质，培养学生的文化自信是情感态度和价值观教学目标的重要部分。本案例简单呈现了本节课最初的教学设计，包括情境导入、文章速读、文章精读以及话题讨论四个环节。在教学实践过程中，情境导入吸引了学生的注意力，把学生带入话题。文章速读和精读部分分别按照不同的阅读要求指导学生理解文章的主要内容，掌握一些基本的词句和语言结构，基本达成了教学目标。但是在“Talk show”环节，学生的课堂反应并不如设想的积极，即使在教师提供了“Information bank”之后，学生也只是在很有限的范围内直接去套用前文中出现的例句，教学过程中教师有意启发学生拓宽思路，也收效甚微。

从教学行为的合理性出发，我重新审视教学设计，认为之所以没有达成预期的教学效果，是因为教学行为本身的合理性还有所欠缺。首先，学科教育与德育结合不够紧密。当下在立德树人的旗帜引领下，“五育并举，德育为先”成为教师在组织教学活动中的一个重要原则。但是在“Talk show”环节，我只是就文化而谈文化，对于文化背后的价值观挖掘的深度还远远不够。其次，教学活动设计脱离学生日常生活，学生在有限的语料范围内，只能是“在教师画好的圈子里打坐”，难以激发主动性和创新意识。最后，我对于传统文化的教育功能认识不够深刻。

胡德海在《教育学基础》一书中提到，教育就是文化传递的过程。结合课例，不管是孔明灯还是灯笼，都只是一种文化元素。我们的教学目的，最终是要以文化元素为载体，以英语为工具，实现一种文化认知。在布鲁姆的教育目标分类学说中也明确提出，教育目标的最高层次是综合，即在价值内化的基础上，能够引导学生进行联合设计、筹划和创造。

在这样的理论指导下，我初步设定了针对“Talk show”环节的修正思路：在情境设计方面，尽量与学生的实际生活相结合，以知识激发学生的情感共鸣，调动学生的积极性；在活动设计上，要改变之前简单套用模仿的做法，通过一些创造性的实践活动去串联知识；同时，在整个环节中贯穿语句表达的训练。

同时我对于第三环节做出了以下调整：考虑到这一课时安排在国庆前后，我决定以新中国成立70周年的背景为导入，与学生交流，通过动手制作一些具有传统文化元素的小作品来为祖国母亲庆生。在制作结束后，鼓励学生分享制作过程，解读作品背后的文化内涵。最后教师进行总结，引入“sincerely hope our country will be more and more powerful and play a leading role in the world”，将学生个人体验上升到家国情怀和国际发展的思想高度，激发学生的民族自豪感和使命感。修正后的读后环节教学设计如下：

| 教师行为 | 学生行为 |
| --- | --- |
| Post-reading:<br>National Day is coming.<br>This year's National Day is the 70th birthday of China.<br>Do you have any ideas about how to celebrate it? | Answer the question:<br>Watch the military parade.<br>Put up a sign to say "Happy birthday".<br>Hold a party.<br>Have a grand flag-raising ceremony.<br>Organize a keynote speech.<br>... |
| Good ideas!<br>And I think it is the best idea to do something on our own. Why not DIY a gift to show our best wishes to our motherland?<br>Please work in groups to create a handmade article with best wishes to China.<br>It's time to show your wonderful work. And at the same time, please tell us:<br>1.What materials are used;<br>2. What the process of making is;<br>3. What your best wishes to our motherland are. | Work in different groups(4~5 members).<br>Talk about what to do first, and then make it.<br>Possible work 1:<br>What we made is a lovely hairband. It is made of a hairband, two small springs and two color paper cards.<br>It is easy to do it. The two springs are fixed on the hairband first. Then the red paper card is cut into two rectangles, and the yellow paper is cut into ten stars, two of which are a little bigger than the others. The stars are stuck on the red rectangles to make two national flags. After they are carefully fixed on the springs, a lovely but meaningful hairband is born. It means the five-star red flag will always fly high. And sincerely hope our country will be more and more powerful and play a leading role in the world.<br>... |

通过对比可以发现，修改之后的教学设计加强了与学生生活之间的联系，丰富了教学活动形式，打破了原来文化元素只停留在认知层面的现状，赋予了文化产品以民族精神的内涵。课堂反馈也能够抓住学生的兴趣点，在学生的最近发展区内进行适度拓展和延伸。总体而言，教学设计更加精细化，教学行为也更具合理性。

回顾这次反思，我再一次认识到教学行为的合理性探索对于教学设计优化的重要价值。对于如何探索教学行为的合理性，我总结出以下几点：

一是要将道德教育贯穿整个教学过程中。不仅要在设计教学目标时考虑道德教育，更要有意识地将其渗透到学科知识中。

二是要在学科知识的深度和广度上下功夫。现在多元化的媒体使学生接受知识的途径远远不止教师一个端口，尤其体现在英语教学中。微信、微博还有各种资讯平台的开放，为学生补充了很多背景性和文化性的东西，学生不仅开阔了视野，对于很多文化方面的理解可能不逊色于教师。这就要求教师在知识的深度和广度上下大功夫，真正体现“术业有专攻”。

（案例提供：太原师院附中　徐倩）

**【案例评析】**

教学行为的合理性是教学反思的两个问题链上比较难的一个环节，很多教师在具体的实践操作过程中，会觉得无从下手，或者出现对于行为合理性的要求不够敏感的问题。但是这位教师在这个问题上处理得比较到位，开篇锁定了教学的主要环节进行反思，抓住原本教学设计中存在的不足，解答了“该反思什么”这个问题，显示出较强的反思敏锐性。此外，通过前后教学设计的对比，确实能够感受到在环节的设计和主体的把握程度上，都有比较明显的进步。综上，本篇反思抓住了关键问题，对于“教学行为合理性”理解到位，兼具理论厚度和实践操作性，具有较强的启发意义，是一篇有价值的教学反思。长此以往，相信教师通过这样的反思训练能够极大地提升自己的专业素养，成长为更加成熟的专业型、学者型教师。

## 案例四

学科：化学

年级：九年级

课题：二氧化碳制取的研究

【案例呈现】

二氧化碳制取的研究是人教版化学教材九年级上册第六单元课题2的内容。本节课在全书乃至整个化学学习过程中所占的地位十分重要，是培养学生在实验室中制取某种气体时，药品的选择、装置的设计、实验的方法等思路的最佳素材。上好这节课对学生今后学习元素化合物知识、化学基本实验及实验探究能力都有深远的影响。以下是教师在本课题教学过程中的片段展示。

师：同学们，这是老师按照“秘方”配制的一瓶汽水，你们想尝尝吗？

生：我想！我想！（激动地接过水杯）

师：（微笑着）味道如何？

生：挺好！跟买的差不多。

师：当你打开汽水瓶盖时，能看到什么现象？你知道这是什么物质吗？

生：（脱口而出）二氧化碳。

师：如何制取二氧化碳气体呢？这节课我们一起探究二氧化碳的实验室制取。

师：结合氧气的制取，谁能说说实验室制取气体的一般思路是什么？

生：确定反应原理，设计制取装置，确定验证气体的方法等。

师：今天我们同样按照这个思路进行探究。首先我们一起探究实验室制取二氧化碳的药品，并确定反应的原理。

师：哪些反应能产生二氧化碳气体？

生：碳燃烧、呼吸作用、碳在高温条件下还原氧化铜……

师：这些反应是否适合实验室制取？

生：（各小组代表评价）碳燃烧制取的气体可能不纯，且不便于气体的收集，不适合实验室制取；呼吸作用制取的气体不纯，不适合实验室制取；碳还原氧化铜需要高温条件，不易达到，不适合实验室制取……

（投影资料，依次呈现）

1. 选择制取气体的药品，一般考虑以下因素：

①制得的气体是否纯净；②原料是否易得；③反应条件是否容易达到；④气体是否便于收集；等等。

2. 含有碳酸根$CO_3^{2-}$的物质（如碳酸钠$Na_2CO_3$、石灰石主要成分$CaCO_3$）与盐酸（HCl）或稀硫酸（$H_2SO_4$）常温下反应产生二氧化碳一种气体物质。如碳酸钠与盐酸的反应原理：$Na_2CO_3 + 2HCl = 2NaCl + H_2O + CO_2\uparrow$。

师：实验室制取二氧化碳选择石灰石或大理石（主要成分为$CaCO_3$）和稀盐酸。（板书：药品和反应原理）请同学们写出石灰石或大理石与盐酸反应的化学方程式。

生：（类比书写）$CaCO_3 + 2HCl = CaCl_2 + H_2O + CO_2\uparrow$。

师：为什么不选择碳酸钠和酸的反应？石灰石与稀硫酸的反应呢？

生：（个别学生回忆五单元课题1《质量守恒定律》）碳酸钠粉末与盐酸反应速率很快，不利于收集气体。

师：的确如此。而石灰石中的碳酸钙与稀硫酸反应缓慢且不能持续地产生二氧化碳气体，所以也不适合实验室制取二氧化碳气体。

（展示实物，学生观察）教师打开浓盐酸试剂瓶的瓶塞，并扇闻气味。

师：通过观察，你认为浓盐酸具有什么性质？

生：浓盐酸具有挥发性。

师：浓盐酸挥发出的是氯化氢气体。

生：（部分学生很快意识到）不能用浓盐酸，否则制取的二氧化碳气体不纯。

师：（强调）综合考虑气体纯净、反应速率适中、便于收集等多方面因素，实验室制取二氧化碳时，选择石灰石或大理石与稀盐酸的反应。

（投影图片）

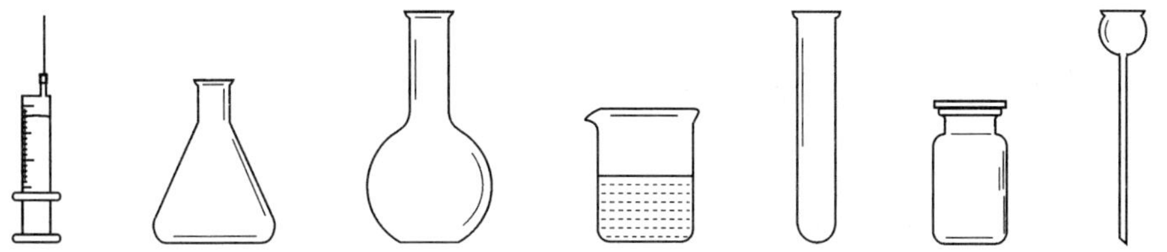

注射器　锥形瓶　平底烧瓶　烧杯　试管　集气瓶　长颈漏斗

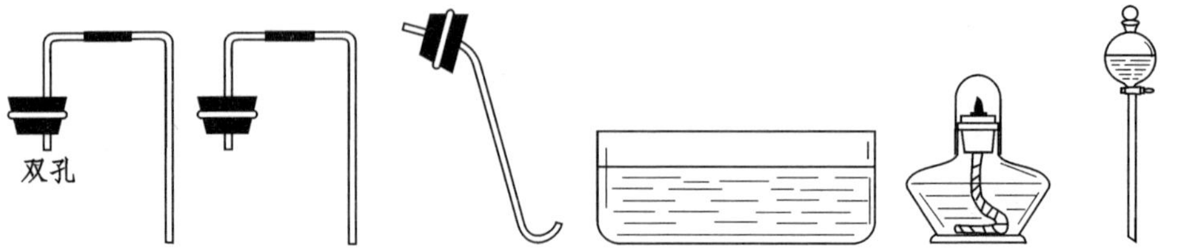


导管　水槽　酒精灯　分液漏斗

小组活动探究：1. 根据药品、二氧化碳的性质，讨论并确定制取二氧化碳的装置。2. 选择所给仪器的图片，贴在笔记本上，形成制取二氧化碳的装置图。讨论交流各“固液常温型装置”的优点。

（展示学生装置图）

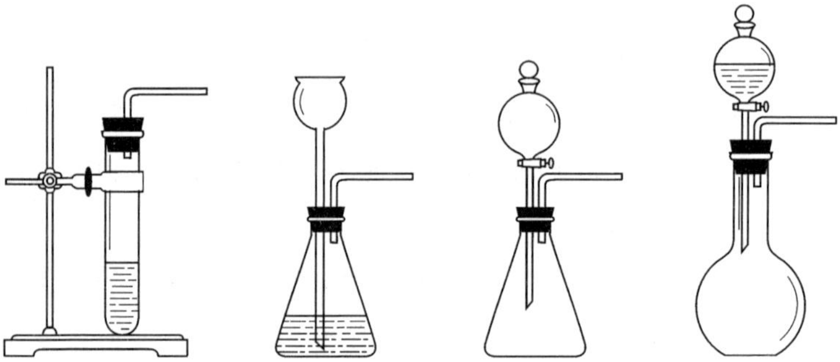

装置一　装置二　装置三　装置四

生：（小组代表展示并解说）

装置一：装置简单，操作简便；

装置二：便于随时添加液体药品；

装置三和装置四：可以控制反应的速率。

（学生补充所提供的实验用品以外的装置，利用隔板及相应实验仪器，拼出可以控制反应开始和结束的装置）

**【教学反思】**

本课的设计源于对课题“二氧化碳制取的研究”中“研究”二字的思考和解读，重点是在之前学习过制取氧气积累了一定经验之后，对制取气体的思路和方法的归纳总结。本课题主要设计了三个探究活动：一是筛选出制取二氧化碳的药品；二是探究二氧化碳的制取装置；三是探究如何利用简易装置制取一瓶二氧化碳气体。从教学行为的合理性来说，本片段有三个特点：

特点一，引课合理。由汽水中含有二氧化碳，引导学生思考二氧化碳的制取，既贴近学生的生活，体会化学学科与生产、生活的紧密联系，又很好地激发了学生学习的积极性、主动性。

特点二，当堂提问合理。课程标准中的要求是初步学习实验室里制取二氧化碳的原理和方法。不仅要知道有关制取二氧化碳的某些知识，还要求推理学习知识的内在规律，使学生对制取气体的基本思路有基本了解。为了达到这样的教学目的，我设计一系列问题，引导学生分析、对比能生成二氧化碳的反应，最终确定实验室制取二氧化碳的药品和反应原理。同时，体会选取药品时需要综合考虑诸多因素，如所得气体是否纯净、反应速率是否适中、是否便于气体的收集、原料是否易得、反应条件是否容易达到等，对学生今后解答类似的探究问题打下坚实的基础。

特点三，小组活动设计合理。在装置的选择上，以小组探究的形式确定制取的装置类型，进而变换不同的仪器组成不同的制取装置，充分发挥学生的积极性、主动性，在“做中学”，在交流中不断改进和完善。

当然，反思中我也意识到本节课存在的不足。化学实验是进行科学探究的主要方式，它的功能是其他学科教育所无法替代的，实验教学有利于启迪学生的科学思维，揭示化学现象的本质。我在探究药品的选择时主要采取了分析、讨论的方式，学生的感性认识较少，理性知识的输入较多。今后可继续在“动手做”上做出改进，给学生更多的时间和空间自主学习。

（案例提供：太原第十八中学校　赵丽娜）

**【案例评析】**

合理的教学行为，是进行学校教育的重要途径和手段，是提高课堂教学效率的需要。以上反思围绕教师在课堂中的行为展开，着眼于师生之间的互动，关注对学生学习过程中认知思维的引导，扎实有效。本课可从以下两方面做出进一步改进：一是在分析排除碳燃烧、呼吸作用等反应的基础上，可以让学生通过对比实验探究得出碳酸钠和酸、石灰石与稀硫酸的反应不适合实验室制取二氧化碳。这样做可以让学生积累一定感性经验后，再上升到理性认识，更符合学生的认知发展水平。二是时间安排进一步优化，为学生设计装置及点评留出更多时间。应当让学生有充足的时间对自己设计的装置进行说明和评价，这样才能更好地激活学生的内在活力，使学生分析问题、交流表达等能力得到发展。

## 四、综合评论

在《普通教育学》中，赫尔巴特明确把伦理学和心理学作为教育学的科学基础。虽然在文献中他没有对这个问题进行严谨论证，但却是第一次把伦理摆在了教学基本属性的关键地位。这种认识在教育性教学的相关论述中再一次得到了加强，使教学摆脱了纯粹的知识传递和技能训练。在今天的教学反思中，关注教育行为的合理性，就是检验在日常的教学中是否兼顾了价值、道德和政治的考量，教师能否在知识传递的过程中积极承担道德实践的责任。

新课程强调反思是教师以自己的职业活动为思考对象，对自己在职业中所做出的行为以及由此所产生的结果进行审视和分析的过程。按照教学的进程，可以从教学前、教学中、教学后三个阶段分别探索教学行为的合理性，使教学成为一种自觉的实践，使教学经验理论化，促使教师形成自我监控、自我提升的能力。

# 第四节　指向教学行为的矫正与提高

## 一、理论要点

探究“我还能怎样做”的过程，就是教师自我反思的过程。最先把反思引进教学过程的是美国哲学家、教育家杜威，他在名著《我们怎样思维》中认为，反思是“对任何信念或假定的知识形式，根据支持它的基础和它趋于达到的进一步结论而进行积极的、坚持不懈的考虑”。我国学者熊传武教授认为：“反思性教学是教学主体借助行动研究，不断探究与解决自身和教学目的以及教学工具等方面的问题，将‘学会教学’与‘学会学习’结合起来，努力提升教学实践的合理性，使自己成为学者型教师的过程。”

教师在探究“我还能怎样做”的过程中，可以通过提问题等方式对自己的教学行为进行思考，如教学行为的合理性、逻辑性等，甚至考虑所选用的语言、语调、非语言交流的方式、提问的时机、给学生思考的时间、对学生的评价、反馈等诸多细节，进行反复推敲，并对在课堂中的教学行为所产生的结果进行审视和客观地分析。在这一过程中，教师应当自觉地把自己的课堂教学实践作为思考对象，进行全面而深入的思考和客观的分析，进而不断改进自己的教学行为，提高教学的效果，进入更优化的教学状态，也因此促进学生得到更充分的发展。由此可以看出，指向教学行为的矫正与提高，是有效的教学反思的落脚点，是教学反思意义的最直接呈现。正因为对自己的教学行为进行反思必须落实到教师对其教学活动进行的理性观察与矫正上，教学反思才成为提高其教学能力的活动，是取得实际教学效果并使教师的教学参与更为主动、专业发展更为积极的一种手段和工具。

此外，教学反思指向教学行为的矫正与提高，意味着教学反思还可以促进教师间的合作与交流。教学反思并不是对教学行为进行简单的回顾，而是去反省、思考、探索和解决教育教学过程中各个方面存在的问题，它具有研究性质，需要深入思考的过程，而且常常需要教师合作进行，以取得更好的效果。因此，不同教师从不同的角度对教学行为及其效果进行观察和思考的交流探讨更有利于对整个教学过程的监控和分析，从而更加有效地解决教学中存在的问题，一般来说，所看到的问题越具体，就越容易找到有针对性的解决途径。在不断探讨和交流的过程中，教师更容易提炼适合个人特点、有利于促进学生学习、提高学生学习效果的教学方法，成为一名不断进取、具有反思意识和创新精神的教师。

## 二、实践智慧

### 玛利亚·多明格斯的反思案例[1]

玛利亚·多明格斯（Maria Dominguez）是美国柳橡树小学刚刚入职不到一年的三年级教师，开学前，她一直利用周末时间按自己喜欢的方式布置教室。布告栏上生动地展示着三年级的第一个主题；课桌整齐地排列成行，并且每张课桌上都摆好了课本，帮助教师组织课堂的时间。然而，刚开学两个小时就出问题了。几个男孩开始玩一种游戏，看把课本从课桌上推到地板上能够制造出多大的噪声。警告了学生几次之后，玛利亚对博比·查普尔大发雷霆，她从来没想到自己会为了管理学生而不得不做出这样的事情。休息时间到了，原本一排一排整齐的桌椅看起来像弯弯曲曲的墙，学生满教室晃来晃去，要么去削铅笔，要么到她的办公桌前问问题。到这天放学时，她吃光了整瓶止痛药，并且开始考虑自己的职业选择问题。

离开学校回家之前，玛利亚花了20分钟记录这一天的工作。这是她从开始接受教师教育就一直坚持的习惯。完成记录后，玛利亚意识到她在课堂上至少犯了6个重大错误，而且可能还有其他一些错误被忽略了。在记下发现的错误后，她留下了一些空白处，希望仔细思考今天发生的事情之后再写下感悟和体会。

吃过晚饭后，玛利亚拿出日记，又读了一遍记下的内容。她在发现的错误下

[1] 该案例选自James M. Cooper主编的《如何成为反思型教师　课堂教学必备技能》（中国人民大学出版社，2018）

面，草草记下了自己的想法，思考改正错误或将来避免错误的办法。例如，不再把课桌摆成直排，尝试每四张课桌组成一个方块。她也后悔对博比发脾气，发誓明天一定要发现博比做的值得肯定的好事。睡觉的时候，她对当天的教学已经感觉好多了，但她知道还有很多东西要学习。

玛利亚的案例说明教师可以成为反思型决策者。玛利亚做了几个实际效果不太好的计划，比如把课桌摆成排、缺少对学生离座行为的要求和指导。在执行决策方面做得也不够，因为她允许那几个男孩玩制造噪声的游戏而不是一开始就走上前制止。然而，她最棒的一点是，她对这一天发生的事进行了深思熟虑的、积极的反思。她放学后立即写工作日记，在自己印象最清晰的时候及时记录了这一天的事件。她承认自己的错误，诚实地面对自己，而不是把当天发生不愉快的责任一股脑地推到学生身上。尽管犯错了，但玛利亚从这一天的经历中学到了很多，因为她认识到了所犯的错误，并思考了今后如何改正或避免。教学生涯中的这类反思性行为模式将为她提供一个极好的走向有效教学的新路径。

那么如何成为反思型的教师呢？下面为大家提供一些建议：

1. 撰写教学日记。很多教师坚持写日记记录每天的事件，以及自己的想法和反应。及时描述发生在课堂上的事件可以使教师在更加平静和专心的情境（例如放学后在家）中重新审视这些事件，针对出现的问题提出可能的解决方案。日记也记录了新教师在思考能力和问题解决能力方面的成长过程。

2. 运用视频记录。录像从视觉和听觉两个方面记录了课堂上发生的事件，能帮助教师回忆当时的事件、情绪和意图。视频似乎也将教学客观化，降低教师的反感，使教师更加乐意考虑其他选择。观看自己的教学录像几乎总能让教师发现自己身上存在的、从前没有意识到的行为模式。反思这类行为模式对学生的效果，可以帮助教师判断是继续还是改变当前的行为模式。

3. 设置教学档案袋。教学档案袋由记录教师专业发展和成长的资料组成，包括测验、备课记录、学生作品和其他教师制作的材料。教师可以选择放入档案袋内的物品，但是需要想明白，放入档案袋的物品说明了什么，为什么要将这些物品放入档案袋。回顾和阅读档案袋使教师能够反思教学实践，发现自己在实践中的长处，思考需要改进的地方。教学档案袋既可以是数字化的也可以是纸质版的。

4. 同行互相学习。与指导教师或同事一起工作，了解他人的视角和新想法时，教师反思会更加容易。向其他教师展示自己的教学，教师的想法得以显性化，并且态度会更加开放，乐于接受他人的观摩和意见。条件允许的话，也可以观摩其他同事的教学。听其他教师的课能够帮助教师思考自己的实践，也会带给教师新的启发。

## 三、案例赏析

### 案例一

学科：英语

年级：八年级（上）

课题：Unit 8 How do you make a banana milk shake? Section B 2b

**【案例呈现】**

| 教师行为 | 学生行为 | 设计意图 |
| --- | --- | --- |
| Step 1 Warm-up<br>1. Greetings<br>T: Good morning, class.<br>T: I like making friends and I have many foreign friends and we have one thing in common. We are all foodies and we often have parties to enjoy the traditional food of each other's country.<br>2. Lead-in<br>Show some pictures of food. | Ss: Good morning, teacher. | Warm up and lead students to know more words about food.<br>Write down "eat" on the blackboard. |
| Teacher shows a picture of turkey and asks students the origin of turkey. | Students look at the picture and answer.<br>Students tell the origin of the food. | Lead to turkey.<br>Write down "turkey" on the blackboard. |

（续表）

| 教师行为 | 学生行为 | 设计意图 |
| --- | --- | --- |
| T: Last week my friend brought a large turkey. It was really delicious and do you want to know how to cook it?<br>Step 2 Presentation<br>1. Teacher shows some pictures and asks students to describe how to make turkey.<br>Teacher plays the recording.<br>T: Making turkey is not easy. So Americans only eat turkey on important celebrations.<br>2. T: When do Americans eat turkey?<br>T: Now let's know more about Thanksgiving.<br>Teacher provides two questions.<br>Q1: When do people celebrate Thanksgiving?<br>Q2: How do people celebrate Thanksgiving?<br>Teacher checks the answers in class. | Students answer.<br>1. Students look at the pictures and describe.<br>2. Students listen and number the pictures.<br>3. Students tell the process of making turkey in the class.<br>Ss: On Thanksgiving Day.<br>Students read the passage and answer.<br>Students read and answer. | 1. Have students revise the words of cooking.<br>2. Go through the easy and less important part by listening.<br>3. Check students' understanding of this part.<br>Write down "cook" and the process of cooking turkey on the blackboard.<br>Have students know more about the basic information of Thanksgiving.<br>Guide students to understand the history of Thanksgiving and help them to realise the meaning of eating turkey on Thanksgiving. |

（续表）

| 教师行为 | 学生行为 | 设计意图 |
| --- | --- | --- |
| 3. Teacher asks questions: Why do people like Thanksgiving? Who are the travelers? What happened in the first winter?<br>After the cold winter, the Indians gave them some food and taught them to farm. With their help, the first travelers had a better life the next autumn.<br>So Americans celebrate Thanksgiving to give thanks to those who helped them.<br>Turkey means not just food. The most important thing is the meaning behind it. | Students read and answer:<br>Ss: They want to give thanks to those who helped them and remember the first travelers.<br>Ss: People moved from England to America 400 years ago.<br>Ss: After the hard winter, many of them died. | Lead to next step.<br>Write down "realize", "give thanks" and "remember" on the blackblard. |
| Step 3 After Reading<br>1. T: In China people eat special food on special days for special meanings.<br>Teacher shows a picture of fish and ask students to discuss why Chinese people like eating fish on New Year's Eve. | Students discuss in pairs.<br>Some students share their ideas to the class. | Guide students to explore the meaning behind food and show them an example. |
| 2. Teacher asks students to discuss other food with special meanings.<br>Teacher gives students some examples: | Students discuss in groups and write a report.<br>Some students read their reports to the class. | Let students explore the meaning in groups and stimulate their positivity. |

（续表）

| 教师行为 | 学生行为 | 设计意图 |
|---|---|---|
| dumplings / *jiaozi*—Dongzhi Festival / Spring Festival<br>noodles—Birthday<br>mooncakes—Mid-Aautumn Day<br>*zongzi*—Dragon Boat Festival<br>Teacher gives students some structure they may use.<br>Teacher moves around and offers help to students when they need.<br>Step 4 Summary<br>T: Today we enjoyed some delicious food, learned how to cook turkey and talked the meaning behind food.<br>Eat food and you will have a taste.<br>Cook food and you will learn some skills. | | Encourage studnets to express. |

**【教学反思】**

本篇教学反思基于矫正与提高的目的，选取八年级Unit8 的“Thanksgiving”一课进行了教学反思。这节课的教学目标是通过呈现与感恩节相关的词汇，让学生通过听、说、读、写活动，进一步学习火鸡制作过程的表达，并了解与北美感恩节有关的文化背景和风俗习惯，同时教会学生熟练地用英语进行表达。根据以往的教学经验和达成教学目标的需要，我在备课的时候将教学重难点放在语言能力上，要求学生能够尝试用英语介绍相关食物的制作过程，理解感恩节的文化内涵，因此设定的主要教学方法有多媒体展示法、任务型学习法、小组活动探究法。在具体的教学过程中设计了“Pre-reading”“While-reading”“Post-reading”

三个环节，这三个环节依次递进，能够引导学生逐步掌握一些基本的语言知识，增进对感恩节的理解。

但是在具体的教学过程中，我关注到原本的教学设计不管是在合理性还是有效性方面都存在欠缺，具体表现在以下三个方面：

1. 在Pre-reading环节，导入是这样设计的："I like making friends and I have many foreign friends and we have one thing in common. We are all foodies and we often have parties to enjoy the traditional food of each other's country." 这个环节是为了引出话题，但是设计的时候缺乏对于整个教案的宏观把握，导入和之后的教学环节没有联系。

2. 类似的问题还出现在文章精读环节。在这一环节，教师通过"Why do people like Thanksgiving?"这一问题导入，帮助学生理解感恩节的由来，这样设计主要是考虑到学生对感恩节的了解大多停留在表达感恩之情的层面，对其具体缘由并没有深入了解，所以在这个时候，教师做了适度延伸，用学生学过的词汇和语言介绍美国的移民历史，帮助学生深入了解。

3. 在小组交流环节，教师要求学生结对练习与美国食物和美国节日相关的语言表达，但是在随后练习的过程中，很多学生提到了中国的月饼和中秋节、饺子和冬至。学生的讨论衍生出了新的内容，同时也启发我在进行教学设计的时候应该植入中西方文化对比的环节，这样能够更好地帮助学生深刻理解美食背后的文化内涵。

以上三处是在具体的教学活动中的记录，我认为这些学情上的反馈突出了一个更深层次的问题，那就是教学设计不完善。具体而言，有以下几个问题：其一，导入情境碎片化。教学情境是为了帮助学生创设良好的语用环境，提高学生主动使用语言的积极性，应该是贯穿整个教学过程的，但是在原本的教学设计中，只是短暂地出现在教学的开头，并没有起到提高学生积极性的作用。其二，教学过程不连贯。体现为知识结构不完整，学生在回答问题时出现明显卡壳。其三，学情把握不够准确。体现为没有在教学设计中提供给学生可能需要的文化背景知识，也没有对中西方文化的对比讨论做相应的准备。

针对上述教学情境创设和教学过程中存在的问题，我对照优化教学理论的一般标准进行了分析。夸美纽斯的大教学论告诉我们，三条优化教学的标准是质量、效率和过程，其中质量标准为学得彻底，效率标准是学得快捷，过程标准是轻松愉快。班巴斯基的教学最优理论则侧重强调了效率标准，“在完成学生的教养教育和发展任务方面，可能取得最高效率，而且使学生和教师付出的时间和精力均为合理”。在这样的理论指导下审视最初的教学设计，我认为，原有的教学设计确实存在效率不高的问题，在反思过程中应该侧重提升效率，要在同样的教学任务要求下尽可能糅合知识传授和教育的双重要求。比如将原先教学环节中的学生交流环节改为启发学生对比中外文化，这样一来，语言的练习和文化知识的补充就可以同步实现，一举多得。

在教学情境创设方面，我主要参考了上海市闸北八中的情境式教学模式，对于趋向整体建构的情境创设方法进行了研究。趋向整体建构的情境创设改变了之前杜威和赫尔巴特所主张的单维建构，要求教师在教学的过程中不仅要考虑自己怎么教，更应该考虑学生怎么学，在教学过程中应该树立教为学服务的观点。在此理论指导下，教师所创设的情境应该是现实的、完整的，并且是具有较强互动空间的。反观原本教学设计的情境，只在开头出现，与之后的教学活动无关，而且真实性和互动性都有待加强。

对上述理论的深入学习使我进一步明确了教学矫正和改进的思路：基于教学目标整体建构教学情境，关注学生反馈，增强互动性，补充相关材料，指导学生进行意义学习而非机械学习。具体在教学活动上做了以下调整：(1) 跳过以图片串联的环节，直接以厨师的身份代入，引导学生了解制作过程。(2) 考虑到学生对感恩节的了解大多停留在是为了表达感恩之情的层面，对其具体缘由并没有深入了解，所以做了适度延伸，用学生学过的词汇和语言介绍美国的移民历史，帮助其理解。(3) 考虑到文化差异，再次以“我的外国厨师朋友”串联情境，要求学生用“dumplings / jiaozi — Dongzhi Festival，noodles — Birthday，mooncakes — Mid-Autumn Day，zongzi — Dragon Boat Festival”等四组对比词为外国人介绍中国的节日美食。(4) 结尾升华主题，在语言能力上要求学生能够用英语尝试介绍相关内容，旨在激发学生对家乡的热爱之情，增强文化认同感。

经完善，教学设计呈现如下：

| 教师行为 | 学生行为 |
|---|---|
| 1. Pre-reading<br>T: Class begins.<br>T: Today we will talk about something interesting. You know, we all love food. We're food lovers. We are all foodies. When we make friends, we eat. When we stay with family, we eat. When we are sad, we eat. When we are happy, we still eat. Now let's begin our journey of looking for delicious food.<br>I have an American friend, Mr. White. He is working as a cook in China now. Let's go to his kitchen to see what we can find.<br>Turkey is so delicious. I think we can learn how to make it from Mr. White, so that we can make it at home. | <br>S: Good afternoon, Mrs. Xu. |
| 2. While-reading<br>T: Everyone has got one piece of recipe. Please read it and number the pictures.<br>T: Now it's time to practice it.<br>Let's work in groups. Later, we can ask some students to read the instructions and perform the process for us. | Students do it based on my instructions.<br>Students begin their group works.<br>Ten minutes later, some volunteers begin to perform the process of making turkey in front of their classmates. |

（续表）

| 教师行为 | 学生行为 |
| --- | --- |
| Now we know how to make turkey by ourselves. But Mr. White says food is not just food. If you really love food, you need to know the story behind it. So he gave me some pictures about Thanksgiving.<br>Let's take a look at them.<br>That is the story of Thanksgiving.<br>Today we will read one article about this festival. Open your textbook and turn to page 61. Read it and answer my questions. | Students watch the pictures and read the description on the bottom of these pictures. |
| When do people in the United States celebrate Thanksgiving?<br>How do people in the United States celebrate Thanksgiving?<br>Why do people in the United States celebrate Thanksgiving? | Students answer these questions. |
| This is a wonderful festival. Can you introduce it to your Chinese friends? Please retell this paragraph based on the information I give. | Students prepare for it and retell it. |
| 3. Post-reading<br>We should thank Mr. White for letting us know so many things about this festival. He loves China.<br>Why not introduce our festivals and our traditional food to him? | |

（续表）

| 教师行为 | 学生行为 |
|---|---|
| After the discussion, I ask the students to share their conclusion with their classmates.<br>So you see, when we talk about dumplings / *jiaozi*, we will think of family reunion. When we talk about *zongzi*, we' ll think of QuYuan.<br>Do we eat these just because they are delicious? What is food in your mind?<br>What is food?<br>It is hard to say. Different people have different answers to that question. You are all right.<br>At the end of this lesson, I want to share my understand with you.<br>I think, food is culture. We can pass it down from one generation to the next generation. We can spread it from this part of the world to the other part of the world. Food is the strong connection between people. It can bring your family, friends, even people from different countries together.<br>Food is important. | Group work. Students work in groups and discuss the tips I give.<br>What kind of traditional food do we Chinese eat on our festivals?<br>What does the food mean to us?<br>They share their discussion. They talk about the festivals like the Mid-Autumn Festival and mooncakes, the Spring Festival and dumplings...<br>Students will give me different answers.<br>Food is one way to stay with your family.<br>Food is a symbol of culture. |

经上述调整之后，教学设计更加贴近优化教学理论中的质量标准、效率标准和过程标准，但是就反思本身而言，我个人在今后的教学过程中还需要有意提升即兴反思的能力。只有形成自觉的即兴反思，才能及时调整自己的教学行为，最大限度地提高教学效果。以这次的课堂为例，如果当下不解决、不调整，而只是

按照教学设计去执行，不仅知识不够丰富，甚至可能因为知识之间的错位影响学生的学习兴趣，影响整堂课学生的学习积极性。

（案例提供：太原师院附中　徐倩）

**【案例评析】**

本篇教学反思参考了有关教学情境设计和班巴斯基等人的相关研究，教师在相关理论研究方面做了扎实的工作。通过前后教学设计的对比，能够明显看出整个教学设计更加完整和深刻，美食与典故背后的文化教育的内涵也得到了充分的展示，可见教学反思确实带来了教学行为的矫正与提高。

本案例在具体操作方面涉及了教师创设教学情境中的常见难题，就是怎样设计一个能够在整个教学活动的组织过程中一以贯之的情境。该教师提出了比较有借鉴意义而且可以用于其他课程的设计思路，希望在今后的教学反思中不断完善这个方法，使教学效果得以继续优化。

## 案例二

学科：历史

年级：七年级

课题：两汉的科技和文化

**【案例呈现】**

师：今天我们参观的两汉科技文化展共分为四个主题馆，分别是福泽四方造纸馆、妙手回春名医馆、秉笔直书史学馆、佛道共栖宗教馆。

教师将全班学生分为四组，让学生以展馆解说员的身份向大家介绍主题馆的科技及文化成就。

（要求：1. 小组合作，每组推荐1—3位讲解员为大家解说，其他成员负责收集资料、记录等。2. 解说员讲清时间、人物、成就，融入情境，史实准确，声音洪亮。）

一、福泽四方造纸馆

展区一：书写材料文物展

PPT呈现从原始社会到东汉书写材料的文物图片。

师：请科技馆书写材料展区的解说员为我们解说。

学生观察从原始社会到东汉书写材料的文物图片，提炼信息，以解说词的形式展示成果。

（设计意图：通过参观展览激发学生兴趣，模拟解说员，按时间顺序梳理书写材料的发展历程，形成时空观。通过对比实物道具竹简、帛，得出纸发明之前书写材料的缺点。）

展区二：造纸原料展

教师展示史料：

“蔡伦，字敬仲，桂阳人也。伦乃造意，用树肤、麻头及敝布、鱼网以为纸。元兴元年，奏上之。帝善其能，自是莫不从用焉，故天下咸称蔡侯纸。”

——范晔《后汉书》

师：从记载中可以看出，与以往材料相比，蔡伦造纸原料有何创新之处？

生：有原料易得、成本低、便于携带等新特点……

展区三：造纸工艺流程展

教师展示汉代造纸工艺流程图。

学生阅读教材第73页造纸工艺流程图，按造纸顺序排列手中的小卡片并解说：洗涤→浸泡→烧制草木灰→舂捣→纸浆→晾晒→码放。

师：我们从中能看到以蔡伦为代表的古代劳动人民身上有什么精神值得我们学习？

生：勇于创新，敢于革新……

师总结并追问：追求突破、敢于革新、技艺精湛的创新精神成为我们中华民族前进的不竭动力。正是源于蔡伦的改进，造纸术作为中国古代的四大发明之一得到了世界的青睐与认可，美国《时代周刊》将它评选为改变世界的第101项发明。纸的发明给社会文化和人们的生活带来哪些好处？

生：……

过渡：两汉时期不仅有令我们中华儿女自豪的造纸术，还有值得我们骄傲的中医文化，让我们走进妙手回春名医馆，领略名医风采。

（设计意图：创设情境，引导学生通过模拟解说员的讲解，特别是实物道具的应用，激发兴趣，培养实践史料实证的核心素养。）

二、妙手回春名医馆

过渡：这里正在举办名医故事会活动，这些故事出自于哪位名医呢？请名医馆的解说员为大家精彩讲述。

教师展示麻沸散、治未病、五禽戏及坐堂医生的图片。

学生看图学史，收集信息，讲述名医张仲景和华佗的故事。

师设问：中医文化的博大精深影响深远，生活中你还知道哪些事例呢？

生：三伏贴、刮痧、太极拳、冬至吃饺子……

师设问：两位名医跋山涉水，四处走访，寻找药材，创造出新的中医理论和养生保健体操。从他们身上我们能学到什么？

生：精益求精、敬业、虚心请教、创新……

师总结：力挽狂澜、降除瘟疫是我们对张仲景和华佗品德的最好诠释。"人固有一死，或重于泰山，或轻于鸿毛"又是对哪位史学家的评价呢？我们一起走进史学馆。

（设计意图：授人以鱼不如授人以渔，教学中鼓励学生收集人物故事，使历史人物更鲜活；联系现实生活，弘扬传统文化，从而增强民族自豪感。）

三、秉笔直书史学馆

师：播放司马迁的影像资料，从中我们可以看到司马迁有何曲折的人生经历呢？请史学馆的解说员为我们娓娓道来。

生：……

师：在君主制下，司马迁敢于直言汉武帝的过失，体现了他忠于事实、不媚权贵的崇高品德。人固有一死，或重于泰山，或轻于鸿毛，在命运灾难面前，他选择了重于泰山。从他的人生经历中我们又能汲取到哪些智慧？

生：勇于面对困难，积极寻找解决问题的策略而不是逃避……

师总结：正确认识生命的价值，用自己有限的生命为社会增光添彩。

四、佛道共栖宗教馆

师：司马迁为两汉时期的文化书写了浓墨重彩的一笔。文化是一种精神底色，它追根究底是对人内心世界的关怀，两汉时期的宗教文化带给人们一种怎么样的精神慰藉呢？我们一起进入宗教馆，请宗教馆的解说员为我们介绍宗教文化。

生：……

师总结：文化虽然不能直接给人们带来财富，但它往往能医治因社会快速发展而带来的心理创伤。

（设计意图：运用情境体会宗教文化对我们日常生活的影响，拉近历史与现实的距离，引导学生学会从多种渠道学习历史，加强思想教育。）

师：中国古代的四大发明除了造纸术还有哪些呢？今天新的四大发明又有哪些？新中国成立以来的科技创新，你知道多少？

师小结：千百年来，今天的中国不论是传统文化还是现代科技，都让世界为之惊叹。这些科技领域的不断突破，见证了从古至今千千万万科技人的不懈奋斗，从跋山涉水寻找原料的蔡伦、四处走访精益求精组配方的张仲景，到今天在现代化的实验室里为科技奉献青春的屠呦呦，这些中国脊梁身上所体现出来的高贵品质，我们把它称为工匠精神。鲁迅先生说："惟有民魂是值得宝贵的，惟有他发扬起来，中国才有真进步。"

师：作为新时期的中学生，我们应如何弘扬工匠精神？

生：有专注的学习态度、精益求精的思想意识……

师总结：匠心雕琢和将学习及工作做到极致的精神正是我们走向成功的关键所在。科技与文化让匠心触手可及！

（设计意图：古今联系渗透家国情怀、工匠精神，升华主题。）

**【教学反思】**

本节课是一节文化史课，介绍的是两汉时期的科技和文化。初次设计按照传统方法，围绕教学目标，先引导学生以小组为单位列表格梳理本节课中造纸术、医学、史学、宗教文化的代表人物、成就及地位，然后循序渐进地引导学生解读史料，分析两汉科技发展和文化繁荣的原因。一节课下来学生记忆混乱、张冠李戴，只记得一些零星的知识点。文化史课如何讲能更好地调动学生的积极性？如何能将学科核心素养在课堂中落地生根？我不断反思，一句名师的点评闪现在脑海中，"课堂要有统摄主题的灵魂"，只有拥有灵魂的课堂，才能引爆以思促思的智力，奔涌起以情生情的激情。有了课魂的引领，枯燥的史料才能变得富有生机，思辨中才能蕴含丰富的人文关怀。经过反复斟酌，我将"工匠精神"定为本课的课魂，紧扣课标及教学活动建议，以"参观两汉时期的科技和文化展览"为线索，依托"家国情怀之传承工匠精神"历史核心素养来设计。

从教材的使用角度来看，本节课以"工匠精神"为主题，所有环节的教学都紧紧围绕这个主题展开，主要的教学环节设置了三个篇目。第一篇章整理两汉时期科技和文化领域的杰出人物及其成就，感知“工匠精神”的内涵，第二篇章讨论“两汉科技文化昌盛的原因”，第三篇章传承“古往今来科学家身上体现出的工匠精神”。通过古今联系，学生能明显地感受到中国辉煌的历史，明白祖国的未来需要各行业精英人才的努力和奉献，自然而然地领悟到了中华民族延续千年不变的一个伟大精神“工匠精神”，既拉近了历史与现实的距离，也让学生逐渐体会到历史学科的深度与厚度。

从教师的教学行为来看，课堂上立足培养学生的历史时空观、史料实证意识和家国情怀等历史核心素养，一方面充分运用文献、图片、影像等史料创设情境，组织学生讨论，模拟解说员在特定时空下讲述两汉时期科技与文化成就，提高学生的历史理解能力。另一方面，引导学生关注历史细节，通过讲述张仲景、司马迁等人物的生动故事，还原鲜活的历史。最后，引导学生传承弘扬从古至今科技工作者身上所体现出来的敬业奉献、坚持不懈、谦虚好学的工匠精神。问题的创设注意切合教学目标、教材内容和学生实际，问题与问题之间有联系、有梯度。不过，课上有一些地方需要修正，如有同学提到关羽刮骨疗伤这个故事，应该引导学生根据所学知识和相关史料，就关羽是否曾被华佗刮骨疗伤一事进行辨析，区分文学作品《三国演义》与史书《三国志》的区别。

从学生发展本位的角度来看，在本节课每一个学习环节中，我都尽量把学生置于学习主体的地位，自己只是引导者。例如让学生模拟展馆解说员等，使学生在多种互动中发展学习的自主性，提升思辨力。

总之，这节课的教学使我感受到，创设一种新颖、生动、开放的历史“情境”课堂，在实现教学目标的过程中有着不可低估的作用，不但能激发学生的学史兴趣，培养学生的创新精神，而且有效场景和材料的设置，能够促使学生将新旧知识有机整合，向未知领域探索。每个充满生命力的课堂，都需要在预期的基础上，依据学生的认知曲线、思维的张弛来调整教学进程，不断优化教师的教学行为，提升学生的人文素养。

（案例提供：太原市第五十五中学校　王红利）

**【案例评析】**

本案例立足于反思矫正教学行为中的偏差，减少无效行为的发生，并在教学实践中对课堂教学行为进行有效调控，从而提高课堂教学质量。教师反思传统教学处理方法存在的局限性，通过对教材使用、教学行为、学生发展的思考，充分认识到历史课堂教学中教师教学行为的偏差直接影响着教育教学质量，更制约着学生思维习惯的养成及人文素养的提升。

再度设计时，教师重新梳理了教学设计，根据学生的认知水平，以“工匠精神”为主题入手，用学生熟悉的视频片段去感染学生，营造氛围。教学中每一个教学环节都围绕教学目标，通过创设情境模拟解说员、观看影像资料、阅读历史文献材料，运用不同的历史呈现方式、不同的教学策略来突破重难点。联系现实中科技成就的取得，感悟科技人身上所体现出来的工匠精神，符合历史课程标准所提倡的理念，即学会从历史的角度观察和思考社会与人生，从历史中汲取智慧，提高学生的人文素养。

教学是一门缺憾的艺术，本节课的教学行为还需要不断改进，以学生为主体的活动课，应当力求将每一环节的学习置于各层次学生的最近发展区之中，积极调动每一位学生参与课堂，对于学生的回答及时肯定，完善小组合作激励性评价机制，使每位学生都能在原有基础上获得充分发展。

综上，教师通过深度反思之后的教学设计，使课堂的面貌大为改观，充分反映了反思的有效性。

## 案例三

学科：语文

年级：七年级

课题：爱莲说

**【案例呈现】**

### “反面人物”也可爱

——《爱莲说》课堂教学片段

一、莲花就只是“莲花”吗？

师：清水出芙蓉，天然去雕饰。我们的眼前已经展现出了一幅美丽的莲花图，它高洁傲岸，洁身自好，香气远播。那么大家再来细细地品读描写莲花的语句，看看还能读出什么？

生1：我觉得作者不仅仅是在写莲花，更是写像莲花一样的人。

师：不错，也就是说，写莲不是为了赞美莲花，而是为了写像莲花一样的君子的品格，这叫什么表现手法呢？

生2：托物言志。

生3：借物抒情。

生4：“出淤泥而不染”，象征君子虽然在污浊的环境下，但丝毫不被影响。

师点评：“蓬生麻中，不扶而直”，你说出了言外之意。

“濯清涟而不妖”，写出了君子的质朴。“中通外直，不蔓不枝”写出君子正直的品格、不攀附权贵。

师点评：君子就是这样，内心通达，外表刚正。

“香远益清，亭亭净植”写出君子的德行美好，美名远扬。

师点评：没错，君子的美德“居高声自远”。

“可远观而不可亵玩”写出君子的庄重不轻薄。

师点评：高贵，只可欣赏，不可轻视。

学生一边说，教师一边板书重点。

师：大家说得非常棒，不仅说出了作者写莲的手法，还分析出了莲背后君子的品格，为你们点赞！我们一起再来看看板书上莲花的品格，这背后分明站的就是一位谦谦君子啊！（引导学生将板书重点对应批注到书上）

二、“正面人物”需要“绿叶”陪衬吗？

师：本文题为《爱莲说》，主要是表达作者对莲花的喜爱之情，那为什么又要谈到菊和牡丹呢？大家在文中找找写菊和牡丹的语句。

生1：第一节开头写“晋陶渊明独爱菊，世人甚爱牡丹”。

生2：“予谓菊，花之隐逸者也；牡丹，花之富贵者也。”

师：请一位同学分析一下，陶渊明为什么爱菊？菊花有什么特点，它不与百花争春，开在什么时候？

生1：……深秋时节。

师：深秋时节气候寒冷，菊能不畏严寒，这种精神值得我们肯定、赞扬。这恰恰符合陶渊明的处世态度，他不愿与世俗同流合污，那他跑到什么地方去了？

生2：隐居山林。

师：从这一点来看，莲花出淤泥而不染，身处污泥之中，却不会沾染污秽，用自己的行动与世俗做斗争。二者相比较，有相似之处，也有不同之处。从文章来看，作者更欣赏哪一种呢？

生3：莲花。

师：所以，我们在肯定菊花是正面形象的同时，要明确它对莲花起的是什么作用？

生4：衬托。

师：既然已经有菊花作衬托了，为什么还要写牡丹呢？是不是有些画蛇添足？

生1：莲花既要有菊花的正衬，也少不了牡丹的反衬。

师：为什么说牡丹是反衬呢？作为“国花”，每到暮春时节，什么人买花？

生：权贵们。

师：这些权贵真是因为欣赏花而买花吗？

生：不，不过是为了互相攀比，看谁富有。

师：由此，昂贵的牡丹花就成为富贵者的象征。当它一旦成为富贵的象征，喜爱它的就不仅仅是权贵了，当时的世人都喜爱它，从刘禹锡的诗“花开时节动京城”可以看出，世人都是追求富贵名利的。“世人”一词如何解释？

生：世俗之人。

师：全文以菊花——隐居避世者，从正面衬托莲花，以牡丹，追名逐利者，从反面衬托莲花，由此，作者在结尾段的议论就水到渠成了。让我们一起大声朗读结尾段。

生（合）：予谓菊，花之隐逸者也；牡丹，花之富贵者也；莲，花之君子者也。噫！菊之爱，陶后鲜有闻。莲之爱，同予者何人？牡丹之爱，宜乎众矣！

三、“反面人物”一定不可爱吗？

师：上节课有一些同学对“牡丹，花之富贵者”的观点提出了异议，我觉得很有探讨意义。作为《爱莲说》中的“反面人物”，牡丹是富贵者的象征，是世人追名逐利、攀附权贵的代表，是周敦颐厌恶鄙视的对象。但是果真如此吗？在众多的“可爱者”中，牡丹真的没有一席之地吗？我们先来小组交流探讨一下，然后请各个小组派出代表来发言。

（小组活动五分钟）

师：好的，接下来我们看看大家对牡丹有些什么话要说呢？

生1：我们组认为，唐朝人甚爱牡丹的原因是因为牡丹花美，没有人能拒绝美丽的花，尤其是在开放繁荣的唐朝，在牡丹花开的季节，举行牡丹盛会，长安人倾城而出，如醉似狂。宫中亦爱重牡丹，诗人李正封赞它为“国色”“天香”，唐皇极为赞赏，“国色天香”亦从此成了牡丹的又一雅号。牡丹以它特有的富丽、华贵和丰茂，在中国传统意识中被视为繁荣昌盛、幸福和平的象征。

师：牡丹是我国特有的名贵花卉，雍容华贵、富丽端庄、芳香浓郁，素有“国色天香”之美称，被誉为富贵吉祥、繁荣昌盛的象征。大家来欣赏牡丹的图片，这样的花怎能让人不爱呢？

生2：我平时画国画，老师总会让我们画牡丹，它与花鸟的组合都各有意味，比如它和长春花的组合是有富贵长久的意思，与海棠也是富贵吉祥的意思，而与水仙花画在一起是天佑富贵的意思。牡丹的确是富贵的象征，它代表着人们对于美好生活的向往。

师：没错，国画里经常使用的一个素材就是牡丹了，它的姿色让人倾倒，而且雍容华贵，含有美的意味，代表着爱的纯洁。齐白石大师晚年就特别喜欢画牡丹，说明这种花寓意丰富，很受欢迎。

生3：有关牡丹，有很多动人的传说故事，其中最有名的就是武则天下令贬黜牡丹到洛阳的故事了。相传武则天冬日游上苑，传旨令百花盛开，百花领旨相继开放，独牡丹不遵。武则天大怒，于是命人纵火烧之，并将烧焦的牡丹弃于洛阳邙山沟壑中。那些被烧焦的牡丹得洛阳邙山水土滋润，居然重生。人们欣赏此花傲骨，称其为花中君子。

师：从这个传说中我们感受到牡丹的傲骨和正直，颇有君子之范，与《爱莲说》中的君子颇为相似呢。难怪徐书信诗《牡丹传说》：“逐出西京贬洛阳，心高丽质压群芳。铲根焦骨荒唐事，引惹诗人说武皇。”这么有风骨的花如何令人不爱呢？

生4：提到有关牡丹的古诗词那也是不胜枚举，除了我们都很熟悉的刘禹锡的《赏牡丹》“庭前芍药妖无格，池上芙蕖净少情。唯有牡丹真国色，花开时节动京城”，欧阳修更是在《洛阳牡丹记》中盛赞“天下真花独牡丹”，还有白居易的《牡丹》“绝代只西子，众芳惟牡丹”，罗隐的《牡丹花》“若教解语应倾国，任是无情亦动人”。得到如此多文人墨客的垂青和赞许，牡丹花是当之无愧的花中之王。

师：真是“春来谁做韶华主，总领群芳是牡丹”，牡丹作为百花之王，不仅为世人所喜爱，也成功吸引了众多文学大家的关注和赞美。这样的花能说不美吗？

生5：除了前面各个组说的牡丹具有极高的观赏价值、文学价值、艺术价值，其实它还有药用价值，它的根皮是可以入药的。而且很多服饰图案中也有牡丹，彰显富贵华美之气。

师：这组同学很是心细，又为我们展现了牡丹的多种价值，原来它全身都是宝啊！

师总结：同学们，你们真的很棒，在大家的探讨交流中，我们发现原来牡丹这个“反面人物”这么美好，长得美、有傲骨、富诗情、能入药，简直是“上得天庭，下得凡间”，不仅仅是富贵人家的宠儿，亦是文人雅士的友人，也可进入寻常百姓家，保富贵平安。周敦颐只是为了表现自己的情感目标，而将“牡丹”作为了反衬的“绿叶”，来衬托莲花的高洁形象，但并不是根本上否认牡丹，所以我们看待问题及考量人物时要全面深入，不可偏听偏信，“以貌取物”，因为有的时候“反面人物”也是很可爱的啊！

**【教学反思】**

西方文论认为，文本是一个图式化结构，是一个开放的系统，有着许多的未定点和空白，可以接纳通过读者想象和填充使之具体化了的不同解读。我国的古代文论也有“诗无达诂”“见仁见智”等多元解读之说。文本多元阐释（“一千个读者就有一千个哈姆雷特”）的可能性和读者的差异性共同高扬了文本多元解读。

《爱莲说》是一篇经典的文言文，之前的教学也一直是围绕莲花的高洁品格进行探讨，进行到对君子的形象分析就可以结束了。而此次我关注到了学生提出的一个小问题，它可以作为课文的一种补充和拓展，多元化地去解读文中牡丹的形象，进一步落实一些写法，让学生有丰富的情感体验。于是设计了这堂课，意在主动拓展，积淀情感，自然生成。

文本通过学生质疑，不断地得到充实和丰满，潜在的价值得以体现。对于《爱莲说》当中的“反面人物”，很多学生有话想说，这也是我设计这堂课的初衷。当我们读到“牡丹，花之富贵者也”“牡丹之爱，宜乎众矣”的时候，猜想也许周敦颐是不喜欢牡丹花的，也许他也仅是为了突出莲花的形象才找了这么一个“反面人物”来衬托，于是学生大喊：“牡丹花也很美啊！我们家就种了很多牡丹”，“我爷爷经常画牡丹，说花开富贵，是好的寓意”。而我也想到了早就听说过的那个故事：武皇一怒之下将牡丹贬到洛阳，从此洛阳牡丹闻名天下。所以我们决定要为《爱莲说》中的这个“反面人物”平反。

学生对于这种不是仅停留在课本内的文言文翻译理解兴趣颇高，我提前也布置了一点拓展性作业，要求学生简单了解一下牡丹的传说故事、古诗词、文学作品、服饰、歌曲等，可以把喜欢的内容摘录下来并进行记忆，对牡丹的形象进行初步感知。这是第一步：激趣拓展。

文本解读势必出现多样性和丰富性，但并非漫无边际。为了避免出现过度阐释文本的现象，课堂上首先要引导学生明白在这篇课文中作者运用的是衬托（反衬）的写法，目的是为了突出莲花的形象和自己的情感态度。而对于牡丹形象的分析是拓展于文本外的探讨。这是第二步：基于文旨，指向文外。

学生课下对牡丹已有初步的了解，所以课上设置小组活动，让大家将观点交流整合，最后呈现本组的核心内容，从分享到整合的过程就是大家吸收和理解的过程，会对牡丹的形象比之前有更全面的了解。在交流过程中，很多学生都能将自己获得的间接经验转化为平实的口语，而不是照搬资料来念，如有的学生会联系自己的实际生活、阅读经验，有的学生会适时地补充他人想法，更难得的是“生生”碰撞出的火花，这对于七年级的学生来说是一种很好的体验——课堂的主动性和主体性都交还给了学生，让其享受最原始和纯真的思考。普通高中语文课程标准中“阅读与鉴赏”教学建议的第一条说：“阅读教学是学生、教师、教科书、编者、文本之间的多重对话，是思想碰撞和心灵交流的动态过程。”因而生生、师生的碰撞都是非常重要的。这是第三步：生生合作，碰撞探究。

教师的引导和恰当的点评也非常重要，尤其在交流过程中要引导学生集中陈述，发现牡丹多样的美，即牡丹不仅是富贵的象征、美丽的“花王”，更是有着丰富的内涵意义和价值，包括美学价值、文学价值、药用价值和文化价值等，牡丹绝对不逊色于任何一种知名的花卉。只有这样由表及里地充分了解了牡丹，才能自然滋生出对她的情感。同时也要注意，对于七年级的学生，不需要拔得多高、探得多深，适当扩大知识面，激发思维即可。最后可以聊聊有关牡丹的更多方面的知识，比如秦汉《神农本草经》中记载的有关牡丹的药用价值，再比如据史料记载，食用牡丹始于五代。清《养颜录》载："牡丹花瓣，汤焯可，蜜浸可，肉烩亦可。"明清以后，牡丹食用品的种类日益增多，有糕点、花酒、菜肴和茶，配料和制作方法也逐步完善。还有明清小说中的牡丹形象，这些知识都可以让学生有所了解。七年级这一阶段就要让学生"浅浅地，宽宽地"学习语文，爱上语文。这是第四步：师生共创，深化情感。

最后我布置了一个小写作，要求学生写一篇《爱牡丹说》，基于这堂课的理解和情感收获，可以仿鉴《爱莲说》中的描写方法和象征手法，写一写你对牡丹的爱，如果能托牡丹言志就更好了。很多同学真的是有感而发，纷纷为这位"花王"立说言志，或铺排其美，或欲扬先抑，或颂其精神赞其价值，生成的效果非常不错。这是最后一步：情到深处，自然生成。

朱光潜先生曾说："读者的想象和感情是生生不息的。一切艺术作品都是如此，没有创造就不能欣赏。"这堂课我上得很舒服，相信学生也有同感，因为我们都在用心去感受课堂的力量。每次备课，讲课，反思，我都会问自己"我还能怎样做?"为了使课堂更有效，我时刻提醒自己，从学生思考问题的角度出发，不断矫正和改进我的一些教学上的固定思维和陈旧方式，我想，做出改变、勇于创新应该是青年教师最应该努力去做的，这样才能做一个幸福的教师，而同时你的学生也是幸福的。

（案例提供：太原市外国语学校　高佳佳）

【案例评析】

本节课的教学反思指向教学行为的矫正与提高——我还能怎样做。我们深知，追求课堂改变就是在有限的生命中追求专业成长的无限可能。反思时教师对整节课进行了深入观察，抽丝剥茧地从五方面剖析了已有的课堂教学行为。在剖析过程中，以西方文论、朱光潜美学理论为根基，使教学反思有了依托。对于本节反思的重点"教学行为的矫正与提高"，以朱光潜的"……没有创造就不能欣赏"为切口反观课堂"我还能怎么做"，着眼点投向学情驱动、问题驱动、策略改进。遗憾的是此部分反思重点未能展开分析，也没有针对这节课提出有效的改进方案，以致未能达到反思效益的最大化。

## 案例五

学科：化学

年级：九年级

课题：酸和碱的中和反应

**【案例呈现】**

［引入］展示4张图片并提问：

1. 如何证明造纸厂的废水显碱性？应如何使废水呈中性？

2. 如何证明冶炼厂的废水显酸性？应如何使废水呈中性？

3. 松花蛋加工的主要原料有食盐、纯碱、生石灰、水等。上述两种食品食用时，可添加什么佐料，使食品更健康、味道也更为可口？

［复习］1. 往酸中加入紫色石蕊溶液，溶液变____色；加入无色酚酞，溶液变______色。这说明了酸能使______变红色。

2. 向碱中滴加紫色石蕊溶液，溶液变______色；加入无色酚酞，溶液变_____色，这说明了碱也能使______变红色。

［设问］如果将酸和碱放在一起，会出现什么情况呢？它们之间会发生化学反应吗？

［讲述］要想解决这个问题，最好的方法就是做实验。我们就用稀盐酸和氢氧化钠溶液来做实验，验证酸、碱之间能否发生化学反应。

［演示实验］取一支试管，先加入适量氢氧化钠溶液，再用胶头滴管慢慢向试管中滴加盐酸。

［提问］同学们，在刚才的实验中，你们都看到了哪些现象？盐酸和氢氧化钠溶液之间发生化学反应了吗？

［学生回答］观察不到什么现象，不能确定是否发生了化学反应。

［追问］我们已经知道溶液的酸碱性可以用酸碱指示剂来指示，如果它们之间发生了化学反应，溶液本身的性质就会发生改变，那么溶液的颜色也就会随之改变，我们是否可以借助这样的方法来检验酸碱之间是否会发生反应呢？选用紫色石蕊溶液还是无色酚酞溶液来做指示剂？

[演示实验] 请四位同学上台，每人做一个实验。

实验1：将紫色石蕊溶液滴入盐酸中，再慢慢滴入氢氧化钠溶液；

实验2：将紫色石蕊溶液滴入氢氧化钠溶液中，再慢慢滴入盐酸；

实验3：将无色酚酞溶液滴入盐酸中，再慢慢滴入氢氧化钠溶液；

实验4：将无色酚酞溶液滴入氢氧化钠溶液中，再慢慢滴入盐酸。

[学生小结] 用无色酚酞溶液作指示剂，便于观察现象。

[过渡] 那具体该怎么操作呢？下面，让我们回到课本，看看课本上的实验是怎样进行的。

[演示实验] 在烧杯中先加入10 mL氢氧化钠溶液，滴入几滴无色酚酞溶液，再用胶头滴管慢慢滴入稀盐酸，边滴边用玻璃棒不断搅拌溶液，至溶液颜色恰好变为无色为止，停止加入盐酸。

[讨论] 在实验过程中，溶液为什么先变红？当滴加适量盐酸后，溶液由红色变成无色时，说明了什么？为何要逐滴滴加稀盐酸？

[学生回答]

学生1：氢氧化钠溶液是碱性溶液，它能使酚酞溶液变红。

学生2：加入盐酸后，溶液变为无色，说明原溶液中的氢氧化钠不存在了，变成了其他物质，说明氢氧化钠溶液可以与稀盐酸反应。

学生3：逐滴滴加稀盐酸，能更清楚地观察酚酞溶液的颜色变化，并能控制氢氧化钠溶液与稀盐酸恰好完全反应。

[板书] 课题2　酸和碱的中和反应

一、中和反应

[过渡] 由此可见，酸和碱之间是可以发生反应的。那么，它们是怎样反应的呢？

[动画模拟] 借助动画展示盐酸和氢氧化钠反应的微观过程。

[讲解] 盐酸和氢氧化钠在溶液中都解离出离子，根据阴阳离子相结合的原则，溶液中的离子进行重新组合，$Na^+$与$Cl^-$结合成NaCl，$H^+$和$OH^-$结合成$H_2O$。

[副板书] $NaOH + HCl = NaCl + H_2O$

[过渡] 其他的酸和碱之间也能发生类似的反应。

[副板书] $Ca(OH)_2 + 2HCl = CaCl_2 + 2H_2O$

$$2NaOH + H_2SO_4 = Na_2SO_4 + 2H_2O$$

[讨论] 反应后的生成物有哪些共同点?

[学生回答] 产物中都有水。

[讲解] 其实产物中的另一种物质，表面上看不出有什么共同点，但从组成中我们发现，它们一般都是由金属离子和酸根离子构成的。由金属离子和酸根离子构成的化合物叫做盐。

[副板书] NaCl：$Na^+$、$Cl^-$

$CaCl_2$：$Ca^{2+}$、$Cl^-$

$Na_2SO_4$：$Na^+$、$SO_4^{2-}$

[副板书] 盐的定义：由金属离子（或$NH_4^+$）和酸根离子构成的化合物

[讲解] 现在看来，在所有中和反应的产物中，都有盐和水这两类物质。那么具体一点，我们就把酸和碱作用生成盐和水的反应定义为中和反应。

[板书] 1. 定义：酸和碱作用生成盐和水的反应

2. 表达式：酸 + 碱 → 盐 + 水

[讲解] 中和反应和我们前面学过的化合反应、分解反应、置换反应不一样，它特指酸和碱之间的反应，但不属于化学基本反应的范畴。

[设问] 酸和碱放在一起，它们之间是怎么发生化学反应的呢?

[讲解] 酸在溶液中解离出$H^+$和酸根离子，碱在溶液中解离出$OH^-$和金属离子，$H^+$ 和$OH^-$结合成$H_2O$。

[板书] 3. 反应实质：$H^+$和$OH^-$反应生成$H_2O$分子

**【教学反思】**

1. 对情境导入的反思和矫正

本节课想从中和反应的应用入手进行导课，提供工厂酸性或碱性废水处理的问题情境，以及生活中制作和食用松花蛋调味的问题情境。看似全面，但对学生来说较为陌生，尤其是在没有学习中和反应时，更显得一头雾水。在后续教学中也没有很好地使用问题情境。

为此，我进行了如下思考：如何让情境导入不仅仅是情境导入？如何让问题情境真正引发学生的思考？如何让问题情境贯穿整节课的教学？中和反应的教学恰逢春节之后，我在反思的基础上设计了如下的课堂导入。

改进案例一：

[导入] 春节期间，我饮食不太规律，导致胃不舒服。医生诊断为胃酸过多，建议我服用斯达舒。请大家阅读斯达舒的药品说明书，说出其中的哪种成分能治疗胃酸过多。

[生] 氢氧化铝。

[提问] 氢氧化铝为什么能治疗胃酸（盐酸）过多呢？

[生] 胃酸（盐酸）是酸，$Al(OH)_3$是碱，酸和碱应该能发生反应吧？

[师] 这节课我们一起探究酸和碱之间会不会发生反应。

（设计意图：从生活走向化学，创设真实问题情境，激发学生的学习兴趣。阅读药品说明书，引导学生从用途体现性质的化学角度思考问题，提高阅读素养，养成健康的生活方式。）

2. 对实验探究的反思和矫正

中和反应是典型的无明显现象的反应，盐酸和氢氧化钠溶液能否发生化学反应呢？学生最熟悉的判断依据为是否有新物质生成。课本演示实验是从验证反应物氢氧化钠消失的角度进行的，为此，我设计了证明有盐生成的实验，在引导学生进行实验改进的过程中，学生的思维得到了锻炼。

改进案例二：

实验探究：有新物质生成证明盐酸和氢氧化钠溶液能反应。

[学生演示实验] 盐酸和氢氧化钠溶液能否反应？口说无凭，实验为证。你观察到什么现象，盐酸和氢氧化钠是否发生了反应？你的猜想是什么？

[生] 讨论交流：

猜想1：没有发生化学变化，也就是没有产生新物质；

猜想2：发生化学变化，也就是生成了新物质。

[提问] 以前遇到过无明显现象的反应吗？如何证明反应发生的呢？

[生] 二氧化碳和水反应生成碳酸没有明显的现象，加入石蕊溶液证明有新物质碳酸生成。

[提问] 盐酸和氢氧化钠溶液混合后是否有新物质呢？加热几滴反应后的液体试试看。

[学生演示实验] 取几滴液体于烧杯中，放在电加热炉上加热，出现白色

固体。

［提问］白色固体是盐酸还是氢氧化钠？如何用简单的方法证明是不是氢氧化钠？

［生］不是盐酸，氯化氢为气体。可能是氢氧化钠，向烧杯中加适量水溶解固体，滴加酚酞溶液，变红则固体为氢氧化钠，反之则不是氢氧化钠。

［学生演示实验］溶液仍为无色，说明盐酸和氢氧化钠溶液反应生成了新物质。

3. 对中和反应本质的反思和矫正

中和反应有水生成，大家普遍认为生成水无法证明，由于反应前后微粒看不见，生成氯化钠也无法证明，实际上这种“不能”满足了一定的条件就成为了一种可能。稀盐酸和氢氧化钠溶液反应不能证明有水生成，但固体的酸和碱可以；从微粒的观点不能证明有新物质生成，但从宏观角度可以证明。

改进案例三：

拓展探究：中和反应有水生成吗？

［提问］中和反应真的有水生成吗？用稀盐酸和氢氧化钠溶液能否证明？用什么样的酸和碱反应才有可能证明？请你大胆提出实验方案。

［生］盐酸和氢氧化钠溶液有水，说不清是溶液中的水还是生成的水。应该用不含水的酸和不含水的碱反应。

［评价］为了鼓励你的创新，今天还真要用你的方案试试，老师为大家准备了氢氧化钠固体和草酸，请你和老师共同完成。

［师生演示实验］取少量粉末状氢氧化钠固体于烧杯中，再加入适量粉末状草酸，盖好玻璃片，振荡使固体充分接触，现在粉末和烧杯在一起摇摆，（一分钟内反应结束）请你描述实验现象。

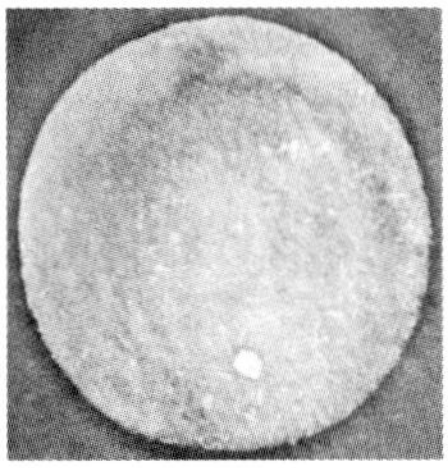

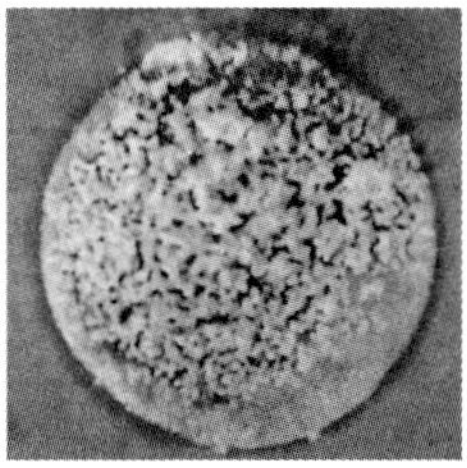

［生］烧杯壁产生了大量的水雾，混合物变为稀糊状，明显产生了水。

［评价］谢谢你创新性的实验方案，让我们见证了水的生成。

**【案例评析】**

从案例呈现来看这是较为成熟的一节课。但教师并未止步于此，而是从学生认知的角度对课堂导入、课本演示实验进行了反思，并重新设计了教学环节，能够促使学生更深入地思考。

不少具备了一定教学经验的教师常常有一种困惑，课已经上得驾轻就熟了，教学水平还能怎么提高呢？这位教师给我们提供了很好的思考方向和改进案例，从学生认知和发展的角度出发，立足教师的“教”是为了学生的“学”，以学生是否受益作为反思的准则，会为我们的教学带来更多的灵感和更大的突破。

## 四、综合评论

所有的教学反思都是有强烈的实践指向的，这是因为教学反思本身最大的价值就在于矫正和提高教学。衡量一个教学反思是否有价值，关键在于考察一个教学反思对于教学的矫正起到了多大程度的作用。一方面，这要求教师应该形成遇到教学行动障碍就反思的观念层面上的自觉，另一方面，也要求教师通过开展教学行动去进行教学反思效果的验证。在反思中教学，在教学中反思，这二者是一个相互交织的过程。

教师应当成为反思型的实践者和学习者，要能够在计划、实施、评价及管理方面进行教学实践并使其与自己的教学角色融为一体。这不仅需要掌握一定的教育教学理论知识和教学技能，还要学会如何审视和反思自己的教学行为。只有在这种理论与实践的不断融合中，教师才能重构经验，联系已有的知识或技能，调动并内化支持教学的思想和理念，更为科学合理地决定如何在新的情境中应用知识或技能。可见，反思是教师持续学习和改进教学的过程，反思型教师通常在日常教学的基础上检验和评估自身的教学习惯，在充分了解自己的前提下，针对学生和学习情境的具体情况，做出有意义的决策。

# Ⅲ 实践应用

# 第四章　教学反思与课堂活动

## 第一节　教学反思与有效课堂的建设

教学反思首先是一种客观存在的教学实践现象，其次是使反思性教学成为现实的手段。反思性教学，即具有反思性质的教学，这样的教学不同于墨守成规，满足于本能经验和传统的教学，而是对自己的教学行为和教学细节的追问、审视、推敲、质疑、批判、肯定、否定等。反思对教学质量及其成效至关重要，尤其是对课堂教学活动的反思尤为重要，它是教师实现自我提升与卓越教学最有效的途径。

### 一、对课堂教学活动进行反思的重要性

教师成为反思者，是现代教育发展的要求，是教师专业发展的必然。教师对课堂教学活动的反思的重要性主要体现在：第一，教学反思的根本目的在于改进教学，提高教育质量，促进学生发展；第二，课堂教学反思的基本出发点是进行教学研究，因而，教学目标、教学内容、教学组织、教学策略、师生互动等，就成为教学反思的主要对象；第三，对课堂教学活动的反思采用的方法是在自然、真实的教育教学环境中进行的教学行为研究，也就是通过教师自身的实践进行研

究，是将理论与实践充分结合的极佳路径；第四，课堂教学反思过程也是教师专业学习和全面发展的过程，通过这一方式，教师角色变成了学习者、研究者；第五，教师职业生涯的绝大多数时光都在课堂上度过，对课堂教学活动的反思可以改变教师的生活方式，更充分地体会存在的价值与意义，同时，思维质量也得以提高。

此外，仅从教师专业素养提高的角度来看，对课堂教学活动反思的重要性还表现在：一是促进思考向纵深发展，二是促进教师教育理论学习的深入，三是促成教师的经验积累和提升。一般的思考，会随着时间的推移而被淡忘，不会对后面的教学产生发展性的作用，而对课堂教学活动的反思意味着是反省、思考、探索和解决教育教学过程中各个方面存在的问题，具有研究性质和重要意义。

## 二、对课堂教学活动进行反思的必要性

### （一）是成为专业教师的需要

近年来，很多国家制定了教学能力条例和标准，为教师培训和专业技能的发展奠定了基础。标准为学生、校长、教师和其他从事教育行业的人制定了目标，它们可以设定明确的预期，帮助教师计划和监督教学进度、训练和表现，辅助关注学生能力和教育质量的提高，为职业教师获得专业认可提供一定的基准等。然而教学是一个动态的、发展的过程，需要连续的专业性学习。对它的反思有助于发展、维持和扩展教师的专业知识，带来职业能力的螺旋式上升。

### （二）是实现高效课堂教学的需要

课堂教学中，学生的学习目标达成、重难点问题的掌握，教学手段的合理使用，以及一节课教学效果的最大化是所有教师关注的重心，要使课堂教学效果达到高效和优效，对课堂教学中教学的关键环节不仅要精心设计、有效落实，更需要对不同环节进行逐一反思才能不断提升。

在新课堂教学改革的实践中，课堂教学要发挥好学生的主体地位和教师的主导作用，需要教师对课堂教学中的关键环节，如情境创设、课堂提问、自主学习、合作探究、展示交流、随机生成等进行反思。本章第二节至第六节将分别对这些课堂关键环节的反思进行概述和案例分享。

### （三）是教师深入了解学情的需要

教师职业决定了教师要深入了解学生，反思型教师需要领悟并积累教学经

验，与学生个体建立融洽的关系，这是在课堂上培育良好行为和建立积极学习氛围的基础，也是教学和实践的关键。比如，一个学生在课堂上的不当表现可能会立即引来教师的管理，但反思会让你考虑一些可能存在的长期的关系问题。课程是否让学生感到无趣？课程有没有经过精心策划与设计，能否让学生集中注意力、提高兴趣、取得进步？这些都值得教师通过课堂上不同的教学环节进行深层次的反思。

## 三、课堂教学反思的维度需把握的关键点

### （一）注意反思的“落脚点”

教师多数处于实践研究层面，因此要重视找准反思的落脚点。首先要做好个人教学能力与教学风格的自我反思，如课堂教学设计是否过于单一，教学组织是否有序，激励奖惩是否得法，课堂氛围是否和谐。通过一番自我反思，明确自己反思的中短期目标、方向。其次，反思要有结合实际教育资源的意识，如学校环境、办学条件、学生实际等，有了实际的教育资源意识，反思才能实事求是，才能因地制宜。

### （二）注意反思的“系统化”

一堂课、一个教学细节都是反思的因子，但反思并不仅仅只是为了一堂课或一个教学细节，而是为了更好地改造我们的整个教学理念、教学思维，说到底是提高教育教学的生命活力。因此，要做好反思还必须具备系统化的意识。所有的学科都由若干的子系统组成，都有其内在的规律特征与传统经验积累，只有进行系统的反思、实践，才能提高整体教学能力，才能提升自己的教育思想境界。

### （三）注意反思的“实践性”

新课程是一种理念，实践是在理念的指引下进行的，理念又是在实践的论证下发展的。反思的目的就是为了改造教学实践，在实践中体现价值。

### （四）注意反思的“发展性”

对于教师来说，经验的积累与知识能力的更新都是非常重要的。因此，反思不仅仅只是对教学实践的反思，还应该有对“反思”的“再反思”，反思后的再学习，学习后的再反思。

教学反思一直以来是教师提高个人业务水平的一种有效手段，教育上有成就的大家一直非常重视。反思也不一定非要长篇大论，可长可短，也许只有几句。

有时间的时候坐下来深入、系统地加以思考、总结，日积月累，量变会达到质变。

总之，思之则活，思活则深，思深则透，思透则新，思新则进，只有通过对课堂教学行为的有效的反思，使教师的有效经验得以升华，缺点和不足得到修正，教学能力和教学效益才会不断地提升。教学反思的过程是教师夯实业务素质、积累教研素材、形成独特教学风格的专业化成长过程。

# 第二节　对“情境创设”的反思

## 一、理论要点

### （一）情境创设

教学情境是教师根据课堂教学的需要、教材内容和学生心理特点，充分利用各种教学资源创造出一个良好的学习环境、场合和气氛，用以激起学生的学习兴趣，让学生在情境中感受学习的乐趣，营造学生爱学、乐学的课堂氛围，实现提高课堂教学效果的目标。

何为情境创设？“境”是指教学环境，“情”是指洋溢在“境”中的教学双方，即师生之间的情感交流，情因境而生，境为情而设，情与境的有机统一才能完成情境的创设。情境创设强调教师在教学过程中创造性地设计情境，以激起学生的主动性和自主性，其目的在于把“认知”和“情感”统一于教学过程中，从而促进学生的全面发展与和谐发展。情境创设能激活学生的思维，拉近学生与所学知识、生活的距离，激发学习兴趣和学习动机，产生“疑而未解，又欲解之”的强烈愿望，是构建高效课堂的目标。

### （二）情境创设的常见类型

1. 创设真实生活任务式情境

课堂教学中所涉及的日常生活中的问题，是学生非常感兴趣的，课堂教学中教师要使教学内容贴近生活，就要以学生所熟悉的生活为凭借，积极创设生活情境。创设生活情境，一方面可以借助于生活情境让学生认识和理解教学内容，另一方面又可以运用课堂上学习的理论和知识解释生活中的问题，进行教学，还可以使得学生对学习产生强烈的兴趣，提高学习的自觉性。

2. 创设问题讨论式情境

创设问题讨论式情境就是教师在课堂教学中有意设置障碍，造成疑惑，激发学生认识、分析、解决问题的欲望。教学中学生的思维一旦处于积极状态，他们就会感到发现问题的快乐、解决问题的喜悦，探索的积极性与主动性就会格外强烈。多给学生提供解决问题的机会，有利于学生潜能的发挥。

通过课堂讨论的方式创设课堂教学的情境，要求教师为学生营造课堂讨论的氛围，提供课堂讨论的话题，做好讨论前各项准备工作。师生围绕一定的问题，经过认真而充分的准备，在课堂上各抒己见，相互启发，共同探讨，取长补短，以求得解决问题、提高觉悟。

3. 创设情感教育式情境

教师根据教学内容、学生学习的需要，通过一定方式和手段，创设情境、渲染情感、营造氛围，以激发学生的情感体验，并在这种特定的情境中感受、体验、评价，接受教育。为了把课堂教学带向高潮，教师在课堂上要善于观察，了解学生在课堂上情感的需求和变化，从而去创设良好的情境，满足他们的情感需求，形成良好的课堂氛围。

教师创设了课堂教学的体验式情境，学生可以从亲身体验的实践中直接感知知识，对一些概念、规律的理解与掌握更简便有效。这种情境创设方法较为直观，也容易引起学生参与的激情。

4. 创设谈话描绘式情境

课堂谈话情境，是一种被普遍应用且有实效的情境创设方式。关键是谈话话题的选择：话题必须与教学内容密切相关，不能离题万里，也不能无病呻吟；必须与学生的学习和生活实际息息相关，否则只是教师有意，学生无心；注意先营造谈话的情境，然后再展开谈话。

运用生动形象的语言描述，创设生动的课堂教学情境，便于学生在大脑中形成有血有肉的表象，有利于对教学内容的感知。好的语言描绘所形成的教学情境可以奠定课堂的教学基调，集中学生注意力，激发学生的学习兴趣，使学生在或激昂、或幽默、或深情、或愉悦的气氛中学习。

5. 创设角色体验式情境

对于一些体现生活场景、人物活动、生动故事、复杂关系的教学内容，为了使教学情境真切地再现在学生面前，教师可指导学生如同演戏那样扮演教学内容中的角色，让学生站在该角色的立场上深入形象地表达自己的所见所闻、所想所感。由于学生的心理位置换成了教学内容中的人物的心理位置，学生不仅能把教材内容迅速形成表象，同时还能很快地进行理解。

表演式教学情境是高层次的形象性教学情境，比一般教学情境更有形象性和感染力。创设角色扮演式教学情境有三种做法：（1）进入角色。让学生带着强烈的感情阅读教学内容，体会教学内容中人物的思想感情。（2）分角色体验。让学生听到教材中各种人物的不同声音，虽未见其人，却已闻其声，增进对教学内容的理解等。（3）直接表演。像教材中选编的童话、故事、戏剧，可组织学生装扮成剧中人，分角色进行表演，让学生在表演中体会人物的性格特征。让学生在课堂上即兴表演一个情节、展示一个场景、再现一段过程，从中感受教学内容，获得带有学生个人特色的理解和认识。

6. 创设实物演示式情境

实物演示式情境是指在教学过程中，教师通过实物、模型、标本等直观的演示教学所需要的情境，使学生通过对这些实物的观察获得感性认识，通过感知进而理解教学内容，收到好的教学效果。实物是最直观的，由实物构成教学情境，不仅让学生感到可感，还会引发学生对实物的各种遐想。

演示式教学情境本质上也算是一种直观的教学情境，所不同的是通过演示这一特定的直观方式进行创设。这种演示，可以是动作、行为流程、情景、场面、声音——在演示式情境创设之前，教师要有专门的讲解，在演示过程中要对关键地方进行强调，演示后要进行必要的解析，使得演示式教学情境充分发挥其教学功能。这类操作式教学情境可以使许多抽象知识变得形象直观，其特点是通过操作把动作思维和形象思维有机结合起来。

7. 创设专题递进式情境

递进式教学情境创设是指教师在课堂教学中创设一系列连续的情境，由浅入深、由简至繁，使学生逐步掌握所学的知识，探究教学问题。情境的创设要求层次清楚，要符合解释、推理的逻辑性。

创设专题式情境不仅指向明确，而且力量集中。实际操作时，可以是教师事先确定一个主题，组织学生有的放矢地开展定向式讨论；可以根据教学目标，围绕有争议的中心论题进行自由式讨论，以获得多样、独特、合乎条件的答案；可以从学生质疑中提炼出专题，然后再放回给学生进行研讨；还可以根据学生在研究性学习、社会实践活动中遇到或发现的问题，选择与教学内容相关的，带进课堂作为专题研讨的内容。

总之，教学情境的创设，除了教师的积极性之外，离不开学生的参与，教师要重点培养学生学习的主动性，激发兴趣，让学生通过已有的知识体系和感性认知为基础，在实践中掌握新知识、新技能，只有这样，课堂教学情境的创设才能从真正意义上取得好的效果。

## 二、实践智慧

关于与“情境教学”相关的实践运用，国内外有许多知名的教育专家早有研究。他们中有专门从事教育教学理论研究的教育家和学者，也有来自于教学实践的学科名师，更有从教师逐步发展成为教育家的人。就情境教学研究来看，李吉林老师的《情境教学法》是基础教育领域受到广大教师认可并广泛推崇的教学成果。

李吉林老师认为，情境教学法是指在教学过程中，教师有目的地引入或创设具有一定情绪色彩的、以形象为主体的生动具体的场景，以引起学生一定的态度体验，从而帮助学生理解教材，并使学生的心理机能得到发展的教学方法。情境教学法的核心在于激发学生的情感。

我们可以从李吉林老师情境教学理论框架的“四特点”和“五原则”中感受情境创设对教学发挥的重要性。

1. 情境教学理论框架“四特点”

（1）形真。即要求现象具有真切感，神韵相似，以鲜明的现象强化学生感知教材的亲切感，就如同中国画的白描写意，简要的几笔就勾勒出形象，以“神似”显示“形真”，获得与实体在结构上对应的形象。

（2）情切。即情意真切，情感参与认知活动，充分调动主动性。情境教学是以生动形象的场景激起学生的学习情绪为手段，连同教师的语言、情感、教学的内容以及课堂气氛成为一个广阔的心理场，情境教学就是要抓住学生发展的动因——情感，展开一系列教学活动，使之成为教学本身的任务和目的。

（3）意远。即意境高远，形成想象契机，有效地发展想象力。情境教学取

“情境”而不取“情景”，其原因在于“情境”具有一定的深度和广度，情境教学所展现的广远意境能激起学生的想象。

（4）理寓其中。即蕴含理念，抽象的理念伴随着形象，有效地提高认识力。情境教学的“理寓其中”，就是从教学内容出发决定情境教学的形式，在教学过程中创设一个或一组围绕教学内容展示的具体情境。

以上四个特点为教师的教学和学生的学习提供了一条有效的途径。

2. 情境教学理论框架遵循“五原则”

（1）诱发主动性。教学过程准确地说应该是促进自我发展的变化过程，教学过程只有通过学习者本身的积极参与、内化、吸收才能实现。学生作为教学活动的主体，能否主动地投入，成为教学成败的关键。把学生带入情境，在探究的乐趣中，激发学习动机；又在连续的情境中，不断地强化学习动机。

（2）强化感受性。通过优化的教学情境，向学生展示可感的生活场景、生动的画面、角色的扮演、音乐的旋律或实物的演示等，在创设的各种情境中引导学生自觉地投入，融入情感。

（3）突出创造性。丰富表象，为组合新情境打下基础；注重想象，为创造新形象提供契机；鼓励求异，培养思维的广阔性与灵活性。

（4）渗透教育性。情境教学以激发学生真情实感引导学生融入情境中。在整个教学过程中，以情感为动因，以爱国主义教育为起点，以审美教育为手段，通过感受和体验，把教育性渗透其中。

（5）贯穿实践性。情境教学强调基础，注重训练。包括基于学科特点的基础训练，以加强应用为目的的整体训练和以结合感知为媒介的思维训练。

此外，李吉林老师还从情境教学运用于语文单科的成功经验，抽象概括出符合儿童心理特点和认识规律的带有共性的创设情境的“四为”和“五要素”。“四为”，即以“形”为手段，以“美”为突破口，以“情”为纽带，以“周围世界”为源泉。促进儿童发展的“五要素”，即以培养兴趣为前提，诱发主动性；以指导观察为基础，强化感受性；以发展思维为中心，着眼创造性；以陶冶情感为动因，渗透教育性；以训练学科能力为手段，贯穿实践性。情感是儿童思想意识、道德行为强有力的动因，引导学生进入情境，在文本的感召下动情入境，从而去感悟体验，达到教育的目的。

## 三、案例赏析

### 案例一

学科：语文

年级：九年级

课题：孔乙己

**【片段实录】**

课本剧改编表演：吃茴香豆。

分工：1. 编剧；2. 导演；3. 道具；4. 演员。

地点：咸亨酒店。

人物：孔乙己、小伙计、掌柜、酒客、四个小孩。

[咸亨酒店内，已有三位顾客在喝酒，孔乙己上]

孔乙己（转向小伙计）你读过书么？（小伙计点头）

孔乙己 读过书……我便考你一考。茴香豆的茴字，怎样写法？（小伙计转过脸，不予理会）

孔乙己（等了许久，恳切地）不能写罢？……我教给你，记着！这些字应该记着。将来做掌柜的时候，写账要用。

小伙计（不耐烦地）谁让你教，不是草头底下一个来回的回字么？

孔乙己（极高兴地将两个指头的长指甲敲着柜台）对呀，对呀！茴字有四样字法，你知道么？

[小伙计愈不耐烦，努着嘴走远了。孔乙己则刚用指甲蘸了酒，想在柜台上写字，见小伙计毫不热心，便又叹一口气，显出极惋惜的样子。众人见状，大笑。]

[在众人的笑声中，四个小孩子围住了孔乙己]

孔乙己（对孩子）来，茴香豆，一人一颗。

小孩子（嚷嚷）还要，还要。

孔乙己（着了慌，伸开五指将碟子罩住弯下腰）去不多了，我已经不多了。

孔乙己（直起身子一看豆，自己摇头）不多不多！多乎哉？不多也。

[在众人的笑声里，孩子们走散了]

师：从刚才同学们的表演中，大家是否看到一个不一样的孔乙己呢？

生1：孔乙己喜欢小孩子。

生2：那是因为大人们都看不起他，拿他当笑料。

生3：孔乙己只有在小孩们面前才能卖弄一下自己的学问。

师：孩子们认可他的学问吗？

生4：孩子们也嘲笑他。

师：由此，大家看到一个什么样的社会呢？造成孔乙己不幸的原因有哪些呢？

……

**【教学反思】**

新课程主张学生在课堂里要主动开展合作探究式学习。一个好的教学情境通常为学生提供了合作、交流、协商的环境，在这个环境中学生可以学习人际间的交往，体会团队的力量，学会把自我融于群体之中，从而逐渐培养他们的团队精神与合作能力，这也是一个具有社会适应能力的人的基本素质。这节课就以“情境创设”为抓手，体现小说“原生态价值”和“教学价值”的融合点。这个目标是否实现了呢？我在反思中一点点寻求答案。

一、设计亮点

其一，课本剧改编，落实戏剧的具体实践，激发学生的学习兴趣。课本剧改编的设计首先落实了语文课程标准关于改写的要求，其次也为九年级下册第五单元“了解剧本的基本特点”做了铺垫。同时，利用戏剧演出的具体实践，运用切身的表演更好地激发学生的学习兴趣，是对山西中考命题“一核·六维·四手段”中“真实任务情境”导向的落实。

其二，课本剧演出，创设鲜活的情境，有利于学生深入思考。孔乙己的形象经典而深刻，然而学生对这一人物的认识却是肤浅而标签化的。创设真实而鲜活的情境，使学生跨越时空置身其中，有利于学生进行更深入地思考，从而落实教学重点。

二、教学盲点

本节课创设的课堂教学情境虽然在很大程度上起到了激趣和引发思考的作

用，但仍有少数学生似乎游离于课堂之外。小组的分工是明确的，但部分学生仍没有足够的能力完成所承担的任务。

三、教学疑点

《孔乙己》作为一篇经典中的经典，无论是专家学者还是普通阅读者，都会对其有许多独到的见解。这样的课文，对于师生都是挑战。如何引导学生在经典中读出新意？这样深刻的作品，引导学生思考到什么层次合适？这是我在以后的教学中需要思考和解决的问题。

（案例提供：太原市三十七中　罗惠琴）

【案例评析】

此教学反思的亮点主要体现在：1. 本节反思以情境创设类型——扮演角色体验式情境为切入点，进行了聚焦式反思。反思中注意到以课本剧创设了有活力而开放的任务情境，是对山西中考命题“一核·六维·四手段”理论体系中“四手段”的“真实任务情境”的课堂实践。有教育家曾说，凡是愉快的、有效的、成功的教育教学活动都离不开受教育者的参与。创设鲜活的情境，提升课堂上学生参与的热情，能够很好地解决教学中的重难点。此部分反思是很有价值的。2. 反思立足于课程标准，关注发展学生的语文核心素养。教师在反思中不断思考创设好的情境能否促使学生产生学习动力，能否更好地促进学生的智力发展、情感培养，学生在剧本改编和角色扮演的过程中能否深刻领会小说的多元主旨，这样的反思具有思维含量。

不足之处则是在剧本改编过程中，应关注情境创设时学生的参与度如何，课堂的融入感怎样，教师是否在充分了解学情的基础上，以学习规律为准则，分层进行任务分配等，这些都是关系到增强学生的自信、促进学生全面发展的教学行为。

## 案例二

学科：数学

年级：七年级

课题：探索规律

**【片段实录】**

师：同学们，上课前老师给大家表演一个魔术，魔术的名字叫“听牌术”。

生：太好了！（兴奋、期待）

师：老师手里有一副扑克牌，请一位同学随机抽取一张，别让我看到牌的花色和点数，我转身后，可以让其他同学看一下。我要通过“听”剩下的牌的声音，听出那位同学抽到牌的花色和点数。谁来当老师的助手？

（学生争先恐后举手）

师：好，先请这位同学。

师：同学，你听清楚老师的要求了吗？

生：听清楚了。

师：好，那我们开始了。

（教师拿出事先准备好的扑克牌，去掉大小王，展开给大家看一下，然后开始魔术。该同学抽牌，待教师转身后，给大家看牌，看完后将牌扣在桌子上。此时，教师趁转身的机会，看到被抽走的那张牌上面的牌是方片7。然后，用手拨牌，听牌的声音。）

师：我听出来了，那张牌的花色是黑桃，点数是10。

生：老师，厉害了！

（学生掌声响起）

师：同学们，相信老师是用耳朵听出来的请举手！

（学生面面相觑，摇头表示怀疑，没人举手）

师：你们觉得老师是猜的、看的、听的，还是闻出来的？（学生笑）

生1：老师，那副牌是不是背面有标记啊！

（教师摇头）

生2：老师是算出来的，知道一副牌的张数，然后知道剩下的，就能算出抽走的牌。

师：这是个不错的想法，我非常欣赏！不过，虽然老师是数学老师，但要在这么短的时间内用排除法，嗯，似乎有难度哦！

生3：老师，你让我们再仔细看看这副牌！

师：好，这位同学的要求不过分，那我们一起看一下。

（教师把扑克牌一张一张依次翻转，并贴在黑板上，翻到第三张，就有学生发现了规律）

生4：老师，我知道了，每一张牌依次加3，1+3=4，4+3=7，所以下一张牌一定是10。

（教师翻开第四张，果然是10）

生5：哦，老师只要知道上面那张牌的数字，然后加3，就是我们抽走牌的数字！

师：你们太厉害了！那花色又是如何知道的？

生6：我知道，你的牌的花色依次是黑桃、红桃、梅花、方片，四张为一个循环，只要记住这个循环，看到上一张牌的花色，就知道下一张牌了！

（教师带头鼓掌）

**【教学反思】**

数学课是很多学生比较头疼的课，所以我努力探索创设吸引学生的情境，使数学课既有趣更有所收获。本节课结合魔术的形式和学生一起探索规律。为避免出现“上课玩得开心，下课一无所获”的现象，表演完魔术后，我及时追问学生“老师是如何得到答案的？是听到的吗？”引导学生深度思考，特别是学生想到的排除法，虽然操作有难度，但的确是学生经过思考后得出的一种方法。正是由于创设了这样的情境，激发了全班同学的思考，才顺利达成了本节课的预期目标。

（案例提供：太原市外语科技实验中学　侯艳峰）

**【案例评析】**

授课教师围绕“创设情境”的意义进行反思，定位准确；重视设置有效的问题及时引导学生，避免出现“上课玩得开心，下课一无所获”的现象，体现教师的反思立足于学生的成长与发展。特别要注意的是，问题设计应该具有基础性、层次性、连贯性和挑战性。

## 案例三

学科：英语

年级：七年级

课题：Unit 10 I'd like some noodles. Section A 1a–2c

**【片段实录1】**

实物情境：在课堂导入环节，教师首先将一个装有各种食材的方盒子放在讲桌上，让学生猜一下这个盒子里可能装有哪些食材。然后教师依次拿出盒子中的食材，在黑板上呈现单词的同时领读纠音。

**【教学反思】**

学习词汇是学生在英语学习的过程中最头痛的事情。教师要善于把单调枯燥的词汇教学变得让学生乐学好记，利用实物创设语境就是有效方法之一。同时，初中生注意力不容易集中且自控力不强，但他们易于接受形象具体的东西，而实物是最常见的直观教具，采用实物教学的方法能极大地激发学生的学习兴趣，从而极大地增强他们的理解与记忆能力。在上述片段中，学生首先好奇盒子里会有哪些食材，其次在教师取出食材的时候他们的注意力高度集中，争先恐后地用英语表达，在真实的语境中感悟、理解、掌握所学语言知识。不足之处在于实物展现有局限性，教师在准备的过程中可能会不够充分。

**【片段实录2】**

多媒体情境：在进行听后活动2c之前，教师通过多媒体呈现了一段山西各种面食的视频，之后将几种比较常见的面食以图片的形式再一次呈现在屏幕上。最后在进行句型操练两两对话的时候，将每一种食材通过动画的方式依次加入面食之中。

**【教学反思】**

初中学生的思维以形象思维为主，使用现代化教学手段，可以增强教学的直观性和形象性。多媒体课件通过图片、视频、声音、动画等多种形式，可以把许多生活情景直观、生动、完整地再现，学生喜闻乐见，不但能够引起学生的兴趣和注意，活跃课堂气氛，而且使课堂教学形象化、具体化、情境化，提高了课堂教学效果。在上述片段中，以视频为载体铺垫"境"，学在语境中练习目标语言"What kind of noodles would you like?　I'd like ... noodles."让学生在情境中"思"，最终实现"用"的目标。

（案例提供：太原志达中学　李江鸿）

【案例评析】

建构主义的学习观认为，学生并不是空着脑袋走进课堂，他们都有自己的学习基础和生活经验，要使学生更好地掌握知识就应该重视对学生原有知识的了解、挖掘和利用。上述两个案例中，教师很好地通过有意识的“闲聊”等多种手段，创设真实语境，引导学生进入话题，激活学生原有的学习基础和生活经验，令他们开拓思维，输出已知词汇。从反思中可以看出，教师很精准地捕捉到了这一点。

## 案例四

学科：物理

年级：年级

课题：热学复习课

【片段实录】

教学环节一：问题线索，温习旧知

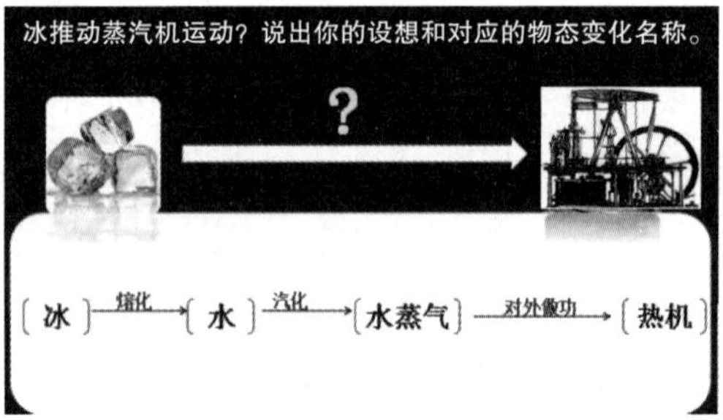


提出问题：

1. 怎样用冰推动蒸汽机运动？说出你的设想和对应的物态变化名称。

2. 从冰到水再到水蒸气的过程中，需要哪些实验器材？组装顺序有什么要求？

3. 实验过程中研究温度随时间变化的规律，除了用表格记录数据，想要更直观形象还可以怎样处理？

达成目标：学生通过分析一个大跨度的问题，回忆物态变化名称、吸放热情况以及热机的工作原理，在头脑中形成一条清晰的问题线索。学生在问题2中回忆起熔化实验和水沸腾实验的实验器材、组装顺序和装置的异同点，在问题3中体会图象法处理实验数据的优点，为接下来引出图象情境族做了铺垫。

预期效果：学生通过思考如何用冰推动蒸汽机运动，自然而然想到冰要经历熔化、汽化过程，最后水蒸气对外做功推动蒸汽机运动。在此过程中，学生进一步梳理气、液、固三态变化名称及吸放热情况，总结出记忆口诀，同时也回忆起热机的工作原理和能量转化过程。学生思考问题2，说出熔化和沸腾两个实验需要的实验器材和组装顺序，在头脑中构建出实验装置图。说出熔化装置需要水浴加热，优点是被加热物体受热均匀。学生思考问题3，说出用图象处理数据能更直观地反映温度随时间变化的规律。两个问题的设置让学生将实验装置和数据图象在头脑中进行了初步整合，降低了即将进行的情境族分类难度。

教学环节二：情境分类，归纳提炼

将以下12幅图片分类，可以分为哪几类？

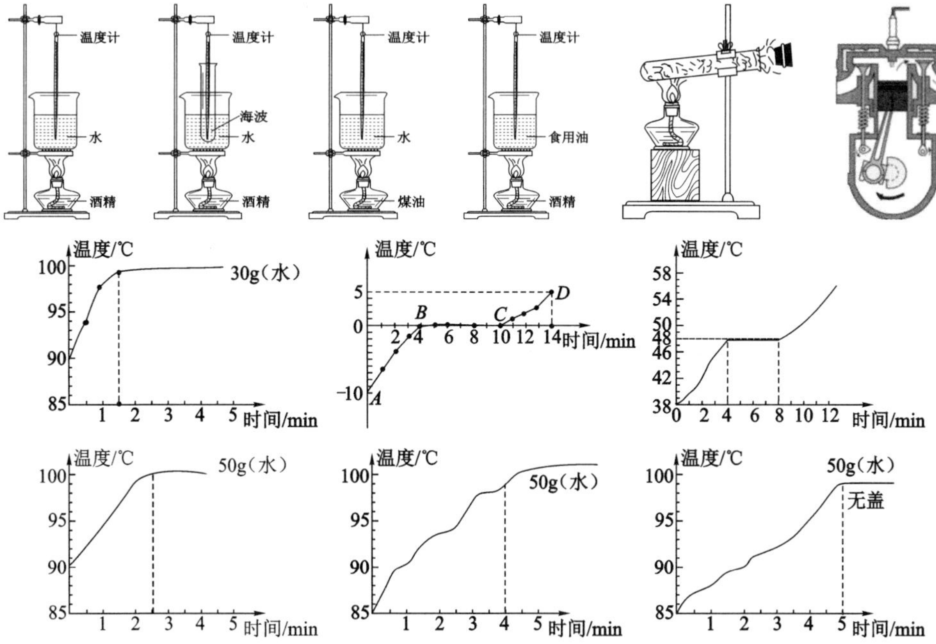


情境族一“装置族”：由熔化装置、沸腾装置、比热容装置和热值装置的四个实验装置组成。

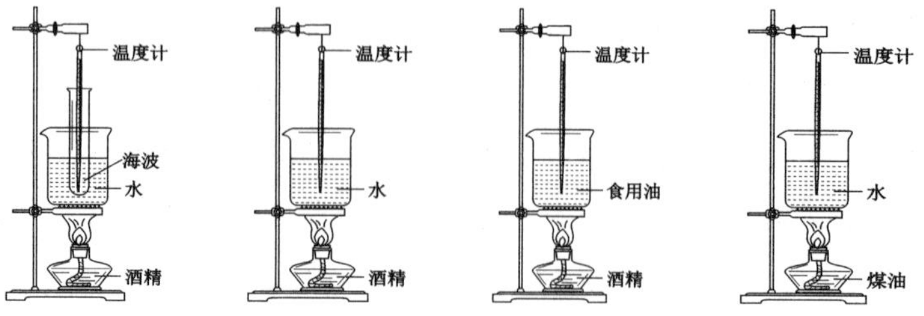


装置1　　装置2　　装置3　　装置4

提出问题：

1. 说出装置1、2对应的实验名称及装置的不同点。

2. 装置2、3、4两两组合可以探究哪些实验？分别说出实验名称、器材、步骤、现象及结论。

3. 你在设计上述实验时，用到了哪些研究物理问题的方法？

达成目标：学生通过观察实验装置，对旧知识进行回忆和重新组合，达到温故和热身的效果，并建立起物理实验的基本思路；在设计实验的过程中让学生体验研究物理问题的方法，即控制变量法和转化法。

预期效果：晶体熔化实验、水沸腾实验、比热容实验、热值实验是热学部分四个重要实验，学生通过观察装置1、2的不同，说出晶体熔化实验和水沸腾实验中加热方式不同，即水浴加热的优点。通过将装置2、3、4两两组合，各小组分别可以得出两个探究性实验：比较不同物质的吸热能力（比热容实验）和比较不同燃料完全燃烧的放热能力（热值实验）。通过实验名称、器材、步骤、现象及结论的叙述，体会出每个器材的作用、步骤的安排、现象的表述及结论性的知识，并意识到控制变量法和转换法的应用。

情境族二“图象族”：

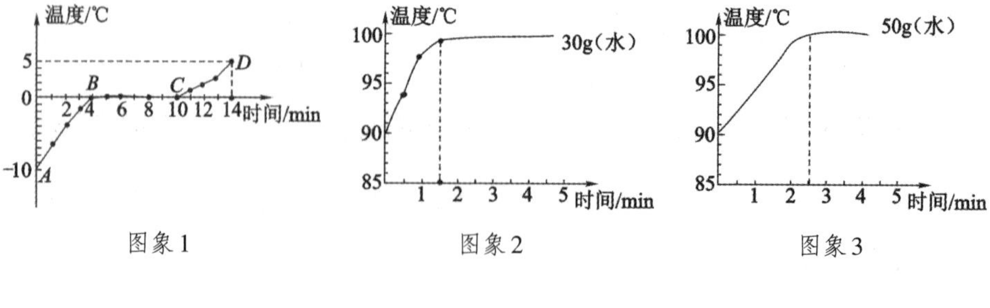


图象1　　图象2　　图象3

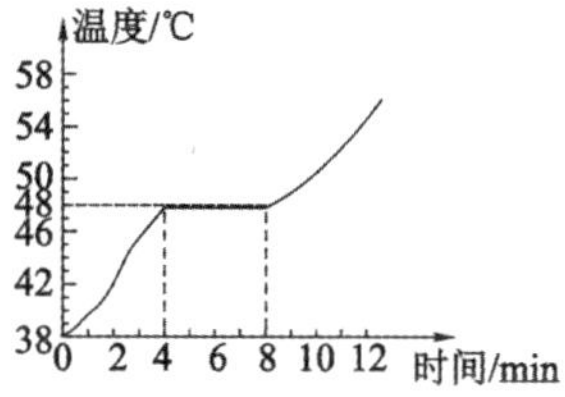


图象4

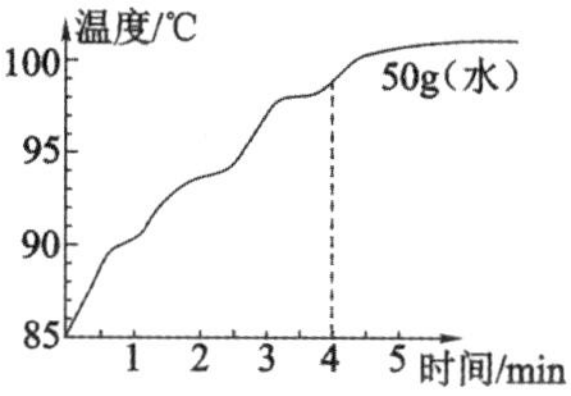


图象5

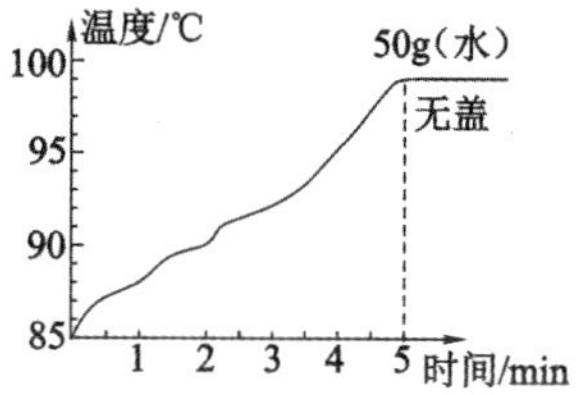


图象6

提出问题：

1. 观察6幅温度—时间图象，试着进行分类，说出分类的依据。

2. 观察水沸腾的4幅图象，试着进一步分类，说出分类的依据。

达成目标：学生观察6幅图象，通过比较异同点重现了熔点和沸点两个概念。学生通过进一步分析冰的熔化图象，突破温度和内能的关系以及直线倾斜程度不同是由于水和冰的比热容不同。通过将4幅水沸腾图象进一步分类，得出缩短加热时间和节约能源的合理方法。

预期效果：学生观察6幅图象，说出共同点是都有升温过程和温度不变的过程，不同点是之后1、4温度继续升高，而2、3、5、6温度一直不变，前者不变的温度称为熔点（凝固点），后者为沸点，所以1、4为一类，2、3、5、6为一类。另一位同学补充也可以根据实验的名称和实验装置进行分类，1、4是晶体熔化图象，由装置1得到；2、3、5、6是沸腾图象，由装置2得到。学生对图象4很熟悉，能马上说出是海波的熔化图象，对于图象1的进一步分析可以说出温度和内能的关系以及直线倾斜程度不同是由于水和冰的比热容不同。通过对比图象2、3、5、6可以得到影响加热时间的三个因素，即水的质量、水的初温和盖子，学生可以为缩短加热时间和节约能源提出合理化建议。

情境族三“应用族”：

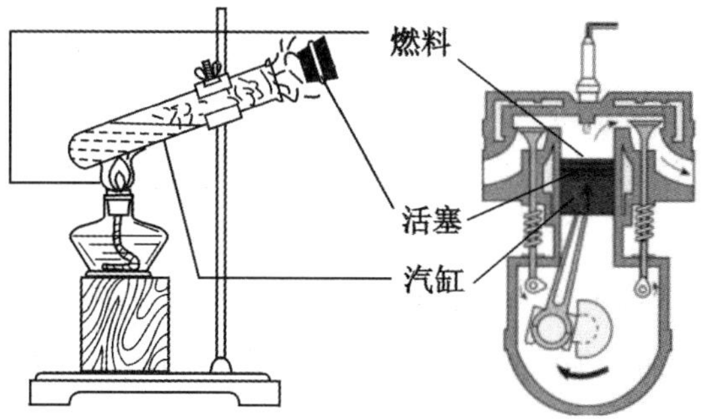

提出问题：

1. ________相当于燃料，________相当于汽缸，________相当于活塞。蒸汽推开塞子与内燃机的________冲程原理相似。

2. 能量转化：________能、________能、________能。

达成目标：通过对比两图，知道热机的工作原理和能量转化情况，并意识到能量的转化不可能达到百分之百，在头脑中构建起能量的转化效率即热机效率的知识。对比内燃机汽车和电动汽车的效率以及化石能源时代的诸多问题，意识到新能源革命已迫在眉睫。课前设想冰推动热机运动已成现实。最后学生通过观看无人驾驶汽车，深深体会到科技创新的震撼，社会责任感油然而生。

预期效果：学生通过对比蒸汽顶塞和内燃机，说出蒸汽推开塞子的过程和内燃机的做功冲程相似。能量转化是从燃料的化学能转化为气体内能最后转化为机械能，知道转化过程中有能量的损失，转化率不可能达到百分之百，强化了对热机效率和热效率公式的理解和计算。在例题训练中体会到电动汽车比内燃机汽车要节能高效，诸多问题将人类推向新能源革命的十字路口。在可燃冰的开采和无人驾驶这些新能源和高科技的视觉冲击下，学生深深体会到能源革命和科技创新的必要性，民族自信心、自豪感油然而生，社会责任感根植于心。

教学环节三：反馈训练，深化提升

在做“观察水沸腾”的实验时，甲、乙两组同学选用相同的实验装置完成实验，他们分别绘制的温度随时间变化的图象如图所示。如果操作及实验器材均无问题，则分析图象可知：当时的大气压______（填“大于”“小于”或“等于”）1个标准大气压；甲、乙组得到两种不同图象的原因可能是水的________不同。

**【教学反思】**

课堂教学应当尽可能把概念、基础知识和基本能力整合于具体的、有逻辑联系的复杂情境——情境族当中，让学生在情境中去体验问题的由来和问题的本质，根据自身已有的经验和知识背景分析问题、解决问题。学生只有在具有代表性的情境族中反复应用所学知识，才能将其牢固地掌握，能力才能得到真正的发展。

本节热学复习课共设置了三大情境族：“装置族”“图象族”“应用族”。以“冰怎样推动蒸汽机运动”为主线，简述了热机发展历程，从蒸汽机到内燃机再到新能源汽车，情境族贯穿始终，学生在思维发展的同时，节约能源、保护环境的意识得到提升。最后用可燃冰这种清洁高效的新能源作为动力能源推动汽车，与开篇呼应，既让学生意识到绿色发展的重要性，又增强了民族自信，爱国主义教育也渗透其中。

（案例提供：太原市万柏林区第二中学校　李亚辉）

【案例评析】

教师从情境创设的意义入手，站在学科立场，以学生的学习规律为依托，反思了教学过程中“情境创设”对知识的重新建构作用，同时具体分析了所创设情境在课堂教学环节中的具体操作，呈现出“整合情境，自主建构”的高效课堂教学模式。反思中重点聚焦“装置族”“应用族”“图象族”的情境创设，突破了热学实验中的重点和难点，巧妙衔接了热学知识的运用，认识了热效率，思维顺畅，回应了课堂一开始的问题。最后对比各种新能源汽车的优缺点，体现了对科技发展的关注，可燃冰的出现更有画龙点睛之效，渗透了思政课的理念。整篇反思由宏观到微观，分析有重点、有价值。

## 案例五

学科：化学

年级：九年级

课题：燃烧和灭火

【片段实录】

环节一：创设情境，引入新课

师：燃烧是生活中一种常见的现象，火给人类带来光明和温暖，但是也会给人类带来灾难。下面我们来看一段视频资料。

多媒体播放有关2019年4月15日法国巴黎圣母院火灾的新闻视频资料。（创设情境，激发学生的兴趣）

（主持人解说词：据法国《费加罗报》报道，当地时间4月15日下午6时50分左右，法国巴黎圣母院发生严重火灾。火灾起于阁楼，蔓延速度极快，从报告起火到火焰蹿上房顶仅仅用了一两分钟时间。内部整个木质结构都在燃烧，塔尖已经在大火中被摧毁……消防员赶到现场，使用高压水枪等救火……据多家法国媒体报道，圣母院顶楼的电线短路可能是引发火灾的原因。）

学生倾听、观看和感受火是“双刃剑”，由鸦雀无声到一片惊呼，在惊讶、惋惜声中观看完视频。

师：法国巴黎圣母院火灾是如何引发的呢？它为什么能燃烧起来呢？又是采用什么方法灭火的呢？

学生左右相顾，一时反应不过来。

师：大家认真回顾一下视频内容的细节，小组交流讨论一下。

学生小组讨论，交流后发言。

生1：电线短路引起的。

生2：（急不可耐地补充）电线短路产生的电火花引起的。

生3：法国巴黎圣母院内部是木质结构，（停顿一下后，又补充）如果是水泥结构的就不会燃烧。

生4：消防员使用高压水枪和灭火器等灭的火。

师：为什么木质结构的就会燃烧，水泥结构的就不会燃烧？

生：木料是可燃物，能燃烧；水泥不是可燃物，不能燃烧。

师：如果我们想要科学地利用燃烧更好地为人类服务，就必须掌握燃烧的规律，防止类似法国巴黎圣母院火灾的发生。今天，我们就来研究有关燃烧的条件和灭火的原理。

教师板书：第一节　燃烧和灭火

环节二：对比实验，探究燃烧条件

教师提供准备好的实验用品和仪器，PPT展示出实验步骤。

学生实验探究：

1. 实验一：取小纸条和小石块，分别用酒精灯点燃。
2. 实验二：用透明的玻璃杯罩住燃着的小蜡烛。
3. 实验三：一根小木条和小纸条，分别放在酒精灯火焰上点燃。

……

**【教学反思】**

为激发学生主动性和创造性，增加课堂吸引力和感染力，借助了“法国巴黎圣母院火灾”情境，学生在观看视频过程中表现出震惊和惋惜。真实情境不仅可以激发学生求知欲，增强学生兴趣，发展学生的智力、能力，而且对提高教学质量会产生积极的影响。但部分学生有“看热闹”之嫌，不能深入思考课题相关问题：法国巴黎圣母院为什么会发生火灾？火灾是如何引发的？消防员是如何灭火的？如果先进行问题导入“火给人类带来光明和温暖，但是也会给人类带来灾难。生活中火是如何燃起来的？我们可以使用什么方法灭火呢？大家来看一段视频”，这样学生带着问题去观看，在观看过程中就会思考问题、分析问题，我想效果会更好。

（案例提供：汾阳东关中学　张柏威）

**【案例评析】**

本课依据义务教育化学课程标准要求，认识燃烧的条件及防火灭火措施，交流并解释日常生活中常见的燃烧现象。教学设计以“法国巴黎圣母院发生严重火灾”的真实生活情境导入新课，激活课堂，营造出生动活泼的氛围，情境效应达到了较好课堂效果。教育是培养“全面发展的人”，核心素养是解决实际问题的“必备品格”和“关键能力”。该反思没有从中国学生发展的核心素养和化学学科素养方面深层次挖掘情境中“珍爱生命”“社会责任”等生长点，仅专注于“乐学善学”和知识、智力方面的培养，是不完整的。真正有效的学习必须在教师引导下进行，不仅关注“关键能力”，更需要培养“正确价值观”和“必备品格”，教育培养的是“全面发展的人”。创设情境是一种优化手段，效果衡量标准集中在是否充分、积极、有效，是否让学生生动活泼地学习，在愉悦身心交互中发展学习技能和人格。

## 案例六

学科：历史

年级：七年级

课题：夏商周的更替

**【片段实录】**

师：（出示地图）通过对比夏商周时期的形势示意图，你能发现什么？

生1：从夏朝到商再到周，疆域越来越大。

生2：疆域主要都在黄河下游陕西、山西、河南、河北、山东一带。

生3：西周有分封的诸侯国，都城在洛邑。

生4：都城都在黄河流域陕西、河南……

教师一一点评学生观点。

（设计意图：通过三个朝代的疆域图对比，学生从地图中体现出来的历史时间和空间感受到国家的不断发展和变化，培养历史时空观念，认识到国家在一步步发展，为后面分析分封制的作用做好铺垫。）

师：西周时期，不但国家控制的疆域越来越大，人也多了，如何进行有效管理？打个比方，我们在普通教室上课和在多媒体教室上课，大家觉得哪个课堂纪律更不容易管理？

生：当然是多媒体教室，因为太大，人也多。

师：我有两种管理方式，一是直接管理全班同学，二是我把所有同学按座位划分成几个大组，大组再分成几个小组，哪种管理方式更好？

生：肯定是第二种。老师只管大组长，大组长管理小组长，小组长管理组员，这样老师就会比较轻松，而且责任到人。

师：说得很有道理。这种管理方式和西周的分封制制度特别相似。先来听一个桐叶封弟的故事。

教师简单介绍人物及事件，也可以让学生来讲。

师：故事听完了，老师的问题来了。

1. 周成王为什么要把弟弟叔虞分封到晋？西周实行分封制的目的是什么？

2. 唐叔虞属于哪一阶层？

3. 唐叔虞从周成王那里得到了什么？他有什么权利和义务？

（设计意图：从山西“晋”的由来入手，充分挖掘山西地方史资源，一方面拉近学生与历史的距离，感受历史与现实生活的紧密联系；另一方面，对学生进行了解家乡历史、热爱家乡文化的爱国、爱家乡教育，为后面春秋战国的学习做好铺垫。）

生1：周成王为了让弟弟帮助他治理山西，所以把他分封到了我们山西。

生2：分封制的目的其实就是为了巩固周王朝的统治。

生3：唐叔虞应该属于诸侯这个阶层。

生4：周成王把土地和人民分封给唐叔虞，但后者必须缴纳赋税，并且战时要出兵帮助周天子打仗，保卫周天子。

教师用两个示意图展示分封制的内容。

（设计意图：通过示意图，学生很直观地从图中看到诸侯之下，层层分封，最终形成等级森严的制度，更容易理解分封制的内容。通过图示法将分封制的内容展示出来，形象生动，将知识点化难为易，符合七年级学生的认知特点，学生更容易识记和理解。）

师：哪些人才有资格获得封赏呢？

生：从材料看，被分封的首先有同姓王，如唐叔虞，而且占绝大多数；其次有功臣，如姜子牙吕尚被分封到齐；还有先代帝王后裔，如商纣王兄微子启的封地宋等。

教师出示地图和史料，证实所说观点。

师：你知道西周分封制各阶层的名称吗？试着说一说。

生：周天子、诸侯、卿大夫、士、平民、奴隶。

师：哪些是统治阶层？哪些是被统治阶层？

生：天子、诸侯、卿大夫和士是统治阶层，平民和奴隶是被统治阶层。

师：诸侯之下，层层分封，最终形成等级森严的制度，各等级之间在衣食住用行等方面都有严格的限制。祭祀用的礼器是天子九鼎八簋，诸侯七鼎六簋，卿大夫五鼎四簋。对“死”的称谓也不一样。周天子和诸侯死后，由嫡长子来继承王位成为大宗，其他儿子不能继承，成为小宗。这就是西周的宗法制。周天子、诸侯、卿大夫、士及平民在衣食住用行及祭祀等方面有着严格的限制，各级只能遵循相应的礼制而不能僭越。这就是西周的礼制。分封制的实行是依靠宗法制和礼制来维护的，一旦礼制遭到破坏，分封制也将不能实施下去。

（设计意图：用示意图再次将知识化难为易，使学生印象深刻。将西周的礼制稍微渗透一下，为春秋战国的内容做好铺垫。）

教师读唐叔虞故事下集，出示材料，提示学生进行小组合作讨论，探究分封制的影响。

**材料：叔虞从唐国的实际情况出发，在自己的封地内实行一套有别于周、**

鲁、齐、卫等国的政治制度和经济政策。鼓励民众发展农牧业生产，兴办水利，使唐国民众逐步过上了安定的生活。唐国附近原有的许多戎狄部落，也都先后归附了叔虞。这样，这个方圆不过百十里的小国疆土日渐扩大，在邻国中的威望也就越来越高了。

学生分小组活动，讨论、总结。最后每组派一位代表发言。

生1：分封制的作用是促进了西周各地的开发和发展，使得西周的疆域面积扩大。

生2：分封制使得西周各国迅速发展壮大。

生3：我认为分封制的作用有两个方面，一方面促进了西周的发展和壮大，拓展了西周疆域，巩固了西周统治；但另一方面，各诸侯国的实力迅速发展，等周天子控制不了的时候容易造反，从而对周天子形成威胁。

师：同学们分析得都非常好，有理有据，观点明确，论据充足。谁的观点更全面呢？

生：×××（最后一位同学）。

师：我们来总结一下西周分封制的作用。一方面巩固了西周王朝统治，拓展了西周的疆域，加强了对周边民族的控制（积极）；但另一方面随着时间的推移，周天子势力逐渐下降，而各诸侯的势力却迅速发展，从而威胁到周天子的统治（消极）。所以我们看任何事物都应该一分为二，全面客观。

（设计意图：阅读史料的能力是历史核心素养史料实证的一个重要能力，从七年级开始就要培养学生阅读史料、从史料中提取信息的能力。选择史料时，要注意史料的真实性、可靠性，选择符合七年级学生阅读水平的材料。）

教师带领学生进行小结：

分封制的目的：为了加强对全国的统治，巩固疆土。

分封制的内容：周天子把土地和人民分封给诸侯；诸侯必须服从周天子的命令，缴纳贡品，平时镇守疆土，战时带兵随从周天子作战。

分封制的影响：巩固统治、扩大疆土，开发边疆、发展生产（积极）；形成等级制度，王室衰微、诸侯争霸（消极）。

（设计意图：小结的重要性在于明确知识内容，理清思路，落实知识。）

师：（结束语）唐叔虞死后，唐改名为晋。后人为纪念叔虞对晋的贡献，为他建立了祠堂即晋祠。晋祠三绝之一的周柏，又被称为“齐年柏”，根据科学检测为周朝所种。它们阅尽沧桑，是中国历史文化发展最具权威的见证者，更是山西晋文化发展的检阅者。

这节课我们重点学习了夏商周时期文明的重要标志：国家的产生和发展，下节课我们将继续学习这一时期文明的另外两个标志：青铜器和甲骨文。

（设计意图：通过对晋祠历史渊源和晋祠历史文化价值的介绍，让学生从课本回到现实，历史课结束，但人生的历史课才刚刚开始。结尾和本课的导入及分封制的内容相呼应，使学生对晋祠所代表的山西文化有初步的认识，使学生了解家乡历史，热爱家乡文化，树立自信心和自豪感。这就是历史核心素养中的家国情怀。）

**【教学反思】**

## 情境创设——突破重难点的法宝

本课是历史统编版七年级上册第二单元第一课内容，内容围绕早期国家的产生与发展这一主题，主要讲述了从夏朝到西周三个朝代的发展和更替。在朝代更替的过程中，一方面要了解国家产生的标志，引导学生分析夏、商、周更替的原因，总结历史规律；另一方面要认识到从夏到西周，国家疆域不断扩大，宫殿规模越来越大，政治制度也在不断完善，即分封制的确立。与此同时，西周的宗法制和礼制也逐渐成熟，成为维护西周统治的三大支柱。

七年级学生以感性思维、形象思维为主，因此要借助多媒体教学，充分利用课本中的历史地图和考古发掘的图片资料。历史教学中常用的情境创设方法主要可以归纳为：一借助图片、实物、影像等资料创设历史情境；二联系生活实际展现历史情境；三借助音乐渲染历史情境；四通过角色扮演体会历史情境；五通过教师语言和情感描述历史情境；等等。

在本堂课中，根据教学内容的需要和学生发展的特点，我主要运用了图片、联系生活实际和角色扮演来创设历史情境，将“分封制”这一枯燥、高深、严肃的教学内容形象化、生动化，使学生更容易理解和接受。通过地图对比，学生很容易看出西周的疆域大了很多。我根据学生在教室上课和今天在多媒体教室上课的变化，提出问题：哪个课堂中的纪律更不容易管理？学生很自然地说出肯定是多媒体教室，因为空间大、人多，所以更不容易管理。我继续打比方：我可以将全班分成几个大组，大组再分成小组，这样一层一层管理比我直接管理每位同学效果如何？学生结合生活经验发表意见，从而很容易理解分封制的目的和作用。通过漫画桐叶封弟的故事，学生在了解家乡历史的同时，知道了西周分封制的史实。通过等级示意图和权利义务示意图，将分封制的内容直观展现出来，便于学生理解和记忆。通过补充的历史材料，尤其是图画“一树鹤立”到“百树成林”，学生更容易理解分封制在当时产生的影响和对后世的影响。这样的教学过程不但培养了学生阅读材料、分析材料的能力，而且渗透论从史出、史论结合、辩证看待问题的历史思维，提高学生的历史思维能力。

本节课也存在一些问题：一是师生互动还仅仅限于师问生答，包括学生的讨论都是教师设问，没有给学生自主提问的机会；二是因为教学内容多，时间有限，因此学生思考、讨论的时间有些不充足，本课内容分两课时来完成会更好。

（案例提供：太原市第十二中学校　王晓芬）

**【案例评析】**

本案例中教师将反思的主题确定为情境创设——突破重难点的法宝，并对情境创设的作用进行了深入剖析，既有理论依据，又有操作细节，处处体现了教师的用心。

如教学过程中，通过桐叶封弟的故事，破解“西周分封制的建立”这一难点，通过示意图和图片等资料，将分封制的影响形象化、具体化，更符合七年级学生的学习特点，更能发挥学生的主动性，激发学生的兴趣。又比如，通过夏商周断代工程考古成果，推测当时的生产、生活状况，认识历史学科必须以考古发现的第一手资料和文字史料等为证据，养成“有一分史料说一分话”的史料实证意识。再比如，通过晋祠的由来和晋祠内两棵周柏的经历，拉近了学生与历史的距离，同时感受到我们山西悠久的历史文化，认同晋祠是中华民族历史的见证者，从而热爱家乡文化，树立民族自信心和自豪感。

反思的最后环节，教师指出师生互动还仅限于师问生答，包括学生的讨论，都是教师提问，学生不能自主提出问题，教师也没有给学生自主提出问题的机会。这时是否可以进一步追问：为什么会出现这种情况？我还可以怎样调整？这样反思可以更加有效。

## 案例七

学科：道德与法治

年级：八年级

课题：民族区域自治制度

**【片段实录】**

师：完成自主学习后，我们了解了什么是我国的民族区域自治制度，了解了实行民族区域自治制度的自治地方。对于很多同学而言，我们离这些自治地方比较远，对他们的具体情况很好奇。八年级学生小玉有幸在团中央启动的新疆、西藏与内地“各族少年儿童书信手拉手”活动中，结识了一位西藏的好朋友卓玛，在两人的书信来往中，经常谈到西藏的一些情况，帮助小玉更好地了解了民族区域自治制度。

让我们先来看看她们的一封信。

> 亲爱的小玉：
>
> 你好，你上次问我什么时候放寒假。你知道吗，由于我们这里特殊的气候和地理因素，为保障学生的上下学安全，所以依据相关规定，我们这里有的地方寒假将近60天，而暑假的时间相应会缩短；为避免在长期缺氧环境下工作造成心脏的负担，爸爸妈妈每周的规定工作时间为35小时，比全国法定工作时间少5个小时呢。爸爸妈妈还告诉我，由于历史、自然等原因，西藏地区经济基础薄弱，经济发展水平低，为此在税收方面，全国只有西藏一直执行比全国低3个百分点的税收优惠政策，而且对农牧民一直免收各种税费；在金融方面，西藏一直实行比全国低2个百分点的优惠贷款利率和低保险费率政策。全家人都感谢国家的好政策，让我们有如此幸福的生活。
>
> 你的朋友：卓玛
>
> 2018年12月8日

师：在卓玛的来信中，你们发现西藏有哪些方面的规定和政策与全国是不一样的？你是否知道还有哪些不同？结合宪法关于民族区域自治制度的规定思考，西藏自治区有权这样做吗？这样的做法是不是说明民族自治地方实行完全自治？说说理由。

（在自主学习环节已经呈现宪法第三十条、第一百一十二条和第一百一十五条）

学生四人小组合作，分析与总结，并进行展示。

【教学反思】

教学情境是以直观方式再现书本知识所表征的实际事物或者实际事物的相关背景，情境不仅仅是一段信息、一段资料，更是要通过情境的创设，引导学生经历从形象到抽象、从实际到理论、从感性到理性、从旧知到新知的学习过程。民族区域自治制度对于远离民族自治地方的学生来讲是陌生的，课本的理论是抽象的。为此，我在讲解这部分内容时，借助中学生“小玉”与藏族学生“卓玛”的三封来信（该片段是其中一封），以藏族学生卓玛的口吻，用沟通的方式交代出西藏自治区实现民族区域自治制度的一些具体情况，以及国家赋予西藏地区自治区的现实原因。依据信件中具体可感的信息，学生在探究中归纳出自治权涉及的经济、社会生活等方方面面，结合情境与宪法的规定，理解自治权是在国家统一领导下，结合民族地区的实际情况，自主管理、变通执行的权力，而非高度自治。后面的第二封信和第三封信，我通过藏历新年的传统节日与西藏的双语教育、双语广播，分别引导学生分析在民族自治地方实行民族区域自治制度的意义，感悟保护、传承和发展各民族语言文字，有助于各民族文化的传承与交流，有利于丰富中华民族传统文化的多样性。课堂立足并贴近学生与社会生活实际，增强了情境的趣味性、感染性、现实性、代入感，做到了让学生在过程中培养态度、收获知识、提高能力。

（案例提供：太原市第三十六中学校　刘宇）

【案例评析】

该反思紧紧围绕教学情境的创设进行，从自己对情境的理解入手，说明自己在本节课创设情境的意图以及创设的具体方式。以中学生“小玉”和藏族学生“卓玛”相互通信的信件引导学生进入学习情境，属于角色体验式情境。对情境的有效性、合理性进行反思，可以帮助教师不断提升情境创设水平。建议今后在创设情境问题时更注重层层推进，更好地引导学生在情境中感受、理解、分析、思考，活学活用，提高能力。

## 四、综合评论

捷克教育家夸美纽斯曾说："一切知识都是从感官开始的。"创设教学情境是模拟生活，使课堂教学更接近现实生活，使学生如临其境，如见其人，如闻其声，加强感知，突出体验。

情境教学是一项既有实践意义又有理论价值的研究，为全面实施素质教育探索出了一条科学有效的途径，提供了一种成功的模式。情境创设在课堂教学中的运用生动地说明了教育理论只有和教育实践相结合，才能有新的发展，教育家只有在校园丰厚的土壤里才能得以诞生和发展。

本节内容从理论要点到名师名家的实践智慧，为课堂教学的情境创设指明了方向，上述不同学科的案例从不同角度展示了情境创设在课堂教学中的实践运用，可以说是一线教师专业水平和教学能力、教学策略、教学艺术等多种素养综合形成的教学智慧的实践运用。

### （一）对情境创设进行反思的方法

课堂情境创设的方式决定了其反思的方法。情境的创设可谓丰富多彩，可以以教学内容为基础，可以从生活资源中提炼，可以由现场挖掘，可以从影视或媒体中选取，可以通过语言描绘，可以通过表演再现，可以由实验实现，可以是录像展示……无论采用什么方式创设课堂教学情境，只要符合教学内容、教学目标、学生实际、教师教学个性的需要，都可以实现激活学生思维、提高课堂教学效益的目标。故对情境创设进行反思也需要针对不同情境的特点。

1. 从情境创设是否符合教学内容进行反思

不少教师认为实施情境教学就是讲故事、引视频、导案例等，没有从对知识的深入解读、学生的认知过程等角度出发，往往忽略情境与教学内容是否契合以及能否贯穿整个教学过程，所以会出现表面上在实施情境教学，实际上却没有脱离传统教育模式的现象。故反思不能只看情境的形式是否新颖、是否有趣，更需要从情境与课堂教学内容的契合度、连贯性等方面进行反思。

2. 从情境的创设是否与问题设计保持一致进行反思

情境创设是为问题提出而服务的，故需要与问题设置保持高度一致，二者只有达到水乳交融，情境的创设才有效。如果情境创设与问题设问的关联性不大，甚至是为了自己所要的答案而主观创设的虚假情境，那么这样的情境创设是没有价值的。因此，从问题设计的角度反思情境创设的科学性与实效性，有利于课堂教学效益的提升。

3. 从情境创设是否达成教学目标进行反思

在情境创设与问题设计保持一致性的基础上，还需要从情境创设是否达到课程标准要求的教学目标和学习目标出发进行反思。反思时可以从教师的教学目标是否达标和学生的学习目标是否达标两个方面入手。前者往往关注预设的知识与技能、过程与方法、情感态度价值观等三个方面；后者则可以针对学生的参与面、参与度、参与积极性以及从学生在课堂上的反应，着眼目标的达标效果。

4. 从情境创设是否符合学生实际进行反思

情境创设的途径多种多样，但切忌“生编硬造”，即教师根据教育目的和教学目标选取的教学情境不能是自我编造的，要从生活中去发现，从日常生活的场景中去挖掘。一方面情境要具有真实性，另一方面，创设的情境来源于学生的生活经历和生活经验，当创设的情境和学生熟悉的社会现实情境越贴近，学生主动构建知识的程度就越深。应当从这个角度进行反思，对这样的教学材料做适当的整理与修正，以更加符合教育目的的需要。

5. 从情境创设是否激活学生思维进行反思

如果情境的创设是符合学生实际的、非常贴切的、具有生活化的真实情境，此时，反思还要侧重于问题的设计是否激发学生的思维。问题的设计应围绕情境中的有效信息展开，问题的思维含量要体现问题的程度和难易度，即要有透过现象挖掘本质的问题，使情境中蕴含的信息最大化，以便于更好地激活学生思维。

（二）对情境创设进行反思的注意事项

1. 联系实际生活，选用真实案例

生活中真实发生的案例，对于学生来说是有说服力的，尤其是一些隐含着科学的奥秘，而学生一时又不能解释的案例，把它们引入课堂，并用它们创设教学情境，本身就有一定的探究性，学生探究思维必然被激活。

2. 与相关学科相结合，让学生产生共鸣

跨学科是本轮课程改革的一大亮点，也是课程改革所着力强化的一个重点。课堂教学情境的创设可以与其他学科互相结合，自然渗透，有利于学生由单学科的知识形成复合性知识，增加学习内容的社会性和创造性。像化学学科的教学内容与物理、数学、生物等学科都有紧密的联系。

3. 有较强的问题意识，重视学生生活体验

让学生在情感上与教师所创设的课堂教学情境产生共鸣，这是每一位优秀教师所追求的一种理想教学情境。这种情境因为共鸣的作用，必然要激活学生的思维。

学生在课堂上的“愤”“悱”状态是教师调动出来的，教师要善于创设情境，引导、吸引学生的注意力，让学生感到有疑，使学生主动地发现问题、思考问题、解决问题，成为教学过程中的积极参与者和知识的探求者。

引导学生科学、合理地进行生活体验是一堂好课的一项重要指标，学生只有在学习中有自己的生活体验，思维才能激活。教师在设置能够引导学生体验生活、激活学生思维的课堂教学情境时，要尊重学生个人的情感体验，将学生的认知水平、生活体验融入到课堂教学中。

4. 重视心理因素，符合学生的认知结构

学生的学习心理和生活心理必然要影响到其对课堂教学内容的理解、知识的接受、活动的开展、训练的效果。课堂教学情境是为了学生的课堂学习而专门创设的，只有考虑了学生的心理因素，教学情境的创设才能帮助学生克服心理和生理的疲劳，才能有利于激活学生的思维，提高学习效果。

学生注意力集中的时间是有限的，当学生可能产生疲劳时，恰当的情境创设可以激发学生的学习热情，使学生的智力因素和非智力因素都处于最佳水平，提高课堂效果。

现代建构主义认为，学习活动不是由教师向学生传递知识，而是学生根据外在信息通过自己的背景知识，主动建构自己知识结构的过程，这个过程是别人无法替代的。因此，教师在课堂教学中的作用应着重于熟悉学生已有的知识，研究学生的认知规律，善于创设教学情境，把学生引入探索、发现新知识的问题空间。

# 第三节　对“课堂提问”的反思

## 一、理论要点

### （一）课堂提问

课堂提问是教学过程中教师和学生之间常用的一种相互交流的教学方式。通过提问，可以检查学生对已学知识的掌握情况；可以开阔学生思路，启发学生思维，帮助学生掌握学习重点，突破难点；可以发挥教师的主导作用，及时调节教学进程，使课堂教学沿着预先设计的路径进行；可以活跃课堂氛围，增进师生之间的感情，促进课堂教学的和谐发展。

好的课堂提问需符合以下基本要求和原则：

1. 课堂提问的基本要求

第一，针对性。要抓住教学内容的重点、难点、关键点和学生的薄弱点，即问题要提在节骨眼上；要联系学生的思想实际和他们所关心的热点问题；要有明确的目的性，做到“有的放矢”。

第二，诱发性。要通过质疑设问，开启学生思维，并且有较强的提示性、导向性和思考性；或在学生似懂非懂之时，能为其指出正确的思维方向，点拨突破疑难的途径。

第三，计划性。要根据教学目标的重难点、关键点，学生的学习状态等，在备课时预先考虑好提问什么、怎样提问、对谁提问、什么时机提问、提问的难度有多大、提问后要留给学生多少思考时间、学生回答中可能出现的问题及处理的办法等。

第四，灵活性。指提问的角度、方式要灵活多变，一是教师要根据教学内容、学生的特点和教学情境等进行多角度、多层次、多侧面的提问；二是教师对各种提问方式要善于变通转换，并注意和其他教学方法结合使用。

第五，适度性。“度”指教师设问的数量、难易度和梯度。不同的问题要根据学生的实际水平和教学要求来确定难易，提出的问题及难易度应以该问题是否有思考的价值和是否能提高教学效果为准。

2. 课堂提问需遵循的原则

首先是准确性。提问必须注意对问题的表达要准确，答案要明确，问题不能太大、太空，更不能歧路亡羊，留有岔路口。否则学生回答这类问题时，有可能因不理解问题的真实意图，难以得出教师预设的答案，所答非所问，这也是教学中为什么有“启而不发”或“发不对路”的原因，与教师所提问题不清楚、启发不得法有关。

其次是指向性。应根据学生、授课内容和教学阶段的不同，采取不同的提问方式。教师要对问题的多少、范围的大小和要求的高低有一个准确的估计，并把它纳入提问的内在意图，从而确定指导的着力点。

再次是量力性。就是使提问难易适度。教育测量中“难度”的公式为：“H=1-P/W”，W代表课堂内的学生总数，P是答问通过的人数。难度在0~1之间，0表示全体学生都会作答；难度接近1，表示几乎没有学生能够回答。提问的难度一般应控制在0.3~0.8之间，提出的问题至少要在学生思想上拐个弯，即至少要有两个层次，要尽力使学生的探索精神有用武之地，让学生“跳一跳摘果子”。

最后是启发性。富有启发性的问题应具备三个条件：一是课本上没有现成的答案，必须在大范围、大单元、多章节中去联想，经过思考才能将答案整理出来，或者教材只提供资料而没有展示结论；二是能激发探求的兴趣，便于唤起各种知识的联系；三是有两个以上的思考层次，缺乏逻辑层次的问题不能触发思维的兴奋，更不足以训练思维能力。

老师们可能有这样一种经历：每当一个好的问题提出时，可使全班顿时活跃起来，学生们争相发言，各种智慧的火花会在短时间内迸发，创造性的思维会不断涌现，余波甚至延续到课后、路上、家中。兴趣浓厚的学生还会自找参考书，向教师反提问题，师生切磋，教学相长，乐趣无穷。这就是具有启发性的问题产生的效应。

## 二、实践智慧

教学提问的具体形式与类型是多种多样的，为了帮助教师更好地认识教学提问的丰富性，把握其类型特征，很有必要对它们进行分类研究。按照不同的标准来划分，课堂提问可以有多种类型。下面择要介绍几种分类。

（一）根据教学提问的信息交流形式分类

据此可以把教学提问分为以下五类：

1. 特指式提问

这是对某一个特定的学生直接发问。这种提问可以使学生集中注意力，用于检查学生的学习效果。

2. 泛指式提问

这种提问不先确定某一个人来回答问题，其目的是为了引起全班同学的思考或讨论。当一个泛指性问题提出后，教师应期望学生有多种答案。

3. 重复性提问

在某个学生提出一个问题后，教师重复这个问题，让别的学生来回答。这种提问可以突出重点和难点，调动学生质疑和解疑的积极性。不过这种提问只有在估计其他学生能回答时才能采用。

4. 反诘式提问

当教师提出的问题得不到学生的正确回答时，教师并不急着去纠正其中的错误，而是针对其错误提出问题，使学生原以为正确、完善的答案，被证明是错误的、有漏洞的。这就使他们反思原有的观念，重新思考问题，逐步得出新的、正确的结论。

5. 自答式提问

这种提问教师并不一定期望学生回答，往往是教师提出问题，让学生思考一下，然后自己回答。这种提问常常用来实现教学内容之间的顺利过渡。

（二）根据教学提问的内部结构分类

按此标准可将课堂教学提问分为以下四类：

1. 总分式提问

又称牵引式提问。是指将一个大问题分解为若干小问题，这些小问题本身互不直接牵连，而分别与大问题相契合。回答了诸多小问题，再综合探索大问题。其特点是“以小领大，从小到大”。

2. 台阶式提问

又称层次式或递进式提问。是指将几个连贯性的问题由易到难依次提出，前一个问题是后一个问题的基础，后一个问题是前一个问题的深化，就像攀登台阶一样，把学生的思维一步一个台阶地引向求知的新天地。

3. 连环式提问

又称追问。是指教师根据知识的内在联系，设计以疑引疑、环环相扣的一系列问题进行提问。有时则是教师提出一个问题后，根据学生的回答，再提出另一个问题，首尾相连，一追到底。通过一连串的提问，拓宽思路，对学生全面深刻地认识问题有促进作用。

4. 插入式提问

又称插曲式提问。是指在教学过程中暂时中断提问思路的主线，而插入一个与之相关的内容，在叙述完有关的内容之后再提出问题的方式。这种提问要根据教学需要设计或临时随即安置。

（三）根据教学提问的水平分类

教育家特内根据布鲁姆教学目标分类学的基本思想创设了“布鲁姆—特内教学提问模式”。在这种提问模式中，教学提问被分成由低到高六个水平，每一水平的提问都与学生的不同类型或水平的思维活动相联系。

1. 知识水平的提问

这一水平的提问可用来确定学生是否已记住先前所学的内容，如定义、公式、定理、具体事实和概念等。这是最低层次、最低水平的提问，它所涉及的心理过程主要是回忆。学生对这类提问的回答通常可以用正确或错误来进行判断，其内容不超出先前所掌握的知识范围。在这类提问中，教师常使用的关键词是谁、什么、哪里、什么时候、写出等。

2. 理解水平的提问

这一水平的提问可以帮助学生组织所学知识，弄清它们的含义。这类提问要求学生能用自己的话来叙述所学知识，能比较和对照知识或事件的异同，还要求学生能把知识从一种形式转变为另一种形式。要使学生能够回答这一水平的提问，就必须事先把提问所涉及的必要知识提供给学生。在这类提问中，教师常使用的关键词是用你自己的话叙述、比较、对照、解释等。

3. 应用水平的提问

这类提问可以用来鼓励和帮助学生应用已学知识去解决问题。应用水平的提问要求学生能把所学的某些规则或理论应用于解决某些问题，对问题进行分类、选择，以确定正确的答案。在这类提问中，教师常用的关键词是应用、运用、分类、选择、举例等。

4. 分析水平的提问

这类提问可用来分析知识的结构、因素，弄清事物间的关系或事项的前因后果。这类提问要求学生进行批判性思维，要求学生能够分析资料，以确定原因、进行推论。在这类提问中，教师常用的关键词是为什么、什么因素、得出结论、证明、分析等。

5. 综合水平的提问

这类提问可用来帮助学生将所学知识以另一种新的或有创造性的方式组合起来，形成一种新的关系。这类提问常用来发展学生的创造能力，它所考查的是学生对某一课题或内容的整体性理解，要求学生能进行预见，创造性地解决问题。在这类提问中，教师常用的关键词是预见、创造、如果……会……、总结等。

6. 评价水平的提问

这类提问可帮助学生根据一定标准来判断材料的价值。它要求学生对一些观念、价值观、问题的解决办法或伦理行为进行判断和选择，也要求学生能提出自己的见解。在这类提问中，教师常用的关键词是判断、评价、证明、你对……有什么看法等。

## 三、案例呈现

### 案例一

学科：语文

年级：九年级

课题：海燕

【片段实录】

“黑色的闪电，在高傲地飞翔”，“一会儿翅膀碰着波浪，一会儿箭一般地直冲向乌云”，“勇敢地叫喊”。

第⑦—⑩段，“它飞舞着，像个精灵”，“箭一般地穿过乌云，翅膀掠起波浪的飞沫”，“它在大叫，它又在号叫……”

第⑫—⑯段，“这是勇敢的海燕，在怒吼的大海上，在闪电中间，高傲地飞翔；这是胜利的预言家在叫喊！——让暴风雨来得更猛烈些吧！”

师：同学们，对于上面筛选出来的信息，大家有没有产生疑惑？

生1：为什么环境描写有变化？这些景物有什么特殊的含义？

生2：海燕在面对恶劣的环境时，它的表现为什么不同？

师：非常好。那我们仿照示例的赏析，来解决大家的疑惑。

示例1：“在苍茫的大海上，狂风卷集着乌云。”

赏析：“苍茫”写出大海磅礴的气势；“卷集”写出云朵翻滚聚拢的景象。

示例2：“海燕像黑色的闪电，在高傲飞翔。”

“看吧，它飞舞着，像个精灵，——高傲的、黑色的暴风雨的精灵。”

赏析：外形上的比喻，从“黑色的闪电”到“敏感的精灵”，更显示海燕超人的智慧和力量。拟人化的动作，从“飞翔”到“飞舞”，从“碰着波浪”到“掠起飞沫”，从“冲向乌云”到“穿过乌云”，具体动作的变化更显示海燕英勇无畏、一往无前、锐不可当的英雄气概。

师：通过赏析环境描写和海燕的表现，我们可以总结出来几句话：

不变的结构布局，变化的环境烘托；

不变的海燕形象，变化的形态声音；

不变的海燕形象，变化的修辞手法。

随着时间的变化，环境愈益恶劣，海燕从外形、声音、行动、情态上都有变化，这些变化使海燕越斗越欢、越战越勇的形象跃然纸上，使海燕形象更加鲜明。

海燕——无产阶级革命先驱者；

大海——广大人民群众的力量；

暴风雨——即将来临的革命风暴；

乌云、狂风、雷电——黑暗的反动势力。

**【教学反思】**

一、设计亮点

1. 巧用课后题，整合设计问题，激发兴趣，浅入深出，突破教学重难点。

课后思考探究第三、四题，涉及文本中的环境描写和对海燕的直接描写，我进行整合让它们成为一个有机的整体，从梳理结构入手，引出课堂问题：文章布局上有相似之处，相似结构布局中内容又有不同的地方，我在此设疑，以此激发他们的求知欲，把要突破的重难点抛出并解决。上面教学实录中呈现的课堂提问是探究性问题，也是归类性问题，提问围绕重难点，有的放矢而且引导学生从现象到本质，最终体会到各类形象所代表的不同人群、不同力量。

2. 问题环环相扣，由教师提问到学生质疑，自主发问，让课堂灵动起来。

子曰："不愤不启，不悱不发，举一隅，不以三隅反，则不复也。"不是让教师替学生去举一反三、反复列举，而是启发学生去举一反三、触类旁通。要做到这一点，就必须坚持一个原则：不要轻易地把答案告诉学生，也不要过多地替学生思考，更不要给学生灌输标准答案。

我在解读文本时，发现这篇散文诗有一个很特别的布局，每一个部分的前半段是环境描写，后半段是海燕的表现。设计第一个问题，让学生找出布局上的"同"，紧接着再让他们从"同"中找"异"，学生于是找到了环境描写和对海燕的描写在不同时间段略有不同。再引导学生自主质疑：为什么要写出"不同"？有什么特殊的内涵？这样环环相扣，让学生的思维在对"同"与"不同"的思考中，在对"变"与"不变"的思辨中，逐步走向问题的终点，整个课堂在思维火花中活泼灵动起来。

二、教学盲点

在解决学生的自发问题时，我用最传统的品读交流方式来突破重难点，导致学生的热情消散太快，课堂一下子变得很沉闷，如果是改为学生小组活动，课堂应该会活跃起来。

三、教学疑点

作为一篇散文诗，朗读应该是贯穿于课堂始终的，对于朗读重音、节奏、停连、语气等的设计，如何与本节课的重难点融为一体、相辅相成，这是我一直以来思考的问题，也是接下来要突破的难点。

（案例提供：太原市第三十七中学校　范惠兰）

**【案例评析】**

能立足于课程标准反思课堂提问的适切性。反思中关注了课堂提问设计的分层与梯度，并深入思考怎样通过课堂提问促使学生由被动接受知识转化为主动质疑学习，达到课堂的真正高效。

不足之处是教师在反思中应当思考预设的问题是不是学生真正存在的问题，问题应该从学生中产生。此外，本节课要突破的重点可以用一个主问题驱动解决，这样更能体现课堂的整合性。

## 案例二

学科：英语

年级：九年级

课题：Unit 5 What are the shirts made of？ Section B Reading

**【片段实录】读后拓展**

T：Do you like the title "Beauty in Common Things"？ What is common？ What is beauty？

S1：The materials used to make these things are common. But the emotions and the good wishes are also beauty.

S2：I think common means the most common things.

T：According to the passage，what are the common things？

S3：Like paper，clay and bamboo. And I think beauty is the traditional art forms.

T：I agree with you. OK，boys and girls，I think common things refer to the materials like bamboo，clay and paper. They are turned into objects of beauty. So here beauty refers to the traditional art forms. So this title infers that people can turn common things into beauty. How can people turn common things into beauty？

S4：I think although these things are common，people fill them with love and good wishes.

S5：Because people want to express love to other people.

S6：I think people are really creative and we can discover the beauty in common things.

【教学反思】

“学起于思，思源于疑。”课堂提问的质量直接影响教学的效果，影响学生的思维训练。有效的课堂提问是指能诱发学生深入思考、积极回答，并由此而主动参与教学活动的那些问题。

课后拓展延伸环节一直以来都是我教学环节中的薄弱之处。在本节课的教学过程中我尽量提出从理解到应用、从分析到评价等有层次的问题，引导学生的思维由低阶向高阶稳步发展。同时，启发学生积极参与针对语篇内容和形式的讨论和反思，鼓励学生围绕有争议的话题有理有据地表达个人情感与观点。本环节中设计的问题抓住了语篇内容的核心，促使学生进行发散思维，挖掘出文本中蕴含的情感——中国人民能够从普通事物中发现美，因为他们热爱生活（life）、爱美（beauty）、爱家（family），并将自己的爱和美好祝愿通过传统工艺，如孔明灯、剪纸和泥塑等传递给其他人。

此外，用问题链的方式连续追问，追根溯源，纵深挖掘，能够帮助学生理解问题的来龙去脉和内在联系，增加他们思维的广度和深度。我在设计问题链的过程中，充分考虑到各个问题之间的先后顺序和逻辑关系，即上一个问题是下一个问题的铺垫，下一个问题是上一个问题的延伸，收到了事半功倍的效果。

（案例提供：太原市志达中学校　方文钧）

【案例评析】

《礼记·学记》中记载“善问者如攻坚木”，本案例的教师善于学习，乐于思考，能够基于学情，合理借鉴并运用优秀资源。反思中提到了抓住课文拓展部分的关键词“common”和“beauty”，挖掘文本内涵，促进学生语言知识学习、语言技能提升、文化内涵理解、多元思维发展、价值取向判断和学习策略运用，均属有益的尝试，是有价值的思考。

## 案例三

学科：物理

年级：八年级

课题：密度

**【片段实录】**

展示铜块（黄色）和铁块（银白色）。

问题1：你能从外观上判断哪个是铜块、哪个是铁块吗？

生：黄色是铜块，银白色为铁块。

展示体积相同的水和酒精。

问题2：你还能通过颜色来分辨哪杯是水、哪杯是酒精吗？如果不能如何分辨呢？

生：不能，可以通过气味来分辨。

展示体积和颜色相同的木块和海绵。

问题3：如何分辨木块和海绵呢？

生：可以用手压一下，感觉它们的软硬程度，硬的是木块，软的是海绵。

展示体积和颜色相同的铁块和铝块。

问题4：用以上的手段还能分辨出哪个是铁块、哪个是铝块吗？

生：不能。

问题5：你能使用我们学习过的哪个测量工具来帮助鉴别哪个是铁块、哪个是铝块呢？

生：天平，分别测量两者的质量，质量大的是铁块，质量小的是铝块。（或者把它们分别放在调平后的天平两盘中，下沉的一边是铁块，翘起的一边是铝块）

教师演示。

问题6：通过演示你可以初步得出一个什么样的结论呢？

生：体积相同的不同物质，质量不同。

问题7：如果将铁块和铝块的体积同时增大为原来的两倍或三倍，天平可能会平衡吗？为什么？

生：不可能，体积增大为原来的几倍，对应质量也会增大为原来的几倍。

问题8："体积增大为原来的几倍，质量也会增大为原来的几倍"是一种怎样的定量关系？如何表述呢？

生：同种物质，质量与体积成正比。

师：但这个结论只是大家的猜想而已，是否正确呢？今天就让我们来探究一下。

**【教学反思】**

在这个教学片段中，我选择了一些物体让学生进行鉴别，并且通过一系列提问，逐步引到本节课的教学重点上，也就是让学生认识一些物质的属性。其中前三个问题是让学生回答出颜色、气味及硬度，问题4、5、6是让学生意识到体积相同的不同物质质量不同，问题7、8则是总结出本节课探究的问题。整个提问的过程比较顺畅，不足之处有两点，一是在用天平对两个物体的质量进行比较时，有相当一部分学生是用天平分别去测量两个物体的质量，而没有将其直接放在天平上去比较，这里需要多加一个引导性和调整性的问题，如"能否不用砝码快速比较两个物体质量的大小"；二是在回答问题7时学生会答出自己认为正确的原因，需要教师用一个问题将其转为猜想。

（案例提供：太原市万柏林区第四中学校　何逵）

**【案例评析】**

本节反思，教师首先从"课堂提问"的视角关注了整节课的问题链，重点分析如何逐层引向教学重点。其中问题1中"外观"两个字很重要，体现出问题的目的性，就是让学生说出颜色这个最明显的属性；问题2和问题3让学生意识到颜色只是一种属性，鉴别物质并不只靠颜色，还可以通过气味和硬度，并且体会出在某些属性相同的情况下，要尽可能使用其他的属性来鉴别。对于问题5而言，如果换成"你可以用什么方法来鉴别铁块和铝块呢"，学生极有可能会回答用手掂量一下或者是其他的一些方法，这样一来，可能会造成重力和质量概念上的互扰，也不利于引出天平这一测量工具，课堂的收放度不易把控，但加入"学习过的测量工具"一句后效果就会非常好，可以让学生意识到体积相同时能采用质量不同的方法去鉴别，并且成功引出天平这一测量工具。问题7体现了本节课要重点研究的问题，问题6和问题8训练了学生概括和总结的能力。

总之，本案例的课堂提问有以下特点：一是问题的设置指向性好，目的性强；二是每个问题的难度适中，绝大多数学生都能参与回答；三是问题的顺序安排合理，形成了一个逻辑性很强的问题链，有利于学生思维的引导和教学目标的引出，具有启发性；四是提问方式经过推敲，表达准确。

## 案例四

学科：历史

年级：九年级

课题：亚非拉民族民主运动的高涨

【片段实录】

印度洋上的灯塔——再探甘地思想

材料一：在解释停止运动的原因时，甘地说是为了防止运动发展为暴力斗争。他说，“神意已经很清楚”，再不停止就是“违反我们的誓言和对神犯罪”。

——《甘地自传：我追求真理的历程》上海社会科学院出版社，2015

材料二：宁愿欢迎即使是全盘的失败也不愿非暴力受到损害，不愿以毫厘之差的违反而获得可疑的胜利。

——杜德《今日印度》世界知识出版社，1954

材料三：甘地竭力想把“食盐进军局限在非暴力的范围内，阻止群众斗争向纵深发展。他说：“我知道，和我一样遵循非暴力的革命家阻挠着以暴力手段行动的革命家的胜利……我想完全制止后者的活动。也可以说，我对他们要比对欧文勋爵（当时的英印总督）的统治和迫害更害怕。”

——上海师范大学历史系《世界史话》编写组《世界史话》近现代部分，1975

材料四：

这幅名为《丹迪海边的调味品交易》的漫画发表于“食盐进军”的游行队伍抵达丹迪海边的第三天。漫画中，甘地先生（左）坐在地上，右手捧着盐钵，说

道："给你来点盐好吗？"坐在甘地身旁的印度总督欧文勋爵也在思忖："现在要不要给他胡椒粉？"漫画表达了甘地希望以非暴力不合作形式换取殖民当局的让步，而总督欧文似乎在犹豫是否要与甘地达成协议。

——吴广伦、周义保、佘文骅《老漫画中的世界史》东方出版中心，2018

提问：甘地发动的非暴力不合作运动为什么会停止和妥协？

生1：非暴力不合作运动动摇了英国殖民者的统治心态，通过妥协重新把甘地拉回到谈判桌上来，甘地对英国殖民者做出了让步。

生2：以甘地为代表的民族资产阶级一直企图把斗争方式控制在"非暴力"的范围内，以确保资产阶级对运动的领导权。

预设："非暴力"原则在某种程度上限制了群众运动的发展。

在学生回答的基础上，教师补充小结：甘地留给印度以及世界的遗产，与其说是政治性的，还不如说是道德性的；与其说是在思想方面，还不如说是在人格方面。他对于个人的影响力能达到何种地步立下了难以逾越的标杆，甘地真正做到了"以出世的心态，做入世的事情"，"圣雄"的称号确实恰如其分，对自己的苛责让他为"圣"，对大众的悲悯和帮助让他称"雄"。

**【教学反思】**

思起于疑，历史教学中可采用循循善诱的设疑方法，通过预设有启发性的问题，提供材料，创设情境，引导带动学生展开深度思考，激活学生创新性思维。

《亚非拉民族民主运动的高涨》一课的难点是对甘地和甘地的非暴力不合作思想做出评价，我进行教学设计时选择用层层设问的方式突破这一难点。首先提问"为什么甘地选择以非暴力的形式进行反抗"抓住学生的注意力，激发学生的好奇心，引导学生感知甘地非暴力主义这一思想提出的背景，感受甘地个人高尚的人格力量、前瞻性的政治远见。接着提问"甘地发动的非暴力不合作运动为什么会停止和妥协"，以问题作为推进课堂教学的契机，通过展示材料，探究"甘地为什么妥协"，带领学生辩证地评价历史人物，帮助学生对"非暴力不合作"的历史概念进行精准把握，并学会结合时代背景来具体分析问题。而提问的根本目的是让学生从这些历史事件中悟出真理，是对甘地及其非暴力不合作思想认知上的升华。

（案例提供：太原市第五十六中学校　陈茜）

**【案例评析】**

从心理学层面讲，设置教学问题是引发学生产生心智活动并做出回答反应的信号刺激，不仅能调动学生的智力行为，而且是启动非智力因素的一个重要手段，因为它可以集中学生的注意力，激发学生的探讨兴趣，引发学生积极的活动愿望等。从教学活动的层面看，设置问题是课堂上一种召唤、动员行为，是集体学习中引起互动的聚合力量，它不仅可以是学生学习知识、表达观点、流露情感、锻炼表达的一种支持行为，更是促进学生思维发展的重要方式。同时，从教学评价的角度看，通过设问与回答，教师可以及时了解学生的学习效果，检查教学目标的达成程度，学生则可以获得教师的及时反馈，建立积极的自我观念，为进一步学习提供参考。

本案例以“课堂提问”为主题，教学反思环节以“思起于疑”开头，针对课堂提问的具体思路进行了细致梳理，从逻辑上阐明了每一个层次问题设计的理由及其产生的教学效果。本案例再次证明，只要按照提出问题、分析问题和解决问题的思路，用问题吸引学生的兴趣，从问题的解决中让学生体验学习的愉悦，就能有效引发学生的主动思维，使学生享受求知的快乐。

## 四、综合评论

课堂提问是一种重要的教学方法，教师通过提问，引导学生在自主、合作、探究的学习中努力地发现问题，探求解决问题。对课堂教学提问功能的全面认识，有助于教师富有成效地在实践中运用教学手段，并逐步达到教学艺术的境地。合适的课堂提问，往往能把学生带入一个奇妙的问题世界，培养学生分析问题、解决问题的能力，有利于提高课堂教学效率。它要求设计的问题要科学，结构要合理，设问要巧妙，问题要衔接，逻辑要严谨，重点要突出，解决问题要彻底，因此对课堂提问进行反思是非常必要的。

### （一）对课堂提问进行反思的方法

1. 根据教学需要，找准关键处进行反思

一是找准学生学习的关键处。反思提问是否对学生的思维有统领作用，是否在“牵一发而动全身”的地方进行反思。

二是找准学生认知矛盾的焦点处，反思提问是否指向学生在认知上最感困惑的地方、最容易激发学生思维和引起学生兴趣的地方。

三是找准学生“貌似无疑实则有疑之处”。“貌似无疑”是学生思维停留在浅表层面的反映，不是真的没问题，而是没有发现蕴含其中的问题，教师在此处反思，可以促使提问有助于学生的思考由表及里、由浅入深。

2. 根据教学实际，对问题的结构进行反思

一个问题如果冗长繁杂，学生听了后半句忘了前半句，很难把握问题的中心，也就无从回答。遇到这种问题时，教师应从问题的简明性和提问的有效性角度进行反思。

3. 根据学生实际，对问题的新颖度进行反思

教师的课堂提问要注意变换角度，使其具有新鲜感，以引起学生深思多思的兴趣。对这种新颖性的提问是否有效达标，也是教师进行反思的角度之一。通过设置新颖的提问，启发学生思考问题，时间长了以后，教师讲不到的，学生自己也能想到。所谓“举一隅而反三隅”就是这个意思。

（二）对课堂提问进行反思需要注意的事项

课堂提问能唤醒学生的学习意识，集中学生的注意力，激发学生思考，培养学生能力。但是并不是所有的提问都能达到上述目标。这就要求教师对课堂提问进行反思时要注意以下问题。

1. 从提问的内容来看，要做到目的明确，难易适度，有逻辑性，准备辅助问题和完整的答案。提问的内容一定紧扣重难点。

提问要有明确的目的，这是课堂提问成败的先决条件。课堂提问的目的应服从于总的教学目的和任务，但在具体教学过程中，教师应根据每节课的教学目的、任务提出不同类型的问题。提问的内容要具体、准确。提问前，必须对提问的目的、范围、程度、角度反复设计，加以限定，不要问得太广或太窄。教师提出的问题还要符合逻辑性，层层设问，问题与问题构成必然的内在逻辑关系。教学中，考虑到教师提问的方式和学生理解水平等因素，可能会出现启而不发的现象，为此教师应围绕主要问题，在启发学生思维的同时，也要准备完整的答案，做到心中有数、定向点拨。

2. 从提问的方式来看，要做到面向全体学生，先提后问，留出一定的思考时间，把握时机，启发诱导，注意层次，因人而异。

教师提出问题后，应当给学生留一定的思考时间，学生经过充分准备后再回

答问题，不仅能增加回答的正确性和完整性，而且有助于增强学生的自信心。课堂提问要把握时机，最好在学生处于“愤”“悱”的心理状态时进行。学生“心求通而未得”“口欲言而未能”时，是教师启发学生的最佳时机，此时学生思维活跃，跃跃欲试。教师把握好这个时机提问，有利于学生对问题的深入理解和解决。教师提问还要面向不同程度的学生，根据问题的难易差别和回答的不同要求使每个学生都能学有所获、不断提高。

3. 从对学生回答问题的要求来看，学生需认真主动回答教师提出的问题，教师要鼓励学生大胆质疑、积极探索，同时应正确评价学生回答的问题，并做必要的点评和小结。

在提问的教学过程中，学生对问题的回答显示了他对知识的理解和巩固程度，也是教师检查教学效果的重要途径。因此，教师要鼓励学生积极发言，大胆质疑，在无疑处找疑，在有疑处解疑。教师要耐心听取学生的回答，对学生的回答要正确引导，积极鼓励，对回答正确的学生要予以肯定并进行表扬，对不完整或是错误的回答，也要找出积极因素，并给予纠正。因为课堂教学中，首先要解决的是从“不知”到“知”的矛盾，对学生来说，就是从解决一个个问题开始的。

4. 从课堂问题的难易度来看，课堂提问的问题，其适度的标准是学生要经过认真思考才能正确回答。教师应向学生提这样的问题：既要有一定的难度，又不能完全超越学生现有的知识基础和心理水平；既不能让他们毫不费力地回答，又不使他们冥思苦想无结果。故教师要做到：吃透课程标准要求，准确把握一节课的重难点；了解学生现有的知识基础和回答问题的能力；善于随机应变，随时把控课堂，如果发现大多数学生神情漠然，那么应立即做出提示，如果发现不少学生毫不费力，那么应立即改变问题的提法，适度增加难度促使学生加以思考。此外，还要注意信息的反馈，了解学情，为把握好问题的难度找到依据，提高之后课堂提问的质量。

总而言之，优质提问是一个动态有机的过程，它像一条河流，其源泉来自教师通过反思日常课堂实践而不断进行的学习，在反思中优化自己的课堂，使得课堂的提问促进师生的成长，使这个对话的场所洋溢着和谐之声，充满尊重与信任，成为师生生命共同成长的平台。

# 第四节　对“自主学习”的反思

## 一、理论要点

自主学习是与传统的接受学习相对应的一种现代化学习方式。顾名思义，自主学习以学生作为学习的主体，通过学生独立地分析、探索、实践、质疑、创造等方法来实现学习目标。美国密执安大学的宾特里奇（Pintrich，2000）给自主学习下的定义是：自主学习是一种主动的、建构性的学习过程，在这个过程中，学生首先为自己确定教学目标，然后监视、调节、控制由目标和情境特征引导和约束的认知、动机和行为。

由此可以看出，自主学习包含两个方面的内容：首先是学习者指导和控制自己学习的能力，比如制订自主学习目标的能力、针对不同学习任务选择不同自主学习方法和学习活动的能力、对学习过程进行自主监控的能力、对学习结果进行评估的能力等；其次就是教育机制（教育行政部门、课程标准、学校、教师、教科书）给予学习者的自主程度，或者是对学习者自由选择的宽容度。所以，自主学习有两个必要前提，即学习者具备自主学习的能力和教育机制提供自主学习的空间。

从上面的几种界定，我们可以看到自主学习强调培育学生强烈的学习动机和浓厚的学习兴趣，从而进行能动的学习，即主动地自觉自愿地学习，而不是被动地或不情愿地学习。学习的“自主性”具体表现为“自立”“自为”“自律”三个特性，这三个特性构成了“自主学习”的三大支柱。

1. 自立性

每个学习主体都是具有相对独立性的人，具有自我独立的心理认知系统，学习是其对外界刺激信息独立分析、思考的结果，具有自己的独特方式和特殊意义。每个学习主体都具有求得自我独立的欲望，是其获得独立自主性的内在根据和动力。每个学习主体都具有“天赋”的学习潜能和一定的独立能力，能够依靠自己解决学习过程中的“障碍”，从而获取知识。

2. 自为性

学习自为性是独立性的体现和展开，是学习主体自我探索、自我选择、自我建构、自我创造知识的过程。从探索到选择、到建构再到创造的过程，基本上映射出了学习主体学习、掌握知识的一般过程，也大致反映出其成长的一般过程。从这个意义上说，自为学习本质上就是学习主体自我生成、实现、发展知识的过程。

3. 自律性

主动性和积极性是自律性的外在表现。因此，自律学习也就是一种主动、积极的学习。主动性和积极性来自于自觉性。只有自觉到自己学习的目标意义，才能使自己的学习处于主动和积极的状态；而只有主动积极地学习，才能充分激发自己的学习潜能和聪明才智而确保目标的实现。

综上所述，“自主学习”就是学习主体自立、自为、自律的学习。这三个特性都说明了同一个思想：学习主体是自己学习的主人，学习归根结底是由学习主体自己主导和完成的。承认并肯定这一思想，并以此为出发点，对课堂教学中的自主学习行为进行反思和改进，对于改革矫正曾有的诸多不合理的教育教学手段、模式，从而探索创立崭新的教育教学手段、模式，无疑具有特别重要的现实功能和意义。

**二、实践智慧**

教育的目的不是单纯地教给学生各类学科知识，更重要的是如何教会他们自主学习，学生在教师的组织和引导下，掌握学习的主动权，养成自主学习的习惯，实现自我发展。自从新课程改革以来，教育界的许多有识之士锐意进取，勇于实践，积极探索自主学习在课堂教学中的运用，积累了宝贵的实践经验。

成都七中是一所百年老校，是全国著名中学。王志坚校长在谈到自主学习时有一个概括，他说，自主学习有几个要素，一是独立性，自觉的，不需要人管的；二是计划性，不能是杂乱无章的；三是选择性，这样才有实效；四是持之以恒；五是创新性，要不断反思自己的学习特别是学习方法，在反思中，要不断找到更有效的方法。

程红兵是上海市中学语文特级教师，是语文教学界的“名家”，多少年来致力于“自主探究性语文教学模式”研究，注意学生主体意识、主体能力的培养，创造了很好的成果。他认为所谓自主探究性教学是指在教学中，学生在教师指导下，以类似科学研究的方法去研读文本，掌握规律，获取知识，调查了解社会，深入研究，应用有关知识去寻求相关原因，去解决实际问题的活动。“自主探究性教学模式”的实施使师生的角色发生了根本的变化，教师由保姆式向师傅式、导师式转变，形成主控→主导→引导→限制性开放→开放→放开的角色转换流程；而学生呢，则完成依赖→依靠→独立→独特→独创的转变，以及被动→觉醒→主动→有条件自主→自主→独立的转变，学习方式也有浅层次向深层次、由量向质的变化。这样的教学学生站在课堂中心，成了学习主体、课堂主角。

**三、案例呈现**

**案例一**

学科：数学

年级：九年级

课题：圆

**【片段实录】**

环节1　温故知新，再识圆

师：请同学们观察老师用圆规在黑板上画圆的过程，圆规一端固定为圆心$O$，有粉笔的一端记作点$A$，你能说说点$A$是怎么运动的吗？（教师在黑板上用圆规画圆）

生：点$A$绕着点$O$旋转一周。

师：根据画圆的过程进一步思考点$A$的运动满足什么条件？形成了什么图形？

生：点$A$绕固定点旋转，点$A$到固定点$O$的距离不变，形成的图形是圆。

师：请同学们尝试说说什么样的图形叫做圆。

生：绕一个固定的点用固定不变的距离旋转一周形成的图形叫圆。

师：很好，同学们说出了圆的定义中最重要的特点，看课本中是怎样定义圆的呢？

生：在平面内，到定点的距离等于定长的点组成的图形。定长就是旋转的半径。

师：同学们理解得很准确。请同学们用圆规画出半径为2厘米的圆。大家画出的圆能重合吗？

生：可以。

师：请同学们用圆规画图，以$O$为圆心，画两个半径分别为2厘米、3厘米的圆，这两个圆有什么样的关系？

生：它们的圆心相同，半径不相同，它们是同心圆。

师：那么请同学们思考，根据上面的问题确定一个圆需要哪些要素？

生：圆心和半径。

师：圆心可以确定圆的位置，而半径确定了圆的大小。所以只要圆心和半径都固定了，那么这个圆就是唯一确定的。

环节2　自主阅读，了解圆

学生阅读课本65页，思考下面的问题：

（1）如图1，在圆$O$中，$AB$为圆$O$的直径，$C$，$D$，$E$是圆$O$上的点，写出图中所有的弦：________________________________________________。

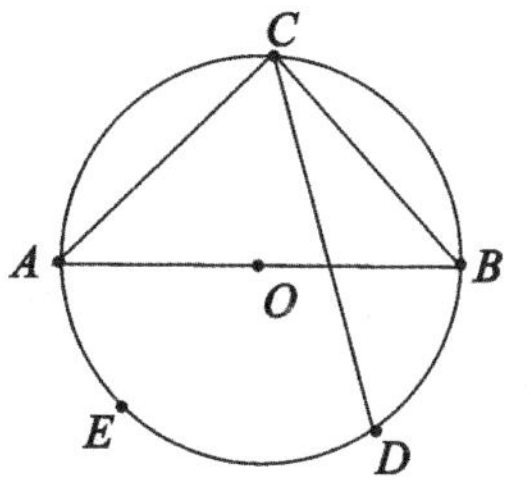


图1

（2）用红笔描出弧$AC$，弧$CBE$。

（3）图中半圆的个数是____________。

学生小组核对答案。

辨析并回答：

（1）图中是否存在最长的弦？

（2）通过画图举例说明直径与弦和半径与弦的关系。

（3）等弧一定是在同圆中出现吗？还可能在哪里出现？

学生小组讨论，代表展示答案。

环节3　看图辨图，找关系

师：如图2，图中点$A$在__________，点$B$在________，点$C$在___________。（填“圆上”“圆外”或“圆内”）

师：点与圆的位置关系除了这三种位置关系以外，是否还有其他的位置关系呢？

师：图3中的圆残缺不全，如何判断点$P$与圆的位置关系？

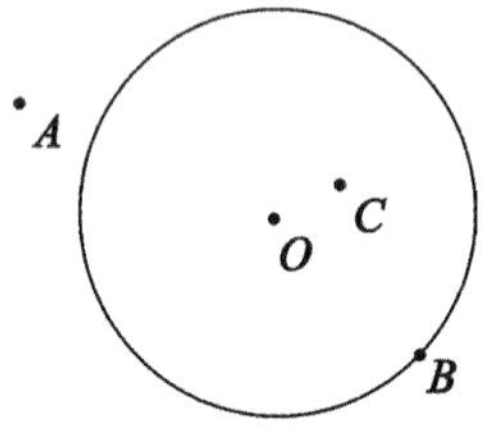


图2

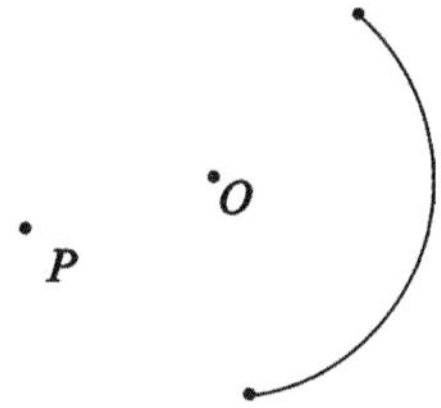


图3

生：用圆规把这个圆补充完整，再做判断。

师：很好。那如果手中没有圆规，只有刻度尺，你有什么办法判断点$P$与圆$O$的位置关系？

学生独立思考。

师：思考图2中3个点的位置关系，圆心与点的距离、半径之间的关系。若圆心与点的距离记作$d$，半径是$r$，能用$d$与$r$的关系判断点与圆的位置关系吗？

生：可以测量点$P$与圆心$O$的距离，再量出半径，通过比较它们的大小就能得出位置关系。若$d>r$，点$P$在圆$O$外；若$d=r$，点$P$在圆$O$上；若$d<r$，点$P$在圆$O$内。

师：表述清晰，判断准确，非常棒！我们可以从“数”与“形”两个角度来判断点与圆的位置关系。

**【教学反思】**

有效引导是学生自主探究的前提。本节课从学生熟悉的圆规画圆入手，层层设问，引导学生自己发现并提炼圆的定义；在学生自主阅读课本之后，通过学生自测和小组间核对答案，判断自己是否读懂弄通相关概念，让学生在“看图辨图”中明晰易混淆的知识点。用数量关系判断点与圆的位置关系是本节的难点，设置残缺的圆确定点与圆位置关系的问题，引导学生体会“利用数量关系刻画点与圆的位置关系”的必要性，同时渗透将未知问题转化为已知问题加以解决的思想，从而让学生从“数”与“形”两个方面认识“点与圆的位置关系”。

（案例提供：太原平民中学　季庆荣）

**【案例评析】**

从教师的反思中可以看到授课教师对自主学习的认识比较到位，抓住了自主学习的关键所在，即不是简单的自己学习，而是在问题引导下有目标的学习，学习方式可以是阅读、识图、辨析、操作等。建议反思中要体现课程标准的要求，将课标要求与学生已有基础、教学方式的选择相联系进行教学反思。

## 案例二

学科：历史

年级：八年级

课题：中华民国的创建

**【片段实录】**

师：1912年1月1日，孙中山在南京宣誓就职，宣告中华民国临时政府成立。我们来看一组数字——

8小时：打响第一枪到占领湖广总督署。

41天：武汉三镇保卫战坚持41天，迎来全国十余个省区的独立。

80天：武昌首义到中华民国建立。

123天：起义爆发到清帝退位。

事实上，真的是看上去的那么顺利吗？请同学们观察地图《武昌起义后全国形势》。

学生观察地图。

（设计意图：地图直观地呈现出革命后的形势，自然引发学生思考两种力量如何较量，有利于学生在一定的时空环境下分析问题。）

教师提供材料，创设情境。

阵营一 清政府

现状一 清政府的正规军八旗、绿营兵清中叶以后战斗力日益衰弱。清灭亡前夕，全国编练新军14个镇20万人，最精锐的是袁世凯的北洋六镇8万人，装备精良，训练有素。六镇军队是袁世凯一手训练提拔的，各级文官武将都是他的亲信部队，无论人员素质、规模、装备、训练都优于其他各地新军。

——《历史是个什么玩意儿》

现状二 袁世凯不仅手握重兵，并且有过庚子之变时在山东“保境安民”的形象；有过新政时期力倡立宪的名声；有过宣统时被满人排斥归山的历史。这种形象、名声、历史比一百篇文章更能影响人心。

——《近代中国社会的新陈代谢》

阵营二 革命军

现状一 南方各省都独立了，革命军的数量绝对大大超过北方的北洋军。但这些民军各占一摊，互相厮杀，每个摊上胡作非为，军队素质也高不到哪里去。

——《重说中国近代史》

现状二 在南方独立各省政权中，革命党所占的份额并不大，能真正算得上革命党据点的地方广东算一个，但广东的两个都督其实都控制不了这里的军民。湖南算一个，但都督被杀掉了。

——《重说中国近代史》

现状三 孙中山当选临时大总统之后，财政依然是巨大问题。张謇替临时政府算过一笔账，估计每年财政将短缺八千万两之巨。孙中山的主要助手胡汉民在自传中记载，一次安徽军情告急索粮饷，孙中山朱笔一批拨20万，胡汉民持手批去财政部，发现国库只有银圆10枚。

阵营三 帝国主义

现状 英、美、德、日各国军舰驶进长江，耀武扬威，俄国军队集结于我东北北部，日本军队在我国东北南部、内蒙古东部蠢蠢欲动……

（设计意图：学生在分析材料的基础上，了解当时各种势力的对比情况。只有在史实充分的情况下才能展开讨论，讨论才有意义。）

学生小组合作进行情境体验：回到一百多年前那个错综复杂的时局，选择一个角色，在当时当地你会如何选择？说出理由。

讨论中需注意的问题：当时人们对袁世凯印象如何？革命军内部有什么问题？帝国主义势力会如何做？

（设计意图：体验式教学，学生可以任选一个阵营，通过体验认识到，不论何种选择都是在实力基础上的角逐。）

生1：我选择袁世凯，因为袁世凯当时实力比较强，控制清王朝掌握北洋六镇，而且声誉也很好。

生2：我也选择袁世凯，因为在革命军、清王朝、帝国主义三者竞争中，袁世凯胜利的可能性会更大。

生3：我选择帝国主义，革命爆发后，可以趁中国内乱得到更多权益。

生4：我也选择帝国主义，我会和袁世凯联手共同控制中国。

生5：我选择孙中山，因为我认为他的主张是正确的，他的思想是为了救国。

师：同学们在分析的基础上做出自己的选择，而且对各方实力进行了利害比较，大家的选择都有依据，无可厚非。老师好奇地发现，绝大部分同学选择了袁世凯和帝国主义一方，少部分同学选择了孙中山这一方，这是为什么呢？

生1：革命军内部问题太多，虽然人数多但真正革命的人并不多，而且革命党在地方所占份额也不大，还面临严重的财政问题。

生2：以革命党的实力看，胜利的希望比较小，我还是选择胜算大的一方。

师：趋利避害，人之本性。老师还有一点不明白，孙中山是重要的核心人物，他对当时的复杂形势了解吗？

学生一部分陷入沉思，还有一部分面有愧色……

师：此刻你们想到了什么？

生：孙中山当然了解当时的形势，但他依然选择继续革命，因为他全心救国，毫不考虑个人利益得失，明知不可为而为之，他的目标是建立民主共和国，为此锲而不舍，是一位伟人！

师：革命艰难，救国不易，爱国之情，吾辈继承。孙中山在《我的回忆》中曾这样说："不论我将成为全中国名义上的元首，还是……这都无关紧要。

我已经做了我的工作，中国，……建立了共和政体。它将跻身于世界上文明和爱好自由国家的行列。”

（设计意图：学生在情境讨论的基础上，对历史进行了各种猜测，在此之后呈现历史真实情况，学生能更真切地体会到孙中山在极其困难的条件下仍努力争取民主共和的伟大精神。）

**【教学反思】**

新课改提出要积极倡导学生自主学习的学习方式。教育的目的已不再是单纯地教给学生各类学科知识，更重要的是如何教会他们自主学习，掌握学习的主动权，实现自我发展。

本教学片段采用体验式教学方法，引导学生自主学习。此次教学实践引起我的很多思考，归纳如下。

一、创设真实情境是自主学习的基础

历史课情境的创设首要“真实”，要促进学生自主学习能力的提升，就要提供充足史料，亦是在史观上让学生认识到论从史出，否则情境就是虚假的或者是无效的。为此，本片段以三个“阵营”的形式提供给学生大量的“现状”，在此基础上展开小组讨论才有意义。

二、自主学习意味着学生自己发现问题、解决问题

英国教育家斯宾塞说：“应该引导儿童进行探索，自己推论，给他们讲的应该尽量少些，而引导他们发现的应该尽量多。”本片段在实际教学中，出现了和预设不同的情况，备课时预设小组讨论中大多数同学会选择以孙中山为代表的革命军一方，但在课堂上更多同学选择袁世凯和帝国主义。他们认为袁世凯当时实力比较强，控制清王朝，掌握北洋六镇，而且声誉也很好，在革命军、清王朝、帝国主义三者竞争中，袁世凯胜利的可能性会更大；而帝国主义可以趁中国内乱占领更多权益。课堂突然生成的问题，恰恰是引发学生深度思考的最佳时机，我先表示理解学生的选择，只是提出两个疑问：“绝大部分同学选择了袁世凯和帝国主义一方，少部分同学选择了孙中山这一方，这是为什么呢？”“孙中山是重要的核心人物，他对当时的复杂形势了解吗？”这样把问题又推给学生，果然一部分学生明白了老师的意图，并立刻意识到自己的选择和孙中山的选择有巨大的差异，明白个人利益与民族大义之间选择之艰难，更

体会到孙中山作为一代伟人难能可贵的精神和人格魅力。

问题要击中思维的燃点，认知系统开始运转，这样的学习才是真正的“自主”。

（案例提供：太原市第三十九中学校　安宝）

**【案例评析】**

本案例中，教师对“自主学习”这一学习方式进行了较为深入的反思。首先教师从新课程及课程标准倡导自主学习谈起，然后反思如何创设真实任务情境引导学生自学，重点阐释了面对学生自学过程中出现的与预设不符的情况，教师如何运用教学智慧进行了机智、妥善的处理。最后，教师认为，学生在课堂学习过程中较为积极主动，思维非常活跃，答案多样，表明他们的自主学习、合作探究是有效的。总体来看，本案例的教学反思既有理论依据，又有实践操作支撑，是一篇有价值的教学反思。

## 案例三

学科：英语

年级：七年级

课题：Unit 10 How was your school trip？ Section B 2b

**【片段实录】**

学生学习两篇关于school trip的日记，对两篇日记进行略读及跳读，目的是了解日记的大概内容，如去了哪里、两人是否去了同一个地方，以及两人对这次school trip的感受分别是什么。之后，利用小组合作的方式进行自主学习。

教师引导语：To find more details from Helen's diary，you can ask your partner as many questions as possible.

具体操作：

1. 小组成员根据课文内容，各自就文中信息设计3个问题；
2. 小组成员互相分享，保证问题不重复；
3. 小组讨论是否有新增问题；
4. 本组内部讨论确定问题的答案，若有同学自己无法提出3个问题，则小组可以采用讨论的方式，提出5个左右的问题；

5. 各小组依次在全班进行提问，组与组之间的问题不能重复；

6. 教师挑选具有代表性的句型进行展示。

【教学反思】

本单元的重点语法为一般过去时，语言功能为学生学会用过去时态讲述自己的一段旅行经历，这也是学生进入初中以来第一次学习一般过去时态。因此，本节课学生自主学习的目的是感受并努力掌握用过去时进行语言表达。我布置了自主提问的任务，学生很乐意接受这种车轮战似的交流形式。一方面，这个任务的“门槛”很低，基础薄弱的学生也可以有话说，享受提出一个完整问题的成就感；同时，这个任务可以延展，对于学习优异者来讲，无疑是展示自己的一个绝佳机会，因此在很大程度上调动了学生的自主学习意愿。另一方面，这个活动可以反复学习并巩固本单元的语法语用功能。如在小组活动中的自主提问及提供答案的过程，就是在对一般过去时的特殊疑问句式及答语和一般疑问句式及答语的自觉主动的纠错及训练；而小组向全班提问的环节，则提供了再次巩固直至掌握过去时表达的机会。随着任务的继续，难度逐渐增大，也为学生拓展扩充提供了空间。这种启发竞争式活动能够引导学生通过完成基础任务得到成就感，再通过完成难度大的任务得到激励（完成任务者）或看到差距（观看者），从而得到动力，真正让学生的自主学习变得积极、自觉、主动。

（案例提供：太原志达中学　李魁敏）

【案例评析】

一篇合格的英语反思需要结合英语语言和英语学习本身的特点来考查如何在英语教学中促进学生思维能力的发展。本案例中的教师在输入内容之后，引导学生理解、扩展语篇中的语法现象。反思主要陈述了教师在教授学习时如何设计课堂活动调动学生积极性，引导开展自主学习，整体上做到了基于学情、基于任务，希望在今后加强理论层面的解读和思考，使反思更具有理论的深刻性。

## 案例四

学科：语文

年级：七年级

课题：曹刿论战

**【片段实录】**

师：同学们，今天这堂课的任务有三个，大家自主选择一个任务去探究。和往常一样，选好任务后，相同任务群为一组，然后选出组长，组长别忘了分好工、安排好评委哦！希望在学习完这节课后，大家能够理解文中的人物形象，能够了解“三”在本文和文学作品中的魅力。

任务一：几人合作表演《曹刿论战》第一段，展示并完成剧本写作。

任务二：请结合第一段内容，说说本文在写法上有哪些“三”的组合？

任务三：探究“三”在文学作品中的魅力，并于课后形成小论文。

二十分钟后，表演组开始上台表演。评委打分。

各组展示研讨成果。不断交流碰撞。

生：三种人，可以映射一个社会；三个回答，可以暗示一个误区；三种结果，可以道出一个道理；曹刿三个行为，可以启发一种做法；庄公三个动作，可以看清一个国君。三三组合，可以带给我们一种思考。

生：数字作为词语，本身是没有生命与色彩的，然而一旦进入文化的视野，便具有了人性的意义。在数字这一人工符号背后是整个宇宙。

生：《道德经》中“道生一，一生二，二生三，三生万物”也赋予了数字宗教哲学的色彩：时间与空间合二为一，生与死殊途同归。

生：“三”由道而出，又产生了世间万物，可见三代表了“道”与“万物”，表示事物的起源，有时也可以表示非常多。

生：文学作品中如“三顾茅庐”“三打白骨精”“三打祝家庄”等，给人恰到好处的感觉。三就像是一个最平衡的面，如果再多一个情节就显得冗长，少一个情节就会显得单薄。

师：我是不是可以补上一句话，由此可以推断，文学作品中经常或明用或暗用一些数字，其实是暗合某种规律的。

**【教学反思】**

教育是一件“狄德罗睡袍”，意思是说，一件东西更新之后，相应的配套设施也要立刻跟进。随着教育事业的进步，教学方法也必须与时俱进。为了提高教学效率，落实课标精神，在语文课堂上推进核心素养落地，我逐渐形成了“学生第一”的自主学习理念，以下就是我在课堂实践后的反思。

一、教学亮点

长期以来，文言文教学过分强调知识接受，忽略了学习的主体，其实“学习是一段旅程，学生需要能自己到达终点的地图”，这是美国教育界领军人物托德·威特克尔的一句教育名言，而我这堂课最大的亮点是让学生在教师的引导下，通过学习的旅程绘制“到达终点的地图”，即学生自主选择任务，自主分工完成，形成师生、生生对话、讨论和展示，并碰撞出智慧的火花。如学生的表演是在他们认真品析了人物特点后，才表现得惟妙惟肖；探究组的展示精彩纷呈，入情入理，尤其是引出了关于“三类人的表现还是两类人的表现”的争论，让学生在思想的碰撞中提升了自己，使他们在纷繁的事物中学会分析、比较、找重点，这是最值得高兴的事。

二、重难点的落实

汉代桓谭曾说：“举网以纲，千目皆张。”意思是说，提网如果提起大绳子，一个个网眼就全张开了。教师授课同样如此，如果抓住重点，就会起到牵一发而动全身的目的。这堂课我把“通过探究‘三’在本文的魅力和品析人物，理解课文内容，培养自己在纷繁事物中发现重点的思维能力”设为教学重点和难点，让学生在自主学习中理解人物形象，这样也就理解了课文所传达的“民本”思想，完成对本课的一些文言现象的积累，更重要的是可以拓宽学生的思路，让学生自己去发现文学作品和现实生活的关系，以及文学作品和“三”的不解之缘。这堂课重点落实得扎实，难点突破得比较巧妙。

三、教学盲点

这堂课虽然学生自主学习的热情高涨，但是少了点读书声，今后应该关注文言文学习过程中的朗读指导。

（案例提供：太原市第三十七中学校　李清华）

【案例评析】

以上反思认真剖析了这堂课的优点与不足，做到了客观冷静，有理有据。课程标准明确要求："诵读古代诗词，阅读浅易文言文，能借助注释和工具书理解基本内容。注重积累、感悟和运用，提高自己的欣赏品位。"这堂课让学生主动参与获得知识的过程，学生不是信息的被动接受者，这是教学中以学习规律为准则的一种表现。尤其将课堂还给学生，增强学生的自信心，提高学生的自我效能感，使得文言文教学回到一种良性循环当中，这是以学生成长为本的重要体现。当然，如果能针对教学中产生的疑问提出一些实践方案会更好。

## 案例五

学科：化学

年级：九年级

课题：金属的性质和利用

【片段实录】

教师展示本节课的课前自主学习任务单：

1. 生活中最常用的金属有哪些？

2. 从熟悉的金属中，请你总结出金属具有哪些共同的物理性质。

3. 为什么菜刀、锤子用铁制而不用铝制？

4. 为什么铁制锅铲需要加上木柄或塑料柄？

5. 为什么灯泡内的灯丝用钨制成？用锡制造会出现什么情况？

6. 下列金属的用途，分别利用了金属的什么性质？

铜丝导线、铝制水壶、锡纸（锡制成的薄片）。

7. 物质的性质和用途之间有什么样的关系？

学生围绕以上自主学习任务单，通过阅读文本内容，查阅相关资料，结合金属实物、自身生活经验等开展课前自主学习。

课上教师组织学生进行自主学习成果展示。

生1：我在生活中见过的金属有铝、铁、铜，在实验室还见过金属镁，我认为金属都是银白色的固体。

生2：金属铜不是银白色，是紫红色的，而且金属汞在常温下呈液态，不是固态的，所以生1总结得不全面，应该描述成“通常状况下，大多数金属是银白色的固体”。

教师及时对生2得出的结论进行表扬、肯定。

生3：老师，我不理解为什么菜刀、锤子用铁制而不用铝制。

教师展示出一根铁丝和一根同样粗细的铝丝，请生3用手折一折，生3很容易就把铝丝折弯了，而铁丝却不容易折弯。

生3：原来铁比铝的硬度大。

生4：我知道铁制锅铲为什么要加塑料柄。我家有一个掉了塑料柄的锅铲，我发现在炒菜时抓住这个锅铲把特别烫，因为铁能够导热，塑料柄可以隔热。

生5：我通过查资料，发现钨的熔点是3410℃，是熔点最高的金属，而锡的熔点是231.9℃。灯泡发光时会放热，所以要选择熔点高、耐高温的钨做灯丝。

……

教师和学生一起总结了金属的物理性质：常温下，大多数金属是银白色的固体；金属具有金属光泽，有良好的导热性、导电性、延展性。

学生在展示完第6小题的答案后，对于物质性质和用途之间的关系展开了激烈争论，争论中有同学提到“物质的性质和用途二者关系紧密，需要弄明白谁起决定作用”。最后，大家进一步讨论得出：物质的性质决定用途，物质的用途能反映出它的性质。

**【教学反思】**

自主学习是以学生作为学习的主体，通过学生独立地分析、探索、实践、质疑、创造等方法来实现学习目标。自主学习是高效学习的基础，如何设计学生的自主学习对于提高课堂效率有重要的意义。

以上片段体现了学生作为学习的主体进行自主学习的过程。学生在教师精心设计的任务单引导下，根据金属实物、生活经验及课本资料等进行自主学习，在探索、质疑中不断深化思维、总结完善，最终将知识升华，获得了新知。

培养学生自主学习能力是化学教学中的一项重要内容，随着新课程改革的推进，每一位化学教师都要更新观念，确立以发展学生自主学习能力为目标的教学目的，引导学生乐于学习、善于学习、学会学习，养成终身学习的习惯。

**【案例评析】**

“自主学习”在教学中处于基础地位。课前的自主学习环节，是学生在阅读文本或者查阅资料等学习方式的基础上，对表层知识的初步认识，是一种浅层次的初始探究，为课中的深层次探究起到很好的铺垫作用，符合学生由浅入深、由易到难、由表象到实质的认知规律。这种学习任务单的创设，与所谓的“课前预习”有着本质的区别，它具有指导性、层次性和实效性。本案例中的学习任务单，其问题设置的最大亮点是与生活实际紧密结合，充分体现了课程标准的理念，即化学来源于生活，应用于生活，较为成功地引导学生运用所学知识解释和解决生活中的现象和问题，极大地提高了学生学习的兴趣，激发学生学习化学的内驱力，同时体现了化学的学科素养。希望今后教学中继续着眼于自主学习的习惯养成，为学生的终身学习奠基。

## 四、综合评论

《基础教育课程改革纲要（试行）》在论及基础教育课程改革的具体目标时指出：“改变课程实施过于强调接受学习、死记硬背、机械的现状，倡导学生主动参与、乐于探究、勤于动手，培养学生搜集和处理信息的能力、获取新知识的能力、分析和解决问题的能力以及交流与合作的能力。”根据《基础教育课程改革纲要（试行）》的精神，可以这样理解，我们只是要改变过去的那种“过于强调接受学习”的倾向，而不是完全否定接受式的学习方式，但要倡导学生学会自主学习的方式。

自主学习并不是完全依赖学生自身展开的学习。从自主学习的性质来讲，在教学论领域，其本身就是一种重要的教学方法。它一方面要求学生能够充分发挥自主性，另一方面也离不开教学的科学引导。在这一前提下，对自主学习的反思就要考虑学生个体差异问题、有效教学及提高教学效率问题、知识传授与能力培养的协调性问题、兼顾全体学生的全面发展问题等。我们在反思自主学习时，既要充分考虑学生的自主性，深入地探求自主学习的有效策略，也要客观考查教师在自主学习中应当发挥的作用，努力建构自主学习教学指导的有效模式。

例如，在学生自学教材内容这一环节，教师要注意保证给予学生足够的自主学习时间，以此避免学生对所学内容浅尝辄止；教师要尽可能少讲、少问，凡是学生能自己学懂的，就不讲。在课堂讨论环节，要注意调动学生积极性，鼓励学生敢于大胆发表个人见解。

在自主学习的过程中，始终存在着一个如何激发学习动机的问题。如果不能充分地激发学生学习的兴趣，调动起他们学习的热情，那么谈何自主学习？激发学生动机的方式很多，比如表扬激励，上课开始即设置悬念，调动学生的好奇心；比如向学生示范一种全新的学习方法，鼓励他们积极地尝试应用；比如对学生学习的成败进行有理有据的归因分析，给学生以及时而深具指导意义的反馈等。一般来说，在课堂的初始阶段，能否激发学生的学习动机，对于后续学习的顺利展开具有重要意义。

此外，重视学生的个性差异并进行有针对性的指导，是对自主学习过程反思的重要方面。学生的个性差异是客观存在的，要尽可能让学生能够根据自己的兴趣爱好，主动选择自主学习内容，按照自己的方式开展自主学习，并且用自己的方式进行评价和展示，这样可以防止整齐划一而带来的不科学的教学方式。

# 第五节　对“合作探究”的反思

## 一、理论要点

合作探究，是在教师的启发诱导下，以学生合作讨论为前提，以现行教材为基本探究内容，以学生周围世界和实际生活为参照对象，为学生提供充分表达、质疑、探究、讨论的机会，让学生通过小组合作的形式，主动地进行发现问题、体验感悟、实践操作、表达交流等探究性活动，获得知识和技能的学习方式和学习过程。

合作学习有着悠久的历史，公元前 1 世纪，西方古罗马教育家昆体良最早提出“学生可以从互教中受益”。在 1700 年，它作为一种教学策略和一种学习方式，由兰凯斯特（J. Lancaster）和贝尔（A. Bell）两人在英国首先提出并且使用的。1806 年合作学习观念从英国传入美国，受到美国教育家帕克（Park. F）、杜威（John Dewey）等人的推崇并被广为应用。20 世纪 70 年代起，美国出现约翰兄弟（Roger and David Johnson）、阿朗逊（Aronson）、思莱文（Robert. Slavin）等人，从此引起了现代合作学习的研究热潮，合作学习也取得了实质性的进展。70 年代中期至80年代中期，合作学习取得实质性进展的一种富有实效和创意的教学策略与理论，很快流传到欧美各国及日本等国。世界各国对合作学习理论与实践有不同的名称，如“合作授课”“合作教学”“合作学习”“合作教育”等，但其含义基本相同。合作学习可以提高学生的学习成绩，促使学生形成良好的心理品质，同时对培养学生合作意识、社交技能、创新精神与实践能力等方面具有明显效果，因此很快受到世界各国的关注。

随着社会的发展，人们对合作学习理论的研究从未停止。1974 至 1975 年美国明尼苏达大学的罗杰·约翰逊和戴维·约翰逊对合作学习理论给出了自己的看法，在其所著的《群体学习与个体学习》和《合作与竞争研究回顾》中指出，合作是通过共同学习来完成共享目标的，在合作学习的框架下，个人追求对自身和小组内其他成员都是有益的成果。目前，合作学习已广泛应用于美国、英国等学校教学中。世界各国研究一致认为，合作学习是一种有效的教学理论与策略，被人们誉为“近几十年来最成功和最重要的教学改革”。

我国对合作学习的研究方兴未艾。《国务院关于基础教育改革与发展的决定》中明确提出：“鼓励合作学习，促进学生之间的相互交流、共同发展，促进师生教学相长。”由此可见，合作学习受到国家教育部门的重视。随着许多学者对合作学习理论的学习和研究，合作学习理论在我国也取得了一定的成效，并在合作的基础上赋之以探究的色彩。

合作探究有两种常见的类型：

1. 基于问题的合作探究。以问题为中心展开合作探究学习，意在使学生在问题探究的情境中主动地体验、发现，在探究的过程中主动获取知识、应用知识、发展创新。基于问题的合作探究学习始于问题的提出，重在问题的解决过程。

2. 基于专题研究的合作探究。在学科课程的学习或综合实践课程学习过程中，由教师根据学生的学习水平和学习能力，设计出一组具有挑战性的专题研究项目（或者由学生自己选择研究的专题），然后由学生以类似于科学研究的方式，合作设计方案并进行探究学习，在合作探究过程中寻求答案，完成学习任务。

掌握科学的学习方法远比知道结论来得重要，所以要发挥合作探究学习的优势，就需要教会学生科学地合作探究的学习方法，为此要做到：

1. 创设问题情境，提出具有挑战性的问题是合作探究学习的关键。问题首先要能激发学生解决问题的欲望，如果没有强烈的问题性，合作探究学习就很难推进。

2. 质疑是合作探究的第一步，也是创新的基础，鼓励学生质疑有助于培养学生的创新精神。教学过程中难免会出现一些有深度、难度的问题，教师要注意预留充足的时间，鼓励和启发学生自己去探究。

3. 在引导学生合作探究的同时，要及时对学生的活动进行反馈、评价，总结学生合作探究的效果，引导学生体验成功的快乐。

## 二、实践智慧

合作学习在中国有着非常悠久的历史。早在2000多年前，我国古典教育名著《礼记·学记》中就指出“独学而无友，则孤陋而寡闻”，强调了学习者在学习过程中要进行合作。20世纪30年代，著名教育家陶行知指出“小先生制”的教学思想——“即知即传人”，倡导儿童边学知识，边将学到的知识教给同伴。这些观念都体现了合作学习的思想。

作为新课程标准所倡导的一种学习方式，合作探究的过程就是在教学中学生通过观察、阅读教材、实验等途径，发现问题并激发解决问题的积极性，凭自己的知识、经验、能力，通过“提出问题→猜想与假设→设计方案→实践探究→得出结论→交流与拓展”的学习过程。合作探究式学习方式的意义是通过观察、分析、判断、解决问题培养学生的创新精神和创新能力，同时可以给学生足够的时间和空间挖掘教材中已有内容的新情境，把学生导入科学探索的新起点、新高度，最终让学生能够通过合作探究去提出问题，去解决问题，去实际感受探究中的成功与失败，是培养新世纪自然学科真正人才的最佳途径。

合作探究学习在实践中已经取得良好的成效。比如，合作学习可以促进学生英语成绩的提高，尤其是英语成绩较差的同学提高的幅度更为明显，英语学习兴趣也大幅度提升；在物理实验教学中实施有效的合作学习方式，可以帮助学生建立良好的团队精神和集体荣誉感，对发挥学生特长、挖掘学生潜能、改善师生关系等方面具有积极的作用。

## 三、案例赏析

### 案例一

学科：数学

年级：八年级

课题：三角形内角和定理

**【片段实录】**

环节1　问题情境　引入新知

师：在△$ABC$中，已知∠$A$=60°，∠$C$=45°，∠$B$的度数是多少呢？

生：75°。

师：你的依据是什么？

生：三角形内角和为180°。

师：很好！你怀疑过这个结论吗？小学的时候我们用哪些方法来验证三角形三个内角和等于180°呢？

生1：折纸拼图。

生2：度量。

环节2　合作探究　构建新知

动手实验：

（1）每个小组成员利用三角形纸片，按照自己的想法拼一拼，能用多少种拼法验证三角形内角和是180°？

（2）在小组当中分享你的拼法。

（3）完成小组的合作报告，拼接方法用示意图的方式画出来。

师生互动，教师巡视。适时指导学生分组讨论交流，归纳总结，充分展示。

教师选取部分含有平行线的拼图方法进行展示，引导学生进行分析。

师：下面这四种验证方法分别是什么？

生：图1，图3，图4拼成平角180°，图2是两直线平行，同旁内角互补。

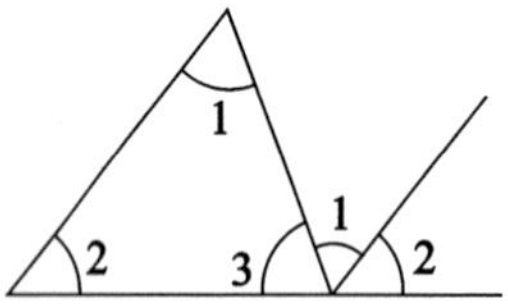


图1

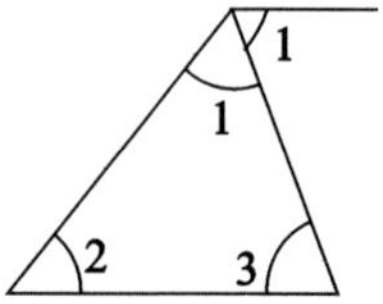


图2

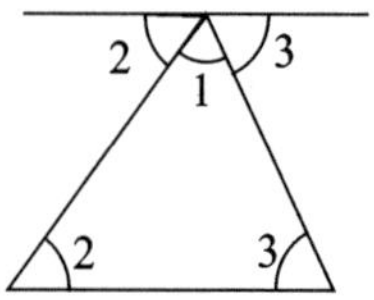


图3

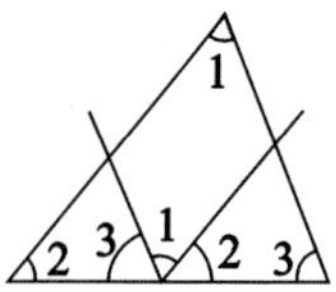


图4

师：在拼合的过程当中，这些平角的顶点分别在什么位置？

生：在三角形的顶点、边上，也可以在平面内任意位置。

师：非常好！形状各异的三角形有无数个，我们无法将它们一一拼合验证。数学结论的正确性仅凭拼图等实验验证是不够的，我们需要严格的推理论证。根据刚才我们的拼图活动，如何将三角形内角的位置转移拼合为平角来进行证明呢？

生：作平行线。

师：你是怎么想到用平行线的？

生：通过刚才的拼图，可以看到拼出的线与原三角形的边有平行的位置关系。

**【教学反思】**

本教学片段通过“你怀疑过这个结论吗？”这一问题，鼓励学生勇敢质疑并积极思考有哪些方法可以验证这一结论的正确性。接着引导学生利用手中的纸片，在小组合作探究过程中完成拼图并展示。学生观察出拼图示意图中线与原三角形边平行的位置关系，顺利得出拼图中辅助线的作法并加以证明，从而突破了本节课的难点。学生经历了小组合作、动手实验、观察思考、抽象概括的学习过程，提升了用旧知（平行线性质、拼图经验）获取新知的能力。不足之处是课堂中存在时间分配头重脚轻的问题。

**【案例评析】**

该教学反思能够从学生为主体的理念出发分析教师的教学行为，回顾了课堂上学生自主探索、动手实践、小组合作、尝试证明的探究式学习方法的有效性，并思考了在引导学生“做”中学的过程中，激励学生提出质疑、动手拼图、验证结论等系列方法的可行性。建议今后开展教学反思时还要对课堂生成多加考虑，通过分析学生的表现和思维，反思教学中的得与失。

## 案例二

学科：历史

年级：七年级

课题：青铜器与甲骨文

**【片段实录】**

教师引导学生：刚才我们一起了解了很多关于甲骨文的知识，那么同学们你们认识甲骨文吗？下面就请甲骨文组的同学展示你们在课下收集到的有关甲骨文造字特点的图片及资料，我们来一起破译甲骨文。

（设计意图：课前学生收集有关甲骨文的造字特点及代表字体的资料，通过图片史料，知道甲骨文是象形文字，会辨认甲骨文，了解甲骨文与今天汉字的渊源关系。激发学习兴趣，提高学习历史的观察能力和想象能力，培养史料实证的核心素养。）

课件依次展示甲骨文组学生收集的甲骨文图片并分析它的造字方法。

第一小组的同学派代表上台展示提前做好的课件并为大家讲解。

第一小组的代表提问：请同学们猜猜这是什么字？

学生根据图片推断得出答案：木。

第一小组的代表引导大家思考：仔细观察图片，大家发现它用的是什么造字方法呢？

学生观察图片得出答案：象形字。

第一小组的代表为大家讲解：象形是最原始的造字方法，用图形、线条把物体的外形特征勾画出来。下面请同学们进行十二生肖的辨识。

学生根据象形字的概念猜出十二生肖的字。

第一小组的代表继续提问大家：请同学们猜猜这些又分别是什么字？

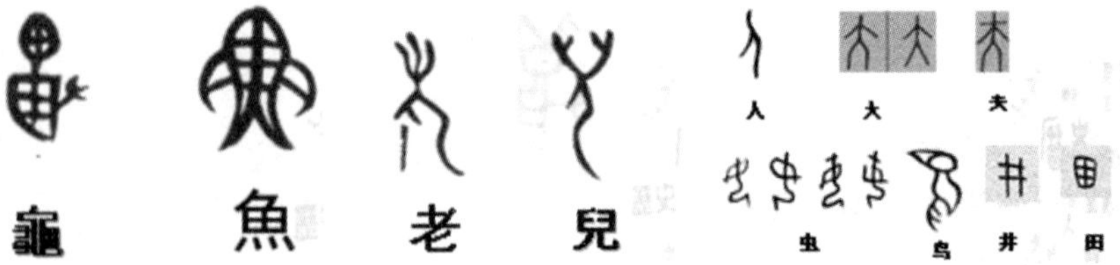


学生观察图片，根据象形字的概念，猜得热火朝天。

生1：龟，这是画出了龟的侧面形状，有头、尾及背甲和脚。

生2：鱼，能看到鱼的头、尾和鳍。

生3：老，像一个驼背弯腰又拿着拐杖的老人。

生4：儿，像是小孩在头顶梳两个小发辫的样子。

生5：人，一个侧面站立的人。

生6：大，即一个正面站立的人。

生7：夫，下部是“大”，“大”的上部有一小横，表示头簪之形。

教师总结：非常好！感谢第一小组同学为大家准备的象形字知识，讲解得非常清晰，同学们猜得也非常积极、准确，可见大家都掌握了象形字的要领了，接下来有请第二组的同学。

第二小组的同学派代表上台展示提前做好的课件并为大家讲解。

第二组的代表提问：大家好，还是一个“木”字，但旁边多了一个“人”字，请同学们猜猜这是什么字？

学生根据图片猜出答案：休。

第二组的代表继续提问：那么它用的是什么造字方法呢？

学生回答：会意字。

第二组的代表为大家解释：会意是用两个或两个以上的独体字结合起来表示新的意义。请同学们继续猜猜这是什么字？

学生观察图片，根据会意字的概念纷纷得出答案。

生1：相，一双眼睛在细细察看一棵树，本义是“细看”“观察”。

生2：明，“日”“月”在一起为明。

生3：“册”，古代把字刻在竹木简册上，用绳子连起来；删，即为刻错或不要时，需要用刀削去，删即削去不要的文字。

生4：两个“木”即为“林”。

生5：两个“人”即为“从”。

生6：人站在地平线上即为“立”。

教师总结：太棒了！第二组的同学也带着我们去会意字的世界遨游了一番，同学们也猜得很尽兴。接下来有请第三小组的同学。

第三小组派代表上台展示提前做好的课件并为大家讲解。

第三小组的代表提问：大家好，还是一个“木”字，就是在木的根部画了一条线，说明这个字表示的是木之根，这是什么字？

学生根据图片得出答案：本，原意就是树根的意思。

第三小组的代表继续提问：还是一个“木”字，就是在“木”字中间一竖的上部加了一笔，意指树梢部分。这是什么字？

学生根据已有知识得出答案：末，“本末倒置”用的就是这两个字的本意。

第三小组的代表继续引导：那么这两个字用的是什么造字方法呢？

学生回答：指事字。

第三小组的代表解释：指事字，是指用一种指示性符号表示某一事物或概念。还是一个“木”字，但如果这次用“木”做形旁，再用一个字做声旁，组成新字，这样就能造出大量文字，这用的又是什么造字方法呢？

学生根据已有知识得出答案：形声字。

第三小组的代表解释：形声最为进步，是用声符来注音，用一个字表示类别，组成新字，现代汉字很多都是形声字。

教师总结：同学们总结得非常好！可见课前一定下了不少功夫，非常棒！那么，刚才甲骨文组的同学为大家总结了几种甲骨文的造字特点呢？

学生总结归纳：甲骨文具备了汉字的六种造字方法，即象形、指示、会意、转注、假借、形声。

教师继续引导：我们今天所使用的汉字，都是用这六种方法创造出来的，而甲骨文已经具备了这六种方法，所以说，甲骨文已经具备汉字形体构造的主要形式，是我国目前已知最早、体系较为完备的文字。甲骨文中的很多字体至今仍在使用，可见甲骨文与今天的汉字有着渊源关系。

（设计意图：学生讲解自己制作的课件，运用大量的图片史料，培养学生整理知识、创新思维和语言表达等能力，并通过合作交流，体验合作的乐趣。）

**【教学反思】**

本课是一堂文化史课，介绍的是商周文化的典型代表——甲骨文和青铜器。商周时期是我国奴隶社会的发展时期，这一时期的文化在古代文化史上占有极其重要的一席之地，是上古文化中绚丽的瑰宝。本课如果与学生的生活经验很好地结合起来，则是陶冶学生情操，增进民族自信心和自豪感，进行情感态度与价值观教育的好内容、好渠道。而本课的一大难点就是一些专业的科学知识，如甲骨文的字形结构等较难讲述清楚，根据课标活动建议的要求，我创设了分组合作探究学习的方式，将学生分成了青铜器组和甲骨文组，让他们在课前分别收集青铜器和甲骨文造字特点的相关图片及有关资料，同时整理资料、制作课件。本片段只呈现了“文字之源”——体系完整的甲骨文，学生通过展览、讲解课件，加强了对甲骨文这一中华文化瑰宝的认识，学会辨认甲骨文，了解了汉字与甲骨文的渊源，同时调动了积极性，感受图像史料带来的历史真实性，体现历史核心素养。

整堂课以合作、探究的学习方式为主线，引导学生参与到教学活动中来，真正发挥学生的主体作用。开展合作探究学习的具体步骤为：学生围绕探究的核心问题，分组制订计划，明确分工；各组通过多种渠道搜集甲骨文的相关图片及有关资料，分类梳理甲骨文的造字特点；各组对所收集的材料进行整理、辨析，通过组内的讨论交流，在教师的引导下制作本组的课件；课堂上全班进行交流，各组代表介绍本组的研究成果，并解答其他组同学提出的质疑，进一步修改、补充与完善本组的课件。整个活动的过程并不是一帆风顺，但每个困难都是合作探究的契机。如最开始三个小组收集的关于甲骨文造字特点的字例五花八门、杂乱无章，我便指导学生可以用一个字将这些造字方法贯穿起来，以便学生更加深刻理解造字方法的来源。三个小组最后找到了以“木”字为线索来串联这四种最主要的造字方法。这样的以小组合作方式进行的专题探究活动，一方面，学生通过自己动手搜集史料，带着证据意识对历史问题进行探究，既培养了探究问题的方法和技能，又发展了思维能力；另一方面，学生通过小组的分工与合作，尤其是对研究成果的不断研磨，提升了交流能力、合作精神和竞争意识。

总之，通过合作探究、师生互动、当堂检测等环节，大部分学生都能掌握课程标准要求的基础知识，取得较好的效果。但对于甲骨文的字形结构，个别学生没能理解，还需再逐步内化。

（案例提供：太原市第十二中学校　杨情河）

**【案例评析】**

本案例的教学反思环节中，教师对“合作探究”这一学习形式进行了深度反思。

从理论上讲，新课改倡导学生学习方式的创新，特别强调学生自主、合作、探究学习，注重学生的学习过程，提倡学生参与教学、与他人合作、共同探讨、社会实践等活动。历史教学要想有效培养学生的历史素养就应该改变传统教学方式，转变学生被动接受、死记硬背的学习方式，拓展学生学习和探究历史问题的空间，培养学生正确的历史观，进而使学生学会辩证地观察、分析历史与现实问题。

本案例中，教师依据课程标准中的教学活动建议，从操作层面设计了教学流程，并针对课前、课中两个环节进行了具体的反思。从教学实践来看，课前学生分组合作搜集有关甲骨文的造字特点及代表字体，激发学习兴趣，提高学习历史的观察能力和想象能力；课堂上学生讲解自己制作的课件，培养整理知识、创新思维、动手和语言表达能力，并通过合作交流，体验合作的乐趣，真正体验到合作探究这种学习方式所带来的巨大成果。

## 案例三

学科：英语

年级：八年级（下）

课题：Unit 2 I'll help to clean up the city parks. Section B 2a-2e

**【片段实录】**

Step Ⅰ Lead & Motivate

T: People train animals like dogs to help them. What can these animals do?

Students discuss in pairs and then share their ideas.

The teacher asks students to look at the picture and predict what they will read.

Q1: Where is it?

Q2: Who is Lucky in the picture?

Q3: What do you think they are doing?

Students work in pairs and discuss the picture.

Step Ⅱ After-reading

Task1: Work in groups and complete the passage by helping each other.

Task 2: Work in groups to discuss the following questions. And then find out the relationship among them.

Q1: Who is Miss Li / Ben / Lucky?  What's Animal Helpers?

Q2: What is their relationship?  What did Miss Li / Ben / Lucky / Animal Helpers do for one another?

Step Ⅲ After-reading

Task 3: Discuss the questions in groups.(Discuss & Present)

1. What's the type of the passage?  What's the structure of the passage?

2. Why is it a thank-you letter?  How do you know that?

3. Do you know the differences between a letter and an article?

Task 4:

T: In our life, we always receive others' help. It's polite to express our thanks to them. How do you express your thanks to others?  Can you share some ways you give thanks for something that happened around you and made you feel moved?

【教学反思】

合作探究是指学生在小组中或团队中为了完成共同的任务，有明确的责任分工的互助性学习。进行合作探究可以唤醒学生的主体意识，使学生真正成为读书的主人。

一、“合作探究”的初衷

本节课是人教版八年级下册2单元Section B的阅读部分，本单元涉及的话题是志愿服务及慈善活动。本节课意在引导学生通过合作探究，分析感谢信的结构、内容，交流自己得到帮助后表达感激之情的方式，鼓励学生在小组活动中积极与他人合作、互相帮助，共同完成学习任务。

二、“合作探究”的过程

1. 导入部分：利用一张狗的图片引出导盲犬，学生两两合作，探究狗可以帮助人类做什么。邀请家里养狗的同学分享他们的亲身经历，再邀请学生回答三个问题，并进行预测。每组推举一人进行汇报。

2. 读后部分：在完成阅读任务之后，进入读后的练习。Task 1要求学生以小组为单位完成课文挖空的练习，以达到检测阅读效果、巩固语言知识的作用。Task 2要求学生使用自己的语言说明文章中的Miss Li，Ben，Lucky，以及Animal Helpers分别是谁、他们做了什么、为什么这样做，在厘清人物关系之后，完成文章所涉及人物及事件关系图。要求每组的六名成员要分工明确，一名记录员，一名汇报员，其他四人分别关注Miss Li，Ben，Lucky和Animal Helpers。最后，由每组的汇报员进行汇报。Task 3要求学生通过合作探究分析出本篇文章的文体、结构（开头和结尾）、用途，以及一封信与一篇普通文章的区别，培养学生的文体意识及语言运用能力。Task 4的任务设置需要学生去构思一个感动瞬间并找到合适的方式表达感谢，贴近生活，贴近学生。通过合作探究，学生在获得知识的同时提高了英语语言运用的能力。

三、“合作探究”的收获与不足

课堂教学是一个不断发现问题、研究问题及解决问题的过程。旨在让学生自己发现问题，探究解决问题，通过各种学习途径获得知识和能力、情感态度和价值观，特别是发展探究精神和创新能力。

在教学过程中，作为教师，应该根据学生的学情制订适当的学习目标，指导学生形成良好的学习习惯，为学生合作探究学习提供帮助；尊重学生的个性发展，激发学生的合作、探究精神，将所读文章中要表达的情感逐步贴近学生，与其产生共鸣。

在分组过程中，一些学生依赖于小组活动，每次汇报都往后缩，不愿意去锻炼自己。今后我要注意安排学习任务的难易度，同时在学生合作探究的过程中更加认真倾听并给予及时指导和勉励，帮助学生更好地表达。此外，本篇课文是一封感谢信，需要学生了解文章的体裁、结构，知道信件和文章的区别。学生在表达文中人物的时候出现了一些错误，这是学生在学习的过程中需要逐步改进和继续努力的地方。

（案例提供：山西省实验中学　梁艾笛）

**【案例评析】**

本案例教师通过层层设问，引导学生主动思考、共同探讨，培养学生的合作探究能力和创新思维能力，较为有效地达成了教学目标。

在反思中，教师意识到没有考虑到学生组内成员的差异性、互补性，所以并不是全员都参与到合作探究中；也意识到了以后教学中应该及时鼓励、帮助能力稍弱的学生，让每个学生都真正参与到合作探究学习中来，是一篇注重实效的教学反思。

## 案例四

学科：语文

年级：九年级

课题：智取生辰纲

**【片段实录】**

师：同学们，你们读了课文之后，觉得杨志押送“生辰纲”时的方法巧不巧？

生：巧！（众多学生说）

师：那为什么他最终还是丢掉了“生辰纲”呢？

一生回答：因为吴用取“生辰纲”的方式更加巧妙。

师：所以一个是“巧送”，一个是“智取”，让我们找找看，杨志是如何“巧送”的，而吴用又是如何“智取”的？为什么“巧送”敌不过“智取”，杨志失败的原因是什么？请大家小组合作探究“巧送”和“智取”，找到杨志失败的原因。（教师提示：组内可以分工合作，一部分同学去找“巧送”巧在哪，一部分同学去找“智取”智在何处，然后一起碰撞交流杨志失败的原因，时间5分钟）

交流结束后，小组展示成果：

生1：杨志巧在：1.乔装打扮，扮作脚夫和客人（1段）；2.根据不同地形，更改行路时间（2段）；3.小心地查问枣客（8段）；4.拦阻买酒，怕里面有蒙汗药（10段）；5.看见贩枣客吃了酒无事才同意众人买酒（12段）。从以上多处可以看出，杨志经验丰富，心思细腻，谨慎小心，警惕性高。

生2：吴用智在：1.扮作行商客人，让自己身处暗处；2.利用酷热难耐的天气，让白胜卖酒引诱；3.白胜小贩形象演得到位，两次欲擒故纵，表示不卖，让杨志放松警惕；4.药不在酒桶里，在瓢里。

生3：杨志明明送得很巧，但仍然失败的原因，有客观原因和主观原因。客观原因是吴用等人准备充分，团结协作，计策高妙；主观原因是杨志不做沟通，不善团结，不坚持行事原则，盲目从众。

**【教学反思】**

语文课程标准明确指出：“语文课程必须根据学生身心发展和语文学习的特点，关注学生的个体差异和不同的学习需要，爱护学生的好奇心，充分激发学生的主动意识和进取精神，倡导自主、合作、探究的学习方式，培养学生的创新意识。”由此可见，合作探究的学习方式十分重要，恰当使用这一学习方式往往能达到意想不到的效果。它能够让学生摆脱直接在大集体中展示的紧张感，小集体中的交流压力小，且便于互相帮助、共同提高，能更好地彰显一些学生的个性思想，培养创新思维。

本节课我在组织合作探究活动方面做了尝试，经过反思，发现有如下亮点：

1. 巧借课后题设计活动，突破教学重难点。

设计合作探究的问题时整合了课后“思考探究”第一、二题，让它们成为一个有机的整体，从而让学生更好地去解决本节课的重难点。课后第一题侧重于对小说情节的梳理，第二题侧重于对人物形象的分析。

我设计的活动问题是让学生去找如何“巧送”和“智取”，其实质是在梳理小说的故事情节，而与此同时，探究杨志“巧送”巧在何处，分析其失败原因，这便是在分析杨志人物形象。这样一整合，本课的主问题就有了，更利于重难点的突破。

2. 设计的活动问题有启发性，且有一定深度，值得合作探究。

“为什么‘巧送’敌不过‘智取’，杨志失败的原因是什么?”这一问题十分耐人寻味，读了小说的人都会发现杨志很有行走江湖的经验，行事充满了智慧，准备得也可以说十分充分，但为什么这样还失败了呢，真的非常令人不解，我就是抓住了这一矛盾点设计问题，启发学生去深入思考。这一问题既涵盖了情节的梳理，又涵盖了人物的分析，有一定的深度，不是一个学生能解决的，所以进行小组合作探究特别合适。

3. 活动方式合理，高效解决问题。

在合作探究时，我提示学生组内可以分工合作。分工合作可以让更多的学生参与活动，得到锻炼提升，还可以节省时间，更加高效地解决问题，否则无序的合作只会浪费时间，影响课堂的进度。同时，这样分工合作探究也根据课标要求，关注到了“学生的个体差异和不同的学习需要”，“充分激发学生的主动意识和进取精神”，满足了学生的好奇心，让思维得以自由碰撞。

此次教学实践中还发现一些有待改进之处，例如在学生展示小组合作探究的结果时，只是让小组内的个别学生展示，而没有让全员参与。如果提前告诉学生展示的时候请“全员参与”，应该能让更多的学生在语言表达上得到锻炼，同时也能让讨论交流更为专注，不会让一些学生游离于小组的讨论之外。

此外，作为一篇精彩的小说，课堂上应该让学生朗读一下精彩的部分。那么该设计几次朗读，在哪个位置设计朗读，怎样才能让朗读更好地与本节课的合作探究相结合？这些都是我接下来要继续思考的地方。

（案例提供：太原市第三十七中学校　梁琰虹）

**【案例评析】**

亮点：1. 能立足于课标进行设计。新课标对于欣赏文学作品有这样一句话：“对作品中感人的情境和形象，能说出自己的体验。”教师对本堂课的反思紧紧扣住了小说三要素中的情节和人物形象这两个要素进行深入分析。2. 能立足于学生的发展反思活动中问题的设计。“为什么‘巧送’敌不过‘智取’，杨志失败的原因是什么？”这一问题很好地激发了学生的探究欲望，问题有深度，但又在学生跳一跳就能够到的能力范围之内，通过合作进行思维碰撞，就可以有所领悟。

不足：正如教师自己反思的那样，在活动展示时应基于学生立场，让更多的学生参与进来，尤其是要鼓励小组中那些相对弱一点的学生去勇敢地表达。同时从立足学科核心素养出发，反思“合作探究”环节展示方式的多元化，更好地关注学生的全面成长。

**四、综合评论**

教育应该彰显学生的主体价值，换句话说，就要突出学生的存在价值，包括生命价值、生存价值和生活价值，从而让学生不断增强价值自信，进而做到价值自觉，充满爱心和激情地学习和生活。

在传统课堂中，教师常常不允许学生自主做一些事情，要求学生做个“听话”“不乱说话”的孩子，并用一些制度进行规训，学生即使有精彩观念也不敢表达，久而久之，也就逐渐丧失了探究、创造的意识与能力。而根据科学研究，学生本身具有探究的欲望与能力。这是学生天生具有的独立自主的性格特征，也是学生能开展自主合作、探究学习的前提条件之一。在新课改背景下，如何让学生成为主动、积极的发现问题与解决问题的探究者，是摆在每一位教师面前的重大课题。它需要教师从思维理念到实际行动的更新，使课堂从里到外获得一次重生。因此，对课堂教学中的“合作探究”活动进行反思，是非常必要的。

对合作探究进行反思，必须要明确合作探究活动的含义，即合作探究学习是指学生以合作学习小组的团队方式或者师生共同合作进行探究学习活动的学习方式。教师应当以探究学习活动的设计者、导演、组织者、指导者、参谋等角色出现或参与学生的探究性学习活动，是学习任务情境和探究方法手段设计的帮助者，是探究材料的提供者和探究过程的推动者。

对合作探究进行反思时，应注意以下事项：

1. 反思是否给予了学生合作探究的时空

合作探究活动是学生通过主动的活动，包括观察、描述、操作、猜想、推理等，体验如何“做中学”，实现“再创造”，感受到教学内容的本质。教师在让学生合作交流前，应留足时间让学生观察、运算、分析、思考，并写下所见、所思、所想的结论，充分的时间与空间使学生能够真正地从事探索、思考，并表达自己的理解以及与同伴交流，而不是模仿和记忆。

2. 反思是否鼓励学生质疑、猜想、探究

教师在探究学习活动中要激发学生进行思考，注意观察、倾听，了解学生的需要，保护学生的想法，把握他们的思路，促进学生的思想逐渐完善，而不是“填鸭式”地灌输。要给学生创造独立学习思考的机会，鼓励学生独立思考，允许学生出错并容忍歧义，鼓励学生的创新解法。

3. 反思是否关注到学生的交往合作状态

合作探究学习过程中，必须与他人交往合作，获取他人的帮助，学会参与和协调。探究学习小组成员之间要合理分工，在小组内人人有事做，分工明确，责任到位，可以保证不推诿，各人在小组内发挥特长。这样，合作探究活动才能取得预想的效果。

# 第六节　对“展示交流”的反思

## 一、理论要点

展示交流是检测学生学习效果的外显形式，是学生表达交流能力、逻辑思维能力的再现，更是检验小组合作学习的成果和协助精神的手段。其主要价值在于以语言表达为媒介，获得真正意义上的情感共鸣、思维共振。学生在交流碰撞中不仅会完成既定目标的达成，更能显出“生成”的新问题，当新问题产生的时候，意味着学生的思维深度、宽度的升华，体现了学生在参与学习中的成效，这些问题是他们带着思考生成的，这个过程长此进行下去，会有助于学生思维品质的提升。

展示交流是生本课堂最核心的环节，是调动学生主动学习的最有效手段。展示就是学生在“预习”的基础上，对学习任务进行了深入的探究后，在课堂上把学习成果通过操作和言语呈现出来。不仅要展示学生对问题、知识独到的理解和解决问题的创新方法，还要展示学生解决问题的思维过程，展示学生学习中的困惑和疑难。交流就是师生、生生通过点评、争论、点拨和解释，对获取知识、运用知识、解决问题的规律、方法进行总结和概括，以达到举一反三、触类旁通的目的。

常见的展示交流类型有学生个别展示和小组集体展示等。经过小组讨论及集体交流、反馈之后，学生对问题本身、对教学内容的理解已经远远超出了其独立思考阶段的水平，甚至还会有一些新的观点生成，这时候进行的展示交流活动，可以将这些新观点转化为课堂的成果。

1. 组内小展示。在小组长的带领下，按照学习任务的要求或提示，进行自主学习或者讨论。对尚未解决的问题或一些生成性的问题，经小组讨论后仍得不到答案的，将内容记录下来，在教师的指导下全班一起解决。对本组已经解决的问题，在小组长的带领下，组员在小组内试讲展示，为班内大展示做好铺垫。

2. 班内大展示。课堂上，教师引导学生逐项完成学习任务，达成学习目标。传统的课堂模式是教师讲给学生听，生本课堂教学模式是学生展示给学生听，既有展示，又有点评，展示和点评都由学生进行。教师要根据知识点的难易程度确定展示人，如果简单地用代号表示的话，例如2号讲解、3号回答、6号给大家解释、1号总结归纳等。值得注意的是，从尊重学生出发，给学生确定编号要慎重，因为编号一公开，在学生眼里就有了成绩或其他方面的差异。而对于学生的层次表现，教师心中应该很明了，在课堂上直接叫学生姓名即可。展示时一般不要更换层面，即这个组的2号没解决掉的问题，让其他组的2号接着展示，班内2号解决不了的问题，再更换成1号。1号解决不了的问题，教师就要点拨指导了。展示时教师要适时追问、点拨、启发、引导，对课堂进行有效调控。展示后要有点评，这就要进入第三环节。

3. 点评交流。在这个环节，教师不要代替学生点评，但可以适时提出点评的要求。点评的内容应该具有针对性、拓展性和补充性，不但要点评展示者对学习内容的讲解到不到位，还要对展示者的情感态度、过程方法、肢体语言、声音洪亮、语言表达等方面的优点与不足进行点评。每节课可指定一组为点评组，或者以抢答的形式取得点评资格。在一定的时间评出最佳“展示交流”个人和学习小组，让学生在充分展示自我的同时，在心理上获得自信和成功的体验，这样，学生动起来了，课堂活起来了，效果也就好起来了。

总之，有效的展示交流活动需注意：

1. 要培养学生“敢表达、会交流、善共享”的良好习惯，指导学生学会相互交流、相互赏识、相互评价，在课堂上敢于展示，善于倾听。

2. 要把课堂的时间和空间交给学生，给学生提供充分的思考时间，允许他们以自己的思维方式自主思考。学生可以走上讲台展示自己的观点，可以根据学习的需要变换方向和位置，采取多种方式进行学习和活动。

3. 要尽可能地让学生通过小组交流或全班交流的方式，展现思维的过程，在倾听反思中，关注自己没有考虑到的问题，获得新的发现，提出新的问题。

## 二、实践智慧

山西省晋中市灵石县第二中学等一批课改先进学校对自主、合作、探究式学习进行了探索与实践，形成了课堂教学“自主学习、学案引领；小组合作、互助共赢；展示反馈、张扬个性；拓展提升、激励成功”四个环节。其核心是把课堂交给了学生，让学生亲历探求知识的过程，形成学习经验，内化为自学能力。课前学生自主学习，课堂上学生展示反馈，因此教师在课堂上很少讲解，而是将课堂交给了学生。当教师抛出一个问题后，几乎全班的学生会抢着回答，当一位学生回答错误后，瞬间会响起无数个声音纠正。教室三面黑板，便于随时展示，充分交流。这样的课堂学习气氛浓厚，场面活跃，令人震撼，真正体现了课堂是学生的舞台，学生是课堂的主人。

中学语文特级教师肖家芸老师提出了课堂教学的“活动观”，其特征是教学活动化，活动教学化，以学生的主题实践活动为基本方式来构建教学的操作平台。具体到每一堂课，“活动式教学”以活动的理念，融通课情和学情，通过适时、适量、适度、有序、有效的学生展示交流活动，化解教学的重难点，带动学生的全面发展，优化语文的教育教学。例如肖家芸老师在教学《从百草园到三味书屋》时，就处处注意体现学生展示交流的过程，学生将文字描写改成小品表演，演的过程既是熟悉记忆的过程，也是体验深化的过程。再通过一些巧妙的游戏设计，使学生的语文能力在运用中又得以提升。这种“在活动中学”，激发了学生的学习兴趣，改变了课堂学习的生存状态，挖掘了学生的各种潜能，提高了创新能力。

## 三、案例展示

### 案例一

学科：数学

年级：七年级

课题：三角形回顾与思考

**【片段实录】**

师：我们除了研究三角形的三边关系、三个内角的关系，还研究了三角形中的三条重要线段：角平分线、中线、高。对于两个三角形，它们的形状、大小会有怎样的关系呢？如果两个三角形能够完全重合，我们说这两个三角形全等。

此时，教师手持两个全等三角形纸片，指着这一对全等三角形继续引导："完全重合"意味着同时满足6个条件，三边相等，三个内角相等。但是，我们在之前的学习中判定两个三角形全等时，需要6个条件同时满足吗？

生：不需要。只要3个条件就够了。

师：怎样的三个条件呢？

生：三边分别相等；两边和它们的夹角分别相等；两角和它们的夹边分别相等；两角和其中一角的对边分别相等。对应的判定方法分别是SSS、SAS、ASA、AAS。

师：在前几节课的学习中，我们不仅积累了知识，还积累了很多常见的全等图形。现在四人小组合作，一人摆常见的全等图形，一人画草图做记录，另外两个同学监督，2分钟内比比哪个小组摆出的图形最多。

2分钟后学生展示如下：

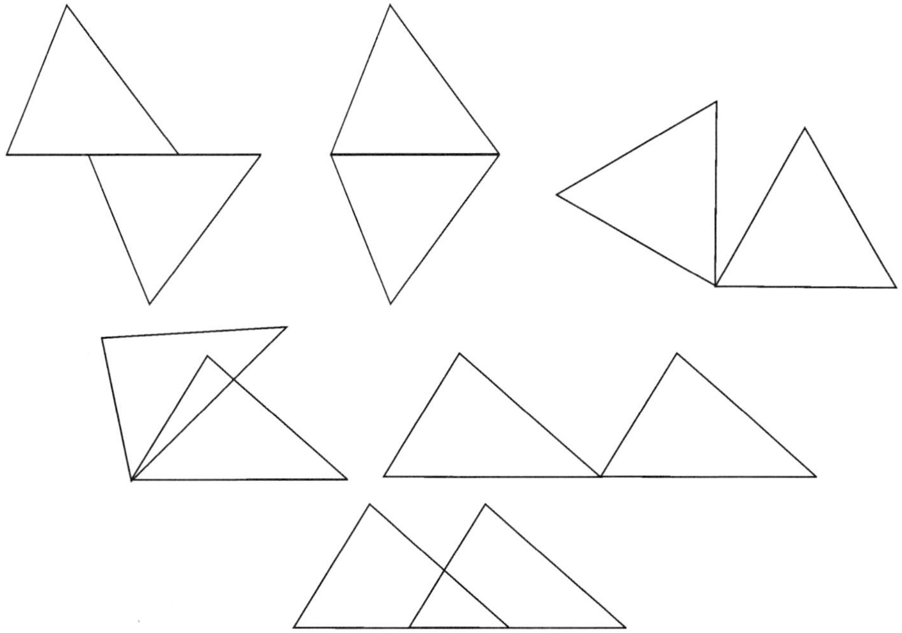

生1：（边讲解边拼摆他手中的两个全等三角形纸片）我们组共总结出了五类常见的全等图形，包括轴对称型、平移型、旋转型、有公共边的、有公共角的。

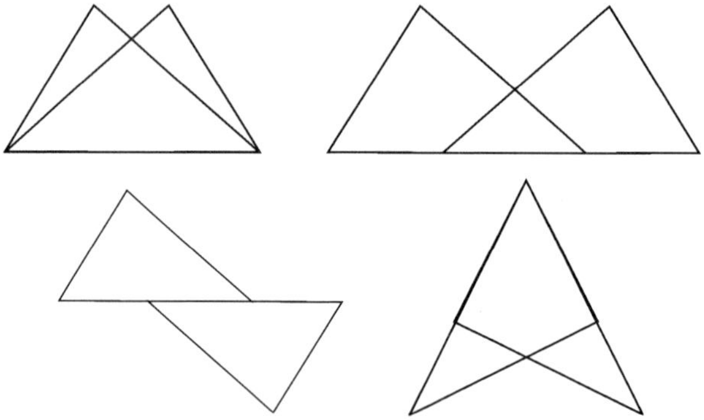

生2：还有包含对顶角的全等图形。

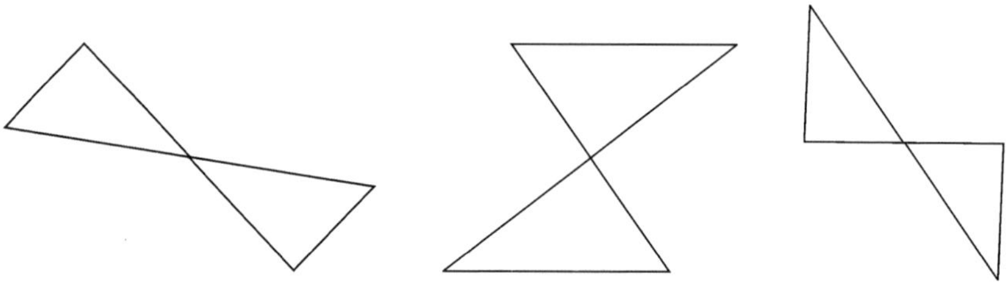

生3：还可以摆出任意全等图形。

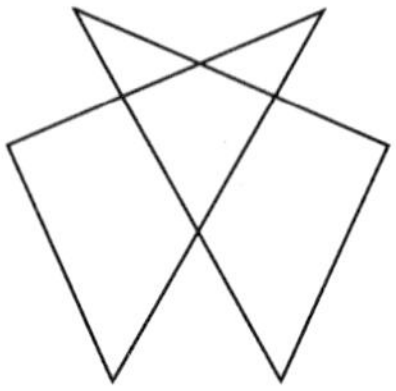

师：证明两个三角形全等是得到线段相等和角相等的重要途径。积累基本图形和积累解题方法一样重要，只有非常熟悉常见的基本图形，今后在遇到复杂图形的时候，才能快速地从复杂图形中识别和抽象出这些基本图形，从而找到解题策略。

**【教学反思】**

三角形是最简单的多边形，它是研究其他多边形的基础，在解决实际问题中也有着广泛的应用。本课时共四个环节。课前准备：同桌两人发一张三角形纸片；四人小组发一对全等三角形纸片。第一环节，通过画三角形回顾三角形的三边关系和三个内角的关系。第二环节，通过折纸活动复习三角形的角平分线、中线、高的概念，进而体会三角形三条角平分线交于一点，三角形三条中线交于一点的事实。三角形三条高是否也交于一点？先让学生独立思考，然后画图观察，最后用几何画板演示，得出结论——三角形三条高所在直线交于一点。第三环节，以小组为单位，通过拼摆两个全等的三角形纸片，回顾常见的全等图形以及证明两个三角形全等的基本思路。第四环节，通过阅读学案上呈现的四边形全等的材料，类比三角形全等的探索过程，去探索两个四边形全等的条件。

课堂教学的意义不仅是让学生听懂，更重要的是教会学生分析、研究。交流的前提是独立思考，并有自己的见解。展示的内容可以是本节课的重点、难点，也可以是全班同学出现的共性问题。展示不是订正答案，也不是书本知识的重复讲解，而是小组合作学习以后对所学内容的概括、总结、提升。证明两个三角形全等是本单元的重点，本节课学生展示基本全等图形的过程，本质上是练习图形语言、符号语言、文字语言之间的转换过程，是积累探究经验的过程，是发展几何直观、提升推理能力的过程。小组合作让学生熟悉了基本全等图形，学生展示对所有图形进行了归类总结。

本节课的展示环节还须改进之处是，应该由学生指出所拼的全等三角形中的对应元素及其关系，这样可使学生的活动基于操作，又高于操作，使数学思维活跃而深刻。

（案例提供：太原市成成中学校　曹焕英）

**【案例评析】**

从授课教师的反思中可以看到，教师对展示的内容、展示的目的有正确的认识，对课堂的交流展示认识到位。本节课是学生学完一章后的复习课，学生对图形的归类进行展示，符合展示的原则，能起到总结、归类、提升的作用。建议教学反思要针对本节课生成的内容，运用教育教学理论对课堂教学行为做详细分析，从学生的成长、学科素养的落地等角度反思教学行为。

## 案例二

学科：历史

年级：七年级

课题：盛唐气象

【片段实录】

第一组：经济的繁荣

1. 农业

师：请同学们诵读下面这首诗，概括诗作反映的社会风貌。

忆昔开元全盛日，小邑犹藏万家室。
稻米流脂粟米白，公私仓廪俱丰实。
——杜甫《忆昔》

生：这首唐诗描绘了开元盛世时期，经济繁荣、粮仓丰实、人民富裕的历史史实。

师：那农业经济发展的因素有哪些？

生：粮食的丰收、人们的辛勤劳动等。

师：观察下图，想想促进农业发展的因素还有哪些？

敦煌莫高窟壁画《雨中耕作图》

生：垦田扩大，兴修水利，出现了先进的生产工具如曲辕犁、筒车等。

2. 制瓷业

| | | |
|---|---|---|
| 大邑烧瓷轻且坚，<br>扣如哀玉锦城传。<br>君家白碗胜霜雪，<br>急送茅斋也可怜。<br>——杜甫 | 九秋风露越窑开，<br>夺得千峰翠色来。<br>好向中宵盛沆瀣，<br>共嵇中散斗遗杯。<br>——陆龟蒙 | 南山截竹为觱篥，<br>此乐本自龟兹出.<br>流传汉地曲转奇，<br>凉州胡人为我吹。<br>——李颀 |

邢窑白瓷

越窑青瓷

唐三彩

师：请同学们从制作工艺、社会风貌等方面赏析以上图文。

生1：唐三彩是一种盛行于唐代的陶器，以黄、褐、绿为基本釉色，后来人们习惯上把这类陶器称为“唐三彩”。

生2：唐三彩在造型方面，与一般的工艺品不同，比较肥硕。其次是釉色与众不同。在一件器物上同时使用黄、绿、白三种釉色，在唐代是首创。

生3：社会风貌方面，这个唐三彩骑驼乐舞俑诉说着历史，诉说着沧桑。驼首上扬，仰望长空，四个乐俑分坐两侧，前乐俑左手托琵琶，后乐俑则双手做吹笛状，中间一舞俑为胡人，正随乐曲的旋律节拍翩翩起舞。这是当年络绎不绝的骆驼商队千余年间任劳任怨不辞劳苦，奔波于漫长丝绸之路的真实写照，饱含着浓郁的异域风情，也体现了各民族交往的空前盛况。

3. 丝织业

师：从下面的唐诗中，你能了解到当时的丝织业有哪些进步的技术?

去年中使宣口敕，天上取样人间织。

织为云外秋雁行，染作江南春水色。

——白居易《缭绫》

生：唐朝的手工业发展到很高的水平，纺织业品种繁多，尤其以丝织工艺水平最高，其中蜀锦以色彩艳丽、纹饰精美冠于全国。

4. 商业

师：阅读下面图文材料，试从布局、功能等方面介绍唐都长安城。

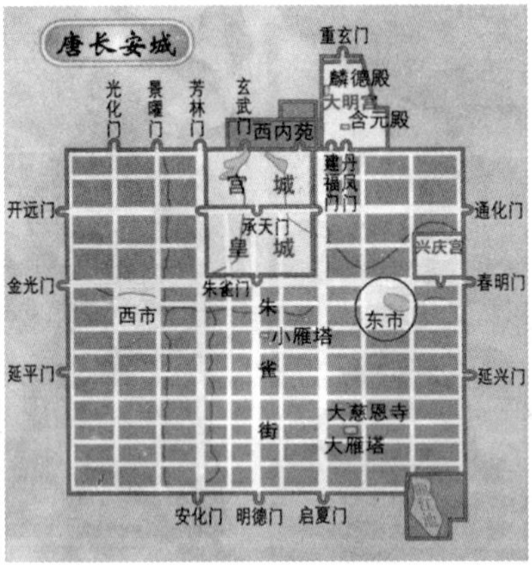


唐都长安布局图

百千家似围棋局，
十二街如种菜畦。
——白居易

长安大道连狭斜，
青牛白马七香车。
——卢照邻

生1：唐诗反映的是唐都长安布局的繁盛局面。南北纵列的大街有11条，东西横列的大街有14条，由这些大街把外郭城切成109个长方形的坊和东西二市，二市各占两坊之地。

生2：唐都长安不仅是政治中心，还是各民族交往的中心，也是一座国际化的大都市。

第二组：民族交往

师：（出示图片《步辇图》《唐蕃会盟碑》）结合这两幅图片，简述盛唐时期的民族关系。

生：当时很多少数民族政权与唐王朝保持着友好而密切的联系，唐太宗实行开明的民族政策，得到周边各民族的拥戴。他还同意将文成公主嫁给松赞干布，唐蕃和亲促进了吐蕃经济和社会的发展，也增进了汉藏两族的友好关系。

第三组　开放的社会风气

朗读下面的唐诗，简述唐朝社会风气开放的具体表现。

昔有佳人公孙氏，一舞剑器动四方。——杜甫

三月三日天气新，长安水边多丽人。——杜甫

胡麻饼样学京都，面脆油香新出炉。——白居易

女为胡妇学胡妆，伎进胡音务胡乐。——元稹

生1：唐代妇女喜欢把自己打扮得花枝招展地去踏花游春，她们还喜欢穿上男人的衣服甚至戎装、胡服去骑射、打猎、打马球等，招摇过市，在公共场合抛头露面，这些在唐诗中得到了证实。

生2：唐诗反映了当时的饮食、服装、音乐无一不受到少数民族习俗的影响。

第四组　对外交往频繁

师：朗读下面唐诗，概括唐朝中外往来的盛况。

九天阊阖开宫殿，万国衣冠拜冕旒。——王维

日本晁卿辞帝都，征帆一片绕蓬壶。——李白

沅水通波接武冈，送君不觉有离伤。——王昌龄

生1：唐朝时期，与唐朝往来的国家和地区有七十多个。《唐朝职贡图》反映的是当时很多国家给中国进贡，这也是中外交往的重要途径。

生2：在长安有许多外国的留学生。为了学习中国的先进文化，日本曾多次派遣唐使来中国。阿倍仲麻吕于唐玄宗开元五年随日本第九次遣唐使团来中国留学，并改用中国姓名为晁衡，与李白是好朋友。

生3：唐人的声誉远播世界，被称为“唐人”。

第五组　多彩的文学艺术

师：结合图文材料，概述唐朝书法、文学、绘画、雕塑等方面的艺术成就。

1. 书法

颜真卿《颜氏家庙碑》（局部）

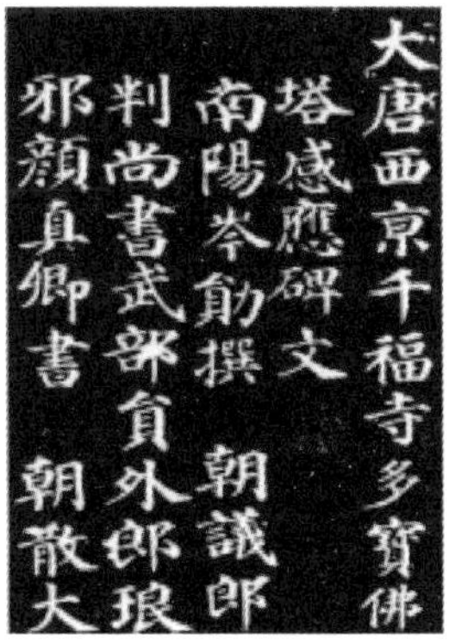


欧阳询《九成宫体泉碑》（局部）

颜公变法出新意，细筋入骨如秋鹰。——苏轼

2. 文学

唐诗人上自天子，下逮庶人，百司庶府，三教九流，靡所不备。——胡应麟

生：诗歌活动在唐人的生活中占有特别重要的位置，广大士人创作激情的充分释放创造出了大量高品质的诗作，以歌传诗的传播方式造就了庞大的诗歌欣赏群体。最著名的就是李白、杜甫、白居易了。

3. 绘画

阎立本《历代帝王图》(局部)

吴道子《送子天王图》(局部)

4. 雕塑

敦煌壁画和雕塑

生：莫高窟，又名“千佛洞”，被誉为20世纪最有价值的文化发现，以精美的壁画和塑像闻名于世。

师：本节课我们从各方面感受到了盛唐气象的繁盛开放。大家有没有思考过是什么原因使得唐朝能达到如此之盛世？

小组讨论，形成答案：国家统一、经济繁荣、社会安定、各民族合同为一家、开放的对外政策和兼收并蓄的博大胸怀才有了大唐盛世。

**【教学反思】**

这次展示交流课的设计立足于《盛唐气象》一课的课程标准教学建议：从文物图片和唐诗中感受唐朝的社会风尚。整个活动学生参与度极高，展示交流也进行得有条不紊，比较成功。究其原因是因为师生在课前做了大量的准备工作。

第一，课前学生以小组为单位收集资料，要求每一个内容都力求有文物图片和唐诗作为双重史证。学生了解到多种历史呈现方式，包括历史文学作品、实物、同时代的艺术作品都可以作为史料。同时，学生通过对诗词的解释以及对文物细节的探究，形成符合当时历史条件的一定的历史情景想象，了解到一定时期的文学、艺术及社会生活一定会深深地打上时代的烙印。

第二，教师指导学生查阅资料，所选史料必须有考证出处，如网络搜集的资料也一定在《全唐诗》中可找见原作，形成做学问的严谨态度。推荐学生查阅博物馆的官网图片，使其初步形成重证据的历史意识，学会从多种渠道获取历史信息，了解以史料为依据来解释历史的重要性。

第三，通过这次诗词收集整理，学生更加热爱中国古典文学和诗词文化，甚至有的学生萌生了参加诗词大会的愿望，还有的学生对中国瓷器业发展史感兴趣，要做成专题分享给大家。展示活动课真正培养了学生对中国优秀传统文化的欣赏、认同与热爱。

第四，在小组展示过程中，学生锻炼了口头表达历史、陈述历史的能力，也提高了历史的阅读能力和观察能力。整堂课通过小组合作方式完成，如口才好的负责解说展示，计算机好的负责做PPT，文学基础好的负责找唐诗，力求让学生在学习的过程中学会与他人合作。在合作中，有的学习成绩稍差的学生发现了自己的特长，得到了同学们的认可，这对于个体的长久发展来看，比一节课的成功与否更为重要。

不足之处是内容较多，学生的展示活动还停留在现象上，有待深层次挖掘唐诗背后大唐的繁盛，以及唐诗在中国历史上的地位。

（案例提供：太原第三十九中学校　戴敏）

**【案例评析】**

本案例的教学反思针对“展示交流”活动进行了理论和实践两个层面上的深度反思。在理论层面上，本课的教学设计依据是课程标准中的“从文物图片和唐诗中感受唐朝的社会风尚”，活动设计流程体现了对学生的学科素养尤其是史料实证这一素养的培养。对历史的探究是以求真求实为目标，以史料为依据，通过对史料的辨析，将符合史实的材料作为证据，进而形成对历史的正确、客观的认识。对史料的研习与运用，既是历史学习与研究的重要方法，也是解释历史和评判历史的重要能力体现。

在实践层面上，经过课前学生搜集资料、教师指导学生查阅资料、进行诗词搜集整理等一系列的准备工作后，学生在课堂展示活动中积极主动，设计并参与了整个过程，课堂氛围非常活跃。此外，结尾的反思充分反映了教师对“展示交流”这一教学活动宗旨的深入理解。

## 案例三

学科：语文

年级：七年级

课题：阿长与《山海经》

**【片段实录】**

师：文章围绕阿长写了很多事，你认为阿长是一个怎样的人呢？根据你的理解，进行小组讨论，设计不同的方式（可朗读、可演绎……）进行分析概括。

学生讨论，小组合作交流。

1组进行表演，选取的是课文第3自然段内容。表演时注意到阿长的动作，并做分析。

生1：我们注意到文中用了很多生动的描写，如“切切察察”“竖”“摇动”等词写出了阿长的粗俗好事，“摆成一个‘大’字”的比喻，把阿长粗俗的睡态生动地表现出来。所以我们用表演的形式，让大家直观地看到阿长是个喜欢“切切察察”，睡相不好的人。

师：只要我们用心去体会就会发现，文章写得生动不在于语言有多么华丽，而在于细致的观察以及语言的准确运用。

2组进行朗读，选取的是7—11自然段。

生2：我们组用朗读的形式，将阿长的语言展现在大家面前。在这些语言中，我们注意到阿长说的话连用4个感叹号，而且“恭喜恭喜”等几个字之间没有逗号，我们就把语速放快、声调变高，能更好地突出长妈妈的欣喜。对比之下，最后一句中的“磨难”“总算”，我们将语速适当放慢，尽力表现出“我”的不耐烦。从这些地方可以看出阿长懂得很多规矩，烦琐，但其实很为“我”着想。

师：这样精彩的朗读加深了我们对文本的理解。

**【教学反思】**

形式多样的展示交流可以有效地让不同层次的学生参与到课堂中，活跃学生的思维，培养学生的能力，从而提升学生的核心素养。教师也能更顺利地走进学生的世界，体验学生的情感，形成很好的师生互动，从而更好地把握学情，有利于高效课堂的形成。

语文七年级下册的《阿长与〈山海经〉》是一篇以“爱”为主题的回忆性散文，我设计的展示交流环节意在让学生走入作者的情感世界，更好地体会鲁迅对长妈妈——这位劳动妇女真挚的怀念和感激。课后，我进行了一些反思，将发现的亮点和不足归纳如下。

一、教学亮点

1. 引领合作探究，注重表达交流。本节课通过小组合作探究的方式，让每个学生都能参与其中，从设计表现形式到成果的展示，充分调动了学生的积极性，让学生在交流展示中体验学习的乐趣，相互促进、共同提高。从课堂气氛来看，效果比较明显。

2. 扣语言创情境，丰富精神世界。学生在展示交流过程中，对文章关键词进行细致的感受揣摩，将分析落实到文章细微之处，对文本进行创造性地积累、再加工，真正走进文本去感悟，在情境中获得独特的生命感悟，丰富了精神世界。

二、教学盲点

在展示交流的过程中，学生个体的差异性不同程度地影响到了展示的效果。有的学生表现积极，乐于且善于表现自己；有的学生缺乏自信，不愿参与活动。那么，如何在学生活动中关注到每个学生的思想状态和参与度？如何有效地提高每个学生对展示交流的兴趣？这是本次展示交流活动的盲点所在。

三、教学疑点

课堂展示交流能够促进师生交流，分享自己对课文的独特理解，利于发挥学生的主体性，但是花费时间必然会较长。由于课堂的时长局限，有时无法呈现更多的优秀成果，就会对部分学生的积极性有所打击。所以，如何在有效的课堂中高效地利用好“展示交流”这一环节，是接下来我要思考的问题。

（案例提供：太原市第三十七中学校　刘佳丽）

【案例评析】

教师在反思中体现了尊重学生的主体性的教育理念，以学生成长为根本，以全面发展学科核心素养为目的，反思“展示交流”环节中的得与失。

如何在有效的课堂中高效地利用好“展示交流”这一环节，是反思的重点，应该进行具体分析。此外，教师还应反思在学生展示完毕后，所实施的评价性策略是什么，可以结合学生实际表现进行个性化评价，兼顾到不同层次学生的学习力，提高“展示交流”环节的实效性。

## 案例四

学科：道德与法治

年级：七年级

课题：感受生命的意义

【片段实录】

师：2020新年伊始，新冠肺炎疫情的暴发扰乱了我们每个人的生活乐章。然而，万千“最美逆行者”前仆后继、勇战疫魔，将此演绎成了生命的强音。在我们当中，就有同学的父母义无反顾地签下了志愿书，24小时待命，随时准备奔赴湖北、奔赴武汉，投入抗击疫情的工作一线。

教师请聂同学朗读写给战斗在武汉抗疫一线妈妈的一封家书。

（纸短情长，最美的思念！当事者情真意切的情感，用孩子的感知、思维，用细腻的笔触诉说着对母亲的思念和牵挂，更饱含着作为抗疫一线医护人员子女的自豪。她的朗读也感染了周围的同学，有的学生眼中已经闪烁着泪光。）

师：在这场没有硝烟的战“疫”中，更值得我们关注的是爱与希望远远比疫情蔓延得更快。生命是有限的、宝贵的，也是坚强的，我们无法决定生与死的时刻，无法增加生命的长度，但可以拓展生命的宽度。

教师提问：我们怎样才能在有限的时间里，活出生命的意义？在这次疫情中，又有哪些人活出了生命的意义？请同学们来分享一些镜头吧！

学生分享：84岁高龄依然挺身奔赴前线的钟南山院士；科学家团队不畏艰险，勇于担当，亲赴前线，进行抗疫研究；把个人生死置之度外的医护人员；誓死不退的人民子弟兵；昼夜施工盖起雷神山、火神山医院的一线工人们；自发用私家车接送医务工作者上下班的爱心人士；来自全国各地为疫情重灾区送去爱心的人们；警察、保安、志愿者、社区工作者、入境边防检查工作者……

教师总结：与伟人相比，更多的人可能是默默无闻的，许许多多的普通人奋斗在抗疫的每一个角落，以强烈的责任感书写自己的生命价值，他们正在用平凡造就一个国家的伟大。这些都体现了中华民族生生不息的精神力量，因为他们，山河无恙；他们的生命，也因此更具有力量！我们要向这些和平年代的英雄们致敬，他们是我们生命的守护神，是我们的榜样，是我们的骄傲！

教师设问：在此，探寻生命意义的话题显得十分有意义。我们不妨也借助这些镜头，思考一下自己的人生，接受一次灵魂的终极拷问。展望一下你们的未来，将来的你会有怎样有意义的生命呢？请你作为自己生命的导演，规划一下将来有意义的人生。

（1）我的独特性或优势在哪里？

（2）我选择的专业、从事的职业可能是什么？

（3）那时，我能够给我身边的人、给这个世界带来些什么？

（首先在小组内交流分享，大家的积极性和热情都很高涨，但也有部分学生不善于表达自己的想法，教师走入学生中，深入小组，与学生一起沟通交流，引导他们意识到即使一个看似平凡的职业规划，都是关乎他人、社会、国家乃至世界的，进而激发他们对于自身生命的认可及对生命意义和价值的思考。）

学生回答：（摘录其一）我对理科比较感兴趣，我的两个表哥学的是物理和航天专业，他们是我学习的榜样。我将来选择的专业和从事的职业可能也和这方面有关系。我现在要珍惜学习的机会，努力拼搏，有幸实现愿望之时，我可以专注科研，像疫情期间这些“最美逆行者”一样，在祖国需要我的时候挺身而出，尽自己的微薄之力，为祖国的航天事业做出贡献，促进人类文明和社会进步，造福全人类，引领未来！

教师点悟升华：生命的意义不是空泛的，也不是与生俱来的，它没有统一的答案，也不在于他人的赋予和解读，而在于自身的发现和创造。每个人的生命是独特的，只有一次，每个人都有存在的价值。可能我们的兴趣爱好有所不同，长大后也会从事各行各业的工作，但无论你在哪里、在做什么，于自身有成长，于国家有贡献，对人类有价值，生命便有了意义。祝愿大家能够在以后的人生中不断发现和创造自己的生命意义，明确自己想要过怎样的生活，并愿意为自己的未来去努力创造，不负青春。

教师小结，升华情感：历经此次疫情的我们，应当体会到生命的可贵，感受到人性的美好，明白以实际行动捍卫生命的重要性。我们要学会化危难为机会，努力增加生命的厚度和质量。疫情当前，我们不应退缩，要勇于面对，敢于担当。一人之力有限，众人之力足恃。国家危难之时，我们应该发挥自身的长处，奉献自己的微薄之力，尊重生命，在守护生命的同时润泽心灵。

**【教学反思】**

在此教学片段中，我有意识地将思政小课堂与抗疫大课堂相结合，讲述身边的抗疫故事，创设情境，设置思辨性话题，把国家疫情防控这场硬仗上升为一场感人至深、触及灵魂的生命对话。

首先，采取情感叙事的教学方式，贴近学生生活实际。选取学生父母援鄂的事例，通过学生写给母亲的一封信，抒发作为抗疫一线医护人员子女的自豪感，传递情感正能量，触发榜样的力量。以此引发学生的情感共鸣，在情感达到高潮时，顺势而上，把课堂推向价值升华点——在这次疫情中，都有哪些人活出了生命的意义？在学生提供的镜头中，有科研工作者这样的先进人物，但更多的是千千万万默默无闻的普通人。在交流分享中，学生再一次感受到了伟大源自平凡，平凡创造伟大。社会关系网中的每一个人都在承担着自己的责任，每个人的生命都是和社会、国家、世界相联系的。我们都需要在生命的广袤空间中找到自己的使命，这是一种生命的觉醒。

接下来，学生通过回答“灵魂三问”，自主建构“生命的意义和价值”“青春该是什么样子的”。在讨论分享中，本课的育人目标以情促理、自然习得，有效地使学生在已有的认知水平上再向上一步，进行了必要的拓展、延伸、深化。

（案例提供：太原市令德中学校　方洲）

**【案例评析】**

坚持以学生为本，从学生原汁原味的活动中提炼升华情感是这节课的一个突出特色，而展示交流又是这节课较为成功的一个不可或缺的环节。授课教师对交流分享环节中自己的作为和学生的行为表现进行了认真的反思，并将之概括为“情感叙事的教学方式”，可谓新颖巧妙。反思着眼于带领学生以情促理、促进学生的全面发展，重点突出，目标明确，展现出其良好的人文素养和思想厚度，也同时反映出授课教师对国家、社会、民族的高尚情怀和对教学工作、对自己学生的充沛而深厚的情感。

## 四、综合评述

实践研究发现，课堂展示交流无疑是高效课堂最重要的环节之一。在展示交流的过程中，学生可以充分沟通，彼此争论，互教互学，共同提高，既充满温情和友爱，又充满互助和竞赛。

不同的学生思考问题的角度和方式是不一样的，在对学生的展示交流进行反思的过程中，教师要充分考虑学生的独特体验，对学生的展示进行多元化的解读和引导，同时使展示交流始终聚集在问题解决的重心上。因此，对展示交流的反思要特别注意以下几点。

1. 是否做到细心观察，认真倾听，尽可能收集全部信息

一个人表达自己思想的途径是很多的，有语言途径，有非语言途径；可以用陈述的方式来表达肯定，也可以用反问来强调；可以用眼神，也可以用动作。所以，在收集信息的时候要采用小组汇报与个人补充相结合的方式。在通常的小组讨论中，在讨论基本结束的时候，教师会要求每个小组选一个代表来展示小组的观点。这种方式其实是有弊端的：代表陈述的观点不一定是小组的观点而是自己的观点，或者是小组内部分人的观点，而有的学生的观点却未被教师所了解。因此，教师应让尽可能多的观点呈现出来，一则可以给学生更多思考的素材，二则可以全面地了解学生的想法，为教学做准备。同时，教师要善于“察言观色”。由于学生的性格不同，表达自己想法的方式也有区别，教师要留心学生的一举一动，尽可能从多种渠道来了解学生的所想。

2. 是否做到以生为本，努力让所有学生都有展示交流的机会

关注全体学生已经成为教育教学中的共识，但是在实际教学中，并不是全部

学生都受到重视，这在课堂展示交流活动中或许体现得更为明显。那些表现活跃的学生往往受到教师更多的重视，从而得到更多的表现机会。这对于另一部分内向型的或学习困难的学生是不公平的。所以，在讨论时要求教师必须尊重每个学生的发言，特别是平时学习有困难的学生，更要让他们多几次展示的机会，从他们的发言中捕捉闪光点来引导、鼓励他们坦诚相见、互帮互学。我们会发现，坦诚地、平等地对待每一位学生，学生的积极性会更大，课堂也会更加活跃和充实。

3. 在展示交流的进程中是否慷慨赞美学生的闪光点

与一般的个体单独学习相比较，展示交流活动有其自身的优势条件和特点，应当不只是关注学生学业上的进步，正如有的学者所说的："仅仅在课堂上学会了一些知识，只不过是在口袋里装上几枚铜板而已，这对学生一生的心智发展没多大意义。"所以，教师要从多个角度来发现学生的闪光点，知识、方法、技能、情感都可以成为大家学习的榜样。

4. 是否关注展示交流结果的升华

对展示交流结果处理的最高境界是将其转化为学习成果，这是展示交流活动的真正目的所在。

任何教学对知识本身的理解和掌握都是最基本的。谈到课堂展示交流，大家都会想到其个体的差异性、观点的丰富性；都会想到讨论学生的表达能力、合作能力等，但是当展示交流结果简单地呈现时，这些优势并不会体现出来，它同样依赖教师的"高瞻远瞩"和适时点拨。教师要意识到学生全面提高的重要性。要能看到学生的知识与技能、态度与情感、能力与方法等的必要性，看到它们对于个体发展的重要作用；同时，要给予有力的点拨。对于知识，要引导学生走向纵深而非停留在表面；对于情感，要引导学生了解善恶，有自己的独立见解；对于方法，要能用创造性理念来支撑，并把这种理念贯穿在对学生的影响当中，提高他们的创新能力。

# 第五章　教学反思与学科教学

## 第一节　语文学科教学的整体反思赏析

### 一、理论要点

（一）依据课程标准，把握语文课程本质

语文课程是一门学习语言文字运用的综合性、实践性课程。工具性和人文性的统一，是语文课程的基本特点。语文课程标准中明确指出：语文课程致力于培养学生的语言文字运用能力，提升学生的综合素养，为学好其他课程打下基础；语文课程为学生形成正确的世界观、人生观、价值观，形成良好个性和健全人格打下基础；语文课程为学生的全面发展和终身发展打下基础；语文课程对继承和弘扬中华民族优秀传统文化和革命传统文化，增强民族文化认同感，增强民族凝聚力和创造力，具有不可替代的优势。语文课程的多重功能和奠基作用，决定了它在九年义务教育中的重要地位。

义务教育阶段的语文教育，要激发和培育学生热爱祖国语文的思想感情，引导学生丰富语言积累，培养语感，发展思维；引导学生初步掌握语文学习的方法，养成良好的学习习惯，具有适应实际生活需要的识字写字能力、阅读能力、写作能力、口语交际能力，正确运用祖国语言文字；同时语文课程还通过优秀文化传统的熏陶感染，促进学生和谐发展，引导学生提高思想道德修养和审美情趣，逐步形成良好的个性和健全的人格。

（二）基于课程核心素养，了解语文教学反思特点

《义务教育语文课程标准（2022年版）》将语文课程核心素养凝练为以下几个方面：文化自信、语言运用、思维能力、审美创造。基于语文核心素养的课堂教学反思是教师为了提升课堂教学的有效性，对课堂活动的成功之处存在的问题以及成因进行研究与探讨的行为，是保障课堂质量、提升教学水平的重要举措。

语文教学反思的类型主要有四种：直觉感受型、感受体验型、理性批判型、理论研究型。此四种类型也可以看作是反思的四个阶段。前两个阶段，教师靠直觉、直接经验进行反思，有益于教师在不同的环境中采取不同的教学策略开展教学，提升课堂效果。后两个阶段，教师参照某种教学理念或者是一定的教学理论进行反思，具有自觉性和成熟性的特点，有助于教师形成自己独特的教学风格。

基于语文核心素养的课堂教学反思要侧重三个方面：一是反思对文本的理解和解读是否到位。带领学生阅读文本是最为常态的语文教学行为，对文本的教学解读要基于学生现有的知识状况。二是反思选择的教学策略是否合适。卢梭说："教育的艺术是使学生喜欢你所教的东西。"合适的教学策略可以树立学生主动参与的意识，在语文教学中构建自主、合作、探究的学习方式，增加课堂的趣味性，实现教学效果的最优化。三是反思是否敏锐捕捉到课堂教学契机。真实的语文课堂是动态的、复杂的推进过程，教学的不确定性会不定时产生，"智慧的火花"常常会突然而至，对这些情境进行回顾、梳理，并做深刻的剖析和提炼，这是语文课堂教学反思的重要资源。

## 二、实践智慧

人民教育家、语文特级教师于漪老师提炼出了"三次备课两次反思"教学方法，即一篇课文要进行三次备课，两次反思。第一次备课——不看任何参考书与文献，独立阅读教材，准备教案；第二次备课——广泛涉猎，仔细对照，查阅名师教案以及相关内容的教学建议，观看名师的课堂录像资料，借鉴里面对自己有用的教学方法；第三次备课——边教边改，在课堂教学中，依据课堂上出现的情

况及时调整自己的教学方法，课后再次“备课”，修改教案。这种模式其实就是课前设计、课前反思、课堂验证、再次反思、不断调整的过程。这里的“两次反思”，一次是针对教学设计的反思，另一次是针对教学实践的反思。

语文名家钱梦龙老师践行了“草根式研究”教学反思，此种反思要经历“假设—验证—提炼—应用”的过程，从实践层面和理论层面展开课堂研究。钱梦龙老师认为，“草根式研究”教学反思是基层教师的快速成长之道。

浙江省特级教师肖培东老师则认为语文教师的教学反思“是桥梁而非终点”。教学反思是教师对自己教学生活的自我观察与抽身反省，教师的专业提升就是在具体实践之中理性地发现一些客观存在的规律，不断反思与洞悉更有利于课堂教学的策略，并拨开层层“迷雾”，提炼、归纳、总结方法，在此过程中提升自己。

### 三、案例赏析

课型：古典小说沉浸式阅读课

年级：九年级

课题：智取生辰纲

#### 推敲环节

**【课型特点】**

统编语文教材中共选编优秀古诗文124篇，其中中国古典小说篇目有节选自《三国演义》的《三顾茅庐》，节选自《水浒传》的《智取生辰纲》，节选自《红楼梦》的《刘姥姥进大观园》和节选自《儒林外史》的《范进中举》，且集中出现在九年级上册第六单元。

统编教材中强调小说教学具有非常重要的意义。中国古典小说有现代影视艺术之美，通常具备“镜头式”的语言形式、“戏剧化”的情节设置、“画面感”的环境描写，这与学生多层次、多角度感受生活的审美特点相符合。“古典小说沉浸式阅读课”指教师创设影视化的阅读场域，利用情境教学的优势，让学生沉浸到小说中，帮助学生感悟中国古典小说的独特魅力。

**【教学环节】**

创设“帮杨志再闯一次关”的沉浸式情境，启发学生探讨杨志为安全押送生辰纲而说的话、做的事是否合理并可行，使学生逐步熟悉杨志这一人物的性格特点，认识他失败的主观原因。

1. 设问：杨志为押送成功做出了哪些努力？哪些值得肯定？哪些是失败的原因？

学生分小组讨论，然后全班交流，归纳：

杨志这个人物，自身具有丰富的江湖经验，也精明能干，不乏谋略，但他败在刚愎自用、简单粗暴上，他只是急功近利地想用自己的方法达成目的，却不懂得如何良好沟通、团结作战，在这一点上，梁山好汉们显然比他高明太多。

2.“帮杨志再闯一次关”。

我们已经帮杨志分析了失败的原因，知道他败在不会良好沟通，不懂团结作战，使敌人利用押送队伍内部矛盾而有机可乘。帮人帮到底，我们帮他重新设计几段台词，看看能否增加杨志的胜算。

（1）众军士抱怨杨志安排的行路时间不合理，不赶着早晚凉快走，却要在正午最热的时候赶路，杨志解释说：________________。

（2）队伍在黄泥冈歇脚时，杨志发现对面松林里有人探头探脑张望，便过去盘问道：________________。

（3）盘问完“贩枣子的客商”，杨志回来对众军士们说：________________。

**【教学反思】**

此环节设计旨在引导学生真正浸入文本，展开“真阅读”，通过分析人物形象，培养学生用辩证的方法分析和归纳问题的能力；通过任务驱动激发学生的积极性和创造力，在完成任务的过程中促使学生思考怎样的语言表达更加得体，更加有利于解决问题、达成交流的目的。采用沉浸式阅读的方式进行教学，能有效地提高学生阅读古典文学作品的积极性，使学生获得较好的阅读体验和阅读收获，从而引导他们由一篇篇课文走向一本本名著，进而感受古典小说的无穷魅力。从课堂反馈来看，学生愿意积极思考，踊跃发表自己的看法，为杨志建言献策，课堂气氛较为活跃。

心理学家告诉我们，当人的心理处于一定程度的兴奋状态时，工作效率最高。兴趣是学习的先导，创设情境便是创设氛围，调动兴奋点。古典文学作品与学生的实际生活相距甚远，当学生在刚一接触课文时，他们面对的信息是陌生的，只有将那些陌生的信息与学生熟悉的形象加以联系、比较，学生才更容易欣然接受。本教学环节就采用了这样的思路，让学生想象杨志的处境，帮他“闯关”。当然，本课在情境创设的方法上还存在不成熟的地方，手段还需要不断丰富，还可以朝情景剧的编导与表演、小说环境的还原等方向努力。

## 斟酌课例

【课例呈现】

一、教学目标

1. 引导学生揣摩人物、品评人物，理解作者塑造人物的用意。

2. 引导学生赏析环境描写，理解作者铺设情节的匠心。

3. 启发学生辩证地思考问题、品评人物，理解农民起义的可贵之处和局限性。

二、教学重点

1. 探究主要人物的性格特征及众人的言行。

2. 赏析精妙的环境描写的作用。

三、教学难点

理解农民起义的可贵之处和局限性。

四、教学课时

1课时。

五、教学方法

主要采用情境教学法、任务驱动法、导读导议法、合作探究法等，辅之以多媒体影视资料。

六、教学过程

（一）情境导入

导语：先问大家一个问题，从小家长就告诉我们外出时不要轻易接受陌生人给的食物，那么，在什么前提下，对方怎么做，会让你放下戒心尝试着去吃去喝呢？

（二）默读课文，熟悉情节

1. 通过阅读全文，你觉得杨志是个怎样的人？

2. 他为什么最终同意了买酒并喝了一碗？劫取“生辰纲”的八人究竟是如

何让杨志放下戒备心的？

“智取生辰纲”的精彩正在于一个“智”字，高明的作者将一个巧妙骗局通过一群人物的语言、动作描写展现得惟妙惟肖，甚至瞒过了读者的眼睛。让我们通过做一个填空题来体会作者写法的高妙。

以下是古代兵法“三十六计”中的一些计策，请将课文中吴用等人“智取”的具体言行摘抄到相应的计策之后。

| 三十六计 | “智取”言行 |
| --- | --- |
| 瞒天过海 | |
| 以逸待劳 | |
| 欲擒故纵 | |
| 抛砖引玉 | |
| 浑水摸鱼 | |
| 声东击西 | |
| 走为上策 | |

（三）创设情境，探究人物

1. 设问：杨志为押送成功做出了哪些努力？哪些值得肯定？哪些是失败的原因？

学生分小组讨论，然后全班交流，归纳：

(1) 离京后杨志对时间做了调整：五更→日中，辰牌→申时。说明他小心谨慎，怕在晨光中或暮色中遭偷袭，而正午天光大亮、热不可当，强盗不容易藏身偷袭。

讨论：这一安排有利有弊，他考虑到了如何躲开强盗，却没有充分考虑到在最炎热的酷暑的正午赶路，那些军士们是否能承受，是否能理解并接受他的这一安排。这一时间安排引发了押送队伍的内部矛盾。

(2) 赶着催促行路，不许停留休息，不惜打骂逼赶军士、斥责虞候、得罪老都管。他不让军士进入林中歇息，是希望趁着正午时分把那些容易藏匿强盗的危险之地赶快走过去，以免多生事端。

讨论：事实证明他的担心并非多余，但可惜的是，他用打骂逼赶的方法加深了军士们对他的愤恨，使他更加孤立，更加难以控制局面。

(3) 审察枣贩。杨志此时表现出谨慎、多疑，但他绷紧的神经却被七个好汉的乔装和表演轻松麻痹了，开始进入圈套。

讨论：杨志固然精明，吴用的计谋却更高。杨志以为自己能想到乔装成行旅客商押送金银，却想不到强盗也能乔装成贩枣子的商人来抢劫，真是糊涂一时。

(4) 对卖酒汉子高度警惕，喝酒时慎之又慎，小心翼翼。杨志毕竟是很熟悉黑道勾当的，知道这酒不能随便喝，但此时押送队伍已经又累又渴到了极点，再加上"贩枣子的客人"喝酒引诱，几乎已经不再受杨志控制而要去买酒。而刘唐、吴用、白胜三人合作上演的"偷喝"戏码，不仅神不知鬼不觉地下了药，且被杨志看成了"试喝"，彻底放松了他最后一根警惕的神经。

讨论：其实最后杨志的"就范"，一方面固然是因为吴用设计巧妙，众好汉演技精湛；另一方面也是因为杨志与其他押送队员矛盾激化，无力控制局面所致。这都是杨志在制订计划的时候刚愎自用，不考虑军士承受能力，在实施计划的时候简单粗暴，不顾军士的心理感受所导致的恶果。

总结：杨志这个人物，自身具有丰富的江湖经验，也精明能干，不乏谋略，但他败在刚愎自用、简单粗暴上，他只是急功近利地想用自己的方法达成目的，却不懂得如何良好沟通、团结作战，在这一点上，梁山好汉们显然比他高明太多。

2."帮杨志再闯一次关"。

我们已经帮杨志分析了失败的原因，知道他败在不会良好沟通，不懂团结作战，使敌人利用押送队伍内部矛盾而有了可乘之机。帮人帮到底，我们帮他重新设计几段台词，看看能否增加杨志的胜算。

(1) 众军士抱怨杨志安排的行路时间不合理，不赶着早晚凉快走，却要在正午最热的时候赶路，杨志解释说：________________。

(2) 队伍在黄泥冈歇脚时，杨志发现对面松林里有人探头探脑张望，便过去盘问道：__________________。

(3) 盘问完毕"贩枣子的客商"，杨志回来对众军士们说：__________。

(四) 继续深入，拓展延伸

本文结尾是杨志一行人被迷倒，之后的小说情节是其余人醒后将全部罪责推给了杨志。让我们试着“帮杨志洗清冤枉”吧！

请同学们以杨志的口吻给梁大人写一封信，信件内容要包括如下3个要点：

（1）简要叙述押送生辰纲及其被取走的经过；

（2）检讨自己的过错；

（3）请求大人给予将功补过的机会，提出追查生辰纲下落的建议。

**【教学反思】**

据不完全统计，真正完整地读过中国古典四大名著的人越来越少，相当一部分人只是借助电影、电视剧等了解一些故事。语文教师如何引导学生走进名著成为教学中的难点，必须运用策略激发学生的阅读兴趣。本节古典小说阅读课以生活化问题激发学生兴趣，引领学生真正走进看似枯燥的文本，珍视学生独特的感受、体验和理解，对于学生不同角度的思考给予充分肯定，相信这对学生的影响是积极的。

上课伊始，为了让学生体会智取生辰纲重点在杨志与众好汉智谋的博弈上，我先创设情境，引入学生生活中常见的问题：要不要吃陌生人给的食物？对方怎么做的情况下可能会吃？什么环境下会吃？立刻抓住了学生的注意力。然后再转入课文情节中，认识杨志是怎样的人，思考为什么这么一个谨慎的“老江湖”最后会失败。设计表格梳理环节，促使学生体会语言和动作描写的精妙之处，欣赏情节的精彩。

课文是长篇小说的节选，它是建立在文本链基础上的，所以在教学中注意紧扣整个文本，把各种阅读要素联系起来分析，避免了孤立地分析节选的文本带来的弊端。特别是两次“帮杨志”的任务情境设计，调动学生积极参与的兴趣，给学生提供自由表达的机会，较好地践行了语文课程标准的要求。

这节课使我深刻认识到阅读是学生的个性化行为，应引导学生钻研文本，在主动积极的思维和情感活动中加深理解和体验，有所感悟和思考，受到情感熏陶，获得思想启迪，享受审美乐趣。阅读教学中，学生永远是课堂的主人，要珍视学生独特的感受、体验和理解，因为无论是语文课本，还是人生这部大书，终究是要学生自己去读，才能真正有所收获。

**【对学科教学的再认识】**

语文教材中的课文只是学生学习语文的载体，北大中文系陈平原教授说：

“中学语文课就是培养擅长阅读、思考与表达的读书人。”《温儒敏论语文教育三集》中有一个核心观点，即语文的本质是多读书，提倡多种阅读方法，注重培养阅读兴趣，注重课外延伸阅读。同时一定要守住语文阅读教学的边界，不要安排和语文素养关联不大的课堂活动和任务，要立足语文学科核心素养，合理创设课堂情境，带领学生在任务驱动之下积极思考、合作探究，获得语文能力的提高及语文素养的提升。

（课例提供：太原师范学院附属中学　杨文君）

## 四、综合评论

教师专业成长是当前教育改革、提高教学质量的关键，勤于反思是教师专业成长的必由之路。语文教师进行教学反思的过程，就是探求语文教学之道的过程，语文教师可通过教学反思提升自己的教学水平，渐达语文教学的高境界。

具体来说，教学反思有利于语文教师提升课堂教学智慧。如教材研读反思是经过具体课堂教学实操之后，对课前备教材、备教法、备学情等一系列教学前行为的反思，它包含对教学文本的多元解读，对教学核心内容的提炼，对教学目标的确定，对教学重难点的把握等。语文教师在基于以上内容反思的过程中，能够不断拓宽视野，提升对语文教材的把控力。再如教学思路反思，教学思路是否清晰简明，能够表现出教师对教材的把握程度、对学情的掌握状况，以及教学设计的水平与风格，语文教师在教学思路反思过程中，可以更好地追求新、趣、实的教学设计，提升教学设计水平。又如教学问题设计反思，好的问题设计应该是整体的、融合的、培育高阶思维的，要多角度反思问题设计的科学性和合理性，特别是主问题提炼是否合理、能否激发学生深度思维等，对问题设计的反思可以帮助教师提高教学水平，收获教学智慧。

总之，在教学反思中，语文教师专业发展和自我成长力被唤醒，开始不断正视自身学科发展中的弱点和不足，找寻解决的方法，并促使教师不只停留在经验的总结上，而是挖掘实践背后的理论支撑，总结事物发展的规律，探索实践背后的意义、内涵或价值，从而养成专家型教师的反思习惯，培育卓越教师的思维常态，超越学科高度，扎根文化厚度，走向专业发展的远方。

# 第二节　数学学科教学的整体反思赏析

## 一、理论要点

### （一）依据课程标准，理解核心概念

数学课程标准指出：“数学是人类文明的重要组成部分，数学素养是现代社会每一个公民应该具有的基本素养。数学核心素养是以数学课程教学为载体，基于数学学科的知识技能而形成的重要思维品质和关键能力，是人们通过数学的学习建立起来的认识、理解和处理周围事物时所必备的品质与能力，通常是在人们与周围环境产生相互作用时所表现出来的思考方式和解决问题的策略。”

课程标准明确提出在数学课程中应当注重发展学生的抽象能力、空间观念、几何直观、数据观念、运算能力、推理能力、模型观念。为了适应时代发展对人才培养的需要，数学课程还要求特别注重发展学生的应用意识和创新意识（以下简称核心概念）。

### （二）依托“一核・六维・四手段”，落实核心素养

2012年山西省教育厅确立“考改促课改、课改推考改”的工作思路，结合山西中考的命题改革，在基于课程标准的命题实践中，经过漫长的共同努力，提炼出山西中考命题的六个维度：立足学科素养、加大开放探究、重视阅读理解、借鉴PISA测试理念、落实课程标准活动建议，体现表达交流共享。2017年颁布的普通高中新课程标准明确提出数学学科的核心素养主要有数学抽象、逻辑推理、数学建模、直观想象、数学运算、数据分析，这六大核心素养与义务教育阶段数学课程标准给出的核心概念有良好的对应关系。

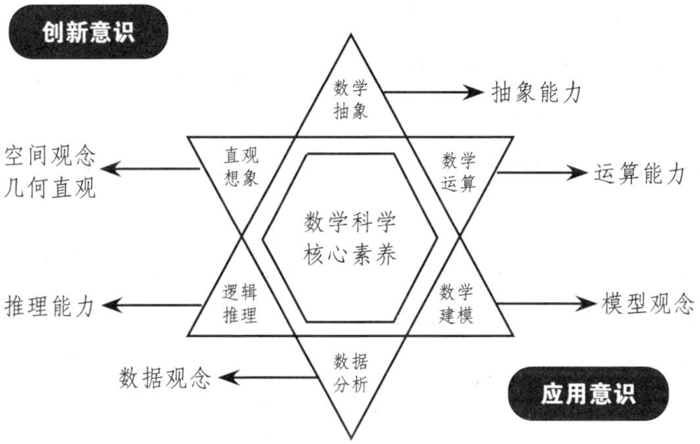


2017年总结提炼出助推核心素养落地的“四大手段”，即跨学科整合、不确定性结构、真实任务情境、理性思维与批判质疑，并于2019年构建起“一核·六维·四手段”理论体系，不仅有效指导中考命题，而且对数学学科教学有重要指导意义，同时也可以作为数学教学反思的抓手。发展数学核心素养，增强应用意识、创新意识，提升实践能力是课程目标的重要要求，在数学教学中对数学素养是否落实开展教学反思很有必要。

（三）基于学科素养，重视教学反思

课程标准在总目标中指出：“养成良好的学习习惯，形成质疑问难，自我反思和用于探索的科学精神。”作为教师，我们更应该重视教学反思。

布鲁巴赫认为教学反思可分为三类：一是为了实践的反思，二是实践中反思，三是对实践反思。这三种类型的反思至今还有许多研究学者采用。

张学民、申纪亮、林崇德指出，教师教学反思的过程，实质上是教师知识和经验不断积累的过程，也是教师的课堂问题解决和决策能力的不断发展与提高的过程，教师教学反思的研究对于教师成长发展有重要的指导意义。

申继亮教授指出：“教学反思贯穿于教学过程的始终，教学反思指教师为了提高教育教学的有效性，在教师教学反思倾向的支持下，对已经发生或正在发生的教育、教学活动以及这些活动背后的理论，进行积极主动的思考，而且在思考过程中，能够发现遇到的教育、教学问题，并积极寻求多种方法来解决问题的过程。”

根据以上对一般教学反思的理解，教学反思主要为课堂教学服务，应该从学生的“学”出发，重点反思这堂课学生最大的受益在哪里，所选所学内容是否贴近学生生活场景，哪个地方的问题处理得好，抛出去问题是否有益于引导学生深入地思考，是否与本节内容联系紧密，是否能达到承上启下的作用，是否能促进学生数学学科素养的发展等。反思不仅意味着发现亮点，还要关注和捕捉不足。对不足之处的反思，也要从上述的几个方面去审视，去查找问题的症结在哪里。

基于数学学科核心素养的教学反思，更多的是关注教学中教师是否有落实数学学科素养的意识，如何通过知识传授或方法引领促进核心素养的落实，有哪些方面还可以继续改进等。孔子曰：“学而不思则罔，思而不学则殆。”说的是读书与思考的关系，教学也一样，需要不断反思。优质高效的课堂离不开教学反思，优秀教师的成长也离不开教学反思。

## 二、实践智慧

20世纪80年代以来，美国、英国、澳大利亚等国的教师教育界开始强调培养教师反思能力，近年来我国对教学反思能力的探讨也日渐增多。华东师范大学熊川武认为教学反思是“教学主体借助行动研究，不断探究与解决自身和教学目的，以及教学工具等方面的问题”。

姚宗琪在《青年教师要注重课后教学反思》一文中着重论述如何做课后教学反思，指出“课后教学反思实质上是教师对自己已进行的认知活动的自我意识和自我调节，是一种更高水平、更深层次的思考”，并建议从“思得、思失、思效、思改”这四个方面进行反思。

章建跃教授从教学反思内容上，对教学反思的方法进行详细叙述，将教学活动涉及的各要素分为教的方面、学的方面、情感态度价值观方面，将教学活动的顺序分为教学设计、教学过程、教学效果及个人经验。

总结以往的研究可发现，教学反思的实质在于“发现问题”与“解决问题”，反思是对问题的一种回应方式，其目的不是坚持某一个具体的答案，而是鼓励对问题的多元化理解。不但要重视问题解决行动方案的重建，还要重视原则性知识的重建，这样才能不断地丰富教师的个人实践理论。

## 三、案例赏析

课型：新授课

年级：八年级

课题：求解二元一次方程组——代入消元法

### 推敲环节

**【课型特点】**

本课教学内容为八年级上册第五章第二节的求解二元一次方程组，属于新授课。学生第一次遇到多元问题，让学生思考之前会解什么方程，为什么要向一元转化，为什么可以转化，如何进行转化。学生需要结合实际问题进行分析，学会代入消元法，初步体会化未知为已知的化归思想。

**【教学环节】**

●问题情境（5分钟）

用方程表示问题中的数量关系。

●探究新知（15分钟）

想一想：学生思考并回答下列问题。

1. 在列二元一次方程组和列一元一次方程时所设未知数有何不同？

2. 列出的方程和方程组有何联系？解法二中的$y$用$x$如何表示？

3. 利用$y$与$x$的关系，怎样解方程组？

教师归纳：方程组中相同的字母表示的是同一个未知量，所以将$\begin{cases} x+y=5, & ① \\ 4x+3y=18 & ② \end{cases}$中的①变形，得出$y=5-x$ ③，我们把③代入方程②，即将②中的$y$用$(5-x)$代替，这样就有$4x+3(5-x)=18$，“二元”化成“一元”，即可求出其中的$x$值，从而代入③中，再求出$y$的值。实质上，$(5-x)$代换$y$就是要消去$y$这个未知数。

4. 尝试求出这个二元一次方程组的解。

指定学生在黑板上完成，其余学生在练习本上完成。

教师提醒学生进行检验，即把求出的解代入原方程组，必然使原方程组中的每个方程都同时成立，如不成立，则可知“解”有问题，同时考虑是否符合实际。

【教学反思】

经过反思，我发现本教学环节的亮点主要有以下几点：

第一，尊重事实和证据，培养学生严谨的求知态度。

本环节通过对比一元一次方程和二元一次方程组，让学生知道二元一次方程组与一元一次方程的区别与联系，体会类比的学习方法，理解为什么二元一次方程组可以转化为一元一次方程以及怎么转化，进而自然生成代入法解二元一次方程组的一般步骤。通过以上问题的设计，不仅让学生学会如何用代入法解二元一次方程组，而且能从理性思维的角度知道为什么可以这样解二元一次方程组，引导学生知其然亦知其所以然，有助于学生理解运算的算理，进而培养严谨的求知态度。

第二，注重发展学生的抽象能力。

问题1和问题2让学生体会对于所列的二元一次方程组和一元一次方程，未知数$x$都表示苹果的质量，而方程组中的未知数$y$表示的是梨的质量，并且$x$与$y$满足$x + y = 5$，这样便于学生准确地理解$(5 - x)$和$y$都表示梨的质量，为下文用代入消元法解方程组做铺垫。通过对梨与苹果数量关系的感悟，帮助学生理解现实生活中数的意义、具体情境中的数量关系，同时也可以发展学生的抽象意识与能力。

第三，培养问题意识，发展数学运算素养。

杜威说："思维起源于某种疑惑、迷乱或怀疑"，"思维是把模糊的、可疑的、矛盾的、失控的经验转化成清楚的、有条理的、确定的和和谐的情境"。这个环节中教师不断地追问学生，引发学生的理性思考，渗透问题意识的培养，在解方程的过程中提醒学生在运算时的易错点，通过运算促进学生数学思维的发展，形成规范化思考问题的品质，养成一丝不苟、严谨求实的科学精神。

本环节还有一些不足之处有待改进，特别是以上问题都是教师提出的，学生回答教师补充，没有充分体现学生学习的主体地位。如果能给学生更多的思考空间，让学生自己发现和提出这几个问题会更好。今后我在日常教学中要更加注重引导学生发现问题、提出问题，真正引发学生进行数学思考，同时应尽量给学生表达、交流、共享的机会。

## 斟酌课例

**【课例呈现】**

一、教学目标

1. 会用代入消元法解简单的二元一次方程组，能用自己的语言说出代入消元法的基本思路。

2. 经历归纳代入消元法解二元一次方程组的一般步骤的过程，体会转化的数学思想，获得解决问题的经验，发展符号意识。

3. 在自主探索与合作交流的过程中，获得成功的体验，提高学习数学的信心。

二、教学重点与难点

1. 教学重点：会用代入消元法解一些简单的二元一次方程组，体会解二元一次方程组的思路是消元。

2. 教学难点：把二元向一元的转化，掌握代入消元法解二元一次方程组的一般步骤。

三、教学流程

●环节1：情境导入（4分钟）

昨天，老师花18元买了苹果和梨共5千克，苹果售价4元/千克，梨售价3元/千克。请帮老师算算买了苹果和梨各多少千克?

学生列出方程或方程组，并解答。

学生可能有以下两种解法：

解法一：设买了$x$千克苹果，则买了（$5-x$）千克梨，根据题意得

$4x+3(5-x)=18$。

解法二：设买了$x$千克苹果，$y$千克梨，根据题意得$\begin{cases}x+y=5,\\4x+3y=18\end{cases}$。

运用解法一我们容易求出问题的解，而解法二也是符合问题中已有的数量关系的，对于这个二元一次方程组，如何才能求出它的解呢？这就是我们这节课要来解决的问题。(板书课题)

●环节2：探究新知（15分钟）

1. 想一想：学生思考并回答下列问题。

（1）列二元一次方程组和列一元一次方程时所设未知数有何不同？

（2）列出的方程和方程组有何联系？解法二中的$y$用$x$如何表示？

（3）利用$y$与$x$的关系，怎样解方程组？

教师归纳：方程组中相同的字母表示的是同一个未知量，所以将$\begin{cases} x+y=5, & ① \\ 4x+3y=18 & ② \end{cases}$中的①变形，得出$y=5-x$③，我们把③代入方程②，即将②中的$y$用$(5-x)$代替，这样就有$4x+3(5-x)=18$，“二元”化成“一元”，即可求出其中的$x$值，从而代入③中，再求出$y$的值。实质上，$(5-x)$代换$y$就是要消去$y$这个未知数。

（4）尝试求出这个二元一次方程组的解。

指定学生在黑板上完成，其余学生在练习本上完成。

师生共同规范过程，教师提醒学生进行检验，即把求出的解代入原方程组，必然使原方程组中的每个方程都同时成立，如不成立，则可知“解”有问题，同时考虑是否符合实际。

2. 思考：可不可以用含$y$的表达式替换$x$，从而消去$x$这个未知数呢？如何替换？

学生尝试用另一种方法解方程组。

$$\begin{cases} x+y=5, & ① \\ 4x+3y=18。 & ② \end{cases}$$

解：由①得$x=5-y$。③

将③代入②，得$4(5-y)+3y=18$。

解得$y=2$。

将$y=2$代入③，得$x=3$。

所以原方程组的解是$\begin{cases} x=3, \\ y=2。 \end{cases}$

归纳：以上过程中用含有$y$的式子表示$x$，则消去$x$，把方程组转化成关于$y$的一元一次方程，从而求出方程组的解，强调将方程组的解写成$\begin{cases} x=a, \\ y=b \end{cases}$的形式。

3. 下面我们试着来解答上一节的“谁的包裹多”的问题。

出示方程组$\begin{cases}x-y=2,\\x+1=2(y-1)。\end{cases}$

两名学生在黑板上完成，其余学生在练习本上完成。

追问：在这种解法中，哪一步最关键？为什么？

教师巡视，适时加以辅导，让学生体会“代入消元”的含义及整体思想和化归思想。

●环节3：应用新知（15分钟）

1. 议一议：

（1）上面解方程组的基本思路是什么？

（2）如何实现这一目的？为什么能这样做？

（3）解方程组的主要步骤有哪些？

独立思考、小组讨论后，请代表回答，整理得出结论，板书要点。

（1）解二元一次方程组的基本思路是消元，把“二元”变为“一元”。

（2）因为两个方程中未知数$x$，$y$的含义相同，所以我们将其中一个方程中的某个未知数用含有另一个未知数的代数式表示出来，并代入另一个未变形的方程中，从而消去一个未知数，化二元一次方程组为一元一次方程。这种解方程组的方法称为代入消元法，简称代入法。

（3）主要步骤如下：

第一步：在已知方程组的两个方程中选择一个适当的方程，将它的某个未知数用含有另一个未知数的代数式表示出来；（变形）

第二步：把此代数式代入没有变形的另一个方程中，可得一个一元一次方程；（代入）

第三步：解这个一元一次方程，得到一个未知数的值；（求解）

第四步：把求得的未知数的值回代到原方程组中的任意一个方程或变形后的方程（一般代入变形后的方程），求得另一个未知数的值；（回代）

第五步：把方程组的解表示出来；（写解）

第六步：口算或在草稿纸上笔算，把求得的解代入每一个方程看是否成立。（检验）

2. 练一练：

解下列方程组：

(1) $\begin{cases}3x+2y=14,\\x=y+3;\end{cases}$　　(2) $\begin{cases}2x+3y=16,\\x+4y=13。\end{cases}$

观察上述解法会发现，我们在解方程组之前，首先要观察方程组中未知数系数的特点，尽可能地选择变形后的方程较简单或代入后化简比较容易的方程变形，这是关键的一步。你认为选择未知数有什么特点的方程变形较容易呢？

●环节4：巩固新知（8分钟）

1. 随堂练习：

用代入消元法解下列方程组：［单行同学做（1）（3）小题，双行同学做（2）（4）小题］

(1) $\begin{cases}y=2x,\\x+y=12;\end{cases}$　　(2) $\begin{cases}4x+3y=65,\\x=\dfrac{y-5}{2};\end{cases}$

(3) $\begin{cases}x+y=11,\\x-y=7;\end{cases}$　　(4) $\begin{cases}3x-2y=9,\\x+2y=3。\end{cases}$

2. 选做题：已知：$(2x+3y-4)^2+|x+3y-7|=0$，则 $x=$__________，$y=$__________。

学生独立完成，小组交流、修改之后教师收回、检查，了解学生学习情况。

●环节5：总结提升（3分钟）

根据本节的学习内容回答下列问题：

1. 用代入消元法解二元一次方程组有哪些主要步骤？

2. 解二元一次方程组的基本思路是什么？

3. 在探究解法的过程中用到了哪些思想方法？

4. 你还有哪些收获？

●作业设计

1. 必做题：课本110页习题“§5.2　知识技能1”，用代入消元法解方程组。

2. 选做题：

已知 $\begin{cases}x=1,\\y=1\end{cases}$ 是 $\begin{cases}ax+by=2,\\x-by=3\end{cases}$ 的解，则 $a$，$b$ 的值各是多少？

●板书设计

§5.2　求解二元一次方程组——代入消元法

| 一、基本思路： | 二、主要步骤： | 三、练习： |
|---|---|---|
| 消元<br>“二元”变“一元” | 变形—代入—求解—<br>回代—写解—检验 | $\begin{cases}3x+2y=14,\\x=y+3。\end{cases}$ |

【教学反思】

究竟什么是“完美课堂”可谓众说纷纭，也很难有明确的标准，但无论是知识传授上的完美，还是教与学方式上的完美，抑或是学生核心素养发展方面的完美，都离不开执教者精心备课和深入思考。下面就“求解二元一次方程组——代入消元法”这一课例谈几点教学反思，以求抛砖引玉。

亮点一：创设真实情境，发展数学建模素养

数学教学应当重视最近发展区，引导学生运用已有的知识经验进行探索，从而跨越最近发展区，获得新的成长，而模型思想的建立是学生体会和理解数学与外部世界联系的基本途径。例如本节课从学生熟悉的问题情境出发，让学生用数学符号建立一元一次方程或二元一次方程组表示数学问题中的数量关系，求出结果并讨论结果的意义，在发展学生模型思想的同时激发了学生进一步学习数学的兴趣，为下一步探究代入消元法提供素材。

亮点二：真问题驱动，提升理性思维能力

问题是数学的心脏，是点燃课堂学习的火种，是学生思维发展的助推器。课例整节课都是以引发“内驱力”的核心问题为主导，让学生对数学的学习真正发生，产生思维必然。例如本节课教师通过核心问题“列二元一次方程组和列一元一次方程时所设未知数有何不同？列出的方程和方程组有何联系？解法二中的$y$用$x$如何表示？利用$y$与$x$的关系，怎样解方程组？可不可以用含$y$的表达式替换$x$，从而消去$x$这个未知数呢？如何替换？”对一元一次方程和二元一次方程组进行比较，让学生明白解二元一次方程组的实质是通过等量代换，将“二元”转化为“一元”，用已有的知识和经验来解决新问题，让学生经历知识的形成过程，体现过程性目标和知识技能目标的同时落实，学生的理性思维在过程中得到提升。

亮点三：充分体现学生的主体地位

课程标准指出："有效的教学活动，是学生学与教师教的统一，学生是学习的主体，教师是学习的组织者、引导者与合作者。"例如本节课的环节3中，教师给予学生充分的时间思考，鼓励每个学生去表达自己的观点，真正地思考每一个问题，让学生在逐渐深入的提问中感受到"转化"在解决数学问题中所起到的不容忽视的作用，培养学生自主学习的能力，做到以生为本，整个教学突显了学生的主体地位。

亮点四：提升运算能力，发展数学运算素养

代入消元法的第一步是对二元一次方程进行变形，用含一个未知数的代数式表示另一个未知数。例如本节课设置了把二元一次方程改写成用$x$表示$y$的形式的练习。列举二元一次方程的解时，给$x$求$y$，使得对$x$的列举更有序，对$y$的求解更规范。本节课为代入消元法做技能准备，为一次函数与二元一次方程的关系积累经验，同时培养学生根据法则和运算律正确进行运算的能力。本节课也可以设计一些特殊形式的方程，产生相应的一些消元技巧，有助于培养学生在消元过程中感受"整体思想"。

待改进之处：

1."收"中有"放"，给予学生生长性的数学思维

一堂数学课的结束，并不意味着教学内容和学生思维戛然而止，应"收"中有"放"，给学生生长性的数学思维。既要及时回顾总结，使前后知识成为一个完整的体系，又要让学生对后继知识有一个宏观的认识，即学习了这节课的内容之后，接下来要解决什么问题，最好要有一个暗示或伏笔，让学生心生向往，让思维得到积极有效的延伸。例如本节课结束时教师可以引导学生思考：解三元一次方程组的思路是什么？解一元二次方程的思路呢？教师适时引导，设"悬"立"疑"，让学生兴趣盎然，思向远方。

2. 重视教材章头图，整体把握教材

可以从章头图——鸡兔同笼问题引出，让学生从熟悉的实际问题出发，也可以通过本章第一节有关老牛和小马驮包裹的问题抽象出的二元一次方程组，引导学生从用代入消元法解这个二元一次方程组的过程中初步体会化"未知"为"已

知”的化归思想，进而感受方程组是刻画现实世界数量关系的有效模型。这样能体现教材的整体性，让学生认识到现实生活中蕴含着大量与数量有关的问题，这些问题可以抽象成数学问题，用数学的方法予以解决，培养学生的应用意识。

3. 有的放矢，提炼数学思想方法

一节数学课的学习，往往隐含多种数学思维方法，如本节课隐含着数学建模、方程思想、化归思想等多种数学思想方法，而核心的思想只有化归思想。因此我们在提炼时切记不必也不应面面俱到，过度“挖掘”数学思想，会在有限的时间内模糊重点，得不偿失。

**【对学科教学的再认识】**

1. 重视基于课程标准的教学目标设计

明确教学目标不仅关系到课堂教学，同时也影响整个教育。苏联教育家巴班斯基指出，“明确教学目标”是实现“最优化教学”的首要条件。教师要注意教学目标的行为主体是学生，用一些可操作的行为动词描述教学目标。比如进行反比例函数概念教学时，可将教学目标确定为：经历从具体问题情境中抽象出反比例函数模型的过程，通过分析模型的共同特征，归纳反比例函数的概念；结合实际初步理解反比例函数所反映的变量间的关系，体会反比例函数的意义，能根据已知条件确定反比例函数的表达式；通过讨论反比例函数中两个变量之间的相依关系，加深对函数概念的理解，体会和认识反比例函数是刻画现实世界中特定数量关系的一种数学模型，进一步发展抽象思维。

2. 基于对内容的准确理解设计教学

教师要基于学生已有的知识观念和思维水平做出合理规划，围绕教学目标，将学生需要的概念、原理融合在恰当的过程与步骤中，为学生提供恰当的素材和方法，借助教材深入分析教学内容的实质。教师只有在正确理解教学内容、深入挖掘数学知识所蕴含的思想方法的基础上，才能做好教学设计。如三角形三条重要线段的教学，要抓住三角形三条重要线段的本质是三角形一个顶点与它对边某一特殊点的连线段；三角形全等的教学中，抓住三角形的全等是证明两条线段或两个角相等的有效工具；平面直角坐标系作为表示平面内点的位置的重要工具，实现了认识上从一维到二维的跨越，构成平面内的数形结合、数形互相转化的理论基础。

3. 基于对教材的整体理解设计教学

整体理解教材有助于教师准确把握教学内容。如八年级上册前五章分别为第一章勾股定理、第二章实数、第三章位置与坐标、第四章一次函数、第五章二元一次方程组，这五章之间有很强的逻辑关系。古代数学先有了平面几何的重要定理——勾股定理，其后应用勾股定理研究一些特殊量而得出不可公度的量（无理数、实数）的概念，通过实现实数与数轴上的点一一对应，使数轴可以刻画连续变化的量，它为表示平面上点的位置做铺垫，在此基础上拓展出二维坐标用来刻画平面上的点，将数轴扩充而建立平面直角坐标系后，又帮助人们从“形”的角度认识代数对象——函数（一次函数），而函数与方程是紧密联系的，借助一次函数图象又可以从“形”的角度进一步认识二元一次方程（组）的解，实现了真正意义上的数形结合。

4. 重视数学学科核心素养的落实

有效的数学教学是落实数学核心素养的关键。比如在学习二元一次方程组这一章时可以类比一元一次方程的学习，以具体的问题为载体，构建一系列的数学思维活动，引导学生进行有逻辑的数学思考，完成由实际背景到数学问题的抽象，用数学符号表示相应的数量关系，学会用数学的语言表达世界。展示分析各事例的属性，抽象、概括出共同的本质属性，归纳概括出概念的一般本质，形成概念体系，经历数学概念抽象的阶段，让学生学会用数学的眼光观察世界。接着学会有理有据地求出结果并讨论结果的意义，发展学生的逻辑推理能力，让学生学会用数学的思维思考世界，进而培养学生发现问题、分析问题和解决问题的能力，促进数学抽象、逻辑推理、数学运算、数学建模等核心素养落地生根。用同样的研究思路可以学习不等式、函数等重要的数学模型。

（课例提供：太原市晋源区实验中学　杜玉梅）

## 四、综合评论

教学是一门遗憾的艺术，教师的专业化发展是一个终身学习与发展的过程。教师不仅要接受职前的师范教育，更重要的是在教学生涯中不断进行教学理论与实践的锤炼。教师进行教学反思不失为一种助力教师自身专业成长、促进学生更优发展的对策。

1. 教学反思有助于提升教师的专业化水平

美国心理学家波斯纳提出了教师成长的公式：成长=经验+反思。经验之中有规律，他认为，如果教师仅仅获得并积累教学经验而不对经验进行思考、提炼、升华，那么他的经验将永远只是经验。“反思过程的核心是试图从多种角度来看待问题，而反思型教师所追寻的是探索被常识掩盖之下对于实践经历的真实验。”这里的“常识”就是指教师以往积累的教学经验。教师极容易凭经验进行教学，而不愿意打破经验的常规进行新的尝试，如果这种经验是错误的话，还有可能导致在以后的教学过程中出现错误的行为。研究之初，教师可以从写教学反思日记报告单开始。

授课题目______ 授课时间______ 日记记录时间______

1. 教学成功之处

（教学目标是什么？是否达到了？怎样达成教学目标？课堂教学过程中学生的精彩回答、课堂教学中的“偶发事件”的精彩处理等）

……

2. 教学遗憾之处

（描述事实，并对其进行分析）

……

2. 教学反思有助于教师成长为一名教育研究者

“教师即研究者”是一个很好的命题，是教育工作者尤其是理论工作者追求的理想之所在。教师越善于反思，就越能使自己的经验举一反三。教学反思使教师不断重新思考其教学实践过程，积极主动地发现教育教学问题，反思自己的教学活动和行为表现，正视自己的优缺点并改进教学，将经验上升为理论，才有可能成为一名教育研究者。

总之，教学反思是教师专业成长的有效途径，如果没有有效及时地对课堂教学实效性的反思和总结，教师的专业素质就不能有实质性的提高。因此，我们要多反思，反思我们的进步，反思我们存在的问题，自然也就能更好地成长进步。

# 第三节　英语学科教学的整体反思赏析

## 一、理论要点

义务教育阶段的英语课程具有工具性和人文性的双重性质，工具性和人文性统一的英语课程有利于为学生的终身发展奠定基础。教师在教学目标、教学内容、教学过程、教学评价和教学资源等方面都应考虑学生的发展需求，努力使英语学习成为学生在教师的指导下构建知识、发展技能、拓宽视野、活跃思维、展现个性的过程。

英语课程提倡采用既强调语言学习过程又有利于提高学生学习成效的语言教学途径和方法。教师要根据学生的实际语言基础和学习发展需要，选择有效的教学方式，尽可能多地为学生创造学习机会。引导学生在尽量真实的语境中，通过体验、实践、参与、探究和合作等方式，发现语言规律，掌握语言知识，提升语言技能，在使用语言的过程中加深对语言的理解，提高综合运用语言的能力。

英语是一门语言学科，而每一门语言的背后都有其特有的文化和思维，因此，英语既是交流的工具，也是思维的工具，更是文化的载体。《义务教育英语课程标准（2022年版）》明确了语言能力、文化意识、思维品质和学习能力四个学科核心素养。四个核心素养是互相影响、互相促进的整体，英语学科核心素养的形成，要将培养的总目标从强调培养学科知识与技能的综合运用能力转为培养具有家国情怀、国际视野和跨文化沟通能力的社会主义建设者和接班人。

教师的专业化水平是有效实施英语课程的关键，而教学反思是教师专业化发展的途径。基于核心素养的课堂教学反思，要求教师在教学中将教学与研究结合起来，以培养学生的英语学科核心素养为出发点，不断审视自己的教学观念和方法，有目的地优化教学方式，提高教学效果。

基于英语核心素养的教学反思，应关注教学目标的制订是否以促进学生的核心素养发展为出发点，目标是否明确、具体、可观察、可测量。需要注意的是，有的目标是显性的，如知识目标易于辨别是否达成，但还有一些目标是隐性的，如情感态度价值观、思维品质、文化品格等，也需要教师有意识地在教学中去渗透和引导。其次，应反思教学活动是否以学生为中心、促进学生的发展。课堂教学的任务应该是语用真实、语境真实、语义真实的语言运用活动；面向核心素养的学习要以促进学生的全面发展为方向，以解决问题为目的，整合语言知识和语言技能的学习与发展，鼓励学生学习和运用语言，培养学生的思维品质和学习能力，引导学生构建多元文化视角。

基于英语核心素养的教学反思，可以从记录教育教学的案例入手，还原教育教学情景，总结得失，获得启发，重要的一点是要反思改进的策略、方法或路径，不断丰富自己的教学经验。然而，教学反思不能只是一味地停留在经验的总结上，教师还应加强教育教学理论的学习，发现实践背后的理论支撑，总结事物发展的规律，同时还应思考和探索实践背后的意义、内涵或价值，使自己由经验型教师逐渐成长为专家型教师。

## 二、实践智慧

美国学者波斯纳曾对教师成长提出了一个极为明确的公式：教师成长 = 经验 + 反思。我国著名心理学家林崇德也提出“优秀教师 = 教学过程 + 反思”的成长公式。

教学反思可以激活教师的教学智慧，探索教材内容的崭新呈现方式，构建师生互动机制及学生学习新方式。它是教师成长的“催化剂”，是教师发展的重要基础。

教学反思应贯穿于教学的整个过程。

1. 在课前，教师通常会设定教学目标，然后选择和组织实现教学目标的教学活动。课前反思需要教师对目标的适切性、教学活动的合理性等方面进行思考，使教学在可预见的前提下向学生易于理解的方向去发展。

2. 在课堂教学中进行反思意味着教师要及时、自动地在行动过程中反思，这种反思能使教学高质高效地进行。课堂教学实践中，教师要时刻关注学生的学习过程，关注自己所使用的方法和手段以及达到的效果，捕捉教学中的灵感，及时调整设计思路和方法，使课堂教学达到最佳效果。这就是“行动中的反思”。课中对课堂教学的反思有很多角度，如教学是否激发了学生的学习兴趣，语言知识的呈现是否符合学生的认知特点，提问的时机是否恰当，对学生表现的评价和反馈是否及时有效，与学生的交流是否引导学生进行思考以促进思维品质的发展，学生是否通过活动构建了自己的知识，等等。

3. 教学后的反思是目前最广泛的反思形式。一节课下来，回顾课堂教学过程，评判教学的效果是否与预设目标一致，思考这一结果的原因，总结有益的经验，与教育教学理论相结合，归纳出有助于提高教学效果的教育教学规律；同时还要记录教学中的缺憾并反思其原因，找到改进的方法；最后思考再教这部分内容时应该如何做，写出“再教设计”。教师在不断地“实践—反思—再实践”的过程中，将实践经验系统化，将理论知识逐渐内化，利用科学的方法、理性的思维来指导自己的教育教学行为。

## 三、案例赏析

### 案例一

课型：听说课

年级：七年级（上）

课题：Unit 7 How much are these socks?

**【课型特点】**

英语听说课程的培养目标是培养面向世界的中国人才，能够讲好中国故事，代表中国发声。初中英语听说课具备以下几个特点：(1) 既面向全体，又关注个体差异，充分兼顾学生的共性与个性，满足不同学生学习和发展的需要；(2) 引导学生在真实的情境中体验和学习语言，通过创设较为真实的学习情境，设计层层递进的实践环节，帮助学生在学习过程中体验、感悟、构建并丰富学习经验，实现知识传承、能力发展、积极情感形成的统一；(3) 采用多元评价方式，全面评价学生的学习效果，激发学生的积极性和自信心。

人教版初中英语教材 Go for it！以学习、生活为主，设计了大量的听说训练材料，在一定的语境中使学生通过大量的语言实践，深刻体会英语语言的应用，提高交际能力。该教材每单元的第一课时是听说课，在听说训练中呈现新的语言现象，是整个单元语言学习的基石。而语言学习离不开真实情境，所以，情境创设在每单元第一课时起着至关重要的作用。

**【教学设计】**

1. 内容分析

本节课选自人教版 Go for it！七年级上册 Unit 7 How much are these socks? Section A 第一课时，1a-2c。

2. 教学目标

（1）学生能听、说、认读、写以下词汇：trousers，socks，T-shirt，shorts，sweater，jacket，shoes。

（2）学生灵活运用目标语言“How much is this T-shirt? / How much are these trousers?”“It's / They're ... dollars.”谈论服装的价格。

（3）学生通过在英语课堂上进行互动学习（听、说、观看视频等），感受语言的魅力，激发学习兴趣。在语言运用中体验成功，树立信心；小组活动中能主动与他人交流，并克服交流中的困难，使交际顺利进行。

3. 教材重难点

重点：掌握衣物单词及询问物品价格的句型。

难点：能谈论衣物及其价格，并在活动中能自如地运用本课的单词、句型。

4. 教学环节

Practice

目标一：练习谈论价格。

在初期对话练习时，教师使用支脚手架的方式，目的是把复杂的学习任务加以分解，以便把学生的理解逐步引向深入。第一次对话练习仅仅说明了顾客需要买的物品及其价格。学生结对运用目标语言进行对话：

A：Can I help you?

B：Yes，please. How much is / are the ...?

A：It's / They are ...

学生准备约2分钟后，请几组学生进行展示。

目标二：了解顾客的详细需求后，有针对性地出售服装鞋帽。

在原有对话的基础上，加入了对衣物长短、大小和颜色的要求，这样一来，对话的复杂程度以及不确定性大大加强。为了更加真实地呈现现实生活中的场景，对每一件衣服都给出四种不同的颜色，每一种颜色又给出两种尺码和两个价格。同时，在道具的使用方面体现出单复数的变化，通过充分的练习来解决本课的难点——因名词的不同形式使用不同的be动词。

为了培养学生的语用意识，本环节还引导学生运用一些购物场景的常用语，如欢迎、致谢等。至此，一个完整的购物对话就形成了。从一进门的打招呼到试穿环节，逐步推进到结账打包。对话练习初期可以在两人之间完成，在熟练程度提高之后，再增加一名顾客加入对话当中，形成最后的Group work环节。为了能够让不同程度的学生主动加入、尝试表达，教师可以提供一些重要句型的提示。

Production

小组活动以“竞聘金牌销售员”为话题展开，各小组通过向模拟顾客的同学售卖不同种类的衣服，比拼小组销售额。在结课环节，以“Money doesn't make me rich, but your help does.”向所有学生传递情感价值观，即在做事的时候，朋友的帮助远比金钱更重要。

**【教学反思】**

这是一堂省级公开课，授课对象为七年级学生，班级内学生数量为35人。在事先与学生交流时，发现他们热情高，表达欲强，有3人口语较为突出，表达流利连贯。女生较男生基础扎实，表现积极活跃。但是问题也很突出，学生20以内数字的表达不流利，缺乏准确性；当表达的句子偏长时，语序会发生错乱；名词的单复数常常混淆。

1. 反思“我做了什么”

在教学中我发现学生输出的内容多数为短句，因为他们刚刚进入初中学习了几个月，能使用的词汇和句型较为有限。当他们需要表达较复杂内容时，大多数学生选择了保持沉默，或将目光投向口语较好的几位学生。这几位学生频繁作答，而班级中大部分学生成为了观众。

因此，我将班级分为7个小组，每小组5人，选出组长。这5个人分工明确，组长负责记录课堂表现情况并收集奖励卡的个数；两人在对话时扮演售货员，两人扮演顾客。7个小组按照整体评分最后评优，5个人是一个整体，在课堂中都要积极参与进来为小组争光。课堂不再是几个人的表演，极大地增强了学生的参与意识。

2. 反思“我的做有效吗”

该环节设计的活动任务真实，贴近生活，具有可操作性。从教师对教学的调整效果来看，学生从刚开始因语言贫乏且不愿主动参与，到后来积极融入小组活动，勇于展示对话可以看出，学生在模拟真实的生活环境中由“要我学”转变到“我要学”。以小组活动为主的形式，既注重学生的独立学习，又体现小组间的合作学习。

3. 反思“我的做自身合理吗”

教育拒绝“不择手段”。从科学的标准来看，教师的教学设计符合初中生的认知规律，根据学生在不同阶段的反应分析其产生的原因，进而总结成功之处，改进失败之笔。现代教学倡导以学生为中心，学生的参与度是考量教学成效的重要因素之一，因此，反思学生的课堂参与度是对教师教学理念的再次考验。如果一堂课变成了个别学生的独角戏或者少数学生的表演场，整堂课就会黯然失色。

4. 反思“我还能怎样做”

面对陌生的学生，在设计教学时应准备不同难度的活动任务，这样在课堂中就可以根据学生的具体表现进行调整，让更多的学生参与到学习活动中。另外在座位的布置方面，如果能以U形排座，并最大化地还原真实购物场景，可以更充分地鼓励学生参与活动，更好地在课堂中展示风采。今后在进行教学设计时对教学环境的营造、教室布置等方面也应当予以充分考虑。

## 案例二

课型：写作课

年级：八年级（上）

课题：Unit 5 Do you want to watch a game show?

【课型特点】

英语写作技能是英语表达性技能之一，英语写作能有效地促进语言知识的内化，同时表达一定的思想，以此提高和检验学生对所学英语语言知识的实践和运用能力。基础教育阶段英语课程的任务是："使学生掌握一定的英语基础知识和听、说、读、看、写技能，形成一定的综合语言运用能力。"在这五项基本技能之中，英语写作技能相对于其他四项技能而言，是对初中学生要求较高的综合性、语言性、能力性的技能。

因此，写作课以过程性指导为主，引导学生从封闭的模仿写作到开放式写作，由简单的句子、段落的写作到篇章的建构。首先，要根据主题引导学生进行头脑风暴等活动，调动相关语言知识、生活经历等；其次，要学会选择恰当的词汇和句子结构，准确地传递信息；第三，要帮助学生形成语篇意识，通过有效地使用语句间和段落间的衔接成分，体现语篇的逻辑关系，使文章结构紧凑。

【课例呈现】

1. 整体设计思路

本节课的设计以学生发展为本，从学生的认知水平和心理特点出发，以电影为线索，遵循语言学习的渐进性和持续性，通过情境创设，帮助学生建构与电影有关的语言体系并运用语言表达自己的所思所想，提升语言运用能力。本课时首先为学生呈现几部不同类型电影的影评，引导学生了解影评的文体特点、语言特点和组织形式，最后学会写影评。在这个过程中，帮助学生形成有效的学习策略，培养英语学科核心素养。

2. 教学目标

（1）复习课本里有关电影类型的名词以及描述不同类型电影的形容词，如action movie， comedy等，及enjoyable， exciting等，并且掌握课外有关电影的相关词汇，如sci-fi film， patriotic等。

（2）学习有助于写影评时的有用句型，如 A is ... as B 等。

（3）学会根据图表信息，写出影评。

（4）通过参与头脑风暴，激活有关电影的词汇，并且在扩展学习中掌握更多的课外词汇。在感知所给有关影评的文本中，去发现和构建语言知识和写作体系，在实际操作中运用所学知识，提升综合语言运用能力。

（5）发展思维的逻辑性、批判性和创新性。

（6）培养更多的兴趣爱好，充实自己的课余生活。

3. 教材重难点

重点：在学习过程中构建有关影评的语言知识和写作体系。

难点：运用语言知识和写作体系完成影评的书写。

4. 教学流程

Lead-in

在导入环节，呈现一幅电影院的图片，询问学生场所的名称，平时是否喜欢看电影以及看完电影后是否写过影评。通过师生问答互动，完成热身准备。

Preparation

在准备环节中，教师呈现大量词汇，内容涉及电影类型、电影相关的工作岗位以及描述电影的形容词。学生把这些单词归类，填写在表格相应的位置上。

（设计意图：通过单词归类，激活学生对课本所学单词的记忆，并且为学生写影评进行词汇铺垫。）

Open your eyes

在词汇拓展环节，教师给学生补充课本外的词汇，丰富学生的语言知识。

（设计意图：拓展学生的语言积累，为学有余力的同学提供更大的语言支持。）

Perception

在感知环节中，教师结合当下热点话题，呈现电影《流浪地球》的电影评论，让学生阅读这篇影评，并完成相关的任务。

Participation

在参与环节布置两个任务，考查学生对这篇影评的理解力：第一，圈出正确的选项，完成句子；第二，圈出这些句子是表达事实还是观点。

（设计意图：通过让学生仔细阅读影评并且完成相应的问题，既考查学生对这篇语言材料的理解，也引导学生区别事实和观点，培养学生的思维能力，为学生自己写影评搭建了文本体系的脚手架。）

Discussion

在讨论环节，教师把全班学生以4人为单位分组，学生在组长的带领以及教师的指导下，讨论撰写影评需要哪些元素和内容及影评的书写格式。分享讨论的结果后，归纳出撰写影评所需的内容及格式。

（设计意图：通过小组讨论的形式，调动每个学生的学习积极性，让他们在与同伴交流的过程中，相互学习，相互借鉴，相互弥补，培养与他人积极合作的精神和团队意识。）

Action

在实际操作环节，教师首先给出一些与写影评有关的句型，并且指导学生通过造句来熟练运用。随后教师通过表格的形式给出三部电影的大概信息，包括故事梗概、上映时间、主要演员及其在影片中饰演的角色。学生在教师的指导下，按照影评的格式和要求，在规定时间内完成其中一部电影的影评撰写。

（设计意图：其实这是一个语言输出的过程，教师给出了三部电影的相关信息，让没有看过这些电影的学生能有话可说，也为学生根据自己的认知和经验完成影评留出了空间，以便学生自由发挥。同时，可以检验学生是否真正掌握了影评的书写技巧，从而提升语言的综合运用能力和解决实际问题的能力。）

Inspiration

在结课环节，教师通过学生完成的影评，和学生探讨蕴藏在电影中的生活哲理，并以英文呈现出来。

（设计意图：通过和学生探讨电影带给人们的生活哲理，帮助学生树立正确的人生观和价值观，培养积极向上的态度和乐观的精神，引导学生坚信祖国的强大，对祖国充满热爱和自豪。）

Homework

在作业环节建议学生周末看一部喜欢的电影，并写出相关的影评。

（设计意图：希望学生通过完成作业能更好地巩固这节课所学的知识，达到熟练运用和内化的效果。）

**【教学反思】**

1. 反思“我做了什么”

英语写作要求语言基础知识运用和写作技能并重，其目的在于引导学生掌握各种文体如记叙文、说明文和议论文等及其篇章结构，学会得体地进行书面交流。因此，本节课我从用词、造句、布局篇章结构等方面去指导学生写作。

第一，用词。英语语言学家D.Wikins曾经说过："没有语法，人们可以表达的事物寥寥无几，没有词汇，人们则无法表达事物。"这节课的开始，我采用头脑风暴的形式，让学生从词义、词性的角度回忆有关电影的词汇并将它们分类。同时，本着以生为本的原则，为英语水平较好的学生拓展了词汇，积累了语言知识。

第二，造句。考虑到学生刚刚步入八年级，语言知识还不是那么丰富，所以在课堂上学生撰写影评之前给他们提供了相关句型，如"I think the actor plays one's role well in the film."然后指导学生用框架填充法去练习和运用句型。

第三，布局篇章结构。学生在有了一定的语言知识的基础上，如何把正确的句子放在合适的位置，如何在描述中表达自己的观点，体现合理的逻辑关系，这就需要我从影评的结构和这种特殊文体的体例上去指导学生。我在课堂上展示电影《流浪地球》的影评示例，让学生通过回答问题来理解影评的主要内容，引导学生感知在写影评时如何陈述事实和表达观点，且通过自己的观察和理解体会这两种要素的区别。在参与小组讨论的过程中，学生通过归纳、概括的学习策略总结出撰写影评需要涵盖的内容和影评的文体体例，学生探究影评语篇结构的过程也是培养敏锐的观察力和形成思维品质的过程。

2. 反思"我的做有效吗"

在这节写作课中，我没有直接告诉学生影评的篇章结构和文体特征是什么，而是让学生依据给出的范文，通过阅读任务和小组讨论活动，与组内同学一起观察、归纳、总结，形成自己对影评的结构化知识，发展了学生的思维品质和学习能力，在这一点上我认为教学行为是有效的。但是在词汇教学这一方面，我只是简单地让学生从词义和词性方面做了归类，只停留在最基本的阶段，没有从词块教学这个角度出发，让学生从搭配意义、情感意义上深入了解和运用词汇。此外，在补充有用句型时出示的句式相对单调，在指导学生熟练运用句型的过程中教学方法相对固定，没有真正起到让学生活学活用的效果。

3. 反思"我的做自身合理吗"

对于这节写作课，我在课前拟订了具体的教学计划和教学流程，充分考虑学生的差异性，在课堂上组织系统、规范的训练，为英语水平好的学生提供更多的语言输入，引导其通过阅读促进写作能力的提高。但是在实际教学过程中，我发现由于学生语言知识储备不足或储存无序，加上母语的负向迁移影响，导致学生在书面表达上无法做到自如驾驭，瞻前而不顾后，缺乏语境的自然生成。所以要及时发现问题、总结问题，调整教学策略，在下一节写作课上帮助学生在语言知识和语言能力等方面有更大的提高。

4. 反思“我还能怎样做”

鉴于以上问题，我将在教学方法上做出如下调整。

第一，重视词块教学在写作中的运用。英语中的词块包括英语词汇、短语等，将所需记忆的英语词汇合并成短语，不仅增加了单词的记忆量，还渗透了对词汇的运用。词块教学法是英语写作教学时可采用的一种行之有效的方法，教师可以通过对固定短语和常用语的总结，让学生直接掌握具有语境和整体含义的词块，避免学生的语法错误和语言输出障碍，使学生在写作时表达得更流畅、更自然。

第二，转变教学观念和教学模式。要以学生为中心，开展生生互动、师生互动的写作模式。比如在学生写影评时，由于课堂时间有限，部分学生没能完成这个任务，所以可以让每个小组集体写一个影评，让学生之间合作完成，提高了学生的主动性和积极性。同时，写作课也是一个师生之间互动的过程，应加强师生之间的有效沟通，创造和谐的教学和学习环境，教师要重视对学生习作的批改和课堂上对学生表现的点评，对学生进行个性化的指导。

总之，英语写作能力的形成并非一蹴而就，它必须遵循循序渐进的原则。教师在教学时，应该剖析英语的学科特点，遵循其内在规律，通过语言交流平台的构建，使学生在良好的语言环境中积极主动地学习和运用英语，学生的英语写作能力必将渐入佳境。

**【对学科教学的再认识】**

英语学科核心素养主要包括语言能力、文化意识、思维品质和学习能力，是英语学科育人价值的集中体现。而课堂是学校教育的中心场域，落实立德树人根本任务的主渠道，课堂教学是促进学生全面而有个性地发展的核心环节。在这样的背景下思考和探索如何在教学中培养学生的英语核心素养，是非常有必要的。

首先，教学目标应指向核心素养的发展，课堂不应该是围绕着知识点的课堂，更应该是围绕文化的有根有魂的课堂。语言教学，从表层看是一个语言结构和体系，而深层次则是由文化内容构成的，所以不应该仅仅是学习语言的外部形式，更应该由表及里去挖掘语言背后所承载的文化意义。

其次，要转变教学方式，让学生成为探究的主体。教师应把知识的体验、感知和语言规律的归纳等有意义的梳理、整合和概括的活动交给学生，让学生成为知识探究的主体。另外，学生是发展中的人，在学习的过程当中，学生的心智发展不是孤立的、独自的，而是在和他人互动、和文本互动的意义建构过程中发展的。课堂中还需要培养学生遵守道德规范、敢于承担社会责任、勇于实践探索的精神、积极思考个人价值的意识。

因此，英语教学要思考通过教与学，将带给学生什么样的文化知识，通过文化知识去引导学生形成什么样的认知态度和行为选择，这才是学科育人的根本目标。

（课例提供：山西省太原市知达常青藤学校　李帅）

**四、综合评论**

反思是促进教师专业可持续发展的有效途径，教师应当把教学和研究结合起来，以培养学生的英语学科核心素养为出发点，不断审视自己的教学观念和方法，在教学实践和反思的过程中，加深对教与学本质的理解和认识，不断更新教育观念，创新教学实践，实现个人专业化发展。

《礼记·学记》是中国教育史上，也是世界教育史上第一部关于教育科学的专著，其中记载了关于教与学关系最著名的论述："学然后知不足，教然后知困。知不足，然后能自反也；知困，然后能自强也。故曰：教学相长也。"由此可知，教和学是互相促进的关系。教学是教师与学生的交往互动，在这个过程中，师生双方相互启发、相互补充，进行情感交流，从而达到共识、共享、共进，实现教学相长与共同发展。从另一方面看，教师在对教学的反思中难免会有疑惑，正是这些疑惑激发了教师的深层思考和强烈的学习欲望，通过学习，教师不断地完善自己的专业知识和学科知识，然后在教学实践中内化理论知识，从而实现个人专业化发展。

由此可见，教学反思有利于促进教师的自我教育。教学反思的过程，是教师以自己的教学过程为思考对象，对自己的教学行为、教学结果进行审视和分析，从而改进自己的教学实践，并使教学实践更具合理性的过程。其次，教学反思有利于落实英语学科核心素养，促进学生的发展，实现英语学科的育人价值。教学反思的根本目的在于改进教学，提高教育教学质量，基本出发点是探究和解决课堂教学，因而教学目标、内容、组织、策略、师生互动等，就成为教学反思的主要对象，而这些方面的改进是实现有效教学的有力保障。另外，教学反思可以改变教师自己的生活方式，培养自己的科学精神，通过运用不同的方法进行反思和教学研究，逐渐养成严谨的教学态度。而且教师通过更新教学观念、改进教学方式，能够培养既具有国际视野又具有家国情怀的、更优秀的人才，实现了个人的价值与意义。事实上，进行教学反思也是教师自身职业道德的一种表现，是对自己、对学生、对社会负责的一种体现。

# 第四节　道德与法治学科教学的整体反思赏析

## 一、理论要点

### （一）从本学科特性出发进行教学反思

2019年3月18日，习近平总书记主持召开学校思想政治理论课教师座谈会并发表重要讲话。讲话使我们更深刻地认识到，思政课是全面贯彻党的教育方针，解决好“培养什么人、怎样培养人、为谁培养人”这个根本问题的关键课程。新时代的思政课，应坚持用新时代中国特色社会主义思想铸魂育人，坚决做到培养担当民族复兴大任的时代新人，培养德智体美劳全面发展的社会主义建设者和接班人。政治引导是思政课的基本功能。思政课重在塑造学生的价值观。

《义务教育道德与法治课程标准（2022年版）》指出：思政课是落实立德树人根本任务的关键课程，旨在提升学生思想政治素质、道德修养、法治素养和人格修养等，增强学生的中国人的志气、骨气、底气，为培养以实现中华民族伟大复兴为己任的有理想、有本领、有担当的时代新人打下牢固的思想根基。课程具有政治性、思想性和综合性、实践性。

据此，本学科的教学反思应重点关注以下几个方面：

1. 准确把握本课程的德育性，要充分认识到在德智体美劳全面发展的育人目标中，本学科是贯彻以德为先、确保育人成效的主渠道，是实现价值领航、确保育人方向的主引擎。要避免概念化、孤立化地传授和记诵知识，而应努力使知识的学习服务于学生思想道德发展的需要。

2. 以社会发展和学生生活为基础，增强内容的针对性、现实性，突出问题导向。引导学生发现问题、分析问题、解决问题，提升道德理解力和判断力，强化规则、纪律秩序、诚信、团结合作、冲突解决等教育。

3. 作为一门“博”与“专”相统一的学科，教学反思时应检视自己是否在保持一定广度的同时还能做到以学科本质为核心，用相应的学科专业知识来加以支撑，进而达到一定的深度。

4. 作为一门“知”与“行”相统一的学科，教学反思时要关注自己的教学是否把情感体验和道德实践作为最重要的道德学习方式，是否善于利用并创设丰富的教育情境，引导和帮助学生在获得情感体验的同时深化思想认识，是否为学生提供了直接参与实践的机会，提高他们道德践行的能力。

（二）对自身品质进行反思

首先，要对自己的政治思想、道德修养、人格品质加以反思。传道授业解惑是教师的天职。思政课教师不仅要理性地传道授业解惑，做到以理服人，而且要明道、信道，所传的“道”必须发自内心，有信仰者讲信仰，这样才能感召学生，赢得学生信任。因此，本学科教师进行教学反思，首先要本着对学生、对国家、对自己负责任的态度，对自己的政治思想、道德修养、人格品质加以反思。比如，我国仍然是世界上最大的发展中国家，发展进程中必然还存在着这样那样的问题，教师自己对国家和社会中的一些现象，也难免会有一些疑惑或不解。但作为教师，在课堂教学中绝不能随意大放厥词，必须以马克思主义的世界观、价值观和方法论来指导自己的言行，用积极的辩证的观点教育和引导学生正确看待发展中的问题，对我们的党、我们的国家充满信心。

其次，对自己的学习行为进行反思。无论是我们生活的时代、生活的社会和国家，还是我们的学科特性、教育对象，都要求我们不断学习、终身学习。统编版教材虽然是最新的版本，也仍然年年更新；八年级下册教材是宪法专册，对教师的宪法专业知识提出了挑战；十九大精神、中国特色社会主义理论体系、习近平新时代中国特色社会主义思想及其他党和国家的大政方针等理论性比较强的内容在教材当中也大量呈现。作为教师，必须对教材内容加以精准、深入的理解和把握，唯有如此，才能为提高教育教学效果、进行有效优质的教育反思奠定基础。

## 二、实践智慧

北京市朝阳区初中道德与法治教研员康利老师在做统编版教材培训时谈道："新教材要用专业的思维，面对真实的情境，反思具体的经验，才能理直气壮地坚持正面教育。""我特别希望教师在上课时想清楚并回答好三个问题：一是带学生去哪儿，二是学生在哪儿，三是怎么去。带学生去哪儿，这是方向和目标，需要教师吃透教材，特别要把握住教材中灵魂的东西。学生在哪儿，提醒思政课教师要搞清楚今天的青少年是怎么想的。只有了解学生是怎么想的，才能有针对性地做好相应的教学设计。怎么去，是教学方式方法问题，统编教材中有很多很好的设计活动，包括一些思辨性的活动，就是要让学生主动思考。思政课一定要以情动情、以人育人。"

道德与法治统编版教材总主编讲到，教师的意义内涵就在于对其自身职业的自觉反思之中，对其自我意识的发现与洞察之中，在教师自我意识的进程中所实现的自我领悟与教化而达成的教师发展。她说，在教育现象学的视角下，反思是教育学理论的基本概念，在行动研究中，反思也包含了对于行动方案的深思熟虑、面向明见性以做出抉择和选择的意味。范梅南指出，对教学体验的思考和在教学体验中思考似乎有着不同的结构，其实质是反思的类型不同，前者与过去体验的激活、解释和重构紧密关联，后者类似于情境中的行为实践。

此外，反思性知识的获得与教师所处的特定情境中的特定事件息息相关，大部分教师在反思教学事件中能够找到自己行为的出发点或者节点，抓住一些"重要时刻"，获得教育契机，在反思中获得新的认识和启发，甚至是自我意识。反思对于教师在教育情境和教学事件中的行为改善、教师自身意义感的获得以及教师自我发展具有重要意义，同时也为研究者提供了许多探究空间。

## 三、案例赏析

课型：情景探究

年级：九年级

课题：延续文化血脉——中华文化的根

## 推敲环节

【教学环节】

◆明清晋商——晋商精神名扬天下

明清时期，山西出现了一批十分成功的商人，形成了一个重要的大的商人集团。他们本着“诚信为本，以义制利”的信念，走南闯北，开创基业。这些商人的成就甚至突破了商业的范畴，在政治、文化领域都产生了一定的影响，这就是人们熟知的“晋商”。让我们一起来领略晋商的辉煌吧。

问题：结合四个展厅创造的文明，说说中华文化是如何形成与发展的，由此还可以得出什么结论？

生1：山西的先民曾经在这里长期繁衍和生活，留下了很多美好的故事，同时也反映了华夏民族与自然和谐相处并战胜自然磨难的曲折历程，这里也成为中华民族文明的发祥地。

生2：一代代晋商走南闯北，开创基业，体现出中华文化是由中华民族的勤劳智慧、自强不息创造得来的。

生3：“佛风遗韵”所表达的文化明显体现了一些少数民族的文化元素，说明各民族的文化相互交融、相互促进，共同熔铸了灿烂的中华文化。

教师总结：各族人民团结互助、相互学习，用自己的勤劳和智慧共同开发建设祖国的大好河山，创造了灿烂的中华文化。

【教学反思】

文化认同是人们在一个民族共同体中长期共同生活所形成的对本民族最有意义的事物的肯定性认识，其核心是对一个民族的基本价值的认同，是凝聚这个民族共同体的精神纽带，是这个民族共同体生命延续的精神基础。本环节作为导入环节，以“明清晋商”切入，引导学生通过对山西文化中多民族文化元素的探寻，从文化角度自觉树立中华民族共同体意识，增强文化共同体意识，从而产生文化认同感，增强文化自信。

孔子说：“不愤不启，不悱不发，举一隅不以三隅反，则不复也。”有价值的教学情境是内含问题的情境，学生既是这一环节的直接观察者和体验者，又是参与者和思考者，每个学生都提出自己的观点和看法，这样便发挥了教师的“导演”作用，更充分发挥了学生的“演员”作用。

## 斟酌课例

**【课例呈现】**

一、学情分析

部分学生掌握了一定的传统文化技艺，如书法、国画等，但学生对传统优秀文化的认识停留在一般的知识和操作层面，对深层次的文化价值和意义认识和思考不多，认识不系统。

二、教材分析

中学生发展核心素养中的“国家认同”要求学生具有文化自信，尊重中华民族的优秀文明成果。教材中《延续文化血脉》第一目“中华文化的根”介绍我国优秀传统文化的产生和特点，揭示中国特色社会主义文化是中华文化的血脉延续，重点从中华文化价值的角度理解坚定文化自信的重要性和如何坚定文化自信。

三、教学目标

通过参观山西博物院网上展厅“云游”山西博物院的情境创设，带学生走近山西的远古文明、夏商文化，了解山西佛教艺术的嬗变，引导学生理解中华文化的博大精深、源远流长；通过组织学生探求晋商精神等三晋文化的当代价值，开展小组合作探究活动，引领学生理解中华文化的魅力和价值，增进对中华文化的热爱和认同感；通过组织学生寻找山西博物院外部空间设计中的优秀传统文化基因，启发学生深入体会人们对中华优秀传统文化“古为今用”的现实妙用，达到激发学生弘扬并传承中华文化的强烈愿望和热情的育人目标。

四、教学重难点

1. 教学重点：理解中华文化的特点和价值。

2. 教学难点：增强对中华文化的热爱和认同感，传承并弘扬中华文化。

五、教学方式

情境教学法、活动教学法、自主探究法、问题导学法。

六、教学过程

山西博物院共有藏品50余万件，青铜、瓷器、石刻、佛教造像、壁画、书画等颇具特色，其中珍贵文物40282件（组），包括一级文物2129件（组），另有图书古籍11万余册。基本陈列以“晋魂”为主题，由文明摇篮、夏商踪迹、晋国霸业、民族熔炉、佛风遗韵、戏曲故乡、明清晋商等7个历史文化专题和土木华章、山川精英、翰墨丹青、方圆世界、瓷苑艺葩等5个艺术专题构成。下面请小导游带大家走进山西博物院的部分网上展厅，一同开启一场奇妙的博物馆“云游”之旅。

赏三晋文化

1号导游：同学们，现在我们来到了历史文化序列第一展厅文明摇篮，探寻中华文明的起源。

山西地处黄河中游，四季分明，物产丰饶，是我国远古人类和文明的摇篮。百万年前，先民们已经在这里繁衍生息，他们打制石器、狩猎采集。

百万余年间，他们的足迹踏遍太行、吕梁，篝火映照着汾河、桑干河。新石器时代，这里出现了更加璀璨的文化。至陶寺文化出现，山西似百川归海，吸纳各地先进文化，焕发出文明的曙光。让我们走进文明摇篮展厅，在百万年的时间旅途中去追寻文明出现的原始光芒。

2号导游：同学们，现在我们来到了历史文化序列第二展厅夏商踪迹，青铜文明先声夺人。

公元前21世纪，中国第一个王朝夏建立，中国进入早期国家阶段，山西南部作为夏王朝的中心区域，素有“夏墟”之称。

继夏而起的商王朝，在山西也有诸多遗址存在。夏商时期标志着中国青铜时代的到来，早期青铜制作工艺精良，器型纹饰及铸铜工艺的完美呈现，让我们惊叹于先民的智慧。走进夏商踪迹展厅，这里既有庄严肃穆的吉金光华，也藏着人间生活的烟火气息。

3号导游：同学们，现在我们来到了历史文化序列第三展厅佛风遗韵，这里尽显佛教艺术。

山西是佛教艺术嬗变的核心区域，石窟、寺院、佛塔遍布城乡，石刻造像、壁画、彩塑异彩纷呈，被誉为古代艺术的宝库。走进佛风遗韵展厅，能感受宗教艺术带来的真善美。

问题：当你走进以上三个展厅感知历史，能领略到哪些文化元素？还有什么感受？

生1：感受到了石器时代的器物之美，礼器、食器、酒器、乐器等庄严且厚重的青铜器在红斑绿锈之间体现了工艺之美。

生2：青铜器最先作为礼器，是中国青铜文明的特色，在世界上也是独一无二的。青铜器彰显“礼乐春秋”，体现中国古代文明进程中的礼乐制度。

生3：侯马盟书是珍贵的历史文物，为我们研究春秋后期奴隶制社会向封建制社会转变提供了文字记载。

生4：精致的雕像、神秘的洞穴、高耸的塔楼都体现出雕刻、绘画、建筑等方面很高的造诣。

生5：从远古文明到陶寺文化出现，再到夏商踪迹、佛风遗韵，我们感受到了博大精深、源远流长的三晋文化。

教师总结：山西有历史悠久的灿烂文化，“五千年文明看山西”名不虚传，山西之美，美在旷世悠久、源远流长、丰富厚重的历史文化积淀。三晋文化从局部反映出独具特色的语言文字、浩如烟海的文化典籍、名扬世界的科技工艺、异彩纷呈的文学艺术等中华优秀文化的内容，也让我们感受到博大精深、源远流长的中华文化。

### 研三晋文化

4号导游：同学们，现在我们来到了历史文化序列明清晋商展厅，晋商精神名扬天下。

**明清时期，山西出现了一批十分成功的商人，形成了一个重要的大的商人集团。他们本着“诚信为本，以义制利”的信念，走南闯北，开创基业。这些商人的成就甚至突破了商业的范畴，在政治、文化领域都产生了一定的影响，这就是人们熟知的“晋商”。让我们一起来领略晋商的辉煌吧。**

问题1：结合四个展厅创造的文明，说说中华文化是如何形成与发展的，由此还可以得出什么结论？

生1：山西的先民曾经在这里长期繁衍和生活，留下了很多美好的故事，同时也反映了华夏民族与自然和谐相处并战胜自然磨难的曲折历程，这里也成为中华民族文明的发祥地。

生2：一代代晋商走南闯北，开创基业，体现出中华文化是由中华民族的勤劳智慧、自强不息创造得来的。

生3：“佛风遗韵”所表达的文化明显体现了一些少数民族的文化元素，说明各民族的文化相互交融、相互促进，共同熔铸了灿烂的中华文化。

教师总结：各族人民团结互助、相互学习，用自己的勤劳和智慧共同开发建设祖国的大好河山，创造了灿烂的中华文化。

问题2：结合今天的展览，谈谈中华文化一脉相承、传承至今的重要原因是什么。

生1：在山西生活的远古人类其石器的演化过程，夏商时期青铜铸造工艺的不断进步，山西佛教艺术在不同历史时期的艺术差异，以及明清时期兴起的晋商文化无不表达着山西文化与时代的契合，这也正是中华文化在漫长的历史长河中应对各种挑战、始终具有与时俱进的创造力的缩影。

生2：山西文化中融合了少数民族文化，体现中华文化具有海纳百川、有容乃大的包容力。

生3：三晋大地是汉文明发祥地，有着文明的厚重、艺术的绚美、古人的趣味，体现了博大精深的中华文明。中华文化虽历经沧桑仍能薪火相传、历久弥新。

问题3：有人说晋商文化已经过时了；还有人说国家耗费那么多人力、物力和财力去复原古代文物，建博物院放这些没用的东西，有必要吗？结合今天“云游”的感受，谈谈你的看法。

生1：每件文物上的纹样镌刻着每个历史朝代的审美，千年的文化积淀铸就了我们中国丰厚的文化自信。

生2：第一件文物所表现出的文化品格是中华优秀传统文化的精神标识，体现了文物的历史价值、文化价值、审美价值、科技价值、时代价值。

生3：一场展览捧起了中华文明璀璨的历史记忆。展厅难以装下完整的万年变迁，但沉浸在此，我们能放飞自己的心绪，静静地感受文化的魅力，静静地品味历史的华美。

生4：文物是人类在社会活动中遗留下来的具有历史、艺术、科学价值的遗物和遗迹，它是人类宝贵的历史文化遗产，是一个国家的国宝。自古以来，这些国宝对于家国观念具有深远的意义。

教师总结：中华文化积淀着中华民族最深层次的精神追求，代表着中华民族独特的精神标识，为中华民族伟大复兴提供精神动力。中华文化独一无二的理念、智慧、气度、神韵，增添了中国人民和中华民族内心深处的自信和自豪。

承三晋文化

5号导游：同学们，现在由我带大家一起观看山西博物院的建筑设计！

山西博物院外部空间设计采用传统的院落组合手法，生成“太极中央，四面八方”之势。主馆方正规矩，逐层向外斜挑，体现了古人“如鸟斯革，如翚斯飞”的审美取向。主馆的主题形象被赋予了“斗”和“鼎”的寓意，“斗”象征丰收的喜悦，“鼎”象征安定吉祥。

问题：山西博物院外部空间设计能给我们什么启示？

生1：山西博物院外部设计在呈现形式上采用传统的院落组合手法等多种传统建筑技术，将古老的历史文化与博物院的现实需要相结合，变成易于被人民群众接受的文化形式，实现了创造性转化。

生2：山西博物院采用线上展览的方式向大家免费开放，是按照当今时代社会生活和社会实践的进步和发展对传统优秀文化的创新性发展。

教师总结：坚定文化自信，发展中国特色社会主义文化必须坚持以马克思主义为指导，推动中华优秀传统文化创造性转化，创新性发展。

山西博物院的做法让其他国家的观众有更多的机会看到山西乃至中国的文化和文明，这也是让文物“活”起来、讲好中国故事、传播文化自信的重要方式。

七、作业（任选一项完成即可）

任务一：山西有着丰富的文化资源，以山西的文化资源为主题，查阅资料制作手抄报。

任务二：写出你对山西文化创造性转化和创新性发展的具体建议。

**【教学反思】**

一堂好的道德与法治课能否体现新课标的理念，主要看是否体现“以学生为本”的理念，在课堂上表现为是否发挥了学生的主动性、是否让学生真正“动起来”。本节课首先改变学习方法，把学生带进山西博物院网上展厅实景“云游”，从而转变了学习环境，成功激起了学生的好奇心，学生“动起来”了。

其次，在“云游”参观过程中，随着文化场景的变化，学生不断产生新的问题，其中有师生互问，也有生生互问，还有教师追问，整个课堂在情境转换中不停发现问题并解决问题，这样既培养了学生的观察能力，还培养了学生的思维能力和语言表达能力，从而调动了学生的学习兴趣，变被动学习为主动学习。文物“活”起来的同时，学生的思维也“活”起来了。

再次，课堂由原来的学生“坐着学”变成学生“赏着学”，由原来的“教师问学生答”变成“学生问学生答”“学生问教师答”，学生学习的积极性被调动起来，每个学生都参与到教学的全过程，智慧得到开发，素质在主体性发挥的过程中得到提高。“静态”课堂变成了“动态”课堂，课堂也“动起来”了、“活起来”了。

最后，本课的教学也有需要完善的地方。一是情境取舍应注意详略。情境是为阐释理论服务的，应以“理”而“备”。作为教学资料的展厅可以适当减少，增加一些说明原因的内容，并附在“是什么”“为什么”等相关内容之后。二是作业的设计要有可行性和可操作性。尤其是任务二“写出你对山西文化创造性转化和创新性发展的具体建议”，这样的表述要求不够明确，学生无从下手，可增加任务的具体要求或给出示例。如可让学生选择一种山西文化形式如晋剧，具体教学方式可以有晋剧入校园、开发晋剧校本课或结合现代人物故事加以改编等。

**【对学科教学的再认识】**

“蒙以养正，圣功也。”就是说青少年教育最重要的是教给他们正确的思想，引导他们走正路。思政课是落实立德树人根本任务的关键课程，作用不可替代。就如何上好初中思政课有很多有益的探讨，下面以初中道德与法治九年级上册第五课第一框第一目《延续文化血脉——中华文化的根》为例谈谈一堂思政课怎样做到“润物无声、风化于成”。

一、道之以德，以德润心

思政课是落实立德树人根本任务的关键课程，道德与法治课程是义务教育阶段的思政课，其学科性质在“延续文化血脉——中华文化的根”一课中或显或隐、多维呈现，教学活动旨在追求高立意，尽可能地发掘教材内容的深层育人价值。

本课的教学过程以“云游”山西博物院导入，带学生赏三晋文化，设计了参观文明摇篮、夏商踪迹、佛风遗韵、明清晋商四个展厅的教学活动，引导学生透过现象看本质，认同中华优秀传统文化价值，领悟社会主义核心价值观中爱国就要爱中华文化的价值引领，从而达成中国学生发展核心素养和学科核心素养中的

“国家认同、文化认同”育人目标。

二、晓之以理，以理服人

马克思说：“理论只要彻底，就能说服人。”道德与法治课程教学遵循道德修养的形成规律，坚持教师主导与学生主体相统一。发挥教师主导作用，晓之以理、动之以情、导之以行，做到价值性和知识性相统一、灌输性和启发性相统一。道德与法治课教师所讲的理论、观点、结论要经得起学生各种“为什么”的追问，这样效果才能好。以环节二“研三晋文化”中的“三连问”为例，通过三个不同层面的问题，以透彻的分析回应学生，帮助学生进一步认识中华优秀文化的现实意义和价值，帮助学生在所关切的现实文化问题上找到正确的结论，增强对中华传统优秀文化的认同。

三、诱之以法，多法并举

道德与法治教师要积极探索体验式、项目式等多种教学方法，引导学生参与体验，促进感悟与建构。要采取热点分析、角色扮演、情境体验等方式，引导学生开展自主探究与合作探究，让学生认识社会。教师要在教学过程中进行多样化探索，通过多种方式达成教学目标。

多法教学注重选择恰当的教学方法。《延续文化血脉——中华文化的根》一课运用情境教学法、问题导学法等多种教学方法启发学生主动学习和探究，提升学生的能力。

多法教学强调选用多元的学习方法。《延续文化血脉——中华文化的根》一课的教学过程中使用了讨论法、问题驱动法、角色模拟法等多种方法，把个体思考和合作探讨有机结合起来，以激发学生的参与热情。

多法教学准确把握课程的综合性，将文化、历史等内容进行有机整合、科学设计。在教学中，除了根据本框的内容选择素材外，还从美学等角度帮助学生感受中华传统优秀文化之华美。在教学中还融入了热爱家乡文化、热爱祖国、传统美德等道德教育。

四、导之以行，行之有效

道德与法治课程应注重与社会实践的联系，重视课堂的实践性，把思政小课堂同社会大课堂结合起来，在理论和实践的结合中，教育引导学生把人生抱负落实到脚踏实地的实际行动中。如教师在环节三“承三晋文化”中带学生一起寻找文化传承的具体方法，让亲眼所见、亲耳所闻、亲手所得的事实说话，进一步增强学生对传统优秀文化的认同感，并从自己做起、从身边小事做起，传承文化。

“经师易求，人师难得。”思政教师承载着传播思想、传播真理、涵养品格、塑造灵魂的使命，要给学生心灵埋下真善美的种子，引导学生扣好人生第一粒扣子，要用坚定的信仰、渊博的学识、深厚的理论功底，以德润之、以理晓之、以法诱之、以行导之，达到“随风潜入夜，润物细无声”的效果。

（案例提供：山西大学附属中学　雷晓霞）

### 四、综合评论

“学而不思则罔，思而不学则殆”，教师应基于新课改理念，反思自己的教学实践，有反思才会有发展，有反思才会有创新，有反思才会有提高。反思的意识、反思的能力和反思的习惯有助于缩短从教学新手到成熟型教师的成长转化过程，有助于实现从单纯的教学者发展为研究型、专家型教师的专业成长目标。作为思考与行动紧密结合的过程，无论是名家的反思智慧，还是普通教师的反思实践，从中我们都可以看到反思对教师提高教学水平、获得专业发展、落实立德树人根本任务具有不可替代的独特作用。

1. 有利于改善教师教学方式，提升教学行为的合理性。

教学行为是否符合教育理论、合乎教育规律，是否科学有效，是否利于带领学生进行深度学习、培养其学科素养，既需要别人的评价，也需要不断地自我反思。反思的过程就是寻求实践与理论契合的过程。

2. 有利于教师完善自身知识结构，增长教学智慧，养成终身学习的习惯。

无论是社会的发展需求，还是本学科的学科特性要求，道德与法治学科教师必须具备并保持终身学习的意识和能力。教学反思对于促进终身学习品质的养成具有积极的意义。

3. 有利于教师养成良好的职业习惯，树立正确的教育理念，不断提升自己的专业化理论化水平。

中华传统文化中本就有不断自省、加强自我道德修养的理念，一名具有反思意识的教师，不仅是对学生负责，也是对自己负责的体现。教学反思可以帮助教师知其然而且知其所以然，挖掘或梳理出经验中蕴含的原理，使经验升华为理论，形成独具个性的专业理念，进而不断提高专业智慧和专业自主能力。

4. 有利于教师更好地理解教材，挖掘教材相关内容；同时更好地把握中考命题改革的特点，提高自己的教学实效，更好地培养学生的批判意识和创新思维。

统编版初中道德与法治学科教材内容中，本身渗透了对反思及建立在反思思维基础上的批判性思维的培养目标。如九年级上册第四课关于“增强民主意识”的途径中，强调“要不断积累民主知识，形成尊重、宽容、批判和协商的民主态度”。七年级上册第四课“友谊的澄清”一目中，在引用古人“反求诸己而已矣”的表述后，强调“在竞争中能坦然接受并欣赏朋友的成就，做到自我反省和激励，我们会收获更多”。

在山西省道德与法治学科的中考试题中，对学生辩证思维能力的着力考查是直接建立在反思思维和批判性思维的基础上的，大量开放探究性试题的出现事实上也是对反思和批判性思维的间接考查和引领。

总之，教师的“实践—反思—调整—再实践”这一循环往复的教学活动过程，可以促进自身专业素养和整体教学水平的优化，是教师专业成长的必由之路，它使教师不仅能成为教育的实践者，更能历练成自身教学实践的研究者。

作为一名合格的道德与法治学科教师，必须增强教学反思的意识，不断对自身的教育理念、知识系统、教学方法、教学效果等进行批判性思考，在反思实践中不断提高反思能力，实现自身的专业化发展。

# 第五节　历史学科教学的整体反思赏析

## 一、理论要点

当前，新课程改革的核心理念是以学生的发展为本，致力于学生的全面发展和个性发展，致力于为学生终身发展奠基基础，关注的焦点是学生学习方式的改善。2022年4月教育部发布义务教育阶段各学科课程标准，其中初中历史学科课程标准中课程目标明确为五大核心素养，即唯物史观、时空观念、史料实证、历史解释、家国情怀。由此，历史教师在历史学科核心素养指引下，积极进行教学反思已经成为时代的要求。那么在新理念指引下，我们应如何进行教学反思呢?

首先，教学前反思——强调前瞻性。教学前反思能使教学成为一种自觉的实践，并有效提高教师的教学预测和分析能力。学前反思更多的是针对教学设计特别是教学环节的反思。在新课的设计中尽可能合理地设置问题，激发学生的求知欲和探索欲，让学生乐于思考和探究。现实中，很少有教师关注学前反思，或者将这一层面的反思混同于教学设计。我们说，这一层面的教学反思，需要教师有自我觉醒的反思意识，教师基于对学情、课标、教材的理解，对教学设计进行主动的、自觉的反思。教学前反思在一定程度上，凭借的是教师丰富的教学经验，更体现着教师对自我职业生涯的建设。

其次，教学中反思——着重调控性。这种反思具有调控性，能使教学高质高效地进行，并有助于提高教师的教学调控和应变能力。学中反思着重体现了教学反思指导下调控实时性的特点，与学前反思不同的是，学中反思促使教师更多地关注学生，真正落实以学生为主体的课堂教学理念。教师不能把备课时的教学设计作为按部就班实施课堂教学的依据，而应将其作为“电影脚本”，要像导演那样，随时根据演员的情绪、个性特点以及情节进展的需要，或者艺术灵感的迸发，及时调整拍摄内容和进度。教师也应根据学生课堂生成的新内容、遇到的新问题，调整课前教学设计中设计的问题甚至教学环节，以符合学生发展为宗旨。同时，学中反思能印证教学设计的合理性、科学性，及学前反思的有效性，从而进一步提高教师的教学水平。

最后，教学后反思——突出批判性。教学后的反思能使教学经验理论化，并有助于提高教师的教学总结能力和评价能力。课后反思的途径一般有以下几种：

1. 检查审视教学设计与教学实际的差距。在课堂教学中是否发现了预料之外的问题？怎样处理这样的问题？是否利用这些问题作为了教学资源？

2. 课后思考有哪些方面比较满意或有什么困惑与遗憾，及时记录在教案上，以备下次教学。课后反思比较难的是及时和坚持，因为有时思想的火花就在一瞬之间迸发，所以要及时地记录下来，否则转瞬即逝。另外要持之以恒，坚持记录，不断总结，时常思考分析。

## 二、实践智慧

华东师范大学的叶澜教授曾说：“一个教师写一辈子教案，不能成为名师，如果一个教师写三年教学反思就有可能成为名师。”这句名言一直激励着广大历史教师投身于历史教学反思中，通过对自身的不断反思更科学地教会学生知识，同时这对于教师自身能力与素质的提升也是一个巨大的发展契机。

其实，反思不是新课程带来的新命题。孔子曾说：“君子有九思：视思明，听思聪，色思温，貌思恭，言思忠，事思敬，疑思问，忿思难，见得思义。”孔子还将反思作为自己修身之道，即“吾日三省吾身”。法国著名哲学家笛卡儿说：“我思故我在。”美国学者波斯纳也指出：“没有反思的经验是狭隘的经验，至多只能构成肤浅的知识。”只有经过反思，教师的经验才能上升到理论的高度，并对以后的工作行为产生重大的影响。他提出了教师成长最简洁的公式：教师的成长=经验+反思。

世界著名教育学专家范梅南说：“没有敏感地聆听，就不会有真正教育学意义上的理解。”在教师教学反思中，我们也应聆听多种声音，才能使反思更客观、更科学、更理性。然而在一线教学反思中，经常会出现单一的声音，或者评价敷衍的声音。我们知道，课堂的主体是学生，我们的一切教育教学活动应从学生出发，为学生发展而服务。那么，教学反思也不应该脱离学生，而应将学生的声音纳入其中，听取学生的合理评价或建议，帮助教师真正处理好“教”与“学”之间的关系，让教学反思更具有活力和生命力。同时，现在的课程不是单一化的，学科之间存在紧密联系和融合，教师还可以请非本学科教师共同研讨，产生思维碰撞，以吸收不同角度的反思元素，提高反思的价值。这样教学反思才能真正抓住问题实质，才能真正深入反思与改进教学，从而提高教育教学实效。

在以人为本的教育思想指导下，教师需要在激励中进步，在互动中提高，在反思中发展。

**三、案例赏析**

课型：中国近代史新授课

年级：八年级

课题：中国工农红军长征

**推敲环节**

**【课型特点】**

2021年是红军长征胜利85周年。红军长征实现了中国革命从挫折走向胜利的重大转折，培育了伟大的长征精神，即国家和民族的根本利益高于一切，坚定革命的理想和信念；为了救国救民，不惜付出一切牺牲。我们传承长征精神，就是矢志不渝地为社会主义事业而奋斗。2020年新冠肺炎疫情肆虐，4.2万名医务人员驰援武汉，他们成为新时代共和国的脊梁。在如此鲜活的时代背景下，本课是对青年学生进行思政教育的非常好的一课，蕴含了丰富的育人价值。

本课是统编人教版《中国历史》八年级上册第五单元“从国共合作到国共对峙”的最后一课，上承毛泽东开辟井冈山道路，下启中华民族的抗日战争，展现了国共从对峙走向第二次合作，既是学科教学的重要新授课，又是对学生进行思想品格塑造的重要一课。我们纪念红军长征，就是要继承光荣革命传统，发扬伟大长征精神，在实现中华民族伟大复兴的新长征道路上不断创造新业绩。通过本课教学，我们也可以对思政课和历史学科课程的高度融合进行积极有效的尝试。

**【教学环节】**

探究长征，感悟历史

师：2021年是长征胜利85周年，有很多人用重走长征路这种方式来纪念长征、缅怀先烈。(出示重走长征路的课件资料)

学生思考重走长征路的目的是什么；简述生活中发扬长征精神的事例。

学生讲述太原在新冠肺炎疫情期间援驰武汉的医护人员的故事，学习他们身上的新时代长征精神。

师：通过今天的学习你有什么收获？

生1：从“重走长征路”纪念活动中，我们了解到长征沿途居民今天的生活状况、精神面貌和社会经济发展水平都有变化。因此，长征精神具有重要的时代意义及现实价值。

生2：2020年抗击新冠肺炎疫情期间，无数白衣战士无畏付出，他们是新时代的“长征人”。今天，我们能够安心地坐在教室里上课，是他们的无私付出筑起了护卫人民安全、健康的屏障。我们要以实际行动捍卫英雄们用汗水和生命换来的胜利成果，将疫情防控进行到底。

师：请找一找，生活中还有哪些传承长征精神的事例？

生：太原卫星发射中心用长征系列运载火箭成功发射多枚卫星，各单位评选新长征突击手奖章等。

师：长征已经过去85年了，但它光辉依旧，精神永存！长征精神不是一个口号，而是一种克服困难的信心、勇气、毅力和智慧。

**【教学反思】**

本教学环节以人物为主线理解新时代的长征精神，实现思政课育人目标。教学中开展时空对话，通过讲述新时代白衣战士的故事，落实家国情怀的学科核心素养，避免了某些思政课单纯说教、不易为学生从内心接受的弊端。学生在历史大视野下，通过医务工作者的个人命运，树立正确的世界观、人生观、价值观。这样的课堂教学引导实现知行合一，达成了较好的育人目标。

但是，本环节教学实践中还存在不足。其一，学生表述能力的培养还需要加强。可以运用唯物史观，抓住时空关键词，按照事件发生历程，在历史解释的基础上，对红军长征的历史意义和现实价值深入了解。其二，部分学生不能将历史学习与社会生活实践相结合，表现为对社会热点问题不能运用所学知识合理解释。历史教育的价值必须与现实社会的需要紧密结合。为此，可以用史料给学生创设一个能联系现实的历史情境，并通过有效追问激活学生思维，使其学会用多元视角认识世界、认识现实，具备理性的批判意识、批判精神。

## 斟酌课例

**【课例呈现】**

| 教师行为 | 学生行为 | 设计意图 |
| --- | --- | --- |
| 课件画面定格一位老人。<br>马志选（102岁），1918年出生于四川平昌县，1932年参加工农红军，是红四方面军11师战士。三次过草地，参加过奇袭阳明堡、百团大战等，成为太行独立团53团团长。中国人民解放军原202部队太原基地兵站副站长，目前同家人居住在山西太原。——整理自纪录片《百岁红军的嘱托》 | 思考：从人物介绍中提取历史信息。 | 开发课程资源，使思政课教育润物无声。同时讲故事的方式更符合八年级学生的学情，能够有效激发他们的课堂学习兴趣。 |
| 一代人有一代人的长征，一代人有一代人的担当。我们今天的故事就从这位老红军说起。 | | 激励学生学习英雄人物的革命情怀。 |

（续表）

| 教师行为 | 学生行为 | 设计意图 |
| --- | --- | --- |
| 【讲授新课】<br>一、了解长征，感知历史<br>（一）长征之前的徐向前（探由）<br>课件出示材料：长征之前徐向前从一名革命青年成长为革命战士。<br>（二）长征之中的徐向前（经过）<br>1. 长征开始<br>出示材料：徐向前的长征路。<br>2. 遵义会议<br>长征初期，红军几乎全军覆灭，血的事实让红军将士对错误军事路线的怀疑、不满以及要求改变组织领导的情绪达到了顶点。请同学们一起朗读遵义会议的内容和意义。 | 思考：分析蒋介石围剿红军的原因，概括国民党五次围剿的总体情况如何，探究第五次反围剿失败原因。<br>学生合作探究一：红军为什么要长征？（结合图文，独立学习，发言交流）<br>观看视频：马志选讲述南征北战18年。<br>思考：根据材料，结合马志选讲述的长征故事，分析长征初期的险恶斗争环境。<br>（学生根据课前预习作答）<br>思考：假如你是参加了第五次反“围剿”斗争并踏上长征之路的红军战士，请说出自己对即将召开的会议寄予的希望。<br>这次会议能否满足战士们的愿望呢？（学生回答） | 注重分层优化。培养阅读素养，引导学生分析长征的根本原因和直接原因，得出基本结论：战争的胜败，不在于力量的悬殊，而是取决于正确的军事思想和战略战术。这也是本节思政课的育人价值体现。<br>创设真实的任务情境，强烈的历史代入感吸引学生注意力，使其切身感受长征初期复杂的斗争环境，达到思政课的育人目标。 |

（续表）

| 教师行为 | 学生行为 | 设计意图 |
| --- | --- | --- |
| 遵义会议后，红军长征的局面出现了转机。 | 标注关键词，识记会议的内容和意义。<br>生：批判了……肯定了……增选了……结束了……确立了……转折点。 | 关键词教学法的运用，培养了学生的历史表述能力。 |
| 3. 长征胜利<br>出示材料：徐向前的长征路。<br>请同学们在路线图中标注长征途中经过地区的地理地貌，思考长征面对的险恶自然条件。<br>（三）长征之后的徐向前（意义）<br>长征胜利85周年之际，有很多人用重走长征路这种方式来纪念长征、缅怀先烈。（出示重走长征路的课件资料） | 思考：根据材料及多媒体展示资料，小组合作绘制大事年表或路线简图，讲述长征途中的一个革命故事。<br>（小组代表拿图上台展示本组作品，查遗补漏）<br>思考：长征胜利对中国革命形势产生了怎样的影响？长征途中，为克服困难红军战士表现出了哪些优秀品质？<br>（学生小组热烈讨论并回答，概括长征精神内涵） | 通过徐向前的故事，体会红军的革命决心与斗争智慧。通过老红军马志选的讲述再现历史，体会红军战士崇高的精神。同时了解学习历史的途径之一，即当事人的口述，培养史料实证意识。<br>学生读图和动手绘图，培养团队协作精神。通过讲述长征途中故事，培养学生表达、交流、共享的能力，加深对长征精神的认识和理解。<br>通过讨论调动学生兴趣，感受长征精神并体会红军战士的英雄主义和革命乐观主义精神。 |

（续表）

| 教师行为 | 学生行为 | 设计意图 |
|---|---|---|
| 通过今天的学习你有什么收获？<br>习近平同志曾说，每一代人都要走好自己的长征路，我们这代人的长征路就是要实现中华民族伟大复兴。我们要继续努力奋斗，不负革命先烈的浴血奋战！ | 思考：重走长征路的目的是什么？联系生活实际，列举新时代发扬长征精神的事例。<br>讲述太原在新冠疫情期间驰援武汉的医护人员的故事，学习他们身上的新时代长征精神。 | 长征精神离我们并不遥远，伟大的长征精神是全党全国各族人民不断砥砺前行的强大精神动力。讲故事、讲好英雄故事，是思政课教学的有效手段之一。<br>长征亲历者讲述更容易被学生认同。运用伟人、名人、普通人的长征故事，以及对长征精神的传承，对学生进行了很好的人格塑造。 |
| 【巩固提升】<br>出示材料。<br>请同学们找一找生活中还有哪些传承长征精神的事例？ | 思考：根据材料，结合视频中马志选老人教育孩子们的质朴语言和爱国情怀，谈谈你的感受。<br>（学生观看、聆听）<br>生：马志选老人为共和国做出重要贡献，他对子女们、共和国官兵们的谆谆教导，反映了长征精神世代传承。<br>生：太原卫星发射中心用长征系列运载火箭成功发射多枚卫星；各单位评选新长征突击手奖章等。 | 落实课标教学活动建议。用身边人的故事教育学生长征精神是革命前辈为后人留下的最宝贵的精神财富，是中国革命和建设赖以成功的基础。长征精神薪火相传，成为中华民族意志与品格的注脚和前赴后继追求光明与理想的象征。 |

（续表）

| 教师行为 | 学生行为 | 设计意图 |
|---|---|---|
| 长征已经过去86年了，但光辉依旧，精神永存！长征精神不是一个口号，而是一种克服困难的信心、勇气、毅力和智慧。<br>【课后作业】<br>采访身边的老红军，请长辈讲述有关长征的故事。小组合作，制作“我心中的长征”手抄报。 | 讲一讲今后学习、生活中，你准备怎样发扬长征精神。<br>（学生发言） | |

**【教学反思】**

本课教学设计立足学科核心素养，根据课程标准，依托教学内容，将思政课教育目标融入学科教学全过程，立意高，起点低，落实细，较有效地达成了教学目标。

执教亮点：

1. 以时间为线索，厘清长征与中国革命局面的关联。通过学生制作大事年表的方式，注重历史时序性，培养了学生时空观念的历史学科核心素养。引导学生感知革命斗争险恶的政治环境，理解中国共产党勇于坚持马克思主义，并将其与中国国情相结合，不断推动革命前进，树立对中国共产党的坚定信仰，使家国情怀这一核心素养的培养有史可依，而非空洞的说教。这一过程中，历史解释的学科核心素养也得到了培养。

2. 以讲解长征路上具体地点发生的故事为纽带，体会革命英雄主义精神。通过绘制长征路线图，进一步落实时空观念的养成。通过丰富的视频资源可以感知长征战斗之激烈，沿途红军与少数民族深厚的情谊，以及红军长征传播的革命思想，培养学生家国情怀的核心素养。

3. 以人物为主线，理解长征精神，实现思政课育人目标。教学中开展时空对话，以家乡亲历长征的革命英雄人物以及新时代白衣战士为明线，运用丰富的史料，培养了学生史料实证的学科核心素养，解决了课堂单纯说教、不易为学生从内心接受的弊端。落实家国情怀的学科核心素养的同时，让学生在历史大视野下通过两位人物跌宕起伏的个人命运，正确树立了世界观、人生观、价值观。通过课堂教学，学生实现了知行合一，达成了较好的育人目标。

存在不足：对学生表述能力的培养还需要加强。整堂课注重学生情感价值观的落实，关注思政课育人目标，知识目标落实显得不足，这也是思政课教学中一直存在的困惑和教学设计与实施的难点。

再教设计：加强情境创设与教学目标、设问的一致性，使活动设计兼顾到不同层次的学生，引发广泛的情感共鸣。在占有大量课程资源的同时，围绕教学目标进行恰当取舍。

**【对学科教学的再认识】**

通过课堂教学及反思，我们充分认识到核心素养的发展离不开教育，历史教育教学是实现培养与发展学生核心素养的有效途径之一。因此，课堂教学必须紧紧围绕着培养学生核心素养这一主线展开。

1. 抓好课堂阵地——培养核心素养的出发点

课堂教学直接关系到学生核心素养的培养与发展。教师在设计和实施教学设计时，要深刻领会历史学科核心素养的内涵，仔细研读历史课程标准，把握好历史核心素养的具体目标及其之间的内在联系，并要充分认识到，学生核心素养的培养与发展是一个循序渐进、不断深化的过程，不是能在一节课中完成的。观察一节课，应当关注执教者对课程标准、教材内容、学情的掌握程度，关注教学目标和教学环节是否符合学生发展的内在需求，是否适合并能进一步促进学生已有的思维结构与能力层次的发展。例如，针对时空观念和家国情怀这两项核心素养，以上教学案例中通过识读、绘制历史地图，联系革命英雄的感人故事，进一步理解长征精神的内涵。

2. 创设问题情境——培养核心素养的切入点

所谓问题情境是指在具体目标指引下，能够通过分析、理解、归纳等策略达成目标的空间学习环境，它具有一定的针对性、启发性、新颖性、趣味性、互动性。创设问题情境能够激发学生探究问题和解决问题的积极性和创造性的思维活动，真正促进学生变被动学习为主动学习，由“学会”向“会学”的学习方式转变，是实现培养与发展学生核心素养的有效手段。在教学中，教师要找准问题情境这个切入点，创设形式多样的问题情境，挖掘学生的潜能，以提高学生对问题探究的内驱力，培养学生的求异思维和创新精神。教师可用悬念创设问题情境以培养学生的史料实证意识和历史解释的能力。

例如，本节课教师在上课时抛给学生这样一个悬念：“假如你是参加了第五次反‘围剿’斗争并踏上长征之路的红军战士，请说出自己对即将召开的会议寄予的希望。这次会议能否满足战士们的愿望呢？”在这个悬念的激发下，学生很快就对这个问题产生了兴趣，忍不住开始翻书查资料，并急于想要找到答案。问题的探究与解决使学生发展了思维，获得了新知，提升了核心素养。在问题情境的氛围中，学生很快就会以长征红军战士的角色进行换位思考，各抒己见，不但深化了学生对该问题的认识，而且培养了学生能够从当时的历史角度出发，设身处地感悟和理解相关历史问题的素养。

3. 倡导合作探究——培养核心素养的着力点

课堂教学中，教师需抓牢合作探究这个着力点，充分体现历史学科对创新精神和实践能力的培养。从历史学科领域或社会生活中选择和确定研究主题，在教学中创设一种探究的情境，学生通过分工、合作、阅读、思考、讨论、交流等活动形式，获得知识、技能、态度与价值观的发展，培养探索精神、创新能力和实践能力。其探究步骤为：让学生围绕探究的核心问题，分组制订计划，明确分工；各组通过多种渠道搜集、研读史料；各组对所搜集的材料进行整理、辨析，各组组内讨论交流，在教师的引导下，撰写本组的研究报告；组织全班的交流会，各组代表介绍本组的研究成果，解答其他组同学提出的质疑，并进一步修改、补充、完善本组的研究。这种以小组合作方式进行的专题探究活动，一方面让学生自己动手搜集、整理史料，促使学生带着证据意识对历史问题进行探究，既培养了学生探究问题的方法和技能，又发展了学生的思维能力，形成了历史解释能力；另一方面，通过小组的分工与合作，尤其是对研究成果的不断研磨，不仅提高了学生理解历史与解释历史的素养，而且提升了学生的交流能力、合作精神和竞争意识。

4. 实现情感体验——培养核心素养的关键点

从学科教学的角度来看，历史核心素养的形成不仅需要知识与技能的习得，更需要习得过程中的体验和感悟，并内化为优秀的品格，外化为崇高的行为。可见，历史教学过程是一个知识与情感相互交织的学习和体验过程，但情感教育不是在朝夕之间便可速成，而是一种“情动—体验—理解—内化”的过程。为此，教师在课堂教学中必须运用多种行之有效的方法将情感态度价值观无痕地渗透到历史课堂教学中，陶冶学生的情操。例如，本节课教学重点“遵义会议”的内容和意义，这些革命史实对于没有经历革命战争岁月的现代中学生而言比较枯燥无味，很难激起学生的情感体验。教师以丰富的情感、生动形象的语言和抑扬顿挫的声调，再现历史人物的容貌与言行，威武不屈的民族气节，忧国忧民的爱国情怀，奋发精进的人生态度，厚德载物的博大胸怀等，这些都是拨动学生思想情感的琴弦，使学生在教师绘声绘色的讲述中，接受精神熏陶，汲取前人智慧，提升精神境界。为了拉近学生与历史的距离，教师还借助多媒体播放相关图片资料，创设生动的教学情境，使学生有身临其境、如历其事之感。通过扮演历史角色，学生穿越时空与历史人物“对话”，进行心灵的碰撞，进而对历史做出价值评判。学生在体验历史的基础上，升华出正确的情感态度价值观。

（课例来源：太原市第三十九中学校　武燕珍）

## 四、综合评论

教学没有固定的模板，丰富的教学经验要靠平时一点一滴的积累，对于从教时间不长、没有经验的青年教师更是如此。青年教师更应勤于动笔，随时反思，记下教学中的点滴体会、零碎经验或教训，长此以往，便可聚沙成塔。特别是课后的教学反思在一定程度上会让我们保持可持续性教学效应，并弥补课堂上留下的遗憾。

在思维的碰撞中进行交流，各种形式的交流是教学反思的重要环节。交流学习有多种形式：观摩名师、优秀教师上课，多参与教研活动，多听取教育专题讲座、学术报告，多与同行交流等，也包括与学生的交流，都是能够促进教师快速、持续成长的不竭动力。总之，反思是教师从“教书匠”向“研究型教师”转变时发生的阵痛，但只有经历反思的“痛苦”，才能收获专业成长的甘甜。

# 第六节　物理学科教学的整体反思赏析

## 一、理论要点

物理学是一门自然科学，主要研究物质、能量、空间、时间等的性质及彼此之间的相互关系。一般来说，物理学研究物质的基本粒子、物质的基本结构、物质的运动形式和规律。更广义地说，物理学探索、分析大自然所发生的现象，研究物体运动的一切规律。物理学是自然学科的基础，物理课程的基础功能，决定了它在九年义务教育中的重要地位。

物理学是对自然界规律性的总结，是概括经验科学性的理论认识，它有六大性质：

1. 真理性。物理学的理论和实验揭示了自然界的奥秘，反映出物质运动的客观规律。

2. 和谐统一性。物理学上的几次大统一，也显示出了物理的和谐之美。牛顿用三大定律把天上与地上所有宏观物体相统一；麦克斯韦电磁理论的建立，使电与磁相统一；爱因斯坦质能方程把质量与能量相统一；光的波粒二象性理论把粒子性与波动性相统一。

3. 简洁性。物理规律的语言，体现了物理的简洁特性，如牛顿第二定律、爱因斯坦的质能方程、法拉第电磁感应定律等。

4. 对称性。对称一般指物体形状的对称性，深层次的对称表现为事物发展变化或客观规律的对称性。如物理学中各种晶体的空间点阵结构具有高度的对称性；竖直上抛运动、简谐运动、波动、镜像对称、磁电对称、作用力与反作用力对称以及正电和负电等都具有对称性。

5. 预测性。正确的物理理论，不仅能解释当时已发现的物理现象，更能预测当时无法探测到的物理现象。例如麦克斯韦电磁理论预测电磁波存在，卢瑟福预言中子的存在，菲涅尔的衍射理论预言圆盘衍射中央有泊松亮斑，狄拉克预言电子的存在等。

6. 精巧性。物理实验具有精巧性，设计方法的巧妙使得物理现象更加明显。

物理学是人类科学文化的重要组成部分，它一直引领着人类探究大自然的奥秘，深化着人类对自然界的认识，是技术进步的重要基础。

物理学科的主要特点是：

1. 物理课程综合反映了人类在探索物质、相互作用和运动规律等过程中的成果，同时也包含有探索者的科学思想、科学方法、科学态度和科学精神等。这些内容尤其是我国灿烂悠久的历史文化，如古代的四大发明等对学生的精神世界有广泛而深刻的影响。

2. 物理课程作为科学教育的重要组成部分，是以提高全体学生核心素养为目标的自然科学基础课程。让学生经历实验探究过程，学习科学知识和科学探究方法，提高分析问题及解决问题的能力。

3. 物理课程注重与生产、生活实际及时代发展的联系，关注技术应用带来的社会进步和问题，培养学生的社会责任感和正确的世界观。

**二、实践智慧**

教师教学反思的过程，就是教师借助行动研究，不断探讨与解决教学目的、教学工具和自身的问题，不断提升教学实践的合理性，不断提高教学效益和教科研能力，促进教师专业化的过程。

著名作家海涅说过："反省是一面镜子，它能将我们的错误清清楚楚地照出来，使我们有改正的机会。"孔子说过："吾日三省吾身，为人谋而不忠乎？与朋友交而不信乎？传不习乎？"我们应该从这些名言中吸取营养，总结反思自己的教学行为。教学反思是教师对自己教学过程的反省，是指教师把自己的课堂教学过程作为分析对象而进行全面的、冷静的思考和总结，及时发现教学过程中的优点和不足，使教学更加完美，它是促使教师专业发展的一种有效手段。

物理学是观察实验和科学思维相结合的产物。在物理学中，物理模型的提出、物理概念的形成、物理规律的发现、物理理论的建立，都必须以实验作为唯一的检验标准，必须有科学的想象力和严谨的科学思维过程，一切物理学上的重大发现都是如此。爱因斯坦说："想象力比知识更重要，因为知识是有限的，而想象力概括着世界的一切，推动着进步，并且是知识进化的源泉。严格地说，想象力是科学研究中的实在因素。"教育家叶澜先生在她所著的《让课堂焕发出生命活力》中写道："所谓探究的教学方式是指在教师指导下学生运用自主探索研究的方式进行学习，主动获取知识，发展能力的实践活动。"我国著名教育家钱梦龙先生的课后反思，经历了"假设、验证、提炼、应用"的过程。物理教学要不断反思，反思自己的课堂教学策略，在反思中增长教学智慧，这是广大教师的快速成长之道。

## 三、案例赏析

### 案例一

课型：探究课

年级：八年级

课题：液体的压强

### 推敲环节

**【课型特点】**

本课题选自人民教育出版社义务教育教科书八年级下册第九章第3节，本节为新授课。课标的相关要求是"通过实验，探究并了解液体压强与哪些因素有关"。学生由于感性经验较少，所以学习这部分知识时感到困难较大。在教学中，根据教学目标，采用"自主、合作、探究"的教学方式，让学生经历探究过程，学习科学探究的方法，培养学生的创新精神和实践能力。

**【教学环节】**

观看视频资料创设一个"三峡大坝"的问题情境，启发学生去观察、思考：我国三峡大坝的设计有什么特点？为什么要这样设计？

学生分小组讨论，然后全班展示交流。

总结：三峡大坝上窄下宽，能防止大坝被河水冲坏，起到坚固坝体的作用。

讨论：为什么这样做可坚固坝体？液体压强究竟与哪些因素有关？

**【教学反思】**

此环节设计旨在引导学生通过观察现象，展开讨论，培养学生分析和归纳问题的能力。通过观看视频激发学生的学习兴趣。在设计学案时，注意了分化难点，设计思路是以生活现象入手，让学生体验用实验探究、理论推导等多种方法探循物理规律的过程，了解物理规律应用的前提条件，使学生学会应用物理规律解决简单的实际问题，体现新课标下物理学科素养的培养。

## 斟酌课例

**【课例呈现】**

一、教学目标

通过利用压强计探究液体内部压强规律，经历探究过程，体验小组合作学习，了解液体内部存在压强的特点，学会构建液柱模型，从理论上推导液体压强大小与哪些因素有关，在获取物理知识的同时提高建模能力，养成实事求是的科学态度，增加学习物理的兴趣。

二、教学重点

1. 探究影响液体内部压强大小的因素。

2. 正确理解液体的深度，能从题设条件中分析出隐含条件。

三、教学难点

构建液体压强的液柱模型，理解液体的深度。

四、教学课时

1课时。

五、教学方法

主要采用自主、合作、探究法，辅助以多媒体影视资料。

六、教学过程

（一）情境导入

师：同学们，大家对我国自主研发的深海载人潜水器“蛟龙号”有了解吗？请同学们观看“蛟龙号”的工作过程。（播放视频）

师：视频中“蛟龙号”随着下潜深度的增加，面临的最大困难是什么？

生：海水巨大的压力。

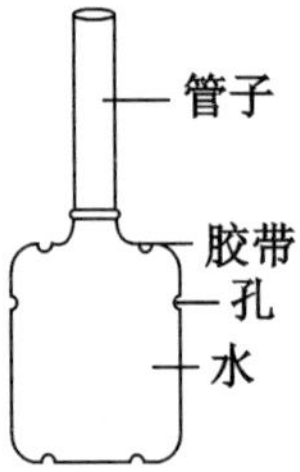


师：大家想一想，向如图所示的杯中倒水，水对杯底会有压强吗？（教师演示）

生：水对杯底会有压强。

（二）新课教学

师：水对杯底有压强，那么，水对玻璃杯侧壁和上端有没有压强？（学生提出猜想）

师：找一个容器，分别在它的上表面、侧面和底部钻孔，用胶带封住小孔，再将水沿管子注入容器中。撕下侧面的胶带，能观察到什么？

生：水喷射出来。

师：水流的水平射程一样吗？

生：不一样，跟小孔所处高度有关系。

师：再加水，撕下上面和底部的胶带，观察到了什么？

生：上端和底端孔中都有水流出，说明水对上端和底端都有压力。

师：实验表明水对容器的各个方向都有压强。那水内部有没有压强？我们来做下一个实验，观察橡皮膜的变化情况。

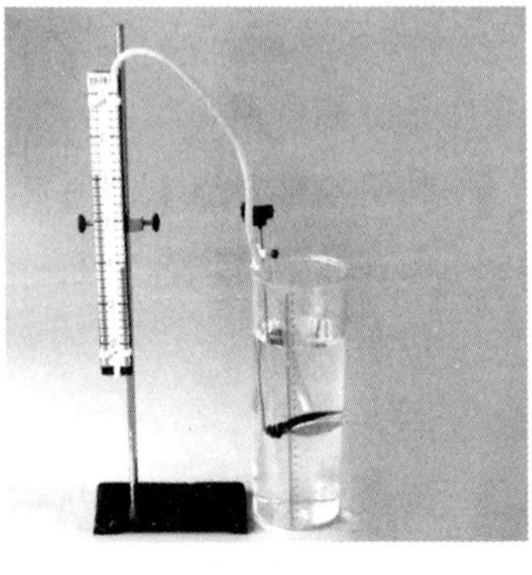

教师介绍微小压强计，并演示。U形管压强计由带有橡皮膜的探头和玻璃U形管组成，中间用橡皮管连接，通过U形管两侧液面高度差来反映薄膜所受压强的大小。上端的旋钮可改变橡皮膜的方向，夹子上下移动可改变橡皮膜的深度。

师：实验中，你观察到了什么？观察到的现象说明了什么？

生：液体内部朝各个方向都有压强，在同一深度各个方向受到的压强均相等。

生1：同种液体，深度越大，液体的压强越大。

生2：深度相同，液体的密度越大，产生的压强越大。

师：在深度为$h$的地方取一个小面积$S$，截取一个圆柱体，请同学们利用所学的知识推导液体压强公式。

生：$p=\frac{F}{S}=\frac{G}{S}=\frac{mg}{S}=\frac{\rho Vg}{S}=\frac{\rho Shg}{S}=\rho gh$。

师：这与我们开始的猜想相符，同时要注意各物理量的单位。

（三）延伸迁移，巩固提高

有人说："设想你在7千米深的"蛟龙号"潜水器中把一只脚伸到外面的水中，海水对你脚背的压力相当于1500个人叠起来踩在你的脚上！"海水的压力真的有这么大吗？请你通过计算验证自己的猜想。

学生练习，交流展示。

师：深海到底有什么吸引着我们呢？主要是一些能源物质。下面我给大家介绍一种藏在深海里的能源可燃冰。可燃冰是一种非常清洁的能源，燃烧后没有任何废气产生，而且它产生的热量也非常高，但要想把可燃冰成功地从海中取出来还面临着非常大的困难，希望同学们努力学习，为祖国富强而加油！

**【教学反思】**

本节课从培养学生物理学科核心素养的要求出发，以构建实验预设的方式进行设计，从多个角度让学生参与到课堂中，并从课堂中获取知识与学习的方法。我做到了以下几点：

1. 从生活现象入手，引发学生探究兴趣。引入新课时，以视频的方式让学生了解"蛟龙号"载人潜水器，其目的是让学生明确课堂学习内容。课堂教学无论是问题的提出、器材的选择、方案的设计、结论的得出，都充分体现了学生的主体地位，教师只是进行了适当引导。

2. 从实验预设角度让学生产生质疑，并参与实验的整个设计过程。猜想是学生在已有知识的基础上，以一定的科学事实和科学理论为依据，对未知的事物及规律做出的一种大胆的假设和看法。本节课，实验贯穿教学始终，为每个学生都提供了探讨的机会。

3. 从生活走进物理，用物理解决生活实际问题。选取的实例都经过仔细筛选，让学生从身边的物品、现象中得出规律，并运用得出的规律去解决实际问题，达成了课标对于学生学习物理的要求。

从学生上课的反应来看，以上三点基本能够达到预设的要求，但是也存在一定的问题，经过反思，有以下几点：

1. 课堂实验并没有十分有效地解决学生提出的所有问题，没有在实验中让所有学生亲自经历科学探究的过程。

2. 课堂的规律得出引导得不够。在规律的得出环节，只是让学生自己进行实验探究，并没有有效地提出问题，让问题带着学生去设计实验并得出实验结论与规律，引导的效果不明显。

3. 在学生探究过程中没有突出研究方法的培养。在设计实验并进行探究的过程中，没有很好地引导学生经历提出问题、猜想、实验探究、得出结论这样完整的实验过程，没能让学生对研究方法有更深的体会。

**【对学科教学的再认识】**

针对以上问题，在以后的教学中，我会进行以下几点改进：

1. 坚持实验预设与驱动。首先，提前让学生进行预习并收集资料，获得属于自己的程序性、综合性知识。在此基础上让学生将新获得的知识技能应用于复杂问题的解决，使其成为独立思考者和自主学习者。

2. 进一步研究教材，充分了解学情，从学生的兴趣和已有的感知水平出发，设计更合理的教学环节，进一步完善“自主高效、多维互动”的开放式创新性课堂教学体系，尽可能让每一个学生在创设的实验情境中去感受、猜想、发现、探索，让学生成为课堂学习的主人。

## 案例二

课型：实验课

年级：八年级

课题：测量平均速度

### 推敲环节

**【课型特点】**

本课题选自人民教育出版社义务教育教科书八年级上册物理第一章第4节，本节内容是学生分组实验，也是课程标准规定的学生20个必做实验之一，教学设计为1个课时。本节内容在教材中起到承上启下的作用，承上：速度的概念是本章知识的核心，通过测量平均速度，加深学生对速度、平均速度的理解，强化对刻度尺、停表的规范使用，提高动手能力。启下：本节是分组实验课，可以让学生通过设计实验、收集和分析实验数据等自主活动提高其实验能力，培养学生的合作意识及科学探究素养和科学态度与责任，促使物理学科核心素养落到实处。

**【教学环节】**

通过观看视频资料创设一个学生身边真实的问题情境：如何利用脉搏和步长，估测你从家到学校步行的平均速度？

学生分小组讨论，然后全班展示交流。

总结：实验的原理是什么？需要哪些实验器材，如何使用这些器材进行测量？

**【教学反思】**

此环节设计旨在引导学生通过思考“利用脉搏和步长估测走路的平均速度”展开讨论，根据实验原理进行实验设计、记录数据、分析数据、得出结论。教师要在和学生互动过程中，根据学生的学习效果进行反馈，对教学计划进行及时调整。不可预料的情况发生时，教师要善于抓住有利于教学计划实施的因素因势利导。

## 斟酌课例

**【课例呈现】**

一、教学目标

1. 学会用停表、刻度尺正确地测量时间、距离，并测量出物体运动的平均速度，加深对平均速度的理解；

2. 学会设计实验、实验操作、记录数据、分析数据、得出结论的过程；

3. 通过实验激发学习兴趣，培养实事求是记录实验数据的严谨态度和与他人合作的精神。

二、教学重点

会设计实验测量物体的平均速度。

三、教学难点

理解平均速度的含义，设计实验并探究小车下滑的运动特点。

四、教学课时

1课时。

五、教学方法

采用自主、合作、探究法，辅助以多媒体影视资料。

六、教学过程

（一）情境导入

通过新闻引入新课。

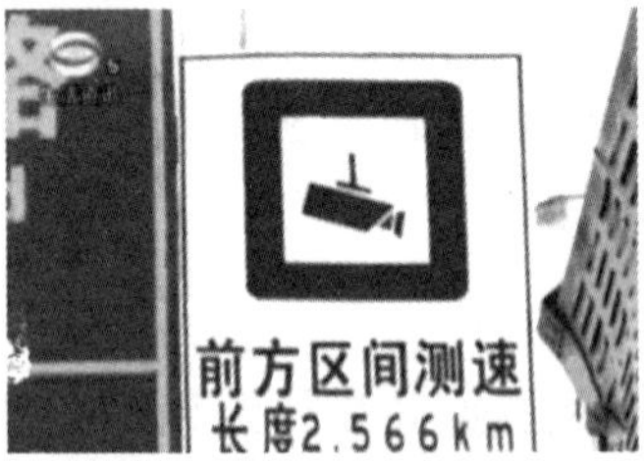

上节课我们学习了平均速度的计算，这节课我们来测量一下平均速度。测量前，我们先来看一则新闻：近年来，交警支队为了减少高速的超车事故，在定点测速的基础上又加装了区间测速，这样可以更有效地减少事故的发生。我们会发现每次要经过区间测速时，都会看到一个路牌：前方区间测速长度显示这段区间的路程。交警支队已经提前测量好了这段路程，在起点和终点处各装一个摄像头，测量出汽车通过这段距离所用的时间，再根据$v=\frac{s}{t}$计算出汽车通过这段路程的平均速度，如果超过了该路段的最高限速则为超速。这节课我们就利用区间测速的原理，（板书：原理　$v=\frac{s}{t}$）在实验室亲自动手测量一个小车在斜面下滑过程中的平均速度，并判断小车在斜面下滑过程中速度如何变化。

板书：1.4 测量平均速度

（二）新课教学

猜想：根据生活经验，大家认为小车在斜面下滑过程中速度如何变化。

接下来我们要测量小车在斜面下滑的平均速度，并判断小车在斜面下滑过程中速度变化情况。

思考几个问题：

1. 需要测量哪些物理量？（小车运动的路程和小车通过这段路程所用的时间）

2. 需要哪些测量工具？（刻度尺和停表）

3. 如何判断小车在斜面下滑过程中的速度变化？

设计实验：

实验器材：带刻度的斜面、停表、小车、木块、金属挡板。

利用这些器材，类比区间测速过程，先确定一段路程，再测量小车通过这段路程所用的时间。请一位学生演示，测量的路程是哪一段，怎样测量这一段路程对应的时间。

（学生演示，引出挡板；测量路程为车头到车头的距离）

接下来我们就用这套装置测量小车的平均速度。

提问：如何测量全程、上半程、下半程的平均速度？下半程时间能不能直接测量？

利用这些器材测量小车这三段路程内的平均速度，并将结果记录在表上。注意以下几项内容：

1. 实验成功的关键是准确测量时间。小车开始运动的同时开始计时，小车撞金属挡板的同时停止计时。正式实验之前应该多练习几次，熟练之后会使测量数据更准确。

2. 小车通过的路程为车头到车头的距离。

3. 安装装置时，斜面倾角要小一点但又不能过小，过小则小车不动，稍大就会使小车过快，不方便时间测量。起止点距离适当大一点为好。

进行实验，展示学生的实验数据，得出结论。

板书：小车在下滑过程中做加速运动

小组讨论：分析各组的实验数据，刚才的实验操作中（斜面、停表的使用、长度的测量、数据处理）还存在什么问题？如何改进可以减小实验误差？

注意：求平均值要保证小车运动路程为同一段路程，小车要由静止从同一高度下滑。

（三）延伸迁移，巩固提高

为了减少超速事故，我市计划将区间测速作为判断是否超速的依据之一。所谓的区间测速，就是测算出汽车在某一区间行驶的平均速度，如果超过了该路段的最高限速即被判为超速。若监测点 $A$、$B$ 相距 18 km，全程限速 40 km/h，由电子眼抓拍到某辆货车通过监测点$A$、$B$的速度分别为30 km/h和45.6 km/h，通过$A$、$B$两个监测点的时间为20 min.

（1）该货车通过监测段$AB$时是否超速？

（2）为了不超速，至少需要多长时间？

**【教学反思】**

物理教学要贴近生活，注重学科核心素养的培养，用核心素养引领中学物理教学就必须从教学设计的创新开始。本节课从实验课对学生的核心素养要求出发，从核心素养的角度确立教学目标和教学重难点，在课堂中贯彻课标要求。主要做到了以下几点：

1. 通过引入实际生活的“区间测速”，将物理概念与生活实际相联系，注重平均速度概念的建构，强化科学探究和物理思维素养的养成，进行拓展实验开阔学生视野，增强学生学习物理的兴趣和社会责任感，落实物理学科立德树人的教学目标。

2. 围绕“测量小车下滑的速度”“小车下滑的运动特点”与“测速在生活中的应用”三个教学活动展开教学，将课本中的测量性、验证性实验变为探究性实验，引导学生对所测速度与小车到达斜面底端速度进行对比，突破“理解平均速度”的难点，有利于培养学生物理观念的形成。

3. 从生活实际出发，最后又回到区间测速是否超速的判断，从生活走向物理，利用物理思维和知识解决生活中的问题，培养学生利用物理知识解决实际问题的能力，将物理与生活相结合。

但是本节课也存在一定的问题，有以下几点：

1. 学生参与度不深。“测量平均速度”是学生接触的第一个物理测量性实验，虽然学生在生活中已有对速度的认知，但是操作起来难度相对较大，因担心课堂教学进度，提前把实验原理和实验步骤告诉学生，并把实验过程演示一遍，反复强调实验注意事项，最后才让学生做实验。学生没有很好地掌握解决问题的方法，也没有从实验中自主获得物理知识，只是获取了对物理知识的短暂记忆，学生不能运用所学的物理知识去解决其他相关问题。

2. 时间安排不妥。在实验教学中，讲解实验原理和演示实验步骤等已经花去了一半的时间，再加上课前知识回顾、新课引入等活动又占用了部分时间，留给学生实验的时间较少，有部分学生甚至没能做完实验，学生没有自己独立设计实验方案，体悟少，没有很好地培养学生灵活应用物理知识解决问题的能力。

3. 学情了解不够。学生对用刻度尺测量路程和用公式$v=\frac{s}{t}$求平均速度已有一定的基础，用停表测时间是本实验的重点和难点。在实际教学过程中，测量小车的运动时间是个难点。实验室内的斜面长一般不会超过2 m，而小车在不足2 m的斜面上正常运动的时间不足3 s，一半路程所用时间只有1 s多。用停表测量如此短的时间，要求学生必须熟悉停表的读数和使用方法。实际教学过程中发现，很少有学生能用停表较准确地测出小车的运动时间，由于时间测量不准确而导致有些学生计算出小车在上半程的平均速度反而大于下半程的平均速度，从而得不出小车在做加速直线运动的结论。

**【对学科教学的再认识】**

教学反思加深了我对学科教学的认识，在以后的教学中，我会进行以下几点改进：

1. 本节课通过实际生活中的“区间测速”引入，但是“区间测速”对学生来说相对陌生，应该再将“区间测速”跟学生的日常生活相结合，代入感会更强，可以更好地导入新课，激发学生学习兴趣。

2. 在本节课中可以让学生自己提前设计实验方案，自己动手实践，亲自测量自己正常行走、快走、跑步时的平均速度。在学生做实验的过程中，要求小组各个成员相互配合，尽量使测得的数据准确，减小误差，通过合作、实践掌握平均速度的测量方法，将本节课的测量方法提前渗透下去。

3. 在实际教学过程中，利用教材中的实验装置和实验方法测量小车的运动时间是难点。针对这一现状，可以在原有器材基础上，对实验装置进行改进，适当将生活中的物品与本节课相结合，类比推理，降低学生的操作难度，使课堂多样化。

4. 指导学生阅读“科学世界”部分，了解超声波测距的原理。参考教材中的“扩展性实验”，利用位移传感器，通过计算将小车运动速度的变化情况显示出来。针对“科学世界”的内容，可以让学生在网上搜集一些新型的测速方法，感受测量平均速度在生活中的普遍应用，拓宽学生视野，激发学生学习物理的兴趣。

（课例提供：山西省实验中学 樊俊普）

## 四、综合评论

反省是一面镜子，它能将我们的错误清清楚楚地照出来，使我们有改正的机会。教学反思一直以来是教师提高个人业务水平的一种有效手段，教育界有成就的大家一直非常重视之，很多教师会从自己的教育实践中反观自己的得失，通过教育案例、教育故事或教育心得等提高教学反思的质量，为自己带来专业上的迅速成长。

本节内容呈现了两节不同类型的新授课，包括规律型和实验型。

物理规律教学设计过程一般要经过创设情境、探索规律、讨论规律和应用规律四个阶段。在教学情境的创设上要努力吸引学生的注意力，抓住学生的思维，激发学生的认知冲动和学习兴趣。在探索规律上，基于特定物理情境对物理规律的探索应该提倡并鼓励学生自己完成，教师可做必要的知识铺垫或适当的点拨。在讨论规律阶段，建议教师引导学生进一步深入整理收集到的信息和实验数据，并进行讨论、归纳，得出结论。在今后的物理规律教学设计及反思中能对上述问题进行再思考、再实践，相信物理课堂教学会更精彩。

物理实验教学应体现物理学科的特点，强调学生从已有的生活经验出发，让学生经历实验问题情境，体验实验过程，在过程中应用方法及技能获得知识，同时体验到利用知识解决实际问题的成就感，形成积极的态度和价值观。

以上案例中特别可贵的是，教师在本节实验课的反思中能关注到实验的重点和难点，当学生在实际操作中测量获取的数据与自己的预期不符时，没有回避非预期的实验数据，而是分析原因、查找漏洞，积极为今后改进实验教学寻找策略。一个成功的实验离不开如实地记录实验数据，收集实验过程中的关键证据，既是学生正确规范操作的结果，也是培养学生尊重事实科学态度养成的过程。教师在实验教学中严谨求实的行为，必将潜移默化、循序渐进地影响、感染着学生在探究实验的道路上继续前进。

# 第七节　化学学科教学的整体反思赏析

## 一、理论要点

义务教育化学课程作为一门自然科学课程，具有基础性和实践性，对落实立德树人根本任务、促进学生德智体美劳全面发展具有重要价值。这门课程有利于激发学生对物质世界的好奇心，形成物质及其变化等基本化学观念，发展科学思维、创新精神与实践能力，养成科学态度和社会责任，为学生的终身发展奠定基础。

《义务教育化学课程标准（2022年版）》课程理念强调立足学生的生活经验，反映人类探索物质世界的化学基本观念和规律；注重学生的自主发展、合作参与、创新实践；既强调化学学科及科学领域的核心素养，又反映未来社会公民必备的共通性素养，倡导学会学习、合作沟通、创新实践；注重结合学生已有生活经验，体现化学课程内容的基础性、时代性和实践性；注重启发式、互动式、探究式教学，引导学生自主学习，开展以化学实验为主的多样化探究活动；创设真实问题情境，倡导“做中学”“用中学”“创中学”，开展项目式学习，重视跨学科实践活动；重视评价学生的化学观念、科学思维、科学探究与实践、科学态度与责任等核心素养；关注学生在化学学习活动中的表现，基于证据诊断学生核心素养的发展水平。

义务教育化学课程的特点之一是“理解性教学观”，要求化学学习的过程需要重构课程内容，引导教学走向深度学习。“理解性教学观”，即认为知识的本质是理解或问题解决，教师在教学中应选择“少而重要”的学科“大概念”，创设真实情境，让学生以小组合作的方式运用学科“大概念”解决真实问题，经历真实实践，形成个人理解。现代教学理念下的课堂教学过程应该是教师引导、学生自主、基于理解、体验实践的课堂学习过程，其核心主题是化学观念的建构和科学思维的培养，而不应该是简单、机械的记忆、练习。

义务教育课程改革从2001年起至今已经走过二十多年的发展历程，对我国基础教育的改革和发展产生了重要作用。二十年来，我国的义务教育课程改革在取得巨大成绩的同时，也存在着一些问题[1]，如教学过程仍大多停留在以具体知识的解析为本，缺乏真实的学习情境或情境比较生硬；学生实验体验不足，探究活动流于表面和形式，做实验探究题而不是做探究性实验；情感态度价值观教育标签化和口号化；实际课堂重视解决习题而不是解决实际问题，且问题缺少启发性和综合性，重视知识结论解析而不是认识发展；学生活动缺少合作性和协作性；等等。这些问题的存在，势必会导致课堂效率的低下。

## 二、实践智慧

《义务教育化学课程标准（2022年版）》突显的“素养为纲、综合育人、实践育人”理念为新时代我国义务教育课程与教学发展绘制了理想蓝图。

1. 教师应增强思想性和时代性。教师应紧跟时代步伐和课程改革方向，关注材料科学、生命科学、环境科学、能源科学、信息科学和航空航天工程等现代科学技术发展，引导学生不断认同化学是推动人类社会可持续发展的重要力量，在应对能源危机、环境污染、突发公共卫生事件等人类面临的重大挑战中发挥着不可替代的作用。

2. 教师应增强设计问题的思维性。教师在教学中设计问题时应注重问题的思维含量。学生思维的培养不能仅依靠一个个的单一问题，教师要能从学生的单一问题出发，将相关问题或者同类问题进行整合，将问题串成问题链或者形成问题网，使学生思维能力的广度和深度都得到相应的提高。[2]

3. 教师应增强学习内容的探究性。教师应充分认识科学探究对促进学生核心素养发展的独特价值，根据学生认知发展水平精心设计探究活动，有效组织和

[1]义务教育化学课程标准修订组.促进基础化学教育高质量发展——义务教育化学课程标准(2022年版)解读[J].基础教育课程,2022(10):53—60.

[2]李真真.问题解决教学:提升课堂的思维含量[J].新课程(综合版),2014(7):49—50.

实施探究教学。在教学中，教师可以采用多种探究活动形式，提倡以小组为单位合作开展探究活动，引导学生基于学科和跨学科实践活动形成学习能力，引导学生综合运用化学等学科的知识和方法，通过一定的技术手段，在解决真实情境问题和完成综合实践活动中发展其能力与品格。

### 三、案例赏析

课型：化学概念课

年级：九年级

课题：溶液的形成（第一课时）

#### 推敲环节

**【课型特点】**

初中化学概念是化学教学的基础，具有启蒙性、抽象性、层次性和发展性的特点。在初中化学的教学内容中，包括以下几个概念体系：物质宏观与微观概念体系、物质分类体系、溶液体系、化学反应体系和初中化学原理。

学生在学习科学概念之前，已经通过日常生活中的观察或实践获得了一些经验性的知识，被称为前科学概念或前概念。这些前概念有一些与科学概念相一致，但有一些则与科学概念不一致，甚至是错误的。化学概念课就是要帮助学生理清其前概念，找到其与本节课学习目标之间的差距，并依据学生认知规律设计问题线索和活动线索，帮助学生顺利、主动地完成科学概念的建构。所以，在初中化学概念课的设计中要注意：

1. 进行学习者特征分析，关注学生的前概念，关注生活经验对概念的负迁移等；

2. 准确设计基于学科核心素养的学习目标；

3. 内容线索的组织与呈现，情境素材的设计；

4. 基于学生认知发展脉络设计问题与实践活动。

**【教学环节】（第1稿）**

| 教师导学 | 学生活动 |
| --- | --- |
| 一、情境引入<br>展示中国南海部分海域的图片，介绍南海有丰富的矿产资源。<br>提问：从物质分类角度看，海水属于什么类别？你的判断依据是什么？<br>从生命的起源到人类社会的形成，人与水结下了不解之缘。俗语说“海纳百川，有容乃大”，说明了水具有很好的包容性。海洋是名副其实的液体矿藏，如果把海水中的盐全部提取出来铺在陆地上，地面会上升约153米。盐是怎样溶解在水中的呢？这节课我们一起走进第九单元课题1溶液的形成。<br>二、组织实验<br>准备蔗糖和氯化钠两种固体、玻璃棒和两个盛有20 ml水的烧杯，请学生分别向水中加入一药匙（小端）蔗糖和氯化钠，用玻璃棒搅拌，观察并记录现象，填写在导学案中。（注意：药匙用一次、擦一次；玻璃棒用一次、洗一次、擦一次）<br>提问：他们到哪里去了呢？<br>引导：物质在溶解过程中消失了吗？试着从微粒角度去分析。 | [欣赏图片]<br>欣赏中国南海部分海域的美丽景色。<br>[回答]<br>混合物，因为海水中除了水以外，还含有大量的盐。<br>[倾听]<br>感受水具有很好的包容性，明确本节课学习内容。<br>[分组实验]<br>分别向两个盛有20ml水的烧杯中加入一药匙（小端）蔗糖和氯化钠，用玻璃棒搅拌，观察并记录现象。<br>[汇报现象]<br>蔗糖和氯化钠都“消失”了。<br>[小组讨论]<br>小组讨论后交流汇报。 |

（续表）

| 教师导学 | 学生活动 |
|---|---|
| 播放动画：蔗糖和氯化钠溶于水的微观过程。 | ［观看动画］<br>了解蔗糖和氯化钠溶于水的微观过程，初步认识物质溶于水的微观解释。 |
| 提问：看完上面的动画，你能说出固体为什么“消失”了吗？ | ［回答］<br>物质以分子或离子的形式分散到水分子的间隔中，分子、离子很小，所以看不到。 |
| 分析提问：你能概括溶液形成的微观本质吗？ | ［归纳总结］<br>物质以分子或离子的形式分散到水分子的间隔中。 |
| 提问：溶液具有什么特征？你能给溶液下定义吗？<br>引导：<br>1. 蔗糖溶于水后所得溶液的甜度各部分是否相同？<br>2. 当外界条件不变（水分不蒸发，温度不变）时，溶液会分层吗？会析出沉淀吗？<br>3. 溶液是纯净物还是混合物？<br>4. 同一液体中可以溶解几种物质？<br>总结：<br>溶液的特征：均一性、稳定性、混合物。 | ［思考、回答］<br>1. 相同。<br>2. 不会分层。<br>3. 混合物。<br>4. 一种或多种。 |

（续表）

| 教师导学 | 学生活动 |
| --- | --- |
| 提问：综合以上分析，结合溶液的形成过程，你能概括出溶液的定义吗？<br>板书并讲解：<br>溶液的形成<br>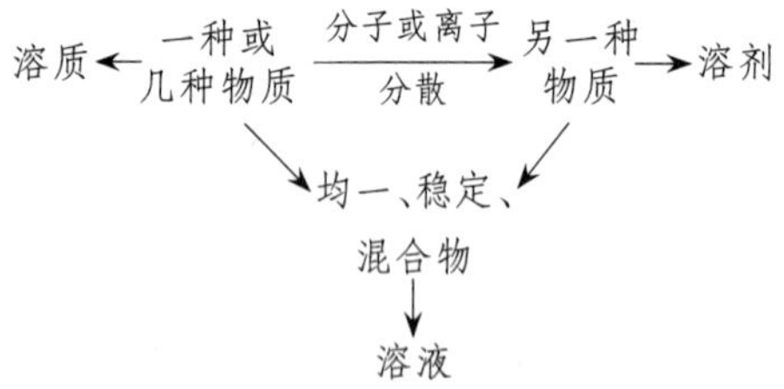 | [整理归纳]<br>溶液定义：一种或几种物质分散到另一种物质里，形成的均一、稳定的混合物。 |
| 提问：溶液是由哪两部分组成的？ | [回答]<br>溶质和溶剂。 |
| 提问：在上述蔗糖溶液和氯化钠溶液中，谁是溶质？谁是溶剂？ | [回答]<br>蔗糖和氯化钠是溶质，水是溶剂。 |
| 三、提问<br>所有物质都能溶解在水中形成溶液吗？水是最常用的溶剂，那么只能用水做溶剂吗？影响物质溶解性的因素有哪些？ | [做出猜想]<br>溶质的种类……<br>溶剂的种类……<br>温度…… |
| 多媒体展示实验用品：固体碘、高锰酸钾、水、汽油、试管。<br>组织讨论：利用以上实验用品，设计怎样的实验来验证你的猜想呢？ | [小组讨论]<br>根据教师提供的仪器和药品，运用对比法设计实验方案。 |

（续表）

| 教师导学 | 学生活动 |
|---|---|
| 指导实验：指导学生进行分组实验。 | ［分组实验］<br>根据本组的实验方案进行实验，记录实验现象。<br>［汇报交流］<br>小组代表汇报本组的实验现象和实验结论。 |
| 评价：根据学生的回答情况做出恰当的评价。 | ［总结归纳］<br>物质的溶解性与溶质和溶剂的性质（或种类）有关。 |
| 提问：物质的溶解性还与什么因素有关？与溶质颗粒大小或是否搅拌有关系吗？ | ［思考、回答］<br>根据已有经验思考并回答。 |
| 提问：通过以上实验说明，除了水可作溶剂外，还有什么物质也可作溶剂？ | ［思考、回答］<br>汽油。 |
| 提问：你还知道哪种物质可作溶剂呢？ | ［思考、回答］<br>酒精。 |
| 提问：溶液一定是无色的吗？能举例说明吗？ | ［思考、回答］<br>不是，例如高锰酸钾溶液是紫色的。 |
| 引导：展示硫酸铜溶液、紫色石蕊溶液。 | ［观察］<br>感受溶液颜色的多样性。 |
| 四、课堂小结 | ［整理总结］ |
| 五、布置课堂作业 | ［完成课堂作业］ |

【教学反思】

本节课的设计以“大海中的盐怎样溶解在水中”为问题情境引入新课，组织了两个学生分组实验活动——氯化钠和蔗糖的溶解实验、探究影响物质溶解性的因素，充分利用了教材中的图片、实验，而且将教师演示实验变为学生分组实验，为学生提供了动手实践的机会，凸显了学生的主体地位，激发了学生学习化学的兴趣。但是在课堂实施过程中也发现一些问题。

1. 情境素材选取不够真实。本设计尽管以“大海中的盐怎样溶解在水中”为问题情境，但是与学生的生活实际相距较远，有的学生根本没有真正见过、接触过大海，而且“海水”在本节课中只是作为课堂情境的导入，没有贯穿于整个教学过程中，情境的创设没有体现“以生为本”和“因材施教”。化学源于生活，学习化学知识的目的是解决各种各样的生活问题，所以课堂情境应该更加生活化，更加贴近学生的日常，应该运用真实的生活情境组织课堂的教学活动。

2. 教学内容的整合度不高。本设计按照教材内容的顺序组织学生进行了两个实验活动，由于每个实验活动探究的项目较多，用时较长，所以必然会占据课堂中的大量时间，导致教学内容不能在规定的课时内完成。其实本节课应该注重基于“大概念”来组织教学内容，可以将两个实验糅合成一个学生实验进行探究，这样的安排既可以保证探究内容的完整性，也可以有效节约实验时间，为其他内容的学习提供时间保障。

3. 跨学科实践活动落实不足。《义务教育化学课程标准（2022年版）》修订的主要变化之一是设立跨学科实践活动，旨在加强学科间相互联系，带动课程综合化实施。本节课的教学设计仍然是基于化学学科本身的实验探究，缺少相关学科的融合。通过反思，觉得本节课的实验活动可以选择和组织与溶解现象相关联的跨学科实践活动，引导学生在更宽广的学科背景下综合运用化学和其他学科的知识分析、解决有关实际问题。

针对以上反思，我又进行了如下的第二次设计。

【教学环节】（第2稿）

师：大家在家洗过东西吗？

（学生先是诧异，然后积极回答，有的说洗过，有的说没有）

师：今天我们来洗几块布料。现在每个小组都有一块沾了污渍的布料，有的上面沾了汗渍，汗渍中的主要成分是NaCl；有的沾了吃饭时的油污；还有的沾了碘。你会选择合适的试剂清洗掉这些污渍吗？

（教师边描述边展示沾了三种污渍的布料，同时在PPT上列出可供选择的清洗剂和实验步骤）

学生分组实验：1、2小组清洗沾了汗渍的布料；3、4小组清洗沾了油污的布料；5、6小组清洗沾了碘的布料。教师已为每个小组都提供了水、汽油、酒精三种清洗试剂。

（学生开始变得兴奋起来，纷纷参与到实验当中。当成功洗掉污渍时，脸上洋溢着成功的喜悦，好奇地观察清洗液；当清洗污渍失败时，脸上写满不甘。小组自发展开讨论，纷纷献计献策，讨论失败原因，尝试换一种清洗试剂。）

师：对于不同的污渍，大家选择了哪些试剂清洗呢？在清洗过程中看到了什么现象？

生：汗渍可以用水清洗；油污可以用汽油或酒精清洗；碘可以用汽油或酒精清洗，清洗后碘消失。

（汇报的学生在汇报过程中不仅兴奋地向其他学生展示自己组的成果，还分享了自己组实验探究的过程，其他小组学生听得十分认真）

师：污渍去哪了？

生：污渍从布料上跑到了清洗试剂中。

师：这些混合物都是溶液。通过刚才的实验，你觉得什么是溶液？

生1：一种物质溶解在另一种物质中得到的液体是溶液。

生2：也可能是多种物质溶解在一种物质中，因为刚才实验中我们小组发现油污和碘都可以溶解在汽油中，如果将碘和油污同时溶解，也可以得到溶液。

生3：溶液是一种混合物，由溶解其他物质的物质和被溶解的物质两部分组成。刚才实验中的水、酒精、汽油溶解了其他物质，氯化钠、油污、碘是被溶解的物质。

师：大家觉得溶液具有哪些特点？

生1：没有沉淀，都是无色透明的。

生2：溶液不一定是无色的，刚才实验中碘溶于汽油得到了棕色液体。

生3：溶液不仅没有沉淀，放置久了也不会产生变化，具有这种特点的液体一定是溶液。

生4：长时间放置不产生沉淀的不一定是溶液，纯净水长时间放置也不会产生沉淀，但水不是溶液，溶液的前提必须是混合物。

生5：溶液各部分都是均匀的，各部分颜色深浅是一样的。

师：了解了这么多有关溶液的知识，哪位同学现在能给溶液下个定义？

生1：几种物质混合起来的混合物就是溶液。

生2：应该是一种或几种物质混在另一种物质中，形成的不会产生沉淀、分层的，各部分均匀的混合物才是溶液。

师：能溶解其他物质的物质叫溶剂，被溶解的物质叫溶质。刚才同学们提到的“长时间放置不产生沉淀”的性质我们称为“稳定性”，大家口中的“均匀”称为“均一性”。

生：（总结）一种或几种物质分散到另一种物质里，形成均一、稳定的混合物，叫做溶液。

**【教学反思】**

在本设计中，以“清洗三种不同的污渍”为真实学习情境贯穿整节课，与学生实际生活联系紧密。这样的探究内容贴近学生的日常生活，学生能更加主动地参与到学习的过程中。本教学环节的探究过程占据了课堂约十分钟时间，而且没有提本节课的主题“溶液”，貌似浪费了时间，但实际上落实了化学核心素养中的“科学探究与实践”。学生全员参与，亲身经历了丰富的探究活动，课堂气氛热烈，有助于学生对化学概念的深刻理解，有利于其科学思维的形成。

本设计对两个教材实验加以整合、创新，引导学生在以氯化钠、碘、食用油为溶质，以水、汽油、酒精为溶剂的科学探究过程中，通过分组实验，亲历探究过程，体会知识的形成过程，学会认识物质世界的方法，初步得出溶液形成的过程和溶液定义。

但是在备课时的实验准备环节中，发现用清洗剂洗去污渍的现象不明显，分析原因，可能是药品和布料的问题。经过换药品、换布料等反复尝试，最终发现，用新买的白色纯棉背心作为本实验的布料素材最为合适，于是从市场上购买了三件白色纯棉背心，将其剪成布块，作为课堂实验的材料。

以上设计及课堂实施，一方面有效调动了学生学习的积极性和兴趣，让他们在解决实际问题的同时，形成和发展认识化学知识的思路和方法，以及科学态度和价值观；另一方面使我对新课标理念有了更进一步的认识。《义务教育化学课程标准（2022年版）》课程目标中明确提出“经历科学探究，增强实践能力”。

传统的化学概念课教学主要停留在学生对化学概念简单的死记硬背上，而现代教学理念下的课堂教学过程是教师引导、学生自主、基于理解、体验实践的课堂学习过程，引导教学走向深度学习，不断建构形成概念。因此，教师需要从生活中发现有价值的化学问题，在课堂中设计实验探究过程。

综合以上对本教学环节的反思，我对这节课进行了整体设计。

## 斟酌课例

**【课例呈现】**

一、教材分析

本课题包括三部分内容：溶液、溶解时的吸热或放热现象、乳化现象。第一课时的学习内容为溶液，需要介绍溶解过程，溶液、溶剂和溶质的概念，常用的溶质和溶剂，不同物质溶解性的比较，以及溶液的广泛用途。教材相应内容虽然设计了三个实验，但是溶液形成的相关实验内容简单，不容易引起学生较大的兴趣。

二、教学目标

1. 亲历用不同试剂清洗不同油污的动手操作过程，体验后认识溶解现象。

2. 通过阅读课本学会溶液的组成、命名等相关知识，并会判断溶液以及溶液的溶质和溶剂。

3. 观看蔗糖溶于水和氯化钠溶于水的微观过程模型演示，认识溶解的微观实质，并能用语言准确描述。

4. 通过实验探究，思考归纳出影响溶解性的因素。

5. 通过对溶液用途的了解，认识到化学对人类的重要作用。

三、教学重难点

重点：能列举出生活中常见的溶解现象，会判断溶液及溶液的溶质和溶剂。

难点：能说出不同物质溶解的微观实质。

四、课时安排

第一课时。

五、教学手段

实验探究为主。

六、教学流程

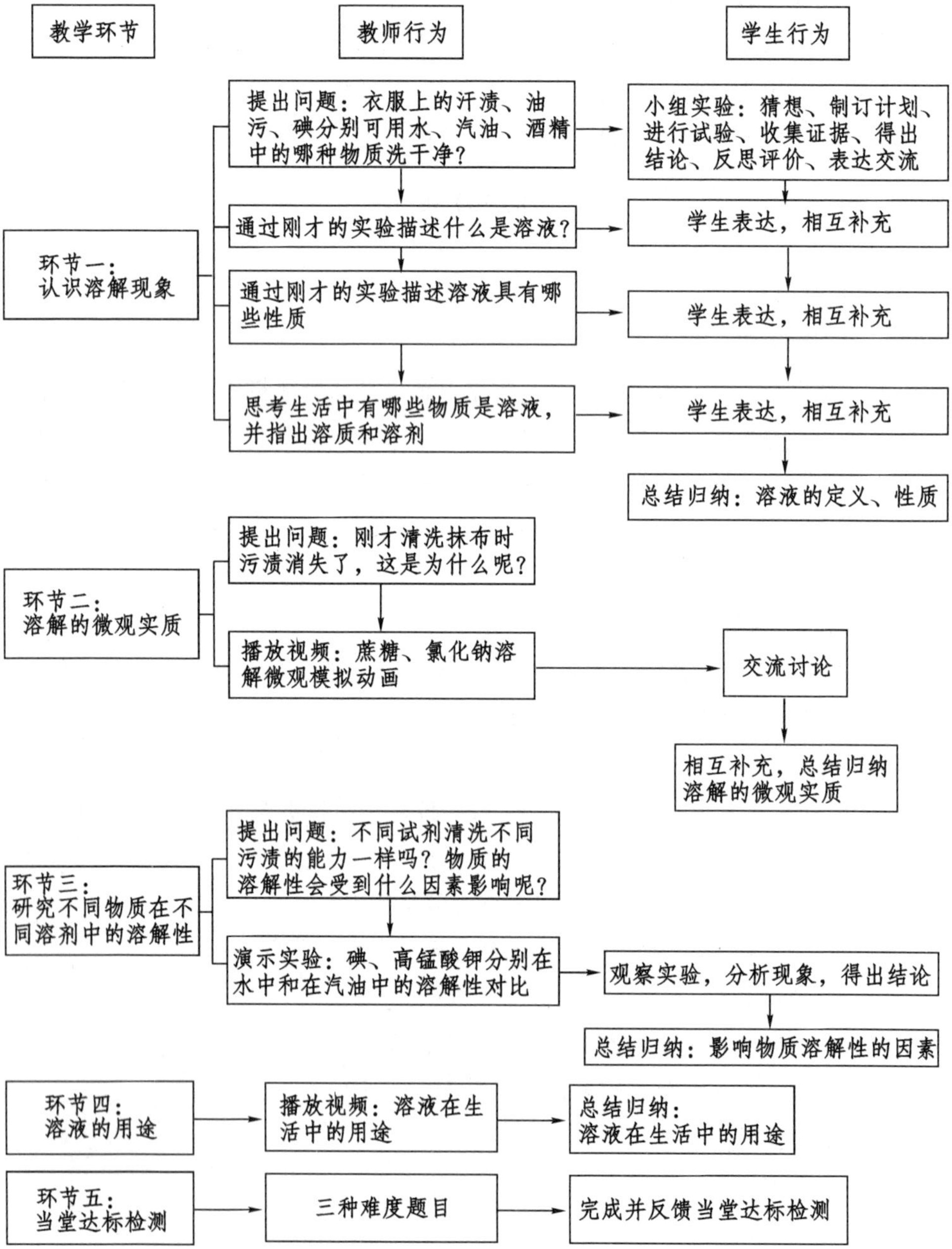
教学环节
教师行为
学生行为
提出问题：衣服上的汗渍、油污、碘分别可用水、汽油、酒精中的哪种物质洗干净？
小组实验：猜想、制订计划、进行试验、收集证据、得出结论、反思评价、表达交流
环节一：认识溶解现象
通过刚才的实验描述什么是溶液？
学生表达，相互补充
通过刚才的实验描述溶液具有哪些性质
学生表达，相互补充
思考生活中有哪些物质是溶液，并指出溶质和溶剂
学生表达，相互补充
总结归纳：溶液的定义、性质
环节二：溶解的微观实质
提出问题：刚才清洗抹布时污渍消失了，这是为什么呢？
播放视频：蔗糖、氯化钠溶解微观模拟动画
交流讨论
相互补充，总结归纳溶解的微观实质
环节三：研究不同物质在不同溶剂中的溶解性
提出问题：不同试剂清洗不同污渍的能力一样吗？物质的溶解性会受到什么因素影响呢？
演示实验：碘、高锰酸钾分别在水中和在汽油中的溶解性对比
观察实验，分析现象，得出结论
总结归纳：影响物质溶解性的因素
环节四：溶液的用途
播放视频：溶液在生活中的用途
总结归纳：溶液在生活中的用途
环节五：当堂达标检测
三种难度题目
完成并反馈当堂达标检测

**【教学反思】**

本节课首先提出问题“如何清洗三种不同的污渍”，然后猜想与假设：学生在组内讨论选择哪种溶剂来清洗污渍。之后“设计实验”：学生选择不同的试剂进行试验，小组内部进行分工，不同学生进行不同溶剂的尝试。然后“进行实验”：小组进行实验，相互指导，合作完成，通过观察实验现象“获取证据”。根据分析观察，各个小组纷纷“形成结论”。此时教师并未让得出结论的小组停止实验，而是留出一些思考的时间，这时小组内就有学生“质疑”：汽油可以清洗油污，但刚才我们还没有尝试使用酒精，结论不一定严谨，于是小组又再次展开探究，不知不觉完成了“反思评价”的过程。最后由学生归纳总结溶液的定义，进行了“表达与交流”。本设计中没有刻意地去进行科学探究的练习，却在潜移默化中融入了发展科学探究能力的各个要素，不知不觉中锻炼、增强了学生的科学探究与实践能力。在此基础上，通过蔗糖、氯化钠溶解过程的微观动画模拟，带领学生进入微观世界，认识物质变化的本质，形成“能从分子、离子视角认识物质的变化”的化学观念。接着通过教师演示实验“碘和高锰酸钾的溶解性比较实验”，基于实验事实进行证据推理，引导学生认识物质溶解性的影响因素，促进学生科学思维的提升。最后通过播放视频引导学生认识溶液在实际生产生活的用途。整个教学过程中，教师紧紧围绕核心素养发展的关键环节，注重运用启发式、探究式、建构式的教学方式，促进学生自主学习和深度学习。引导学生在“做中学”“用中学”“创中学”，促进学生核心素养的发展。

**【对学科教学的再认识】**

化学教学是落实化学课程目标，引导学生达成义务教育化学课程学业质量标准的重要途径。教师应围绕发展学生的核心素养这一主旨，积极开展核心素养导向的化学教学。

化学是一门与人类衣、食、住、行密切相关的课程，化学课程中的情境是包含化学知识的真实情境。真实情境是学生获得知识，理解和应用化学知识去解决问题的载体。知识的习得和运用需要情境的支撑，可见情境与教学内容有着密不可分的联系，素养导向的化学教学更加注重真实问题情境的创设。要创设真实问题情境，必须精选情境素材。情境素材的选择不能随意，更不能想当然，应根据特定的教学内容、教学目标以及学生的知识经验来选择。在创设情境时需要考虑情境素材和教学核心内容的匹配度，也就是素材必须能够具有帮助学生领悟本节课核心知识的价值。

化学是一门以实验为基础的科学，学科应该注重实践性。化学实验对全面发展学生的核心素养有着极为重要的作用。教师在教学中应高度重视和加强实验教学，充分发挥实验的教育功能。通过化学实验激发学生学习化学的兴趣，创设生动活泼的学习情境，帮助学生理解和掌握化学知识和技能，引导学生学习科学方法，发展学生的科学思维和创新意识，培养学生的科学态度与责任。科学探究是一种重要的科学实践活动，是化学课程要培养的核心素养不可或缺的组成部分。教师应充分认识科学探究对促进学生核心素养发展的独特价值，根据学生认知发展水平，精心设计探究活动，有效组织和实施探究教学。在教学中，教师可以采用多种探究活动形式，提倡以小组为单位合作开展探究活动，同时还应重视跨学科内容的选择，加强化学与物理、生物学、地理等学科的联系，也应密切关注其与自然、社会、生活相联系的生活性课程。

（课例提供：太原市教研科研中心　耿虎
太原市小店区第九中学校　陈丽）

## 四、综合评论

教学反思是教师对教学实践及其背后的理论进行主动地、持续地审视、探究、分析与重构，并将思维加工过程从无意识变成有意识的过程。教学反思能够推动教师的专业知识、能力、信念、意识等专业素质结构不断更新与完善，丰富教师的个人实践性知识，并促成教师由“经验型”“技术型”的知识传授者角色向“专家型”“成熟型”的反思者、研究者角色转变[1]。教师可以从以下几个方面进行反思。

1. 新课程理念的贯彻与落实

《义务教育化学课程标准（2022年版）》强调聚焦育人方式的转变，深化化学教学改革。新课程的核心理念是“素养为纲、综合育人、实践育人”，最高宗旨是关注人。这就要求教师反思时必须关注教学设计中是否考虑了学生的因素。由于遗传因素造成的不同先天禀赋和家庭社会等环境的后天影响，学生有着独特的个性，学生的学习客观上也存在着差异。所以，一方面，教师应该研究学生的

[1]高祥. 教学反思：教师专业发展的新途径[J]. 辽宁教育，2012(6)：18—20.

文化背景、知识积累、情感态度、兴趣爱好等方面的实际情况，另一方面也需清楚每个学生的认知结构、学习方式、学习风格、学习速度和学习需要等。这些都体现在多元化的课堂实践活动中，对其的反思理应从教学活动中透视。此外，学生以学习为主要任务，具有发展性。教师要以动态的眼光来看待学生，意识到每位学生都拥有巨大的发展潜能，最好在心中为每位学生“建档”，这样不管是在活动设计上还是课堂教学中，都能给予学生相应的指导，促进每位学生的成长和发展。

2. 教学内容和教学方法的有机整合

教学方法是依据教学规律提出的客观实在，有其特定的运动规律、价值定位和意义属性，同时包含教的方法和学的方法。不同课程内容的知识认识方式存在差异，所以教学方法应该相对于某种课程内容而存在，不同课程或相同课程的不同内容，应该选择不同的教学方法。

舒尔曼认为，教师应用各种方式去理解所教课程，这种理解包括理解该学科某一概念、原理等是如何与其他概念和原理联系在一起的，以及它是如何与其他学科的知识建立起联系的。理清课程内容的过程就是选择对应结构的教学方法的过程。因此，对这一部分的反思要注意以下两方面：第一，教师在课上会有解释教学内容、正确预见并处理学生可能犯的错误等行为，要从内容解释的深度、采取的应对措施等之中透视、反思教师对该学科的内容及内容间关系的熟悉程度；第二，从学生学习的思维情况、理解程度、学习效果透视并反思教师对使用的教学方法的特点、作用范围、条件的掌握情况，再看这些方法与教学内容、教学环境、文化氛围等的匹配情况。

3. 基于核心素养的教学目标的精准制订

教学目标的制订应基于化学学科核心素养，依据课程目标，结合学科知识的本质特征和学生的实际情况，形成精准的教学目标。由于教学目标描述的是学生经过教学过程而产生的具体行为结果，所以设计的目标应该以学生为行为主体，同时应具体、明确、可观察。此外，教师还要依据对学科知识、学生、教师的分析，确定适合的教学内容类型，明确教学内容的重点和难点等。了解学生的个性特征、认知水平、情感态度、学习方式、学习准备等能使设计的目标切合学生的发展趋向；考虑教师的个性特点、教学风格、知识储备等能使所设计的目标实施起来更为顺利。另外，教学目标其实是一种预设，但是真实情境中的教学活动却总是充满各种变动因素，不可能完全按照预先安排好的计划进行。所以，教师设计的目标的内容和形式要灵活变通、区别对待，使教师能及时根据教学进程中变化的课堂情境合理利用生成资源，通过对教学目标的调整，使目标更能反映学生的发展和成长[1]。

4. 丰富的教学资源的选择

Clark & Yinger（1979）、Anderson & Brophy（1980）的研究表明，教师教学的成功与教学活动的计划、适宜的教学材料是有密切联系的。反思教学资源即是教师反思教学资源的选择、整合和运用。随着现代教育信息化和网络化的发展，涌现出的大量多样化的数字化教学资源越来越影响着教育实践的发展，间接影响教师教学资源的选择。想借恰当的教学资源孵化出优质的课堂，首先必须培植明确的教学资源意识，即要反思是否明了教学资源的重要性、类别、样态和搜寻途径，教师能否尽可能搜寻到丰富的教学资源。教学视频、网络课程、电子教案等属于新型资源，教学方法、教学环境、教学游戏等课程要素也属于教学资源。

教师可以对目前掌握的教学资源进行课前预设，但也要注重捕捉教学过程中的生成性教学资源。其次，要反思教学资源预设的运用过程。不是所有资源都能为同一种类型的教学所用，不同的学科、课型、学生、教学情境也不一定会用到所有的教学资源，教师要学会协同各种资源，结合学科内容特点、学生情况和教学情境选择相匹配的教学资源，使资源得到合理配置，有助于艺术化地实施教学。最后，教学资源选择、整合和运用的过程同时也是教师专业技能提升的过程，教师反思时要有意识地研究、分析、归纳教学资源运用的过程，使自身能在开放的信息资源环境中不断提升教学技能。

5. 整个教学过程的连贯性

教学过程应该是一个连续性的过程，课上教学的一切都必须以一种聚合的形式连在一起，共同为学生的学习服务。苏联教育家巴班斯基在20世纪下半叶提出了教学过程最优化理论。他提出教学应该在全面考虑教学的规律、原则、形式和方法，以及教学系统的特征和内外部条件的基础上，使教学以最小的代价取得相对最好的教学效果。对于教学过程连贯性的反思，即是要寻找教学过程最优化

[1]梁萍云.新课程教学目标设计的四个相结合[J].教学与管理,2007(3):74.

的途径。[1]具体来说，就是要求教师创造性地科学组合、安排教学过程中教学目的、教学内容、教学方法、教学条件、教学评价，以及教师和学生等诸要素，使之形成一个适合于学生认知结构的方法体系，教师则在灵活实施该方法体系的过程中实现师生的最大化发展。同时，最优化的教学过程是教师的教授活动和学生的学习活动有机统一的过程，所以考察优化程度，从教师角度看，就是要反思教师教学目标的明确性、教学内容的价值性、教学方法的合理性、教学条件的完善性、教学结构的多样性、教学评价的客观性；从学生角度看，就是思考学生学习过程中是否做到愿意学习、学会学习、学会思考、学会运用和学会评价。

[1]柴秀敏,朱燕.论教学过程优化的实现[J].教育探索,2007(6):58.

# 参考文献

[1]熊川武. 反思性教学[M]. 上海:华东师范大学出版社,1999.

[2]杜威. 我们怎样思维经验与教育[M]. 姜文阂,译. 北京:人民教育出版社,1991.

[3]申继亮. 教学反思与行动研究[M]. 北京:北京师范大学出版社,2006.

[4]喻平. 论教师的反思能力结构[J]. 教育探索,2004(2).

[5]刘晓婷. 真问题驱动的教学反思[M]. 北京:清华大学出版社,2017.

[6]刘华为,李栓红. 立足三个“吃透”打造“完美”课堂[J]. 中国数学教育(初中),2019(5).

[7]刘庆昌. 反思性教学的两个问题链[J]. 课程·教材·教法,2006(8).

[8]田美云. 教学反思——英语教师成长的脚手架[J]. 考试·教研,2011(11).

[9]叶云屏. 从学生习作中的语言错误看写作教学地薄弱环节[J]. 外语教学,2002(4).

[10]戴英姿. 新课改背景下思想品德课教师教学反思探析[D]. 长春:东北师范大学,2011.